国家社会科学基金重点项目研究成果

竞争性
选拔干部方式

RESEARCH ON
COMPETITIVE SELECTION
OF
CADRES

吴志华　廖志豪　叶超　著

社会科学文献出版社
SOCIAL SCIENCES ACADEMIC PRESS (CHINA)

目 录

导　论

一　研究背景

　　"竞争性选拔干部方式"是指面向社会或在本单位、本系统内部通过公开、竞争方式选拔任用干部活动的统称，包括面向社会的"公开选拔"、在本单位或本系统内部进行的"竞争上岗"以及其他一些在实践中出现的竞争性选拔干部形式。2009 年 9 月，中国共产党第十七届中央委员会第四次全体会议通过的《中共中央关于加强和改进新形势下党的建设若干重大问题的决定》，在完善干部选拔任用机制的论述中提到"完善公开选拔、竞争上岗等竞争性选拔干部方式"，这是党的权威文件首次提出"竞争性选拔干部方式"这一命题，并将公开选拔、竞争上岗等具有公开性、透明性、考试性、竞争性等特点的干部选拔任用形式统称为竞争性选拔干部方式。

　　发端于 20 世纪 80 年代中期的竞争性选拔干部方式迄今已经历了 30 余年的发展历程，其形成与发展有宏观、中观、微观三个层次的动态背景。以建设社会主义民主政治为主题的政治体制改革以及经济体制改革的相关诉求，是竞争性选拔干部方式形成的宏观背景；持续不断阶段性推进的干部人事制度改革，是竞争性选拔干部方式发展的中观背景；而作为干部人事制度首要环节的选拔任用方式改革，则是竞争性选拔干部方式产生的直接背景。反映政治体制改革、干部人事制度改革诉求的选拔任用方式改革的主要动因是，于革命战争年代发展并与计划经济相适应的大一统干部委任制，在改革开放之后日益显露出其任用方式单一、选拔视野狭窄、不利于优秀人才脱颖而出、选拔任用过程缺乏透明度等制度弊端，以及在选人用人实践中存在的任人唯亲、跑官要官、买官卖官等不正之风和腐败现象。作为突破大一统委任制的一种选人用人新方式，探索和推行竞争性选拔干部方式，就是期望解决传统干部选拔任用的问题及弊端。

从全国各地各部门探索和推行竞争性选拔干部方式的实践来看，这一干部选拔方式在一定程度上达到预期目的和成效。换言之，对于克服大一统委任制的弊端，扩大选人用人视野，抑制干部选拔任用中的腐败和不正之风，提高选人用人公信度，均取得了一定成效。中共中央组织部委托国家统计局在全国范围所做的民意调查显示：2008~2012 年五年间，公众对防止和纠正用人不正之风的满意度提高 11.24 分，选人用人公信度提高 11.26 分，对组织工作满意度提高 6.39 分。① 本研究于 2014 年 2~6 月对公众、参加过竞争性选拔活动的职位竞争者以及组织人事部门干部的调查显示：公众、职位竞争者和组织部门干部比较一致地认为竞争性选拔干部方式提高了选人用人公信度，且绝大部分公众、职位竞争者和组织部门干部认为，竞争性选拔干部方式有利于选拔优秀干部和抑制不正之风。

与此同时，全国各地在推行竞争性选拔干部方式的实践中，亦出现了一些大大小小的问题。一是适用范围扩大化。不少地方在实践中把竞争性选拔作为干部选拔任用的主要方式甚至唯一方式，对选任制、委任制、聘任制等不同类型的干部选拔任用"一刀切"式地采用竞争性选拔干部方式。二是选拔效度的"高分低能"现象。考试本身的局限性、"应试"文化的干扰等多方面原因，导致竞争性选拔干部中部分胜出者存在"考分高、能力弱"的情况。三是竞争性选拔干部方式的制度供给缺失。竞争性选拔干部方式与常规委任制关系缺少法规界定，实体制度规范过于笼统，配套制度供给不足，与干部管理的相关制度缺乏衔接。四是缺少科学和先进的技术方法。"德"的测评缺乏具体指标及量化方法，资格条件设定缺乏职位分类和素质框架依据，基于经验的实践创新有待于进一步科学化提炼。

竞争性选拔干部方式可持续发展所面临的这些问题无疑需要进行反思、研究和规范。2012 年 10 月中国共产党第十次全国代表大会提出"完善竞争性选拔干部方式"的要求；② 2013 年中共中央组织部印发《关于完善竞争性选拔干部方式的指导意见》，要求合理确定竞争性选拔的职位、

① 周英峰：《党的十七大以来选人用人公信度逐年提高》，《人民日报》2012 年 10 月 20 日，第 4 版。
② 胡锦涛：《坚定不移沿着中国特色社会主义道路前进 为全面建成小康社会而奋斗》，《人民日报》2012 年 11 月 18 日，第 1 版。

数量和范围，竞争性选拔要坚持实践标准、实绩依据、实干导向，不能只看分数；[①] 2013 年中国共产党第十八届中央委员会第三次全体会议通过的《中共中央关于全面深化改革若干重大问题的决定》提出，要"改进竞争性选拔干部办法"，"区分实施选任制和委任制干部选拔方式，坚决纠正唯分取人、唯票取人等现象"。[②] 2014 年修订的《党政领导干部选拔任用工作条例》，在明确规定"公开选拔、竞争上岗是党政领导干部选拔任用的方式之一"的同时，针对存在的问题，从合理确定范围及适用情形、资格条件设置、加强组织把关、提高竞争性选拔科学化水平等方面做出了规范性规定。[③] 这些要求和规定，既说明了竞争性选拔干部方式需要进一步改进和完善，同时亦为改进和完善竞争性选拔干部方式的研究提供了指导性思想。正是在此背景下，全国哲学社会科学工作办公室发布的《2013 年度国家社会科学基金项目课题指南》中设定了"完善竞争性选拔干部方式研究"这一选题，我们基于研究领域的相关性及研究专长而申报了指南中的该选题并获得立项。

二　相关研究文献

本研究以中国知网（CNKI）为检索数据源，以篇名中含有"竞争性选拔"或者"公开选拔"、"竞争上岗"、"公推公选"等指称竞争性选拔干部具体形式的特定术语作为检索条件进行检索，共计得到自 1987 年以来的各类文献记录 1957 条。[④] 通过进一步筛查，从中剔除与本研究主题不相关的文献记录 362 条，最终得到有效文献记录 1595 条（包括期刊论文、博硕士学位论文、报纸和会议论文）。这些文献发表的时间分布如图 0 - 1 所示。

由图 0 - 1 可见，在 1994 年之前关于竞争性选拔干部方式研究的文献数量非常有限，这主要是因为在这一时期竞争性选拔干部方式尚处于思想

---

① 《关于完善竞争性选拔干部方式的指导意见》（中组发〔2013〕17 号）。
② 中国共产党第十八届中央委员会第三次全体会议：《中共中央关于全面深化改革若干重大问题的决定》，《人民日报》2013 年 11 月 16 日，第 1 版。
③ 盛若蔚：《中组部负责人就修订颁布〈党政领导干部选拔任用工作条例〉答记者问》，《人民日报》2014 年 1 月 17 日，第 6 版。
④ 文献检索时间节点截至 2017 年。

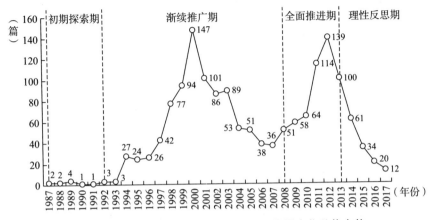

图 0-1　竞争性选拔干部方式研究文献数量变化总体态势

孕育和初期探索阶段，尚未成为研究者们关注的热点话题。之后，相关研究的文献数量先后经历了两个增长高峰期。其中，第一个高峰期的出现主要是因为随着竞争性选拔干部方式进入渐续推广与制度规范阶段，对该领域相关问题的研究逐渐成为研究者们的重要论题。而第二个高峰期的出现则主要是由于在 2009 年颁布的《2010—2020 年深化干部人事制度改革规划纲要》中，提出"到 2015 年，每年新提拔厅局级以下委任制党政领导干部中，通过竞争性选拔方式产生的，应不少于三分之一"① 这一目标要求，由此推动了全国范围内竞争性选拔干部活动的实践热潮，并引发研究者们的再次关注。随着 2013 年全国组织工作会议之后竞争性选拔干部方式进入收缩适用范围的理性反思阶段，相关研究的文献数量开始逐年减少。总体来看，关于竞争性选拔干部方式研究成果的数量呈现与其实践发展历程具有较高的一致性，而其研究的主要旋律则表现为一个从渐进推广期的感悟性经验归纳到全面推进期的多向度立体探讨的演进过程，具体研究内容涉及竞争性选拔干部方式的内涵与功能、机制设计、选拔技术开发、问题与对策等多个方面的话题。

　　关于竞争性选拔干部方式本体论层面的研究主要集中于对其内涵的阐释和功能与价值的分析。在内涵阐释方面，一些研究者认为，竞争性选拔干部方式中的"竞争性"，是对"民主、公开、竞争、择优"原则的理论凝练，在选人用人工作中应当具体体现为价值取向的民主性、竞争标准的

① 《2010—2020 年深化干部人事制度改革规划纲要》（中办发〔2009〕43 号）。

科学性、竞争程序的规范性、竞争形式的多样性和竞争方法的有效性等多个方面。① 一些研究者认为，竞争性选拔干部方式的内在逻辑是基于"竞争性"这一核心，沿着"民主化"和"科学化"两条主线而展开。其中，民主化是竞争性选拔干部方式区别于既往模式的根本因素，其关键在于如何落实广大群众在其中的"四权"，而科学化则是其得以确立的理性基础，其关键在于如何通过合理的选拔程序与方法来实现人岗匹配。② 还有一些研究者认为，竞争性选拔干部方式的内涵需要强调和体现职位竞争者的主体意识和自主选择权利。③ 在竞争性选拔干部方式的功能和价值分析方面，一些研究者将其概括为以"选拔"为逻辑起点，兼具"规范""导向""整合"等多重功能的"制度集合体"。④ 通过这一制度的良性化有效运行，不仅有利于提高选人用人的工作质量和人岗匹配的精准性，而且有利于增强党的领导能力和执政能力。⑤ 对于个人而言，则可以实现社会身份的转换和晋升性流动。⑥

　　关于竞争性选拔干部方式的运行机制设计，研究者们围绕民主、公开、竞争、择优等原则，提出了若干不同方案。一些研究者基于实践探索经验，强调机制和制度设计的系统性，认为有序推进竞争性选拔干部工作必须紧扣"科学化"这一主题，注重系统谋划以确保顶层设计科学，完善

① 王奇：《论竞争性选拔干部的科学内涵与基本理念》，《南京社会科学》2010 年第 12 期，第 63 ~ 67 页；李锡炎：《竞争性选拔干部方式的理论内涵和科学定位》，《社会科学研究》2012 年第 4 期，第 35 ~ 39 页；孙明：《科学定位竞争性选拔干部方式》，《学习时报》2014 年 4 月 21 日，第 A5 版。

② 胡宗仁：《竞争性选拔的制度属性、逻辑起点及效用分析》，《江海学刊》2009 年第 2 期，第 111 ~ 115 页；吴卫华：《用"三五选拔法"竞争性选拔干部》，《组织人事报》2012 年 9 月 11 日，第 6 版；傅兴国：《努力提高竞争性选拔公务员的科学化水平》，《中国组织人事报》2011 年 9 月 5 日，第 6 版。

③ 中共四川省委组织部课题组：《完善竞争性选拔干部方法和机制问题拓展研究》，《党建研究》2012 年第 2 期，第 29 ~ 34 页；胡宗仁：《竞争性选拔的制度属性、逻辑起点及效用分析》，《江海学刊》2009 年第 2 期，第 111 ~ 115 页。

④ 胡宗仁：《竞争性选拔的制度属性、逻辑起点及效用分析》，《江海学刊》2009 年第 2 期，第 111 ~ 115 页；中共四川省委组织部课题组：《完善竞争性选拔干部方法和机制问题拓展研究》，《党建研究》2012 年第 2 期，第 29 ~ 34 页；刘学民、王文成：《竞争性选拔基本模式研究》，人民出版社，2013。

⑤ 李锡炎：《竞争性选拔干部方式的理论内涵和科学定位》，《社会科学研究》2012 年第 4 期，第 35 ~ 39 页。

⑥ 胡宗仁：《竞争性选拔的制度属性、逻辑起点及效用分析》，《江海学刊》2009 年第 2 期，第 111 ~ 115 页。

考评办法以确保选拔方式科学,完善配套机制以确保工作运行科学,直至形成宏观、中观、微观多个层次的制度协同体系。① 一些研究者以实现竞争性选拔干部方式的"民主化"要求为出发点,提出其关键在于坚持党管干部原则的同时,将评价主体多元化、评价内容科学化、民主监督制度化以及责任追究实效化等作为推动机制。② 一些研究者以人 – 岗匹配理论为指导,对竞争性选拔干部方式的内在机制进行系统分析,并提出对资格制度、标准制度、方法制度、程序制度、监督制度及评价反馈制度等进行系统创新的设想。③ 还有一些研究者从不同竞争性选拔干部方式的特性出发,认为健全公开选拔机制,重点应该是规范其程序和范围,而健全竞争上岗机制,重点则应是合理界定竞争上岗对象。④

关于竞争性选拔干部方式技术工具的开发,研究者们针对选拔活动考试测评、考察评价等工作的实际需要,进行了各具特色的设计。吴卫华基于对实践经验的归纳,从选拔过程的视角出发提出了"三五选拔法",即五种方式的提名推荐、五种方法的考察评价、五种形式的立体监督;⑤ 汪继红基于考试学理论,以竞争性选拔考试制度为研究对象,从制度的实践性、合法性和科学性三个维度出发构建了考试制度的理论分析框架和以此为基础的考试技术开发指引。⑥ 龚建桥以全国领导干部选拔考试通用题库深圳分题库建设经验为基础,构建了竞争性选拔干部测评系统,该系统兼具题库管理、考务管理、考官管理和考生管理等多项功能,并能够在系统

① 方振邦、陈曦:《从多个方面改进与完善干部竞争性选拔》,《党政视野》2016 年第 2 期,第 52 页;南京市党建研究所课题组:《完善竞争性选拔干部方法机制研究》,《中共南京市委党校学报》2012 年第 1 期,第 60 ~ 66 页。

② 于学强:《中国共产党干部选拔民主化研究》,中国社会科学出版社,2012;龚跃:《权利理论视野下的干部工作民主化研究》,《湖南科技大学学报》(社会科学版)2015 年第 1 期,第 69 ~ 73 页;唐皇凤、赵吉:《我国党政领导干部选拔任用制度的调适与优化》,《中共福建省委党校学报》2016 年第 8 期,第 37 ~ 43 页;陈龙、靳敏:《高校中层干部竞争性选拔工作机制的问题及对策研究》,《华北电力大学学报》(社会科学版)2017 年第 4 期,第 133 ~ 136 页。

③ 李朋波:《基于人岗匹配理论的竞争性选拔原理研究》,《中国人力资源开发》2014 年第 14 期,第 54 ~ 60 页;山东行政学院课题组:《加快推进山东省竞争性选拔领导干部工作的若干思考》,《山东行政学院学报》2013 年第 1 期,第 6 ~ 13 页。

④ 杨兴坤:《推进领导干部竞争上岗工作研究——以 H 市为例》,《探索》2012 年第 3 期,第 84 ~ 90 页。

⑤ 吴卫华:《用"三五选拔法"竞争性选拔干部》,《组织人事报》2012 年 9 月 11 日,第 6 版。

⑥ 汪继红:《中国公开选拔领导干部考试制度研究》,华中师范大学出版社,2010。

内实现对考试试卷的信度、效度和难度分析。① 陈哲娟提出将履历业绩评价方法引入竞争性选拔干部之中的基本思路，其中包括建立对应于选拔职位的评价指标体系、围绕评价项目的信息采集和科学地组织实施评价等过程链条的操作性策略。② 赵世明综合借鉴迫选量表、内隐联想测验和 360度行为评定三种测评工具，提出一个可应用于干部选拔活动的心理素质评价模型，用以测量选拔对象的自我概念、外显行为和内隐素质。③ 萧鸣政基于对政治品德、职业道德、个人品德与领导效能关系的实证研究，构建了一套含有 18 个项目的干部品德测评指标体系，并在参考 OSL 和 FRC 两套品德测评模式的基础上，提出了干部促进性品德测评方法与考核性品德测评方法。④

竞争性选拔干部方式存在的主要问题与解决对策，是现有文献中最为集中的讨论话题。按照诸多研究者的观点，其中的主要问题可以归结为这样几个方面。一是在工作导向上，德才兼备、以德为先、注重实绩、群众公认等导向原则体现尚不够鲜明，存在"功能期待"和"功能结果"之间的割裂。⑤ 二是选拔职位和资格条件的设定随意性大，缺乏科学性，实践中甚至存在通过人为设置学历、资历、年龄等方面的门槛而以貌似公正的形式"在少数人中选人"的现象。⑥ 三是选拔程序设置的自由裁量权过大，缺乏统一规范和刚性约束，具有"冗长化"和"烦琐化"倾向。⑦ 四是选

① 龚建桥：《选人用人制度设计与测评技术研究》，海天出版社，2016。
② 陈哲娟：《履历业绩评价方法在领导干部竞争性选拔中的应用》，《中国人力资源开发》2012 年第 3 期，第 51~54 页。
③ 赵世明：《领导干部心理素质的综合评价模型》，《中国浦东干部学院学报》2014 年第 3 期，第 44~51 页。
④ 萧鸣政：《党政干部品德测评方法研究》，人民出版社，2017。
⑤ 姜泽洵：《竞争性选拔干部工作难点问题研究》，《党建研究》2011 年第 3 期，第 21~23 页；方振邦、陈曦：《竞争性选拔工作中的考试、考核、考察问题研究》，《公共管理与政策评论》2015 年第 2 期，第 55~62 页。
⑥ 唐晓阳：《竞争性选拔党政领导干部存在的问题及对策研究》，《岭南学刊》2013 年第 6 期，第 46~51 页；李又才：《当前领导干部公开选拔与竞争上岗中的问题及对策》，《武汉科技大学学报》（社会科学版）2011 年第 3 期，第 288~292 页；中共四川广安市委组织部课题组：《推进竞争性选拔工作需要把握的问题》，《领导科学》2011 年第 31 期，第 42~43 页。
⑦ 张书林：《干部选拔任用中的程序公正探析》，《中国浦东干部学院学报》2014 年第 4 期，第 64~69 页；吴思红：《权力"圈子"对干部选拔任用的影响与干部选拔程序的改进》，《中共杭州市委党校学报》2017 年第 3 期，第 24~30 页；中共四川广安市委组织部课题组：《推进竞争性选拔工作需要把握的问题》，《领导科学》2011 年第 31 期，第 42~43 页。

拔技术方法的局限性所导致的"高分低能"现象，使得选拔活动难以达到"择优"的理想效度。① 五是公众参与的广度、深度及其对于选人用人决策的效用发挥有限，"民主"价值准则彰显不足和民意失真现象并存。② 六是与其他相关制度之间的关系尚未完全厘清，实践中可能会面临一些制度冲突或法律冲突。③ 针对存在的问题，一些研究者认为，系统处理好党管干部与扩大民主、竞争择优与价值导向、严格程序与保证质量的相互关系是解决问题的前提条件。④ 建设开放的组织系统，营造公平的竞争环境，运用先进的考评手段，建立健全的制度体系是解决问题的必由之路。⑤ 一些研究者还基于对实践问题的汇总和反思，提出"精确科学选人用人"的新定位，以及通过提取选拔范围、选拔职位、程序特点等"分类要素"并据以进行程序重构等在新形势下完善竞争性选拔干部方式的建议。⑥

整体来看，现有研究成果对于认识竞争性选拔干部方式的基本属性，优化竞争性选拔干部方式的运作机制和制度体系，以及改进其实践操作质量等都做出了具有实践意义的理论贡献，为学界后续研究奠定了重要基础。但与此同时，对于系统完善竞争性选拔干部方式的需要来说，已有研究成果上还需要进行扩展研究和深化研究。就整个干部选拔任用制度体系

① 方振邦、陈曦：《干部竞争性选拔：发展历程、存在问题及解决对策》，《中国行政管理》2015 年第 12 期，第 6～9 页；韩阳：《破解竞争性选拔中的"高分低能"问题》，《领导科学论坛》2015 年第 21 期，第 15～17 页。

② 胡宗仁：《三位一体的竞争性选拔民主》，《江苏行政学院学报》2013 年第 5 期，第 80～84 页；邓献晖：《干部选拔工作中的民主推荐及其改进》，《中共中央党校学报》2012 年第 1 期，第 53～57 页；李桂秋：《干部选拔任用工作中的民主质量问题探析》，《福建省社会主义学院学报》2011 年第 6 期，第 76～79 页；李德：《对健全党内民主、提高干部选拔公信度的若干思考》，《政治学研究》2010 年第 5 期，第 57～66 页。

③ 唐晓阳：《竞争性选拔党政领导干部存在的问题及对策研究》，《岭南学刊》2013 年第 6 期，第 46～51 页。

④ 中共四川广安市委组织部课题组：《推进竞争性选拔工作需要把握的问题》，《领导科学》2011 年第 31 期，第 42～43 页；黄卫成：《竞争性选拔干部若干实践问题探析》，《唯实》2011 年第 2 期，第 87～90 页。

⑤ 姜泽洵：《竞争性选拔干部工作难点问题研究》，《党建研究》2011 年第 3 期，第 21～23 页；刘碧强：《党政机关竞争性选拔干部制度的问题与对策研究》，《北京化工大学学报》（社会科学版）2016 年第 4 期，第 9～16 页；谢吉晨：《完善竞争性选拔干部的思考——基于 J 省的实证研究》，《南京晓庄学院学报》2016 年第 2 期，第 113～118 页；方振邦、陈曦：《从多个方面改进与完善干部竞争性选拔》，《党政视野》2016 年第 2 期，第 52 页。

⑥ 白海琦：《新形势下干部竞争性选拔方式改革研究：整理、反思与重塑》，《理论月刊》2017 年第 12 期，第 107～112 页；龚建桥：《选人用人制度设计与测评技术研究》，海天出版社，2016。

的建设而言，竞争性选拔作为其中的法定方式之一，应该如何妥善处理与常规委任制方式乃至与选任制、聘任制、考任制等其他干部选拔任用方式之间的关系，需要从元制度上进行全面深入梳理以厘清其相互之间的法律界限；就中国特色社会主义政治建设条件下贯彻"民主、公开、竞争、择优"等干部选拔任用价值准则的需要而言，包括竞争性选拔干部方式在内的干部选拔实践应该如何切实体现"党的领导"、"人民当家做主"和"全面依法治国"三个根本原则的统一，是需要从理论和实践层面进行思考和探讨的一个重要课题；就提高竞争性选拔干部方式科学化水平的需要而言，现有研究成果较少涉及关于选拔职位的资格条件、具体标准等前提条件确定在理论上的逻辑梳理，所提出的各种选拔测评技术工具和方法主要集中于笔试、面试等常规性单项工具的引入，而缺乏对案例测评、评价中心技术等综合性测评技术工具的运用性研究，以及外部经验的借鉴性研究。与此同时，对于竞争性选拔干部实践中出现的程序冗长化和烦琐化倾向，现有研究成果亦缺乏有针对性的优化简化方案。此外，从文献检索结果的角度来看，关于竞争性选拔干部方式的相关研究成果虽然具有一定的数量积累，但在检索出的 1595 条文献中绝大多数属于实践经验介绍性文章，发表于中文社会科学引文索引（CSSCI）上的研究成果仅有 93 篇。这种研究现状一方面在一定程度上反映了该领域高质量研究成果尚不够丰富，另一方面亦为本研究进行进一步系统和深入研究提供了空间。

三　研究思路与方法

（一）研究思路

本研究的总体思路是以历时性与现时性全景叙述作为"实然"研究的基础，以实践创新与现实问题的微观考量为主体研究内容，以学理诠述和外部借鉴的"实然"与"应然"双向度研究为延伸，以改进和完善的"应然"路径为归宿，由此尝试建构一种相互关联的系统化研究的思路框架。

首先，对全国各地 30 余年来竞争性选拔干部方式实践进行历时性与现时性全景叙述。从宏观、中观、微观三个层面阐释竞争性选拔干部方式生成动因及动态历史背景，回溯竞争性选拔干部方式历时性发展的阶段性历程，对竞争性选拔干部方式的实践进行现时性全局概览，并对竞争性选拔干部方式的实践成效做出总体评价。

其次,在历时性与现时性叙述的基础上对竞争性选拔干部方式的实践创新与现实问题进行考量。比较和归纳全国各地在竞争性选拔干部方式探索中具有突破性、合目的性的创新举措,梳理和分析各地竞争性选拔干部方式实践中存在的问题;同时,以知晓竞争性选拔的公众、参加过竞争性选拔的竞聘者、组织开展该项工作的组织人事部门干部三个相关群体为对象,实施问卷调查,对问卷调查结果进行统计分析,形成相关群体对竞争性选拔干部方式认知的实证判断。

再次,应用相关理论对竞争性选拔干部方式进行学理诠释。选用的理论包括制度变迁理论、公共性理论、公平正义理论、合法性基础理论等;诠释竞争性选拔干部方式的制度变迁规律,从实然与应然结合的理论层面诠释和阐述竞争性选拔干部方式的合理性、局限性及价值取向。开展发达国家公务员选拔任用与我国干部选拔任用的比较研究,选取与我国竞争性选拔干部方式相关的若干环节或要素进行比较,从中提取出通用性、工具性、技术性的可借鉴之处。

最后,提出并论述完善竞争性选拔干部方式的路径及对策性建议。针对竞争性选拔干部方式实践中存在的实然问题,结合相关理论的应然诠述,适当借鉴发达国家公务员选拔的可借鉴之处,从相关原则、适用范围、制度优化、技术改进等维度,形成比较系统的改进和完善竞争性选拔干部方式的若干路径及对策性建议。

(二) 研究方法

根据实证研究和规范研究的需要,综合运用文献研究、问卷调查、个案分析、理论分析、比较研究等多种常规研究方法。其中,问卷调查、个案分析属于实证研究范畴,文献研究、理论分析、比较研究主要用于规范研究。

1. 文献研究法

本研究收集、梳理并研读的文献包括:相关研究主题的学术论文、著作或专著、学位论文、研究报告;有关干部人事制度、干部选拔任用、竞争性选拔干部的党内法规文件,各地竞争性选拔干部方式的实施办法、细则、公告等;通过若干发达国家公务员管理机构官网收集的公务员选拔任用的文件资料。通过相关文献梳理与研读,完整了解国内对竞争性选拔干部方式的研究现状，吸取已有研究成果中可供理论研究参考的理论养分，获取作为实证研究、比较研究基础的法规文件、资料数据等素材。

2. 实证研究法

本研究采用的实证研究方法包括问卷调查和个案分析。问卷调查的对象是公众、参加过竞争性选拔活动的竞聘者、组织实施竞争性选拔工作的组织人事部门干部三个相关群体，问卷调查覆盖多个省和直辖市，共回收有效问卷 837 份。同时，选取 S 市 M 区、Z 省 L 市、Y 省 K 市三地为个案，依据三地开展竞争性选拔干部工作的文件及资料、座谈会获得的信息进行个案分析。

3. 理论分析法

本研究主要采用制度变迁理论、公共性理论、公平正义理论，探究竞争性选拔干部方式历时性演进轨迹及规律，对竞争性选拔干部进行实然与应然结合的理论诠释。此外，理论分析法也体现于对各种选拔任用形式合法性基础的理论分析，以及基于中国特色社会主义政治中党的领导、人民当家做主和依法治理三者有机统一的干部人事制度选人用人原则的理论阐述。

4. 比较研究法

这一方法主要用于作为借鉴国外公务员选拔任用前提的我国干部人事制度与国外公务员制度异同比较，既包括若干发达国家公务员竞争性选拔之间的比较，亦包括发达国家公务员竞争性选拔与我国竞争性选拔干部方式的比较，还包括我国干部选拔任用制度中的竞争性选拔干部方式与常规委任制方式的比较，以及梳理、归纳、提炼我国各地竞争性选拔中实践创新的比较。

四　总体框架

本研究总体框架一共由六章内容构成。

第一章是竞争性选拔干部方式的历时性与现时性全景叙述。首先，从宏观、中观、微观三个层面透视竞争性选拔干部方式生成的历史背景；其次，回溯竞争性选拔干部方式的历时性发展；再次，对竞争性选拔干部方式的实践进行现时性全局概览；最后，对竞争性选拔干部方式的实践成效做出总体评价。

第二章是竞争性选拔干部方式实践创新与存在问题的考量。从全国各地具有突破性的多种多样的实践创新举措中，归纳出四种组织实施模式、五种选拔程式、六种选拔技术方法；诊断与分析竞争性选拔干部实践在适用范围、选拔效度、制度建设、选拔方式、与相关干部制度的衔接等方面的问题；通过对三个调研个案的分析，进一步为上述创新与问题提供实证支撑。

第三章是竞争性选拔干部方式问卷调查的认知述评。以公众、参加过竞争性选拔的职位竞争者、组织部门干部三个相关群体为调查对象，通过对这三个群体关于竞争性选拔干部方式认知情况的调查结果进行分析、评价形成若干结论。

第四章是竞争性选拔干部方式的学理诠释。分别运用制度变迁、公共性、公平正义三个相关理论，诠释竞争性选拔干部方式的制度变迁规律，从实然与应然结合的理论层面，诠释和阐述竞争性选拔干部方式的合理性、局限性及价值取向。

第五章是发达国家的公务员选拔及借鉴。依据若干发达国家公务员管理机构官网公开的有关公务员选拔的文件资料，选取公务员选拔的价值观、素质框架、程序、方法以及评价中心技术等环节或要素进行归纳与整合性叙述；根据完善和改进我国竞争性选拔干部方式的需要，提取出具有通用性、工具性、技术性的职位分类制度、素质框架、面试规范、评价中心技术等方面的可借鉴之处。

第六章是完善竞争性选拔干部方式的路径及对策性建议。在实证分析、理论诠述、比较研究的基础上，结合竞争性选拔干部方式实践中的问题，提出五个价值维度的对策性建议。

上述内容在逻辑上相互关联，形成"全景叙述"、"实践考量"、"认知述评"、"学理诠释"、"外部比较"和"完善路径"多面向竞争性选拔干部方式的研究体系。

五　创新与价值

本研究提出了诸多具有不同程度创新或新意的观点。对于竞争性选拔干部方式的实践成效，基于综合研究并结合问卷调查结果的分析，本研究认为：竞争性选拔干部方式相对于传统单一的大一统委任方式而言，扩大了选人用人的视野范围，提升了干部选拔工作的民主性，有利于抑制干部选拔工作中的不正之风，并在一定程度上提高了选人用人公信度。对于竞争性选拔干部方式实践中存在的问题，本研究认为：适用范围扩大化和"高分低能"现象尤其值得关注。适用范围扩大化表现为部分选任制的干部选拔不合理地采用了竞争性选拔方式，竞争性选拔方式成为选拔任用干部的主要方式甚至是唯一方式；出现"高分低能"现象反映出笔试、面试等考试形式本身的局限性，同时与面试形式、面试试题设计、面试考官等多方面影响因素相关，而由科举制伴生而来并在应试教育中强化的"应试"文化，则是导致"高分低能"现象的一个难以防范的因素。对于竞争性选拔干部的外部借鉴，本研究认为：国外公务员竞争性选拔具有同属公共部门的相近或相通性，发达国家比较成熟、先进、科学的公务员选拔的基础性单项制度设计，基于职位分类确定资格条件，基于胜任基准的公务员素质框架，规范化和科学性的面试设计，综合性评价人才的评价中心技术等，对于我国竞争性选拔干部方式的制度建设及工具资源改进具有借鉴价值。对于如何改进和完善竞争性选拔干部方式这一论题，本研究针对竞争性选拔干部方式实践中所存在的适用范围扩大化、"高分低能"现象、相关制度脱节、程序安排不规范、先进技术工具缺乏等问题，从"主要原则遵循"、"适用范围界定"、"相关制度对接"、"程序优化简化"以及"技术工具系统改进"五个路径提出了系统化对策性建议。

　　竞争性选拔干部方式的实践，如同我国其他体制或制度改革一样，很大程度上是一种基于问题驱动、缺少理论先导、"摸着石头过河"的探索，与丰富多彩的实践探索相比，理论基础和学理建构薄弱。这亦是在经历 40 年的全方位改革之后，中共中央于 2017 年提出加快构建中国特色哲学社会科学学科体系、学术体系、话语体系的原因所在。本研究成果的学术价值在于：在对竞争性选拔干部方式的实践理性进行逻辑梳理的基础上，形成了一些具有理论理性的观点。例如，应用制度变迁、公共性、公平正义三个相关理论，对竞争性选拔干部方式探索的实然逻辑的理论诠释，针对实践中存在问题的应然的逻辑理论阐述，选任制、委任制、考任制、聘任制四种任用形式的合法性基础的理论阐述，基于党的领导、人民当家做主和依法治国三者有机统一逻辑的干部选拔任用三项原则的论述等。这些学理性话语对于建构中国特色干部人事制度及干部选拔方式的学术话语体系可望做出添砖加瓦的贡献。本研究成果的应用价值在于：课题研究中对竞争性选拔干部方式所存在问题的归纳性诊断和分析，比较研究中所提取的发达国家公务员选拔的资格条件确定，素质框架基准、综合评价中心技术等可借鉴之处，尤其是结合竞争性选拔干部方式实践中的相关问题所提出的五路径系统化对策性建议，对于竞争性选拔干部方式的规范性、科学性、先进性制度建设具有不同程度的参考价值，对于各地竞争性选拔干部实施方案设计和技术手段改进具有一定的应用价值。

|第一章|

全景叙述：竞争性选拔干部方式的
产生与发展

一 竞争性选拔干部方式产生的历史背景

（一）宏观背景

从宏观环境来看，竞争性选拔干部方式的产生是在改革开放时代背景下我国政治、经济和社会发展的必然结果。1978 年 12 月召开的中国共产党第十一届中央委员会第三次全体会议做出了把党和国家的工作重心转移到社会主义现代化建设上来和实行改革开放的战略决策，并强调"实现四个现代化，要求大幅度地提高生产力，也就必然要求多方面地改变同生产力发展不适应的生产关系和上层建筑，改变一切不适应的管理方式、活动方式和思想方式，因而是一场广泛、深刻的革命"①。随之展开的政治体制改革和经济体制改革及其所带来的深刻社会变革为竞争性选拔干部方式的孕育和生成提供了政治、经济和社会条件。

首先，以建设社会主义民主政治为主题的政治体制改革为竞争性选拔干部方式的孕育和产生奠定了政治基础。十一届三中全会之后，为顺应我国社会主义现代化建设的需要，党的第二代领导集体成员先后对改革和完善国家的政治制度，建设社会主义民主政治提出了要求。1979 年 9 月，叶剑英在庆祝国庆三十周年纪念大会的讲话中提出："我们要在改革和完善

---

① 中国共产党第十一届中央委员会第三次全体会议：《会议公报》，《人民日报》1978 年 12 月 24 日，第 1 版。

社会主义经济制度的同时，改革和完善社会主义政治制度。"① 同年 10 月，邓小平亦指出："我们要在大幅度提高社会生产力的同时，改革和完善社会主义的经济制度和政治制度，发展高度的社会主义民主和完备的社会主义法制。"② 1980 年 8 月，邓小平在中共中央政治局扩大会议上发表并经政治局讨论通过的《党和国家领导制度的改革》，是开启政治体制改革的纲领性文献。该讲话从党和国家长治久安以及社会主义事业兴衰成败的高度，指出了当时我国领导制度和干部制度中存在的官僚主义现象、权力过分集中现象、家长制现象、干部领导职务终身制现象和形形色色的特权现象，并分别从理论、思想、历史、现实等多个维度分析了这些现象产生的根源。邓小平认为，过去的干部选拔任用制度存在重大弊端且这些弊端"多少带有封建主义色彩"③：其一是论资排辈的习惯势力比较严重，选人范围狭窄，使得优秀人才难以进入组织视野；其二是干部制度中实际存在的领导职务终身制以及缺乏对干部明确而有效的监督、弹劾、罢免制度和对各级各类干部的考核、奖惩、培训、淘汰等科学制度。要解决这些问题，必须"坚决解放思想，克服重重障碍，打破老框框，勇于改革不合时宜的组织制度、人事制度，大力培养、发现和破格使用优秀人才"，"关键是要健全干部的选举、招考、任免、考核、弹劾、轮换制度，对各级各类领导干部（包括选举产生、委任和聘用的）职务的任期，以及离休、退休，要按照不同情况，作出适当的、明确的规定"。④

在此前后，一系列民主化改革措施亦开始启动。如 1979 年对地方政权组织和选举制度进行了改革，在人民代表的选举过程中实行自上而下与自下而上相结合的办法来提名候选人，并将直接选举人大代表的范围扩大至县级。1980 年开始着手对党和国家的领导体制进行改革，逐步废除领导干部职务终身制，同时实行党政分开，以革除权力过于集中的弊端。1982 年9 月，中国共产党第十二次全国代表大会提出："社会主义物质文明和精神文明建设，都要靠继续发展社会主义民主来保证和支持。建设高度的社会

---

① 叶剑英：《在庆祝中华人民共和国成立三十周年大会上的讲话》，《人民日报》1979 年 9月 30 日，第 1 版。
② 《邓小平文选》（第二卷），人民出版社，1994，第 208 页。
③ 《邓小平文选》（第二卷），人民出版社，1994，第 327 页。
④ 《邓小平文选》（第二卷），人民出版社，1994，第 331 页。

主义民主，是我们的根本目标和根本任务之一。"① 为解决这一时期经济发展和经济体制改革与政治体制不相适应的问题，从 1986 年开始，邓小平多次强调要把政治体制改革"提到日程上来"并且"需要一个蓝图"。② 为此，1987 年 10 月，中国共产党第十三次全国代表大会首次提出了我国政治体制改革的蓝图，强调"不进行政治体制改革，经济体制改革不可能最终得到成功"，并提出"改革的长远目标，是建立高度民主、法制完备、富有效率、充满生机和活力的社会主义政治体制。改革的近期目标，是建立有利于提高效率、增强活力和调动各方面积极性的领导体制"。③ 干部选拔任用作为政治上层建筑领域的一项重要活动，必然会受到所在领域内主导意识形态的影响并将其作为实践活动的思想指引。以建设社会主义民主政治为主题的政治体制改革不仅为竞争性选拔干部方式的孕育、产生奠定了政治基础，同时亦是干部选拔任用活动本身顺应党和国家政治生活民主化改革态势的具体实践表现形式之一。

其次，以发展社会主义商品经济和市场经济为导向的经济体制改革为竞争性选拔干部方式的形成和发展提供了公平竞争、追求效率的社会意识。历史唯物主义认为，经济基础对上层建筑具有决定性作用，经济基础的变化必然会带来上层建筑的变革。在新中国成立之后相当长的历史时期内，我国在经济上采用的是苏联式的高度集中的计划经济体制。在社会主义建设初期特定的历史环境下，这种体制对于快速动员各类资源用于重点项目建设，促进社会主义工业化和推动社会生产力发展无疑具有积极的作用。但随着社会主义初期建设任务的完成，计划经济体制主要依靠行政手段配置资源的弊端逐渐显现，社会生产力的发展亦因此而受到束缚。要摆脱这种束缚，释放经济发展的活力，必须首先突破对于社会制度与经济体制二者之间关系的传统认知。1979 年 11 月，邓小平会在会见美国不列颠百科全书出版公司编委会副主席弗兰克·吉布尼（Frank Gibney）等外宾时谈道："说市场经济只存在于资本主义社会，只有资本主义的市场经济，这肯定是不正确的。社会主义为什么不可以搞市场经济，这个不能说是资本主

① 胡耀邦：《全面开创社会主义现代化建设的新局面》，《人民日报》1982 年 9 月 8 日，第 1 版。
② 《邓小平年谱：一九七五——一九九七》（下），中央文献出版社，2004，第 1121 页。
③ 赵紫阳：《沿着有中国特色的社会主义道路前进——在中国共产党第十三次全国代表大会上的报告》，《人民日报》1987 年 11 月 4 日，第 1 版。

义。我们是计划经济为主，也结合市场经济，但这是社会主义的市场经济。"① 这是中国共产党最高领导层对计划经济与市场经济关系的最早论述。在这一思想指导下，1982 年 9 月，中国共产党第十二次全国代表大会提出了以"计划经济为主，市场调节为辅"② 的经济发展方针，表明中国正式承认市场经济在社会主义经济中的合法性。1984 年 10 月，中国共产党第十二届中央委员会第三次全体会议通过的《中共中央关于经济体制改革的决定》提出"社会主义计划经济必须自觉依据和运用价值规律，是在公有制基础上的有计划的商品经济"③ 的基本论断，突破了把计划经济与商品经济相对立的传统观念。1992 年 10 月，中国共产党第十四次全国代表大会则明确提出中国经济体制改革的目标模式是建立社会主义市场经济体制。

正是在对社会主义经济属性认识的逐步深化和经济体制重构过程中，反映市场经济本质特征的思想观念如"竞争意识""效率意识"逐渐被社会公众所接受和认同。这些思想观念不仅在社会的经济生活中逐渐发挥着愈来愈重要的作用，同时亦对包括上层建筑在内的其他领域产生着直接或间接的影响。尤其是随着经济体制改革的逐步推进，经济社会发展对干部队伍建设提出了不同于计划经济时代的新要求，干部选拔任用如果继续沿用以往计划经济体制下高度集中的大一统委任制方式显然已经难以适应需要。竞争性选拔干部方式的产生正是汲取了市场经济关于"竞争"和"效率"等思想观念的结果，其中蕴含了通过竞争而实现公共部门人力资源优化配置的基本价值导向。

最后，中国社会人才储量的逐渐增加与干部队伍素质的逐步提高为公共部门以竞争性方式实现人才资源的优化配置创造了现实条件。20 世纪 70 年代开始兴起的世界新科技革命使人类社会进入一个新的发展阶段，知识和人才在经济社会发展中的作用日益突出。在改革开放酝酿期，邓小平就极为敏锐地认识到这一趋势并明确提出"一定要在党内造成一种空气：尊重知识，尊重人才"④。1977 年 9 月，教育部决定恢复因"文化大革命"

① 《邓小平文选》（第二卷），人民出版社，1994，第 236 页。

② 胡耀邦：《全面开创社会主义现代化建设新局面——在中国共产党第十二次全国代表大会上的报告》，《人民日报》1982 年 9 月 8 日，第 1 版。

③ 中国共产党第十二届中央委员会第三次全体会议：《中共中央关于经济体制改革的决定》，《人民日报》1984 年 10 月 21 日，第 1 版。

④ 《邓小平文选》（第二卷），人民出版社，1994，第 41 页。

冲击而中断长达十年之久的高等学校招生统一考试的制度，使得我国的高等教育人才培养重新步入健康发展的轨道，并开始为新时期经济社会发展培养一批又一批高素质经营管理人才和专业技术人才。据统计，1981～1990 年十年间，我国高等学校共计培养本专科毕业生 420.32 万人，研究生 19.8 万人。[①] 与此同时，随着改革开放事业的逐步推进及对公共部门干部队伍素质要求的提高，广大干部主动提升自身职业素质的意愿日趋增强，并在实践磨炼中得以成长。整个社会以及公共部门内部人才资源储量的逐步增加无疑为竞争性选拔干部方式的产生提供了重要的现实条件。

（二）中观背景

干部人事制度是我国政治体制的重要组成部分，是中国特色社会主义政治发展的重要内容之一，在中国共产党和整个国家的政治生活以及经济社会发展中发挥着关键性作用。"政治路线确定之后，干部就是决定的因素。"[②] 而在干部人事制度体系建设过程中，对于干部选拔任用方式的实践探索与制度建构又是其中一项基础工程和重要内容，直接影响着党和政府执政水平与执政能力的高低。改革开放以来，在经济体制改革和政治体制改革的双重背景下，作为政治体制改革的一个重要组成部分，我国对计划经济时期形成并与计划经济体制相适应的传统干部人事制度进行了持续 30多年的改革，其中很多内容直接涉及干部选拔任用方式的改革。其总体改革进程大致经历了以下三个历史时期。

1. 干部人事制度改革的酝酿启动期（1978 年底至 20 世纪 80 年代中期）

这一时期改革的中心议题是废除领导干部职务终身制，并根据社会主义现代化建设总任务的需要确立了新时期干部队伍建设的"四化"方针。同时，对高度集权的干部管理体制与管理方法进行了初步改革。

1978 年 12 月，中共十一届三中全会确立了"把全党工作的着重点和全国人民的注意力转移到社会主义现代化建设上来"的政治路线，并提出要"多方面地改变同生产力发展不相适应的生产关系和上层建筑，改革一切不适应的管理方式、活动方式和思想方式"。[③] 这自然涉及干部人事制度

---

① 根据《中国教育统计年鉴》（1981～1990）统计数据整理。
② 《毛泽东选集》（第二卷），人民出版社，1991，第 526 页。
③ 中国共产党第十一届中央委员会第三次全体会议：《会议公报》，《人民日报》1978 年 12 月 24 日，第 1 版。

的改革，而当时干部队伍建设需要解决两个突出问题：一是干部领导职务终身制导致的整体性结构老化现象；二是各级领导班子的干部文化程度不高的状况。据统计，当时全国各省区市党委和政府领导班子成员的平均年龄在 61 岁以上，有大专以上文化程度的领导仅占 17.7%。[①] 为此，1979 年 11 月邓小平在全国党、政、军副部长以上干部大会上指出："我们一定要认识到，认真选好接班人，这是一个战略问题，是关系到我们党和国家长远利益的大问题。如果我们在三几年内不解决好这个问题，十年后不晓得会出什么事……我们有正确的思想路线，有正确的政治路线，如果组织问题不解决好，正确的政治路线的实行就无法保证，我们向党和人民就交不了账。"[②] 他着重指出："我们说资本主义社会不好，但它在发现人才、使用人才方面是非常大胆的。它有个特点，不论资排辈，凡是合格的人就使用，并且认为这是理所当然的。从这方面来看，我们选拔干部的制度是落后的。所以，我们要改革现行的干部工作制度，建立有利于提拔年轻干部的制度。"[③] 1980 年，邓小平在中共中央政治局的一次扩大会议上进一步提出："我们选干部，要注意德才兼备。所谓德，最主要的，就是坚持社会主义道路和党的领导。在这个前提下，干部队伍要年轻化、知识化、专业化，并且要把对于这种干部的提拔使用制度化。"[④] 为废除干部领导职务终身制，实现新老领导干部整体交替，1981 年 6 月中共十一届六中全会通过的《关于建国以来党的若干历史问题的决议》提出，"在坚持革命化的前提下，逐步实现各级领导人员的年轻化、知识化和专业化"。[⑤] 1982 年 9 月，中国共产党第十二次全国代表大会将"实现干部队伍的革命化、年轻化、知识化、专业化"[⑥] 写入新党章，由此确立了新时期我国干部队伍建设的"四化"方针。

　　针对长期以来计划经济体制下所形成的高度集中的干部管理体制和单

---

① 《大型文献专题片〈使命〉第四集〈关键在人〉》，人民网，http://politics.people.com.cn/GB/shizheng/252/5531/5552/5760/index.html，最后访问日期：2014 年 12 月 20 日。

② 《邓小平文选》（第二卷），人民出版社，1994，第 222~223 页。

③ 《邓小平文选》（第二卷），人民出版社，1994，第 225 页。

④ 《邓小平文选》（第二卷），人民出版社，1994，第 326 页。

⑤ 中国共产党第十一届中央委员会第六次全体会议：《中国共产党中央委员会关于建国以来党的若干历史问题的决议》，《人民日报》1981 年 7 月 1 日，第 1 版。

⑥ 中国共产党第十二次全国代表大会：《中国共产党章程》，中国共产党历次全国代表大会数据库，http://cpc.people.com.cn/GB/64162/64168/64565/65448/6415129.html，最后访问日期：2014 年 12 月 20 日。

一的干部管理模式，落实干部队伍建设的"四化"方针，中共中央及中共中央组织部在这一阶段先后制定了《关于建立老干部退休制度的决定》（1982 年 2 月）、《关于改革干部管理体制若干问题的规定》（1983 年 10 月）、《关于建立省部级后备干部制度的意见》（1983 年 10 月）等改革文件，以推动干部管理体制和管理模式的转变。其中的改革措施主要包括：一是按照"管好、管少、管活"的原则，下放干部管理权限，将 1953 年确定的下管两级体制改为下管一级（中央和地方党组织分别只管下一级机构中的领导干部），实行分层管理、层层负责的管理体制，使下级单位有更多的用人权；二是调整和改进干部管理办法，改变条块分工不合理、层次头绪过多、任免手续烦琐、职责不清现象，提高干部管理效率；三是开始进行干部分类管理探索，根据党政机关、国有企业、事业单位的不同情况，探索与厂长、所长负责制相配套的企事业单位人事管理体制，给企事业单位下放权力，企业有权任免、调配除领导班子以外的人员；四是开始建立后备干部制度，进一步促进新老干部交替和干部队伍"四化"建设；五是加强和改善对干部工作的宏观管理，健全完善干部人事管理机构，精简上层，充实基层，加强专业干部队伍，确保改革顺利进行。[1]

此外，1982 年 9 月，劳动人事部还制定了《吸收录用干部问题的若干规定》，提出："为了适应社会主义现代化建设的需要，有计划地更替、补充干部，确保干部质量，建设一支革命化、年轻化、知识化、专业化的干部队伍，必须逐步改革用人制度，采取多种方法，充分挖掘人才，合理使用人才……国家机关、事业、企业单位吸收录用干部，由当地人事部门统筹安排，实行公开招收，自愿报名，进行德、智、体全面考核，坚持考试，择优录用。"[2] 这是国家人事管理职能部门首次明确规定将考核与竞争性考试作为一般干部选拔任用的必经程序。

2. 干部人事制度改革的全面展开期（20 世纪 80 年代中后期至 90 年代末）

这一时期，以科学化、民主化、法制化为改革方向，党政机关、国有企业、事业单位人事制度改革全面展开，陆续建立了国家公务员制度、现代企业人事制度，并推动了事业单位干部人事制度改革，初步实现了对各类干部的分类管理。

---

[1] 徐颂陶、孙建立：《中国人事制度改革三十年》，中国人事出版社，2008，第 9 页。
[2] 《吸收录用干部问题的若干规定》（劳人干〔1982〕147 号）。

1987 年 10 月，中国共产党第十三次全国代表大会首次对干部人事制度改革进行了系统阐述。会议指出，"现行干部人事制度仍然存在一些重大缺陷，主要是：'国家干部'这个概念过于笼统，缺乏科学分类；管理权限过分集中，管人与管事脱节；管理方式陈旧单一，阻碍人才成长；管理制度不健全，用人缺乏法治。这使我们长期面临两大问题：一是年轻优秀的人才难以脱颖而出，二是用人问题上的不正之风难以避免"。为此，干部人事制度改革的目标"就是要对'国家干部'进行合理分解，改变集中统一管理的现状，建立科学的分类管理体制；改变用党政干部的单一模式管理所有人员的现状，形成各具特色的管理制度；改变缺乏民主法制的现状，实现干部人事的依法管理和公开监督。无论实行哪种管理制度，都要贯彻和体现注重实绩、鼓励竞争、民主监督、公开监督的原则"。根据当时干部工作的实际状况，十三大报告强调，干部人事制度改革的重点是建立国家公务员制度。在建立国家公务员制度的同时，还要按照党政分开、政企分开和管人与管事既紧密结合又合理制约的原则，对各类人员实行分类管理。主要有：党组织的领导人员和机关工作人员，由各级党委管理；国家权力机关、审判机关和检察机关的领导人员和工作人员，建立类似国家公务员的制度进行管理；群众团体的领导人员和工作人员、企事业单位的管理人员，原则上由所在组织或单位依照各自的章程或条例进行管理。

1992 年 10 月，中国共产党第十四次全国代表大会再次强调要"加快人事劳动制度改革，逐步建立健全符合机关、企业和事业单位不同特点的科学的分类管理体制和有效的激励机制。尽快推行国家公务员制度"[①]。1993 年 8 月，在通过国家税务局、国家环保局、国家统计局等国务院六个部委和广东省深圳市、黑龙江省哈尔滨市两个副省级城市先期试点的基础上，《国家公务员暂行条例》正式颁布并于当年 10 月 1 日起开始在全国各级行政机关施行。截至 1998 年底，全国从中央到地方各级政府机关中全部实行了公务员制度，各级党群部门和人大机关、政协机关也分别实行或参照实行了公务员制度。与此同时，司法系统的干部人事制度改革亦有序展开，1995 年 2 月，第八届全国人民代表大会常务委员会第十三次会议通过了《中华人民共和国法官法》和《中华人民共和国检察官法》，标志着在

---

① 江泽民：《加快改革开放和现代化建设步伐 夺取有中国特色社会主义事业的更大胜利——在中国共产党第十四次全国代表大会上的报告》，《人民日报》1992 年 10 月 21 日，第 1 版。

司法机关中开始着手建立与实施法官制度和检察官制度。

这一时期，国有企业在经济体制改革的推动下，结合建构公司法人治理结构逐步建立起与现代企业制度相适应的干部人事制度。1986 年 9 月，中共中央、国务院颁发了《全民所有制工业企业厂长工作条例》《中国共产党全民所有制工业企业基层组织工作条例》，对国有企业的领导体制进行了全面改革，国有企业自此开始实行厂长（经理）负责制，并在 1988 年 4 月第七届全国人民代表大会第一次会议通过的《中华人民共和国全民所有制工业企业法》中以法律形式加以规定。为贯彻中共中央、国务院关于干部人事制度改革的相关精神，1988 年 5 月中共中央组织部、人事部发布了《关于全民所有制工业企业引入竞争机制改革人事制度的若干意见》（以下简称《意见》），提出必须把竞争机制引入企业人事管理，通过公开招标选聘企业经营者，并实行合同制管理。《意见》还规定"招标选聘要本着公开、平等、民主、择优的原则，拓宽选才视野，根据企业的具体情况确定招标范围，形成多个（多组）对手平等竞争。不适宜公开招标的企业，也应在确定国家与企业之间、企业所有者与企业经营者之间的契约关系的同时，采取其他办法竞争产生企业经营者"，"企业内部各级管理人员的任用，也要充分体现平等竞争的原则，采取招聘、选聘、考聘或直接聘任的方式，逐级聘用，择优而任"。同时强调"必须坚决实行能上能下，打破干部领导职务终身制。企业经营者及各级管理人员受聘什么职务，就享受什么待遇，解聘或辞聘后一律不保留聘用期间的待遇"。① 1993 年 11 月，中共十四届三中全会做出了《中共中央关于建立社会主义市场经济体制若干问题的决定》，明确指出"建立现代企业制度，是发展社会化大生产和市场经济的必然要求，是我国国有企业的改革方向"，强调"国有企业实行公司制，是建立现代企业制度的有益探索"。② 同年 12 月颁布的《公司法》对公司法人治理结构做出了法律安排，并为国有企业从根本上建立与社会主义市场经济相适应的企业干部人事制度奠定了坚实基础。1994 年开始的现代企业制度试点与其后所进行的国有企业改革的一系列举措，都涉及干部人事制度方面的相关内容。改革的核心在于结合建立现代企业制度和完善法人治理结构，全面引入竞争机制，健全企业组织领导制

---

① 《关于全民所有制工业企业引入竞争机制改革人事制度的若干意见》（组通字〔1988〕11 号）。

② 中国共产党第十四届中央委员会第三次全体会议：《中共中央关于建立社会主义市场经济体制若干问题的决定》，《人民日报》1993 年 11 月 17 日，第 1 版。

度和企业内部人事管理制度，扩大企业用人自主权，完善选人用人机制，加快企业家队伍、职业经理人队伍、专业技术人员队伍和高技能人才队伍建设，逐步建立符合企业特点的现代企业人事制度。①

按照中国共产党第十三次全国代表大会所确定的"政企分开、政事分开"的改革指导原则，事业单位干部人事制度改革这一时期也取得一定进展。一方面，进一步下放了事业单位的人事管理权，除单位领导外，其他人员原则上由各单位自行管理；另一方面，按照人员分类管理的要求，人事部和中编办在1995年召开了新中国成立以来第一次事业单位人事制度改革会议，启动了事业单位人事制度改革的试点工作。在总结前一阶段事业单位聘用制改革经验的基础上，将聘用制作为事业单位的一项基本用人制度。

3. 干部人事制度改革的系统规划与深入推进期（2000年至今）

这一阶段的改革重心在于突出民主、公开、竞争、择优的干部选拔任用准则，健全干部选拔任用机制与干部管理法规体系，并通过系统性、前瞻性的改革规划，构建与我国经济社会发展相适应的、有中国特色社会主义的干部人事制度。

2000年8月，中共中央颁布了《深化干部人事制度改革纲要》（以下简称《纲要》）。作为我国第一部干部人事制度改革的十年规划，《纲要》提出了"通过不断推进和深化干部人事制度改革，到2010年建立起一套与建设有中国特色社会主义经济、政治、文化相适应的干部人事制度，为建设一支符合'三个代表'要求的高素质干部队伍提供制度保证"②的阶段性目标，《纲要》不仅对党政干部制度、国有企业人事制度、事业单位人事制度三大板块的改革进行了全局性规划，同时还对领导干部选拔制度改革的重点和具体内容提出了十个方面的具体要求，分别涉及完善民主推荐、实行任前公示、推行公开选拔、实行任期制等干部选拔任用工作的各个方面。2002年11月，中国共产党第十六次全国代表大会提出要"以建立健全选拔任用和管理监督机制为重点，以科学化、民主化和制度化为目标"③深化干部人事制度改革。在第一轮规划实施之后，2009年12月，中

---

① 徐颂陶、孙建立：《中国人事制度改革三十年》，中国人事出版社，2008，第11页。
② 《深化干部人事制度改革纲要》（中办发〔2000〕15号）。
③ 江泽民：《全面建设小康社会 开创中国特色社会主义事业新局面——在中国共产党第十六次全国代表大会上的报告》，《人民日报》2002年11月18日，第1版。

共中央颁布了《2010—2020年深化干部人事制度改革规划纲要》（以下简称《规划纲要》）。《规划纲要》以"按照加强党的执政能力建设和先进性建设的要求""着力解决领导班子和干部队伍建设中的关键问题、干部人事工作中的重点难点问题和干部群众反映强烈的突出问题""提高选人用人公信度"等为指导思想，提出了未来十年干部人事制度改革的基本目标，即"扩大干部工作民主，提高干部群众参与度；健全竞争择优机制，促进优秀人才脱颖而出；完善干部管理制度，增强干部队伍的生机和活力；加强干部选拔任用监督，有效遏制用人上的不正之风；深化分级分类管理，健全干部人事制度体系"。①《规划纲要》对党政干部制度改革的重点突破项目、整体推进任务以及统筹推进国有企业、事业单位人事制度改革进行了多方面部署。

党政领导干部选拔任用和管理制度建设是21世纪之初我国干部人事制度改革的重要内容。2002年7月，中共中央颁布了《党政领导干部选拔任用工作条例》，并将"党管干部"、"任人唯贤，德才兼备"、"群众公认，注重实绩"、"公开、平等、竞争、择优"、"实行民主集中制"与"依法办事"确定为干部选拔任用的基本原则，标志着干部选拔任用工作走上制度化、规范化和程序化的轨道。其后，在进行局部试点和广泛试行的基础上，2004年4月起接连颁布了《公开选拔党政领导干部工作暂行规定》《党政机关竞争上岗工作暂行规定》《党政领导干部职务任期暂行规定》《党政领导干部交流工作规定》等一系列关于党政领导干部公开选拔、竞争上岗、考核评价、职务任期、辞职、培训、交流、任职回避、廉政准则、责任追究的暂行规定，这些单项"暂行规定"和具有章程性质的"条例"初步形成了规范我国党政领导干部人事制度的党内法规体系。2007年10月中国共产党第十七次全国代表大会和2012年11月中国共产党第十八次全国代表大会在分别提出"坚持民主、公开、竞争、择优，形成干部选拔任用科学机制"②以及"全面准确贯彻民主、公开、竞争、择优方针"③

---

① 《2010—2020年深化干部人事制度改革规划纲要》（中办发〔2009〕43号）。

② 胡锦涛：《高举中国特色社会主义伟大旗帜 为夺取全面建设小康社会新胜利而奋斗——在中国共产党第十七次全国代表大会上的报告》，《人民日报》2007年10月25日，第1版。

③ 胡锦涛：《坚定不移沿着中国特色社会主义道路前进 为全面建成小康社会而奋斗》，《人民日报》2012年11月18日，第1版。

的同时，还对扩大干部工作民主、完善干部考核评价机制、完善竞争性选
拔干部方式、坚持正确的用人导向等干部选拔任用工作的关键性问题做出
了一系列改革指引。随着我国改革开放进程的不断深入，近年来干部工作
所面临的形势、任务以及干部队伍的整体状况都发生了很多变化。为了保
证干部选拔任用工作与时俱进地反映中央对干部工作的指导思想、基本原
则、目标任务等所提出的一系列新要求，并与一些新的干部政策有效衔
接，2014 年 1 月，中共中央修订和颁布了《党政领导干部选拔任用工作条
例》，从实体性和程序性两个方面对其进行了改进和完善。

这一时期，关于公务员管理的法律法规体系日益完备。2005 年 4
月，第十届全国人民代表大会常务委员会第十五次会议表决通过《中华
人民共和国公务员法》（以下简称《公务员法》）。其后，10 多项有关公
务员考核、处分、录用、奖励、调任、职务任免与职务升降、培训、任
职定级的单项法规相继出台。与此同时，事业单位干部人事制度改革也
进一步向前推进。2000 年 7 月，中共中央组织部、人事部下发《关于加
快推进事业单位人事制度改革的意见》，明确了事业单位人事制度改革
的指导思想、目标任务和基本思路。同时，中组部、人事部分别与教育、
科研、文化、卫生、广电、新闻出版等有关行业主管部门一起，先后制
定了七个行业深化事业单位人事制度改革的实施意见。有关事业单位人
员的公开招聘、岗位设置管理、收入分配制度改革、养老保险制度改革
的法规文件相继出台。2011 年 11 月，国务院法制办公布了《事业单位
人事管理条例（征求意见稿）》，开始面向社会各界征求意见。经过两年
多的意见征询和修改完善，2014 年 5 月，国务院正式颁布《事业单位人事
管理条例》，提出"坚持党管干部、党管人才原则，全面准确贯彻民主、
公开、竞争、择优方针；国家对事业单位工作人员实行分级分类管理"①
等基本原则。同时，对涉及事业单位人事管理主要环节的岗位设置、公开
招聘和竞聘上岗、聘用合同、奖惩及争议处理等均做出了明确规定。这不
仅是国家运用法治手段规范事业单位管理制度，提高其人力资源管理效能
的重要举措，更是从人事管理制度这一基本制度入手，促进事业单位深化
改革的重要一步。

总体来看，持续 30 余年的干部人事制度改革取得了多方面的成果。首

---

① 《事业单位人事管理条例》（国务院令第 652 号）。

先是结构性地破解了计划经济型大一统的干部人事制度，基本解决了中国共产党第十三次全国代表大会政治报告中所概括的传统干部人事制度的四大弊端，并基本形成了党政机关、事业单位以及国有企业单位干部人事分类管理的架构，初步实现《深化干部人事制度改革纲要》所提出的"到2010年要建立起一套与建设有中国特色社会主义经济、政治、文化相适应的干部人事制度"的目标；其次是在"摸着石头过河"的干部制度改革实践中形成了一种行之有效的改革方法论模式，即在改革的内容序列上按照"先易后难、先急后缓、先局部后整体"，在每一项改革的程序上按照"探索—试点—规范—推广"的过程而循序渐进；最后是形成了一套中国特色干部人事制度的规范理论。这一套理论体系既包括改革的目的、指导思想、基本目标、方针原则等理论框架，亦包括一系列政策性话语。干部人事制度的这些整体性的改革成果不仅包含了干部选拔任用方式的相关内容，同时亦直接为竞争性选拔干部方式的形成与发展创造了基本的制度环境和政策依据。

（三）微观背景

在干部人事制度改革的整体进程中，竞争性选拔干部方式的生成与发展体现了在新的时代背景下干部选拔任用工作对民主性、科学性以及公正性的价值诉求。从干部选拔任用方式自身的演变逻辑来看，传统干部选拔任用方式所存在的一些弊端为竞争性选拔干部方式的改革探索提供了实践生长点。

新中国成立以来，除部分选任制官员以外，我国党政机关和国有企事业单位领导干部的选拔任用一直沿用在革命战争时期所形成的常规委任制方式，因这一选拔方式具有"高效性、节省成本和利于迅速集中领导资源"[1] 等特点，基本上能够适应和满足计划经济时期我国干部人才资源配置的需要，并为我国社会主义建设事业选拔任用了一大批优秀领导干部人才。但与此同时，这种传统的计划调配方式亦使得公共部门人才队伍呈现一种超稳定性的特点，不仅减少了个人职业流动的选择权，随之亦出现了一些学非所用、用非所长的现象，造成严重的人才资源浪费。特别是随着

---

[1] 中国领导干部公选研究课题组：《中国公开选拔领导干部发展报告》（2013），红旗出版社，2013，第49页。

国家政治生活民主化的发展以及社会经济环境的不断变化，干部选拔任用方式的外部生态亦逐渐发生了改变，导致原本与高度集中的计划经济体制相适应的选拔方式已经难以满足干部选拔工作的现实需求。

不仅如此，由于一些恶性路径依赖因素的影响，这种过于单一的干部选拔任用方式本身所蕴藏的潜在弊端及其功能性缺陷在干部选拔实践中的负面效应亦日渐显现。如"伯乐相马"式的选拔模式容易导致干部任用工作的不正之风甚至滋生腐败，且仅凭这一传统的干部选拔模式难以满足改革开放时代背景下高素质干部队伍建设的现实需求；"由少数人在少数人中选人"的运作机制和狭隘视野难以保证干部选拔任用工作的质量；"一把手说了算"的个人独断使得干部选拔任用工作缺乏应有的公信度；等等。从过去10余年来全国各地所查处的腐败案件来看，其中很多案件都与领导干部选拔任用直接相关，选人失察、用人不当、带病提拔等干部选拔任用领域存在的问题成为腐败现象高发的重要原因之一。用人不正之风被社会各界人士公认为是廉政建设中"最令人不能忍受的问题"，甚至有部分学者认为"在各种腐败现象中，选人用人腐败是最大的腐败，也是一切腐败之源"①。

根据中共中央纪律检查委员会在中国共产党第十六次全国代表大会报告中所提供的统计数据，从1997年10月至2002年9月，共有31516名县级及县级以上领导干部受到党纪政纪处分，其中，省部级干部98人，厅局级干部2422人，县处级干部28996人。而根据最高人民检察院在第十届全国人民代表大会第一次会议的工作报告中所提供的数字，1998～2003年，全国检察机关共立案侦查贪污贿赂、渎职等职务性犯罪案件207103起，其中贪污、贿赂、挪用公款百万元以上大案5541件，涉嫌犯罪的县处级以上领导干部12830人。这些腐败现象的存在，一方面，反映了在干部选拔任用工作中存在"选人失察""用人不当""带病提拔"等不容忽视的问题；另一方面，很多案件本身就直接涉及"买官卖官""跑官要官"等干部人事腐败问题。有数据显示，仅2008～2010年三年间，全国就查处选人用人违规违纪案件10716起，并对1665名有关责任人进行了严肃处理。② 自中国共产党第十八次全国代表大会召开以来，中共中央为加强党的建设和全

---

① 《警示：选人用人腐败是最大的腐败》，《新华日报》2010年11月3日，第A5版。
② 《警示：选人用人腐败是最大的腐败》，《新华日报》2010年11月3日，第A5版。

面从严治党而开展的巡视工作反馈情况显示，"任人唯亲""突击提拔""买官卖官"等选人用人违规和腐败问题在很多地方和部门表现得较为突出。据本研究统计，截至 2016 年 6 月在先后被巡视的 179 个地区和单位中，总体上有超过 65% 的地区和单位或多或少存在此类问题（见表 1-1）。这些问题的存在正是干部选拔任用的公共权力异化在现实中的具体反映，亦是导致政治生态污染的重要源头。因而，遏制和消除腐败现象，既是我国廉政建设和反腐败斗争所面临的一个严峻课题，亦是干部选拔任用工作本身必须关注的一个现实问题。

表 1-1　2013~2016 年中央巡视工作反馈情况中关于选人用人方面问题的情况统计

单位：个，%

巡视轮次	一	二	三	四	五	六	七	八	九	总计
巡视地区和单位数	10	10	14	13	13	26	26	31	36	179
存在问题单位数	6	9	9	8	9	22	18	27	11	119
问题单位占巡视单位比例	60.0	90.0	64.3	61.5	69.2	84.6	69.2	87.1	30.6	66.5

资料来源：根据中央纪委监察部网站"中央巡视工作专题"第一轮至第九轮巡视反馈情况统计整理，http://www.ccdi.gov.cn/special/zyxszt/。

为解决以上种种弊端所造成的干部选拔任用工作的民主性、科学性和公开性不足的问题，必须对传统的常规委任制进行适当的突破与创新，积极探索和尝试能够体现民主、公开、竞争、择优等时代精神的干部选拔任用新方式以适应社会主义市场经济和社会主义民主政治发展的需要。公开选拔、竞争上岗、公推公选以及公开遴选等竞争性选拔干部方式正是以此为基点而逐渐发展起来的。

二　竞争性选拔干部方式的历时性发展

按照竞争性选拔干部方式实践探索与制度演进的过程特征，迄今为止，大致经历了以下几个相互继起的发展阶段。

（一）思想孕育与初期探索（1980~1993 年）

中共十一届三中全会以后，随着党和国家的工作重心向社会主义现代化建设转移，各项事业发展对高素质干部人才的需求日益增加。如何突破既定的干部选拔任用模式以满足现实需求成为整个公共部门人力资源配置面临的一个急需解决的问题。针对当时干部队伍整体性结构老化以及文化水平不高的基本状况，1980年8月邓小平在《党和国家领导制度的改革》的讲话中不仅提出了废除干部领导职务终身制，实现领导班子新老接替的改革主张，同时也对干部选拔任用方式改革提出了设想。邓小平认为，"干部的提升，不能只限于现行党政干部中区、县、地、省一类台阶，各行各业应当有不同的台阶，不同的职务和职称。随着建设事业的发展，还要制定各个行业提升干部和使用人才的新要求、新方法。将来很多职务、职称，只要考试合格，就应当录用或者授予"①。这是进入新时期党的主要领导人首次提出通过考试方式进行干部选拔，亦是竞争性选拔干部早期实践活动的思想先导。

最早带有竞争性选拔性质的实践探索源于一些国有企事业单位的干部选拔活动。1980年，重庆市公用事业管理局决定在下属出租汽车公司公开考核招聘一批具有现代管理知识的年轻干部。为此，该局在新闻媒体刊发了招聘广告，经过严格的业务考核和政治审查，最终从216名报考人员中录用6人进入出租汽车公司工作（其中副经理3人、会计师2人、工程师1人）。然而，改革不仅是一种利益格局的调整，同时亦是对旧观念和习惯势力的否定，由此注定了改革的过程难以避免地会遭遇各种阻力。这6名通过公开招聘的干部虽然在到任后半年试用期内工作业绩突出，但在公用事业管理局党委报请市建委办理干部任用手续时遭到否决。市建委负责人说："不管这些人干得怎么样，我都不承认。"市建委不与公用事业管理局党委商量，就在出租汽车公司另组领导班子，致使应聘的6名干部在艰难工作半年之后被迫递交辞聘书。《中国青年报》记者为此撰写内参上报中央，得到了中央书记处相关领导的迅速批示："重庆市公用局关于用人制度改革尝试的失败，反映经济改革中的一个重要问题。可见实行干部四化之难，但这种阻力非打破不可。"② 1982年2月，中共四川省委组织部与重庆市委组成联合调查组对此事进行调查，并撰写了《关于处理重庆市公用局招聘干部"夭折"问题的几点建议》。市委就此进行专题研究后一致决定：市公用局招聘干部是贯彻三中全会精神，改革用人制度的一种尝试，

---

① 《邓小平文选》（第二卷），人民出版社，1994，第324页。

② 《大型文献专题片〈使命〉第四集〈关键在人〉解说词》，人民网，http://politics. people. com. cn/GB/shizheng/252/5531/5552/5760/index. html，最后访问日期：2014年12月20日。

是一个新生事物。市建委的处理是错误的，五条"批复"也是错误的，应立即收回，夭折的新生事物要扶植起来，应聘干部应返回出租汽车公司工作。[①] 同年，甘肃省兰州市毛针织厂、湖南省株洲市空气压缩机厂以及中国社会科学院等企事业单位也开始探索通过公开招聘的方式来选拔经理、厂长和科研人员。

从 20 世纪 80 年代中期开始，发起干部选拔任用方式创新活动的"初级行动团体"[②] 陆续出现。1985 年，浙江省宁波市在全国率先提出了"公开选拔"的概念，并在浙江省委组织部的支持下将这一新的干部选拔方式付诸实践，首次面向社会公开选拔市计委主任、市物价局局长、市林业局局长以及市重点工程亚洲华园宾馆中方副总经理、市白板纸厂厂长五个目标职位的人选。在经过公开选拔的基本条件—宣传动员和报名（组织推荐或自荐）—资格审查—笔试—面试等环节之后，最终从符合条件的 171 名竞争者中选拔出 5 个职位的目标人选。其中 4 人为毛遂自荐，不在组织人事部门视线之内。[③] 此次干部选拔被视为我国竞争性选拔领导干部的标志性事件之一，其一是因为其首次提出了"公开选拔"这一全新概念；其二是在选拔过程中引入了笔试、面试等综合性测评方式，并将其作为必定程序，体现了选拔活动的竞争性。在首次公开选拔活动试水成功之后，宁波市将这一创新之举从市级层面引向县区级层面，从政府机关引向基层单位。1986 年 5 月，再次采取公开选拔的方式从 998 名应试者中选拔出 55 名见习厂长人选。

继宁波之后，广东省深圳市和广州市等其他地区亦开始尝试通过竞争性方式进行领导干部的选拔工作。1986 年 2 月和 10 月，深圳市先后两次面向社会公开招考标准计量局、审计局、劳动局、工商局、房管局、司法局、信用银行、信息中心、科技发展中心和投资管理公司等局级单位正职

---

① 林明远：《拨乱反正　重庆扬起改革开放的风帆》，《红岩春秋》2008 年第 3 期，第 22 ~ 26 页。

② 制度变迁理论认为，推动制度变迁的主体可以划分为"初级行动团体"和"次级行动团体"两个类别。所谓初级行动团体是在制度变迁过程中最初认识到制度变迁预期收益大于预期成本，且在相当程度上启动并支配制度安排创新进程的利益团体和决策单位。而次级行动团体是帮助初级行动团体获取收入而参与制度变迁的团体，但它亦是从自身利益出发而参与制度变迁的。

③ 《人民日报》：《一个成功的实验——宁波市改革干部制度公开选才的调查》，《人民日报》1986 年 9 月 10 日。

或副职领导职位人选。1986 年 4 月,广州市开始尝试以推荐和考试、考核相结合方式(简称"一推双考")面向社会公开选拔广州大学校长人选和市外经委副主任等 3 名局级领导干部。1993 年 3 月,海南省开始进行通过引入竞争机制公开选聘国有企业领导干部的改革试点工作,到次年底,全省 19 个市县共有 67 家企事业单位成功进行了这项改革。海南省委组织部在认真总结试点经验的基础上,依据《公司法》《全民所有制工业企业法》以及其他相关的法律法规,形成了《海南省国有企业经理(厂长)聘任制实施办法》。

这些竞争性选拔干部方式的早期探索活动受到中央组织部门的关注。1986 年 4 月,中共中央组织部《组工通讯》总第 438 期刊登了《宁波市人才开发试点见效明显》一文,介绍宁波经验。尔后,又在《全国公开选拔领导干部工作情况综述》中提到:"宁波、深圳等地为解决对外开放、经济建设与人才紧缺之间的矛盾,开始采用组织推荐与群众推荐相结合、考试与考察相结合的方式,公开选拔领导干部。"① 此后,越来越多的地方和部门加入竞争性选拔干部方式实践创新的初级行动团体行列。1986 年 11 月,黑龙江省哈尔滨市公开选拔外贸局、旅游局、文化局等局级领导干部职位人选;1987 年 3 月,江西省公开选拔省乡镇企业管理局和省国营垦殖场管理局正副局长职位人选;1988 年 8 月,国家建材局、劳动部公开选拔了一批司局级领导干部;② 1988~1991 年,吉林省先后 4 次通过"一推双考"方式选拔 38 名副厅级领导干部。1992 年 6 月,中共中央组织部转发了吉林省委组织部《关于采取"一推双考"的方式公开选拔副地厅级领导干部情况的报告》,对其公开选拔领导干部这一做法予以充分肯定,同时要求各地各部门认真总结前几年干部人事制度改革的基本经验,从实际情况出发,勇于探索,大胆试验,不断改进干部选拔方法,通过改革逐步为经济建设和改革开放提供坚实的组织保证。这在很大程度上表明,经过一个时期和一定范围的探索之后,竞争性选拔这一新的干部选拔方式在公共部门人力资源配置中的价值功能已经得到中央组织部门认同。

---

① 《宁波开全国竞争性选拔领导干部先河》,中国宁波网,http://www.cnnb.com.cn/xwzxzt/system/2008/09/19/005790028.shtml,最后访问日期:2008 年 9 月 19 日。
② 王叶敏:《公选竞岗制度形成的过程和启示》,南方网,http://www.southcn.com/news/zt-bd/gongxuan/ren/200112271299.htm,最后访问日期:2011 年 12 月 28 日。

（二）渐续推广与制度规范（1994～2008年）

为扩大前期实践探索所取得的成果，自1994年起，在中央组织部门的主导和积极推动下，竞争性选拔干部活动开始在全国范围内由点到面地快速展开。1994年9月，中国共产党第十四届中央委员会第四次全体会议在大会所通过的《中共中央关于加强党的建设几个重大问题的决定》中提出要"加快党政领导干部选拔任用等重要制度的改革……对近年来一些地方在一定范围试行委任干部任期制、聘任制、试用制以及公开推荐与考试考核相结合选拔领导干部等，要认真研究和总结，使其不断完善"①。1995年2月，中共中央颁布了关于干部选拔任用的第一部规范性文件——《党政领导干部选拔任用工作暂行条例》，其中明确提出"公开、平等、竞争、择优"是党政领导干部选拔任用必须坚持的基本原则之一。在领导干部任职人选推荐方式的规定上，暂行条例在明确传统举荐制应该严格遵守的基本程序的同时，提出了"推荐党委、政府及其工作部门某些领导成员人选，还可以采取组织推荐、群众推荐、个人自荐和考试、考核相结合的方法"②，为公开选拔等竞争性选拔干部方式的全面推广奠定了制度基础。

1996年1月，中共中央组织部转发《吉林省公开推荐与考试考核相结合选拔领导干部的暂行办法》，有力地促进了公开选拔领导干部工作在全国范围内的推广。如北京市在1995年公开选拔5名副局级领导干部的基础上，1997年再次公开选拔副局级领导干部56名，1998年又公开选拔企业高级管理人才和高级专业技术人才172名。③ 从全国范围来看，1993～1996年几年间公开选拔领导干部工作先后在27个省（区、市）开展。1998年12月，时任中共中央总书记胡锦涛在全国省区市党委组织部长会议上提出了要"进一步推行对党政职能部门部分领导干部实行公开选拔的办法。要逐步扩大公开选拔的范围，增加群众参与的程度"④。1999年3月，中共中央组织部下发了《关于进一步做好公开选拔领导干部工作的通

① 中国共产党第十四届中央委员会第四次全体会议：《中共中央关于加强党的建设几个重大问题的决定》，《人民日报》1994年10月7日，第1版。
② 《党政领导干部选拔任用工作暂行条例》（中发〔1995〕4号）。
③ 《人民日报》：《全国公开选拔领导干部工作步入正轨》，《人民日报》2000年7月10日，第1版。
④ 《人民日报》：《胡锦涛在全国省区市党委组织部长会议上要求按照十五大精神和中央部署做好党建工作》，《人民日报》1998年12月12日，第1版。

知》，要求各地各部门进一步加大公开选拔工作的力度，正确把握公开选拔的范围，逐步规范公开选拔的操作程序，着力提高公开选拔考试的科学化水平，切实提高公开选拔的成效。据不完全统计，1995~2000年，全国31个省（区、市）全部开展了公开选拔领导干部工作，分别选拔出厅局级领导干部700多人，县处级领导干部7000多人，科级干部数万人。① 2003~2008年，全国各地各部门竞争性选拔干部人数合计逾31万人，仅2008年一年间以竞争性方式选拔的干部人数就由2007年的40153人激增至74092人。②

为了保证各级各地的竞争性选拔干部活动在规范的制度框架内有序进行，使其在公共部门人力资源优化配置中取得更多收益，这一时期，与之相关的一系列制度供给相继出台（见表1-2）。尤其是在2000年6月中共中央印发的《深化干部人事制度改革纲要》中提出了"要推行公开选拔党政领导干部制度"以及"实现公开选拔党政领导干部工作的规范化、制度化"③的改革目标之后，中央相关部门进行制度供给的频率加快，在竞争性选拔干部制度变迁中明显发挥着"初级行动团体"的角色。而全国各地各部门则主要是以"次级行动团体"的角色在中央所设定的制度框架内结合本地实际进行微观层面或局部性的探索创新，以求增加本区域公共部门

表1-2　竞争性选拔干部方式相关规范性文件一览（1995~2004）

年份	规范性文件	备注
1995	《党政领导干部选拔任用工作暂行条例》	规定了党政领导干部选拔必须坚持的原则、选拔任用的条件、选拔的基本程序、交流回避制度以及纪律监督制度
2000	《全国公开选拔党政领导干部考试大纲（试行）》	规定了公开选拔领导干部考试的主要内容、各类试题的比重及测试程序、方法，主要包括公共科目考试、专业科目考试和面试三大部分
2002	《党政领导干部选拔任用工作条例》	在1995年暂行条例基础上，增设"公开选拔与竞争上岗"一章，明确提出公开选拔、竞争上岗是党政领导干部选拔任用的方式之一

① 《人民日报》：《全国公开选拔领导干部工作步入正轨》，《人民日报》2000年7月10日，第1版。
② 中组部党建研究所课题组：《如何改革完善竞争性选拔干部工作》，《光明日报》2012年5月24日，第14版。
③ 《深化干部人事制度改革纲要》（中办发〔2000〕15号）。

续表

年份	规范性文件	备注
2004	《公开选拔党政领导干部工作暂行规定》	为推进公开选拔干部工作的科学化、民主化、制度化，对公开选拔的适用情形、选拔程序、操作办法以及纪律监督进行专门规定
2004	《党政机关竞争上岗工作暂行规定》	为推进竞争上岗干部工作的科学化、民主化、制度化，对竞争上岗的适用情形、选拔程序、操作办法以及纪律监督进行专门规定
2004	《党政领导干部公开选拔与竞争上岗考试大纲》	作为党政领导干部公开选拔和竞争上岗考试的标准和依据，用以规范考试的内容、测评要素和方式方法

注：《党政领导干部选拔任用工作条例》于2014年1月重新修订；《党政领导干部公开选拔与竞争上岗考试大纲》于2009年9月重新修订。

人力资源配置的潜在收益。这种变化不仅意味着竞争性选拔干部方式步入制度化、科学化和规范化建设的良性轨道，同时也表明竞争性选拔干部方式开始由"诱致性制度变迁模式"向"强制性制度变迁模式"① 过渡。

（三）全面推进与机制完善（2009～2012年）

自2009年9月中共十七届四中全会开始，从制度运作的内在机制入手来完善干部竞争性选拔方式成为整个干部人事制度改革的一项重要内容。在全会所通过的《中共中央关于加强和改进新形势下党的建设若干重大问题的决定》中，提出了"完善公开选拔、竞争上岗等竞争性选拔干部方式，突出岗位特点，注重能力实绩"② 的改革要求。同年12月颁布的《2010—2020年深化干部人事制度改革规划纲要》将"完善公开选拔、竞争上岗制度，积极探索多种形式竞争性选拔干部办法。坚持标准条件，突出岗位特点，注重能力实绩，完善程序方法，改进考试测评工作，提高竞争性选拔干部工作的质量"作为一项重要的规划工作内容予以推进，并提

---

① 按照制度变迁的模式特征，制度变迁理论将制度变迁分为诱致性制度变迁模式与强制性制度变迁模式。诱致性制度变迁模式主要特点为改革的发动主体来自基层或者地方，在其突破原有制度框架进行某种试探性改革而获得显著收益之后，由中央权力中心为这种能够获得收益的改革活动提供新的制度供给。从制度产生的逻辑程式看，诱致性制度变迁模式通常遵循的是一条自下而上、需求导向、碎片推进的演化路径。强制性制度变迁模式则是由中央权力中心主动进行制度供给而引发的变迁，遵循的是一条自上而下的演化路径。

② 中国共产党第十七届中央委员会第四次全体会议：《中共中央关于加强和改进新形势下党的建设若干重大问题的决定》，《人民日报》2009年9月19日，第1版。

出"到 2015 年，每年新提拔厅局级以下委任制党政领导干部中，通过竞争性选拔方式产生的，应不少于三分之一"① 的比例要求。

在上述硬性比例目标要求的推动下，加之各级各地利用政府机构改革和"四套班子"换届等时机因素，其后几年间全国各地竞争性选拔干部活动频次和力度明显增多和加大。2010 年，全国机关干部公开选拔、竞争上岗总数达到 89769 人，② 仅中央和国家部委机关当年就有 94 家单位通过竞争性选拔方式选拔领导干部 2243 人，其中局级干部 426 人，处级干部 1817 人，选拔职位人数超过了 2008 年和 2009 年两年选拔人数的总和，通过竞争性选拔方式产生的干部约占当年新提拔干部总数的 30%；③ 2011 年，全国各地地级及以上党政机关以竞争性选拔方式选拔各类领导干部 6.8 万余人，占当年新提拔干部总数的 30.7%。而在中央和国家部委机关中，竞争性选拔局处级干部的比例则达到当年新提拔干部总数的 46%。④ 2012 年，云南省省级层面组织竞争性选拔领导干部职位总数达 1044 个，其中，厅局级职位 25 个，处级职位 75 个，科级职位 944 个；四川省省级层面组织公开选拔厅局级领导干部职位 10 个，县（处）级领导干部职位 241 个；湖南省省级层面组织公开选拔厅局级领导干部职位 27 个，县（处）级领导干部职位 79 个，科级领导干部职位 326 个；广西壮族自治区玉林市市县两级共拿出了 258 个处科级职位进行竞争性选拔，选拔规模超过历次竞争性选拔职位数之和。⑤

（四）理性反思（2013 年至今）

既定的制度生成并定型之后，随即会进入一个制度的路径依赖期。这是因为任何制度在构建之后都可能会因为"初始成本高昂、学习效应、合作效应和适应性预期"⑥ 等问题而导致制度的路径依赖。这种依赖表现为

---

① 《2010—2020 年深化干部人事制度改革规划纲要》（中办发〔2009〕43 号）。
② 中组部党建研究所课题组：《如何改革完善竞争性选拔干部工作》，《光明日报》2012 年 5 月 24 日，第 14 版。
③ 中组部研究室（政策法规局）：《完善和继续推进竞争性选拔干部工作》，《中直党建》2011 年第 6 期。
④ 赵琦：《竞争性选拔工作的成就与经验》，《中国组织人事报》2012 年 10 月 8 日，第 6 版。
⑤ 根据相关地方 2012 年度竞争性选拔干部公告（简章）统计整理。
⑥ 〔美〕道格拉斯·C.诺斯：《制度变迁理论纲要》，载北京大学经济研究中心主编《经济学与中国经济改革》，上海人民出版社，1995，第 55 页。

两种情形：一种是报酬递增效应促进了制度的发展且其他相关制度安排在同样方向上配合，进而导致有利于发展的进一步的制度变迁，此为良性路径依赖；另一种是某种制度演变轨迹形成以后，初始制度报酬递增效应衰退且由于其他一些因素的影响而使其难以被更优的制度所替代，使其处于一种"锁定"状态，此为恶性路径依赖。毋庸置疑，我国的干部竞争性选拔制度经过若干年发展在很大程度上已经形成了良性路径依赖效应，在整个干部人事制度改革中扮演着越来越重要的角色。然而，在竞争性选拔干部方式的实践发展过程中也难免会出现一些与制度期望相悖的现象。如何克服这些不良现象，保证竞争性选拔干部活动在健康、理性、有序的轨道上运行，成为其进一步发展面临的一个现实问题。

由于对竞争性选拔干部方式"认识层面的思想偏差"和"实践层面的操作偏轨"，[①] 在竞争性选拔干部实践活动的快速推进中，一些地方和部门亦出现了"凡提必竞"、"唯票唯分"、"高分低能"、"选上的用不上"以及"跟风作秀"等不良现象。为此，2013 年 6 月，中共中央总书记习近平在全国组织工作会议上明确指出："把好干部选用起来，需要科学有效的选人用人机制。要紧密结合干部工作实际，认真总结，深入研究，不断改进，努力形成系统完备、科学规范、有效管用、简便易行的制度机制。要特别注意研究新情况新问题。要把加强党的领导和充分发扬民主结合起来，发挥党组织在干部选拔任用工作中的领导和把关作用。要完善工作机制，推进干部工作公开，坚决制止简单以票取人的做法，确保民主推荐、民主测评风清气正。"[②] 时任中共中央政治局常委、中央书记处书记刘云山强调，要"以党的执政能力建设、先进性和纯洁性建设为主线，以培养选拔更多党和人民需要的好干部为重点，体现从严、创新、务实的要求，着力提升党员干部思想政治素养，着力弘扬党的优良作风，着力形成科学有效的选人用人机制，着力增强各级党组织的发展活力，全面提高党的建设科学化水平。深化干部人事制度改革，切实完善干部提名推荐、考核评价、选拔任用、管理监督等方面的措施办法，提高选人用人公信度，建设

---

① 孙明：《科学定位竞争性选拔干部方式》，《学习时报》2014 年 4 月 21 日，第 A5 版。
② 习近平：《建设一支宏大高素质干部队伍　确保党始终成为坚强领导核心》，《人民日报》2013 年 6 月 30 日，第 1 版。

高素质干部队伍和人才队伍"①。时任中共中央组织部部长赵乐际强调,要"深刻领会党要管党、从严治党的思想,锐意进取、改革创新的思想,改进工作作风、密切联系群众的思想,恪守'四个坚持'、选好执政骨干的思想,重心在基层、基层在服务的思想,强化制度约束、完善制度体系的思想,扎实推进组织工作各项任务落实"②。以这些思想为指引,2013年11月,中共十八届三中全会通过的《中共中央关于全面深化改革若干重大问题的决定》提出要"深化干部人事制度改革,构建有效管用、简便易行的选人用人机制","改进竞争性选拔干部办法,改进优秀年轻干部培养选拔机制,区分实施选任制和委任制干部选拔方式,坚决纠正唯分取人、唯票取人等现象"。③

为贯彻上述一系列改革精神,2013年11月中共中央组织部制定下发的《关于完善竞争性选拔干部方式的指导意见》和2014年1月中共中央重新修订颁布的《党政领导干部选拔任用工作条例》均对竞争性选拔干部工作做出了更为科学和理性的制度安排。如新修订的《党政领导干部选拔任用工作条例》明确规定:竞争性选拔方式只有在"职位空缺且本地区本部门没有合适人选尤其是紧缺的专业人才、系统内部符合条件的人多且对人选的意见不集中时才可进行";"不跨省、区、市选拔县处级以下干部";"突出岗位特点使测试、测评规范化、科学化,注重实绩,防止简单以分取人"④;等等。在此背景下,湖北、广东、河北、云南、甘肃、宁夏、青海等多个省份明确规定对竞争性选拔干部方式不再硬性划定数量比例,全国范围内竞争性选拔干部的频率和规模与前几年相比明显收缩。此外,为优化领导机关公务员队伍结构,建立来自基层的公务员培养和选拔机制,规范和推进公务员转任工作,2013年5月,中共中央组织部、人力资源社会保障部制定颁布了《公务员公开遴选办法(试行)》,对公开遴选的原则、程序、纪律与监督等问题做出了明确的制度规定。这表明,此后一定时期内竞争性选拔干部方式的深化改革将开始由注重制度推广转向注重制

---

① 刘云山:《在全国组织工作会议上的讲话》,新华网,http://news.xinhuanet.com/politics/2013-06/29/c_116339948.htm,最后访问日期:2013年6月30日。

② 赵乐际:《在全国组织工作会议上的讲话》,新华网,http://news.xinhuanet.com/politics/2013-06/29/c_116339948.htm,最后访问日期:2013年6月30日。

③ 中国共产党第十八届中央委员会第三次全体会议:《中共中央关于全面深化改革若干重大问题的决定》,《人民日报》2013年11月16日,第1版。

④ 《党政领导干部选拔任用工作条例(修订)》(中发〔2014〕3号)。

度理性以及选拔活动的针对性和实效性，其制度机制和制度功能将朝着能够切实保证选拔活动的科学性、民主性和公开性的方向进一步变迁。

三 竞争性选拔干部方式的现时性全局概览

经过近30年的实践探索与制度培育，竞争性选拔干部方式已成为我国公共部门人力资源配置的途径之一。从其发展的总体状况来看，具有以下显著特征。

一是竞争性选拔干部方式的实践活动覆盖范围广泛。从全国范围来看，2009～2013年的几年间，几乎所有省（自治区、直辖市）的各级党政机关及其他公共部门在干部选拔任用中都将竞争性选拔作为一种重要方式，竞争性选拔干部方式的制度功能在广泛空间内发挥作用。如果从不同省（自治区、直辖市）所辖地、市、州层面来考察，竞争性选拔干部方式近年来在各地同样具有较为广泛的覆盖面。本研究采取随机整群抽样方式从我国华东、华南、华中、华北、西北、西南和东北七大区域各随机抽取一个省份，分别对其所辖地、市、州在2009年至2013年五年间各年度组织过竞争性选拔干部活动的地、市、州数量进行统计，结果表明，在所考察的江苏、海南、湖北、山西、陕西、贵州、吉林7个省份共67个地、市、州中，[①] 有55个地、市、州在此期间开展竞争性选拔活动次数在3次及以上（见表1-3）。此外，在中央国家机关，竞争性选拔干部方式亦具有较高的覆盖率，据对101家中央国家机关的统计，2008～2012年五年间开展过竞争上岗的单位就多达86家。[②] 这表明，竞争性选拔干部方式在很大程度上已经成为全国范围内干部选拔任用的一种整体性制度选择。

表1-3 全国部分省份开展竞争性选拔干部活动的市（州）数量（2009～2013）

序号	省份	市州总数	开展竞争性选拔干部活动的市州数					五年间开展竞争性选拔活动3次及以上市州数
			2009年	2010年	2011年	2012年	2013年	
1	江苏	13	13	12	11	12	6	13

---

① 海南省三沙市于2012年7月成立，在此之前全省仅有海口和三亚两个地级市，故三沙市未统计在内。

② 《光明日报》：《竞争上岗成为选拔干部的重要方式》，《光明日报》2012年5月24日，第14版。

序号	省份	市州总数	开展竞争性选拔干部活动的市州数					五年间开展竞争性选拔活动3次及以上市州数
			2009年	2010年	2011年	2012年	2013年	
2	海南	2	0	2	2	1	1	1
3	湖北	13	13	11	5	8	6	13
4	山西	11	1	5	13	13	13	11
5	陕西	10	5	4	3	6	4	4
6	贵州	9	4	9	1	7	6	6
7	吉林	9	3	9	4	8	5	7
合计		67	39	52	39	55	41	55

资料来源：根据表中各省（自治区、直辖市）所辖地、市、州组织部门或公务员管理部门公开发布的竞争性选拔干部公告（简章）等资料信息统计整理。

二是竞争性选拔干部方式的实践行为趋于常态化。具体体现为各级组织部门在干部选拔任用工作中运用竞争性方式进行选拔的频率和选拔规模在近年来一直保持着较高水平。特别是在 2007 年中国共产党第十七次全国代表大会以后，在全国范围内这一态势表现得较为显著（如图 1-1 所示）。仅 2011 年，全国地市级以上党政机关以竞争性选拔方式所提拔的干部数量为 6.8 万余人，占到当年新提拔干部总数的 30.7%。[1] 而从单个省份来看，2000~2011 年江苏省全省各级组织部门通过竞争性方式选拔各级领导干部共计 133793 万名。其中，公开选拔产生 12051 人，竞争上岗产生121742 人，包括 9 名正厅级领导干部和 183 名副厅级领导干部。[2] 十二年间江苏全省所有新提拔的干部中平均每三人即有一人是通过竞争性选拔方式产生的。广东省 2011 年通过竞争方式产生的领导干部共计 10258 名，占新提拔干部总数的 49.1%。其中，市、县两级机关中委任制领导干部通过竞争性方式产生的分别占到新提拔干部总数的 64.7% 和 50.2%，[3] 全年新任命的省管企事业单位领导班子成员和市、县企事业单位领导班子成员通过竞争性选拔方式产生的分别占 51% 和 32.8%。[4]

---

[1] 赵琦：《竞争性选拔工作的成就与经验》，《中国组织人事报》2012 年 10 月 8 日，第 6 版。

[2] 《新华日报》：《江苏公选领导干部去年人数超历年　干部提拔三成竞争产生》，《新华日报》2012 年 4 月 6 日，第 A1 版。

[3] 《广东竞争性选拔干部成常态》，网易新闻，http://news.163.com/12/0720/10/86RMH9RC00014JB6.html，最后访问日期：2014 年 12 月 15 日。

[4] 《广东市县乡镇换届新提拔干部近半数竞争产生》，人民网，http://politics.people.com.cn/GB/14562/16783407.html，最后访问日期：2014 年 12 月 15 日。

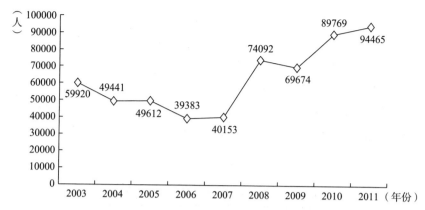

图 1 - 1　全国各级机关进行干部公开选拔和竞争上岗的数量规模（2003~2011）

资料来源：中组部党建研究所课题组：《如何改革完善竞争性选拔干部工作》，《光明日报》2012 年 5 月 24 日，第 14 版。

　　这表明以竞争性方式进行干部选拔任用已经成为全国各级各地组织部门的一种自觉行为，这种自觉性不仅表现为选拔活动本身的常态化，同时还表现为在竞争性选拔干部实践中有意识地进行选拔技术和选拔方法的创新，以求提高选拔工作的实效和选拔质量。本研究以随机抽样的方式从江苏、海南、湖北、山西、陕西、贵州、吉林 7 个省份中各抽取一个省辖市（地区、州）和一个县（县级市、区）分别进行考察的结果表明，各省在省、市、县三级层面竞争性选拔干部方式的发展演进均在很大程度上表现出常态化趋势与自觉性的特征。

　　三是竞争性选拔干部方式的实践形式多元化。这主要表现在竞争性选拔方式不仅在诸多委任制职位的干部选拔中广为施用，同时在一些选任制职位的干部任用中亦有所触及。全国各级各地在实践中根据干部选拔任用目标职位的类别特点和相关法律框架探索出公开选拔、竞争上岗、公推公选、公推直选、公开选聘等多种竞争性选拔的实践形式。例如，江苏省南京市在竞争性选拔干部工作中探索出以"'公推直选'形式选拔基层党组织领导班子，以'公推公选'形式选拔党政主要领导干部，以'公开选拔'形式选拔专业性较强领导干部，以'竞争上岗'形式选拔机关事业单位中层干部"[①] 的分层分类化选拔模式体系。湖北黄冈市在干部选拔工作中提出了通过"公推公选"形式选拔市直部门正职领导，通过"两推一

---

① 南京市党建研究所课题组：《完善竞争性选拔干部方法机制研究——以南京市竞争性选拔干部的实践为研究对象》，《中共南京市委党校学报》2012 年第 1 期。

述"形式选拔市直、县直部门领导班子成员，通过"竞争上岗"形式选拔市直、县直机关中层干部，通过"公开选拔"形式选拔市直单位正副科长，通过"公推直选"形式选拔乡镇党委班子成员，通过"公开竞聘"形式选拔事业单位领导人员，通过"交流遴选"形式推进党政综合部门重要岗位交流的工作方案。[①] 通过对全国各级各地所采取的竞争性选拔干部实践运作形式的考察，本研究将其中常见的形式进行了如下归纳（如表1-4所示）。

表1-4　竞争性选拔干部方式的部分实践形式

实践形式	简要释义
公开选拔	是指各级党委（党组）及其组织人事部门面向社会一定范围内采取公开报名、考试与考察相结合的办法选拔党政领导干部的一种活动
竞争上岗	是指各级国家机关或国有企事业单位通过公开竞争方式在组织系统内部选拔内设机构或工作部门领导人员的一种干部选拔活动
公开招聘	各级组织部门按照干部管理权限，面向社会公开发布招聘公告，并通过竞争性方式选拔和择优录用国有企事业单位领导干部职位人选
公推公选	是公开推荐与公开选拔有机结合的一种干部选拔任用方式。一般是指：采取个人自荐、群众举荐和组织推荐相结合，通过考试、考核、面试等程序选拔领导干部候选人预备人选，再依法举行选举或组织任命
公推直选	是对近年来以扩大乡镇党委领导班子成员直接选举范围为主要内容的党内选举制度改革的一种概括性说法。一般是指：通过党员个人的自我推荐、党员群众联名推荐、党组织的推荐这三个环节产生候选人，然后由全体党员直接参与选举产生党组织领导班子
两推一述	是指通过两次组织推荐和一次个人陈述程序来确定考察对象的一种干部选拔活动。首先，由上级党委组织部门派出的考察组或党委（党组）主持召开民主推荐大会，公布推荐职位和任职资格条件，参会人员在符合条件的人选中进行广泛的民主推荐，并根据得票情况商定陈述人选。然后，考察组或党委（党组）主持召开第二次民主推荐大会，由陈述人在大会上做德、能、勤、绩、廉等方面的个人陈述，接受参会人员的书面民主测评。最后，上级党委（党组）根据第二次推荐结果和参加测评干部本人实际情况，集体研究确定考察对象
公开遴选	是指市（地）级以上国家机关从下级机关公开择优选拔任用内设机构工作人员。公开遴选是公务员转任方式之一，同样需要坚持德才兼备、以德为先，坚持民主、公开、竞争、择优，坚持能力素质与职位要求相适应，坚持考试与考察相结合等干部选拔的基本原则

资料来源：根据党政领导干部选拔相关法规以及全国各级各地所发布的竞争性选拔工作实施方案归纳整理。

---

① 《湖北日报》：《竞争的嬗变——全省推进竞争性选拔干部工作观察》，《湖北日报》2010年11月17日，第2版。

四是竞争性选拔所涉及的职位类别及职位层次多样化。竞争性选拔干部实践逐渐实现了由各级政府机构、党群机关向国有企业、事业单位等多种类型公共部门的拓展，且其中不仅包括中国共产党党内干部的选拔，同时亦包括中国共产党党外干部的选拔；既包括拟任职位人选的选拔，亦包括后备干部人选的选拔。而从选拔所涉及的职位层次来看，竞争性选拔已经实现了从基层村（居）委会社区班子成员的选拔到科级职位、处级职位、厅级职位乃至副部级职位的延伸。以江苏省南京市为例，2008 年 2 月，南京市在全国首次对新一届政府组成人员整体性采用公推公选的方式进行竞争性推荐，其中包括副部级、厅级和副厅级三个职位层次的 47 个职位。① 2009 年 7~8 月，在先期试点的基础上全市 363 个城市社区党组织领导班子成员全面推行公推直选。2010 年 5 月，全市 806 个村级党组织在换届过程中也全部通过公推直选的方式产生了领导班子。② 在中央和国家机关，2011 年也首次采用竞争性比选和公开选拔方式产生了中国气象局副局长、国家信访局副局长、中国农科院院长等中管干部人选。③ 表 1-5 为南京市 2000~2012 年竞争性选拔干部简要历程，明显反映出职位类别及职位层次多样化的特征。

表 1-5　江苏省南京市竞争性选拔干部涉及职位类别与职位层次（2000~2012）

时间	选拔所涉及的职位类别与职位层次
2000 年 8 月	面向全国公开选拔 45 名副局级和副区县级领导干部，具体职位包括：市计划委员会副主任 2 名，经济委员会副主任 1~2 名，教育委员会副主任 2 名，科学技术委员会副主任 1~2 名，建设委员会副主任 1~2 名，司法局副局长 1 名，劳动局副局长 1 名，规划局副局长 1 名，统计局副局长 1 名，外事办公室副主任 1 名，侨务办公室副主任 1 名，文化局副局长 1 名，新闻出版局副局长 1 名，南京日报社副总编辑 1 名，旅游局副局长 1 名，南京市社科院副院长 1 名，高新技术开发区管委会副主任 1 名，经济技术开发区管委会副主任 2 名，市委党校副校长 1 名，以及全市 15 个区（县）副区（县）级党政领导干部 20 名
2001 年 11 月	公开选拔市政府秘书长、市计划发展委员会主任等正局级干部，最终人选由市委常委会票决产生

① 《新华每日电讯》：《南京公推公选市府 47 名官员人选》，《新华每日电讯》2008 年 2 月 27 日，第 2 版。

② 《公推直选基层"当家人"》，人民网，http://renshi.people.com.cn/GB/11407963.html，最后访问日期：2014 年 12 月 15 日。

③ 《"阳光选贤"渐成中国干部选拔常态做法》，新华网，http://news.xinhuanet.com/2012-09/28/c_113248990.htm，最后访问日期：2014 年 12 月 15 日。

时间	选拔所涉及的职位类别与职位层次
2001 年 12 月	通过竞争上岗方式选拔南京市市政公用局局长职位人选
2002 年 2 月	通过市场化配置的方式，面向社会公开招聘14名国有大型企业经营管理者，具体职位包括：江苏紫金电子集团有限公司总经理1名、副总经理4名，南京轻工产业（集团）有限公司总经理1名、副总经理2名，南京长江机器集团有限公司副总经理2名，华东电子集团公司副总经理1名，南京金宁电子集团有限公司副总经理1名，南京电子管厂副厂长1名，南京钢铁集团有限公司副总经理1名
2002 年 3 月	通过竞争上岗方式选拔市房产局局长、市市容局局长、市建委主任等职位人选
2002 年 5 月	面向社会公开选拔共青团南京市委书记1人、副书记4人
2002 年 10 月	面向全国公开选拔部分市级机关、企事业单位领导干部，选拔职位包括：市规划局局长1名，市国有资产投资管理控股（集团）有限责任公司总经理1名，市交通投资建设控股（集团）有限责任公司总经理1名，市城建控股（集团）有限责任公司总经理1名，市委政策研究室副主任1名，市委宣传部副部长1名，市纪委纪检监察室主任1名，市建设委员会副主任1名，市国资委办公室副主任1名，市审计局副局长1名，市规划局副局长1名，市房产管理局副局长1名，市文化局副局长1名，市外事办公室副主任1名，南京出版社副社长1名
2003 年 8 月	公推公选南京市白下区、雨花台区两区区长职位人选
2003 年 9 月	采取市区县联动方式面向全省公开选拔市级机关和高校领导干部10名，具体职位包括：南京广播电视大学校长、金陵学院院长、市委宣传部副部长、市委统战部副部长、市财政局副局长、市劳动与社会保障局副局长、市统计局副局长、市交通局副局长、市粮食局副局长、市乡镇企业管理局副局长各1名；同时面向全省公开选拔区县处（科）级干部56名
2004 年 4 月	公推公选南京市政府秘书长和南京市粮食局局长提名人选
2004 年 10 月	公推公选南京市秦淮区区长、鼓楼区区长、下关区区长、玄武区区长、溧水县（现溧水区）县长人选以及熊猫集团总经理人选
2005 年 10 月	面向全省公推公选市级机关、群众团体正局级领导干部和国企总经理7名；面向南京地区公开选拔市级机关副局级领导干部14名、市级机关和事业单位处级干部23名、各区县所属部门处（科）级干部38名；面向南京地区以公开招聘方式为民营企业选聘高层经营管理人员25名
2006 年 6 月	面向南京市级机关、市直属单位、各区县领导班子的现职领导干部公推公选3个区长职位候选人推荐人选和市人口计生委主任职位推荐人选
2007 年 9 月	面向南京地区集中公开选拔市群团组织领导干部6名提名人选，具体职位包括：市总工会副主席人选1名（限女性）、团市委副书记人选3名（其中女性1名）、市妇联副主席人选2名（限女性）

续表

时间	选拔所涉及的职位类别与职位层次
2008 年 2 月	面向南京市级机关、区县、直属企事业单位现任市管副职以上领导干部公推公选南京市政府 47 名组成人员人选，同时民主推荐 4 名区县委书记人选
2008 年 8 月	面向全国以公推公选方式选拔市规划局局长人选 1 名、市对外贸易经济合作局局长人选 1 名；面向南京市符合条件人员以公推公选方式选拔六合区人民政府区长人选 1 名、市建设委员会主任人选 1 名、市审计局局长人选 1 名、南京电视台台长人选 1 名；委托国际著名高管寻访公司面向海内外选拔南京国有大型企业总经理人选
2009 年 8 月	面向南京地区，市区县联动公开选拔党外领导干部人选 30 名，其中市法院、市政府工作部门、市群众团体、市属高校副职党外领导干部人选 10 名，区县中层党外领导干部人选 20 名
2009 年 7 月	南京市 363 个城市社区全部采用了公推直选方式选出党委书记、副书记和委员
2010 年 5 月	南京市 806 个村级党组织全部采用公推直选方式选举产生村党组织领导班子成员
2012 年 2 月	采取市区县联动竞争性选拔 200 名年轻干部，选拔职位分为：35 岁左右区县政府副职预备人选选拔、市级机关部门和市直属企事业单位中层正职人选 30 名；30 岁左右青奥组委会部门助理 20 名；30 岁左右区县中层职位人选 110 名；40 岁以下市级机关部门和市直属企事业单位市管副职预备人选 30 名

资料来源：根据南京市委组织部各年度公开发布的竞争性选拔干部公告（简章）整理。

　　五是竞争性选拔干部方式的制度化、规范化与科学化水平逐步提高。为贯彻公开、平等、竞争、择优的干部选拔原则，避免非制度因素的影响以确保程序正义和选拔质量，全国各级各地一些组织部门以《党政领导干部选拔任用工作条例》《公开选拔党政领导干部工作暂行规定》《党政机关竞争上岗工作暂行规定》等党内法规以及《中华人民共和国地方各级人民代表大会和地方各级人民政府组织法》等国家法律所提供的制度框架为基础，在竞争性选拔工作的制度化、规范化与科学化方面进行了积极探索。例如，为了改变各地公开选拔工作各自为政的局面和对相关政策把握尺度不一的问题，四川省着力推进以省市县三级联动方式统筹公开选拔领导干部活动，并于 2011 年专门制定颁布了《四川省统筹公开选拔党政领导干部实施办法（试行）》，重点对选拔程序、遴选比例以及测评方式等关键问题进行较为系统的规范。辽宁省大连市于 2012 年制定了《大连市竞争性选拔领导干部实施办法（试行）》，对竞争性选拔干部的工作原则、适用范围、工作方式、工作程序以及工作纪律监督等方面进行了明确规定。广东省深圳市 2011 年颁布了《深圳市公开推荐选拔市管领导干部实施办法》，对公开选拔推荐市管领导干部各环节的规则及程序进行了明确规范，在突出"鼓励干部自荐；分类推荐选拔；全程差额遴选；注重工作实绩"① 选拔导向的同时，还配套出台了《公开推荐选拔领导干部履职评价细则》，通过对干部的学习与工作经历、日常工作生活表现、获奖处分情况以及是否为后备干部人选等进行量化评价以增强选拔的科学性。江苏省南京市在不断总结竞争性选拔实践经验的基础上，将其中一些成功经验逐步固化为制度，2009 年 11 月，南京市集中出台了《南京市公推公选领导干部工作实施办法（试行）》《南京市公推直选基层党组织领导班子实施办法（试行）》《南京市市级党政机关处级领导职位竞争上岗实施办法》等一系列配套文件，形成了特色鲜明的竞争性选拔干部制度体系。这些情况说明，通过主动的制度供给来推进竞争性选拔干部方式的制度化、规范化与科学化发展，是近年来全国多个地方共同努力的方向。

四 竞争性选拔干部方式的总体成效

作为干部选拔任用方式的重要创新，竞争性选拔干部方式不仅将竞争理念与竞争机制引入干部选拔任用工作之中，同时以其"在干部选任中更具导向性、在用人视野上更具开放性、在选拔方式上更具科学性、在操作过程上更具规范性、在实施效果上更具公正性"② 等显著优势和突出特点改变了常规性的干部成长"路线图"与"时间表"，亦因此而在全国组织工作满意度民意调查中连续多次被公众评为最有成效的干部人事制度改革措施之一。其实践成效具体表现在以下方面。

其一，提高了干部选拔任用工作的公信度。干部选拔任用工作的透明度直接决定着其公信度的高低。竞争性选拔干部方式将选拔职位、资格条件、操作程序等预先公布于众，并将考试测评、民主考察等甄选过程的关键环节置于纪检监察部门和广大干部群众的监督之下，有效压缩了"跑官要官""买官卖官"等非组织活动的空间和非制度因素对干部选拔活动的干扰，由此受到了社会各界的广泛认可。中共中央组织部自 2008 年以来委

---

① 《深圳出台公开推荐选拔领导干部办法 鼓励干部自荐全程差额遴选》，人民网，http://renshi.people.com.cn/GB/14417356.html，最后访问日期：2014 年 12 月 15 日。

② 中组部党建研究所课题组：《如何改革完善竞争性选拔干部工作》，《光明日报》2012 年 5月 24 日，第 14 版。

托国家统计局所进行的民意调查结果表明，由于近几年竞争性选拔干部方式在全国范围内的广泛推行，干部选拔任用的公信度逐年提高且对防止和纠正用人不正之风发挥了积极效用（见图1－2）。

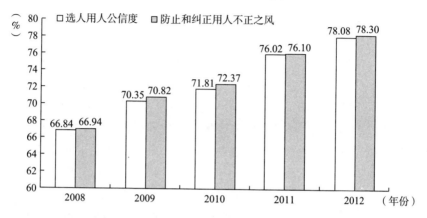

图1－2　全国组织工作满意度民意调查结果（2008～2012）

　　资料来源：国家统计局：《党的十七大以来选人用人公信度逐年提高》，中国共产党新闻网，http://renshi.people.com.cn/n/2012/1020/c139617－19328149.html，最后访问日期：2014年12月15日。

　　据本研究针对2009～2013年网络热议的24起年轻干部"火箭提拔"事件的统计，经各地组织部门调查审核，对当事人做出免职或辞职处理的有11起，认定不存在违规情况而维持任用的有13起。在违规任用并做出免职或辞职处理的11起事件中，属于常规委任制方式选拔任用的有9起，而通过公开选拔方式选拔任用的有2起。这在一定程度上表明，竞争性选拔干部方式对于防止权力寻租和纠正用人不正之风具有积极意义。

　　其二，提升了干部选拔任用工作的科学化水平。经过近30年的探索实践，竞争性选拔干部方式为我国干部选拔任用工作带来了一系列变化，使其实现了由"封闭操作"向"阳光运行"的转变，由"在少数人中选人"向"在多数人中选人"的转变，由"以人选人"向"以制度选人"的转变，由干部被动接受选择向主动参与竞争的转变。这一系列转变不仅是干部选拔任用工作与时代发展要求相适应的反映，同时亦表明其运作机制正逐步向着科学化的方向发展。此外，各级各地在竞争性选拔干部活动中还积极尝试引入现代人才测评的工具和方法，促使选拔技术由传统以定性分析为主向定性与定量相结合的方向转变，以求提高选拔信度和效度。同时，由于竞争性选拔科学性的增强，其选拔质量亦受到较高的认可。据中组部党建研究所课题组 2012 年在江苏省所进行的问卷调查，3400 多名受访者中高达 82% 的受访者认为经过公推公选产生的领导干部表现"好"和"较好"。四川省 10 余年来公开选拔领导干部总数逾万名，提拔率达到了39.4%，且超过一半被安排在重要岗位，这一比例远远高于通过其他方式所选拔的同级干部。

其三，优化了公共部门人才资源的配置。竞争性选拔干部方式摒弃了论资排辈、平衡照顾、求全责备的传统干部选用观，通过竞争机制的引入，激发了干部队伍的活力，为优秀人才的脱颖而出构筑了平台。同时，竞争性选拔干部方式突破了人才的区域、部门和身份壁垒，通过拓宽选人用人的渠道，为人才的合理流动创造了条件，不仅盘活了干部人才资源的存量，还吸引了一批体制外优秀人才进入公共部门。正如美国行政学家伦纳德·怀特（Leonard D. White）所言："选择的范围越大，则竞争越激烈，而最后所选择的人员，必然更加优良。"① 此外，在竞争性选拔干部过程中，各级组织部门还借此发现、掌握和储备了一批具有发展潜力的优秀人才，形成了一个储量充沛的人才"蓄水池"。据本研究对 Y 省、Z 省部分地市以及 S 市部分区县组织部门进行的调查访谈，各地普遍认为，竞争性选拔干部方式所取得的重要成果之一就是"优化了干部队伍的总体结构，提升了干部队伍的整体素质"。

其四，促进了干部选拔任用制度体系的建设。政治上层建筑领域内的活动必须以制度的形式明确其价值导向与活动规范。竞争性选拔干部从最初的局部性实践探索活动演进为一种常规性的干部选任方式，其制度供给亦在逐步增加。经过多年发展，目前竞争性选拔干部方式的制度构成已经从初期的单一主体制度演化为主体制度和专项配套制度相结合的一整套制度体系，且其中一些制度随着实践发展的需要进行了修订和完善。客观而言，这种制度体系的建设和逐步完善是竞争性选拔干部实践对制度需求的一种必然。

其五，推动了中国社会主义政治文明的发展。政治文明是指人类社会政治生活的进步状态以及政治发展所取得的成果，包括政治制度与政治观念两个层面的内容。政治文明的本质是一种回归主体性的文明，其核心意义在于"民治"，即强调公民参与管理国家事务的权利。中国共产党第十

---

① 丁煌：《西方公共行政管理理论精要》，中国人民大学出版社，2005。

六次全国代表大会将发展社会主义民主政治，建设社会主义政治文明确定为全面建设小康社会的重要目标之一。中国共产党第十七次全国代表大会进一步将政治文明与物质文明、精神文明、生态文明建设作为社会主义现代化建设的四大目标之一。竞争性选拔干部方式以强调和落实人民群众在国家政治生活中的参与权、知情权、监督权与选择权为基础，无论是从制度层面来看，还是从观念层面来看，均可视为政治生活的一种巨大进步。通过竞争性选拔干部方式的广泛实践，为人民群众在领导干部的选拔任用过程中提供了一条融入国家政治生活和表达政治意愿的渠道，这不仅有利于促进领导干部"为民服务"意识的养成，优化政治风气，同时对于增强人民群众自身的公民意识和法制意识亦具有重要的现实意义。从这个意义上说，竞争性选拔干部方式是实现我国社会主义民主政治最为直接和有效的途径之一。

第二章

实践考量：竞争性选拔干部方式的创新与问题

一 竞争性选拔干部方式的实践创新

国以贤兴，政以才治，为政之要，唯在得人。为提高中国共产党在新的历史条件下治国理政的能力以及满足中国特色社会主义政治文明建设发展的现实需求，同时在以此为背景所进行的干部人事制度改革的驱动下，全国各地各部门在开展竞争性选拔干部实践活动中围绕"德才兼备，以德为先""注重实绩，群众公认""民主、公开、竞争、择优"① 等干部选拔任用的核心价值准则，分别从多个向度进行了积极的探索。在此过程中，既有对竞争性选拔干部方式组织实施模式的尝试性变革，亦有对选拔程式和技术方法等过程要素的持续性创新。

（一）组织实施模式的创新

1. 联合竞争性选拔

所谓联合竞争性选拔，是指在一定的行政区域范围内改变以往由本区域各级组织部门各自组织实施公开选拔领导干部的习惯性做法，通过最高一级组织部门的统筹协调使不同地方与不同部门的选拔活动实现上下统一联动和统分结合，但同时又不改变干部管理权限的一种竞争性选拔干部的组织实施模式。2003 年 3 月，广东省在全国较早尝试通过联合公开选拔模式进行竞争性选拔干部活动。在省委组织部组织主导下，广东省省、市、县三级组织部门协调一致，统一动员部署、统一时间安排、统一信息公

---

① 《党政领导干部选拔任用工作条例（修订）》（中发〔2014〕3 号）。

告、统一政策要求、统一举行笔试。同时，按照干部管理权限由省、市、县各级分别提出和确定选拔职位和资格条件、分级受理报名与资格审查、分级进行组织考察和决定任用。除广东省外，2004 年 8 月，浙江省温州市进行了市、县（区）两级联合公开选拔领导干部活动，面向社会公开选拔 68 个处、科级领导干部职位人选。2005 年 4 月，浙江省绍兴市进行市、县（区）两级联合公开选拔领导干部活动，面向浙江省、绍兴市公开选拔 100 个领导干部职位，公开招聘企业高级经营管理职位 110 个（部分职位面向全国）。特别是在 2009 年以来，联合竞争性选拔的实践模式在竞争性选拔干部活动中的应用表现出明显的扩散特征，其模式影响力渐趋增加。

联合竞争性选拔模式的主要优势在于：一是有利于对竞争性选拔活动的各类组织资源进行整合，通过规模化效应直接降低选拔过程中所直接投入的人力、物力和财力成本，在提高选拔效率的同时亦可以提高选拔工作的质量；二是有利于加强对竞争性选拔干部工作的宏观管理，增强选拔活动的规范性和计划性，通过统一选拔流程、统一信息公告、统一笔试和统一评卷等手段来保证整个选拔工作的程序正义、公开透明以及公平竞争，降低由于干部选拔工作的神秘性而产生的社会成本和政治成本；三是能够在一定程度上控制和减少同一应试者利用选拔时间差到多地反复参加选拔竞争的投机性连考行为，压缩了在竞争性选拔干部活动中一些"考试专业户"和"考试能手"的存在空间，维护竞争性选拔干部活动的权威性。

2. 分层分类竞争性选拔

分层分类竞争性选拔是指根据拟选拔职位的职位层次或属性特征，首先对其进行适当的分层分类，并在此基础上分别拟定报考要求，分别进行测试和考察的一种竞争性选拔干部活动的组织实施模式。2001 年 12 月，广东省在第三次公开选拔副厅级领导干部活动中首次尝试采用这一模式，将 20 个待选拔职位按照岗位性质和特点划分为"党政群干部类"、"工交干部类"、"信息干部类"、"财税干部类"、"经贸干部类"和"科教干部类"六个类别。在按照领导干部选拔规范统一报名资格的前提下，明确提出六个类别职位选拔的基本要求（见表 2-1）。通过笔试之后以职位类别为单位确定面试人选，每一类别参加面试人数为该类职位选拔职数的 6 倍，面试之后确定的考察对象人数为该类职位选拔职数的 3 倍，最后各类职位确定拟任职人选由省委根据其特长和实际工作需要在相应类别职位中安排任职。同时规定，如果某些职位确实没有发现合适的任职人选，则该职位保持空缺。2003 年 10 月，宁夏回族自治区在首次面向全国公开选拔 28 名副厅级领导干部活动中亦将待选拔职位分为"社会科学"和"自然科学"两大类别，并分别按照这两大职位类别组织实施选拔工作。2010 年 7 月，浙江省湖州市在科级领导干部跨部门竞岗交流中将竞岗职位分为"行政管理"、"财务管理"、"经济管理"和"法律"四大职类，并按职类分别组织笔试和面试。湖北省黄梅县在竞争性选拔工作中将选拔职位从层次上分为正科级、副科级和村主职干部三个层级，从类别上分为"党务和农业农村"、"政法和社会管理"、"文化宣传和教育卫生"、"工业商贸和财政外经"和"城镇规划和旅游开发"五个类别，并依据职位特点分类出题，一类一卷进行测试。

表 2 - 1　2001 年广东省公开选拔副厅级领导干部各职类基本要求

职位类别	拟选职数	基本要求
党政群干部类	5	具有较高政策理论水平、较强综合概括和组织协调能力，了解党务、群众工作或人大、政府、政协工作及相应的法律规章
财税干部类	2	具有较强综合分析、组织协调与管理工作能力，有一定的宏观经济和财税知识，熟悉和掌握相关法律和政策
工交干部类	2	具有较强组织领导、决策与管理工作能力，有一定路桥或地质勘查、矿产开发知识
信息干部类	2	具有较强开拓创新与组织领导能力，熟悉相关政策法规，了解信息产业及网络应用的发展趋势
经贸干部类	2	具有较强组织协调和管理工作能力，比较熟悉商贸或外经外贸工作
科教干部类	7	具有较强的行政领导能力，熟悉高等学校教学、科研管理或熟悉科研院所科研组织和开发管理，具有一定学术造诣

资料来源：《广东省 2001 年公开选拔副厅级领导干部公告》，南方网，http://www.southcn.com/news/ztbd/gongxuan/new/200112290633.htm，最后访问日期：2001 年 12 月 30 日。

分层分类竞争性选拔模式的另一种实施形式是根据干部任用范畴或职位序列的不同分别采用不同的选拔形式来进行选拔。例如，江苏省南京市在近年来的竞争性选拔干部工作中探索出以"公推公选"形式选拔党政主要领导干部，以"公开选拔"形式选拔专业性较强领导干部，以"竞争上岗"形式选拔机关事业单位中层干部，以"公推直选"形式选拔基层党组织领导班子的基本模式。与南京市类似，连云港市在竞争性选拔干部工作中采取了部门正职"公推公选"，结构型干部"定向公选"，基层班子

"公推直选"，机关中层"竞争上岗"的实践模式。在近年来的竞争性选拔干部实践活动中，分层分类竞争性选拔模式在全国很多地方屡有运用。

分层分类竞争性选拔模式的主要优点在于：一是充分考虑了不同领域、不同层次和不同职位干部选拔的个性需求，能够有效增强选拔活动的针对性，更加符合不同类型领导人才考核评价规律和选拔任用要求，既有利于选拔具有一定专业素养的专才，同时亦有利于选拔具有一定发展潜质的通才；二是在分类选拔中尽管每位报名者只能参加某一个职类的选拔竞争，但由于选拔的基本指向是以职类为单元而不是仅仅局限于某一个特定职位，实际上扩大了报考者的职位选择空间；三是可以在一定程度上避免竞争性选拔干部活动中通常容易出现的热门职位报考人数相对集中，而冷门职位报考人数相对偏少的情况，促进各类职位竞争者的合理分布，形成均衡竞争。同时，还能够有效扩大组织调配的空间，更好地体现"能岗相宜"的竞争性选拔意向。

3. 定向竞争性选拔

定向竞争性选拔是指专门面向某一特定群体或某一特定系统而进行竞争性选拔活动的一种实践模式。2001年7月，云南省在公开选拔35名地厅级领导干部工作中将省人民检察院副检察长、省高级人民法院副院长、省教育厅副厅长、云南农业大学副校长、昆明医学院副院长以及云南财贸学院副院长6个职位专门面向非中共党员干部群体选拔，将省委党校副校长、共青团云南省委副书记、云南中医学院副院长、云南民族学院副院长、昆明理工大学副校长、云南艺术学院副院长6个职位专门面向女性干部群体选拔。另外，还公开选拔4名女干部和4名党外干部安排到地州市党政领导班子担任副职领导职务。这是定向竞争性选拔模式的较早实践之一。2003年9月，辽宁省决定采取"双推双考"与资历评价相结合的方法面向全省及中央直属驻辽单位定向公开选拔90名优秀年轻干部、女干部和党外干部充实到市厅、县级领导班子和担任市厅长助理。2007年3月，江苏省面向全省公开选拔20名省管领导干部和省属企业高级经营管理人员，其中在省司法厅副厅长、卫生厅副厅长、建设厅副厅长、工商业联合会副会长4个职位的报考条件中标注了"非中共党员"的要求，共青团江苏省委副书记职位的报考条件则明确要求为"女干部"，这是江苏省首次对公开选拔进行专门定向。2010年8月，浙江省淳安县采取不明确具体岗位的形式，按照"两轮推荐、竞争演讲、差额考察、差额票决"程序首次面向本县公安系统竞争性选拔了 9 名县管副职领导干部。近年来，在全国各地的竞争性选拔干部活动中，定向竞争性选拔已经成为一种较为常见的模式。

面向大学生村官和优秀村干部群体进行定向竞争性选拔是近年来全国各地竞争性选拔干部活动的一个重要组成部分。如 2011 年 3 月，浙江省金华市结合乡镇党委换届专门开展了面向大学生村官和优秀村干部定向竞争性选拔乡镇党政领导班子成员候选人预备人选工作。其中，面向优秀大学生村官的选拔职数共 6 个（义乌、金东、浦江、永康各 1 个，兰溪 2 个）；面向优秀村（居）干部的选拔职数为 15 个［其中义乌、浦江、永康各 1 个，其他县（市、区）各 2 个］。2011 年 8 月，浙江省建德市在乡镇领导班子换届中通过"两推两考两票决"的竞争性选拔方式从本市范围内的 22 名大学生村官中选拔 2 名副乡镇级领导干部预备人选。2011 年 12 月，江苏省宿迁市采取县区联动方式面向大学生村官公开选拔乡科级干部，共拿出 1 个县妇联副主席、1 个团县委副书记和 7 个乡镇副科职岗位进行选拔。据统计，2007～2010 年，宿迁市已有 81 名大学生村官通过公推公选等方式进入乡镇党政纪委班子，5 人通过公开选拔担任县直群团部门班子成员，136 人通过公推直选担任村（居）"两委"正职。[①] 而据本研究以浙江省为个案所进行的数据统计，在 2011 年乡镇领导班子换届过程中，全省 58 个县（市）中共有 29 个县（市）专门采用了定向模式面向大学生村官和优秀村干部群体竞争性选拔乡镇领导班子候选人预备人选。

定向竞争性选拔的主要优点在于：一是面向年轻干部、女干部和非中共党员干部等群体所进行的选拔活动可以有效满足领导班子在性别、年龄、党派或专业等方面结构优化的需要，有利于增强领导班子的整体功能；二是面向优秀大学生村官和基层干部等群体的选拔活动彰显了在基层一线培养干部和发现人才的基本用人导向，并为基层干部的职业生涯发展和有序流动构建了一条专门通道；三是有利于加强竞争性选拔活动的组织把关，落实党委（党组）选人用人责任。

4. 定期资格考试和有限范围内竞争性选拔

所谓定期资格考试和有限范围内竞争性选拔，是指将竞争性选拔干部

---

① 参见 http://cpc.people.com.cn/cunguan/GB/16617079.html，中国共产党新闻网，最后访问日期：2014 年 12 月 15 日。

活动中通常采用的单次选拔、单次考试的操作模式改变为定期资格考试，并以取得基本资格者为选拔面向范围的一种实践模式。其基本程式为：首先根据不同层次和不同类别职位的任职要求，组织符合资格条件报名者进行综合知识考试，然后根据职位空缺实际情况划定分数线，达到分数线的入围者即取得相关职位的基本任职资格，由组织人事部门统一掌握和管理。一旦出现职位空缺或者需要重新调整组建领导班子时，组织部门再根据拟选拔职位的类别特点和具体要求，从取得基本任职资格人员中通过自愿报名和组织审查相结合的方式，择优确定参加统一面试的人选，之后再根据面试结果排名按既定比例确定考察人选，并经组织考察后讨论决定任用。①

浙江省针对干部后备人才储备需要，按照"党政综合类"、"政法类"、"经济类"、"社会事业类"、"专业技术类"和"群团类"等不同类别的职位分别定期组织资格考试，通过考试即获得相应类别职位的任职资格，有效期为3年。当领导干部职位出现空缺时，组织部门再组织取得任职资格的人员进行面试，从中择优选拔。2004年2月，安徽省马鞍山市出台了《马鞍山市党政领导干部任职资格考试办法（试行）》，该办法规定提拔担任副处级领导干部职务和参加这一级别职位公开选拔者必须事先通过考试取得任职资格，考试对象涵盖市属部门和全市各区、县党政群机关、企事业单位的中青年后备干部和科级干部，其中法律知识是考试的主要内容之一。经过4轮试行之后，2010年1月，马鞍山市对《马鞍山市党政领导干部任职资格考试办法（试行）》进行了修订，将考试内容扩展为马克思主义理论与时事政治、领导科学、行政管理等公共业务知识以及计算机、英语基本技能等多个模块，并规定考试只明确重点内容，不指定教材和参考书目，且以闭卷笔试方式或"人机对话"方式进行，一般每两年组织一次。2008年，湖南省湘潭市开始推行党政领导干部任职资格考试制度，考试对象主要是本市在职正副处级和正科级干部。截至2014年6月，湘潭市已经举行了7次领导干部任职资格考试，共有3000多名领导干部通过考试。其考试内容分为基本常识、政策法规、党的理论创新成果三个知识板块，涵盖公共基础知识、党纪党规、时事政治、湘潭市情、近期市委市政府重大决策、领导干部能力测试等多方面的内容。考试试题由计算机随机

---

① 中共浙江省委组织部、中共湖州市委组织部联合课题组：《创新公开选拔工作的新探索——定期分类资格考试在有限范围内公开选拔领导干部》，《组织人事学研究》2002年第1期，第17~20页。

生成，应考者试卷内容各不相同，交卷后由计算机自动阅卷评分。

定期资格考试和有限范围内竞争性选拔模式的主要优点在于：其一，通过变职务考试为资格考试，将考试与考察任用的过程分离开来，一方面有利于改进和完善现有的后备干部队伍建设制度，使后备干部队伍选拔公开化，另一方面亦可使组织部门的工作变得更加主动，有利于在竞争性选拔中实现好中选优；其二，通过变分散组织为统一组织，有利于优化组织资源，实现竞争性选拔干部活动在某一行政区域的有序运作，且便于对选拔工作进行统筹计划和合理安排；其三，以有限范围内的竞争性选拔来代替面向社会的公开选拔，能够在一定程度上克服前者面广量大且总体选拔质量难以保证的缺陷。

（二）选拔程式设计的创新

程序正义作为被诸多古典政治哲学家所肯定的正义事物之一，表明了在程序设计和程序操作过程中所要实现的价值目标。以竞争为主要行为手段的竞争性选拔干部方式，其中亦蕴含了对干部选拔任用的科学性、民主性、公正性等价值准则和价值目标的追求。因而，如何通过合理的选拔程式设计在形成有效竞争的同时切实贯彻这些价值准则和实现这些价值目标，是近年来竞争性选拔干部实践活动探索的重要内容之一。根据《党政领导干部选拔任用工作条例》《公开选拔党政领导干部工作暂行规定》等党内法规所提供的基本程式规范，全国各个地方以竞争性选拔干部实践活动早期所提出的"一推双考""两推一考""公推公选"等为基础，在坚持"党管干部"的原则不变，选拔任用的条件和标准不变，考察任用程序、规定和要求不变的前提下，紧紧围绕推选提名、考察测评、任用决定等关键环节先后设计出多种具有创新意义的选拔程式。

1. 双推双考

所谓"双推双考"是指在竞争性选拔干部的程式安排中设置"个人推荐与组织推荐"两类推荐主体（实践中亦有"个人推荐与群众推荐"或"群众推荐与组织推荐"）并将"考试与考察"作为选拔过程的两个关键环节。这种程式自20世纪90年代中期左右开始在浙江省上至副厅级干部下至村（居）干部的选拔工作中较早进行尝试，并逐渐被全国多个地方引用于不同层级和不同类型领导干部的选拔工作之中。

如近年来，安徽省合肥市蜀山区在科级后备干部的选拔程式中将"双推"和"双考"作为核心环节。其中，"双推"环节包括会议投票推荐和个别谈话推荐，由各单位党组织负责人主持，在民主推荐的基础上由单位领导班子讨论后产生建议人选名单报区委组织部审查（各单位若无合适人选可空缺）。"双考"环节包括能力测试和组织考察，由区委组织部负责组织实施。在"双考"过程中同时贯穿对建议人选的资格复审，如有不符合资格条件的情况即取消建议人选资格。最后由考察组根据各建议人选的能力测试情况以及组织考察情况写出综合性考察报告，经区委组织部部长办公会议研究后形成建议人选方案，提交区委常委会议研究确定后备干部的最终人选。[①] 安徽省枞阳县为破解领导干部任职人选提名难、酝酿难和确定难这"三难"问题，将群众推荐作为一个前置条件，在群众推荐票达到30%之后以群众推荐票的70%和领导推荐票的30%为权重来计算个人推荐得分，然后再按照选拔职数 1：1.5 的比例由高分到低分确定"双考"入围人选。根据突出综合素质和业务能力的选拔要求，"双考"中考试和考察各占50%权重（考察按照学历资历、年度考核、获奖情况、综合评价等项目分别设置相应分值），最后按照得分高低排序等额确定拟提拔人选。[②] 江苏省睢宁县将"双推双考"程式引入党外干部的选拔培养工作中，打破行业、部门、身份和所有制等条件限制，首先采用社会推荐和个人自荐方式积极发现合适人选，然后通过考试（包括笔试和面试）以 1：1.5 的比例确定素质考察人选，最后经过严格的素质考察以 1：1.2 的比例报县委审定并经县常委会票决确定党外科级后备干部人选。据统计，近年来睢宁县委先后提拔了 19 名党外干部，其中 1 人已经成长为县处级领导，2 人担任县政府部门正职。[③] 综合各地在竞争性选拔干部活动中采用"双推双考"的实践情况，其一般操作程式如图 2 - 1 所示。

"双推双考"选拔程式的主要创新点在于：一是"双推"使得个人或自我、组织或群众均可进行推荐提名，能够有效兼顾个人、群众和组织意志，体现了竞争性选拔干部工作的民主性；二是"双考"兼顾了对选拔对

① 中共合肥市蜀山区委组织部：《关于做好科级后备干部推荐工作的通知》，蜀山先锋网，http://www. sszzb. gov. cn/content/? 617. html，最后访问日期：2014 年 12 月 20 日。
② 《公安"双推双考"让有为者有位》，枞阳在线，http://www. aqzyzx. com/system/2011/04/30/002250454. shtml，最后访问日期：2014 年 12 月 20 日。
③ 刘瑞华：《施行"双推双考"拓展党外干部选拔渠道》，《中国统一战线》2009 年第 4 期，第 41 页。

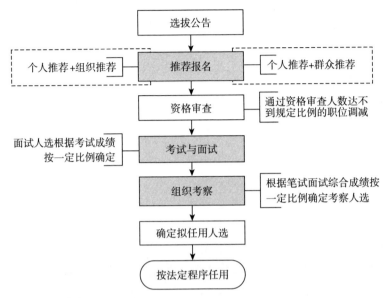

图 2 - 1　"双推双考"竞争性选拔干部的一般程式

象理论知识与实际能力、品德与才能等多维素质的考察，从程序上使选拔的效度得到保障；三是这种选拔程式的适用范围广，既可用于委任制干部的选拔过程，亦可用于选任制干部的选拔过程，既可用于较高层次干部的选拔过程，亦可用于基层干部的选拔过程。

2. 两推两考两票决

所谓"两推两考两票决"，是指在竞争性选拔干部活动的提名环节中设置两个类型推荐主体，并经过考试与考察（或考察与考评）两个环节进行择优，最后通过两次票决来确定任用人选的程式安排。这种程式是对"双推双考"程式的进一步创新和拓展，近年来在山西、陕西、江苏、浙江、广东等省份的一些地区的竞争性选拔干部活动中均有运用。

如山西省临汾市在 2009 年首次以"两推两考两票决"的选拔程式进行 8 个县（市）长空缺职位人选的选拔工作。① 首先，由市委组织部与市纪委联合组成推荐组进入市直单位和 17 个县（市、区）、2 个开发区召开干部大会进行初始推荐，从 113 名符合任职条件人选中推荐出 40 名县（市）长初步人选。在此基础上，由市级领导干部会议采取署名推荐方式

---

① 《山西临汾干部选任："两推"、"两考"、"两票决"》，中国共产党新闻网，http://renshi. people. com. cn/GB/13223315. html，最后访问日期：2014 年 12 月 20 日。

从中遴选推荐出 21 名入围人选。一方面，经过"两推"的入围者，现场接受由有关专家和领导组成的评委团所进行的基本素质和综合能力"测述考察"（测述题目由评委团从预备的三套命题中优选一套；测评专家和领导由省委组织部从全省范围内精选；测述过程邀请"两代表一委员"全程旁听和监督）；另一方面，由市委组织部牵头，抽调市纪委、审计等部门人员组成考察组，采取民意调查、民主测评、个别谈话、实地查看等手段对入围者进行任职考察，提出提拔使用意见。通过"两考"环节之后，产生了 12 名县（市）长职位的初步意向性人选，提交市委常委会进行差额票决后产生 10 名县（市）长意向性人选，然后报经省委组织部审核后确定了 9 名考察对象。最后，市委常委会在听取了有关考察情况的汇报之后，决定将这 9 名县（市）长人选提交市委全委会进行审议，采取无记名票决的方式从中确定了 8 名县（市）长职位的拟任人选。

2010 年 6 月，浙江省富阳市采用"两推两考两票决"程式选拔市管正职领导干部。[①] 在提名环节，通过全市领导干部会议和市委全委会进行两轮民主推荐，从符合任职条件的 365 名市管副职领导干部中产生 21 名考察对象。然后，由市纪委、市委组织部和"两代表一委员"组成联合考察组对各个考察对象进行了组织考察和量化考评（考评内容包括基本条件得分、群众评价得分和考察组评价得分三个方面），并按各考察对象的综合得分进行排列为市委常委会票决提供参考。最后，市委常委会通过票决方式从 21 名考察对象中产生 9 名建议人选，再由市委全委会根据 9 名建议人选现场即兴演讲答辩的表现进行票决，最终产生 6 名市管正职领导干部拟任人选。

2011 年 10 月，陕西省西乡县对任职满两年的大学生村官采取"两推两考两票决"的程式竞争性选拔乡镇副职领导干部人选。[②] 首先，采取个人自荐与组织推荐方式组织动员符合条件的大学生村官报名竞争。通过资格审查后进行素质测试（包括笔试和面试，面试人员根据笔试成绩按照 1∶3 比例确定）和组织考察（考察对象根据素质测试的综合成绩按照 1∶2 的比例确定）。考察方式为考察组到考察对象任职村组召开大会进行民主

---

① 《富阳采取"两推荐、两考核、两票决"方式选拔产生 6 名市管正职领导干部》，富阳党建网，http://dj.fuyang.gov.cn/gbgzpdsy/254530.jhtml，最后访问日期：2014 年 12 月 20 日。

② 《西乡：两推两考两票决公选大学生村官任乡镇副职》，陕西党建网，http://www.sx-dj.gov.cn/Html/2011-10-25/094558.html，最后访问日期：2014 年 12 月 20 日。

测评（民主测评按百分制计分，其中优秀票按 100%、称职票按 80%、基本称职票按 60% 的权重计算得分。此外，年度考核每获评一次优秀者加 0.5 分，近三年获县级表彰奖励者每次加 0.5 分、获市级表彰奖励者每次加 1 分、获省级及以上表彰奖励者每次加 1.5 分），同时通过征求意见、个别谈话等方式全面考察干部的德、能、勤、绩、廉等方面的情况。最后，按照考察评分和表彰加分计算总成绩，由高到低提出初步人选，先由县委组织部部务会进行无记名投票表决，通过票决者提交县委常委会进行无记名投票表决。

综合各地"两推两考两票决"的基本做法，其一般程式如图 2 - 2 所示。

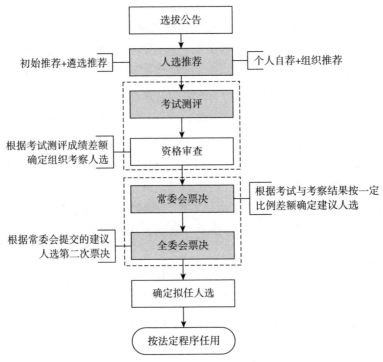

图 2 - 2   "两推两考两票决"竞争性选拔干部的一般程式

从实践情况来看，"两推两考两票决"程式所体现的创新之处包括：一是将竞争性选拔的面向限定于本区域符合条件的人员范围之内，在"两推"环节中注重不同层次推荐主体的意愿表达，使整个提名酝酿过程更加充分和严谨，有利于控制好领导干部选拔任用的入口关；二是在"两考"

环节中既注重了对选拔对象能力与素质的考察，同时亦充分关注其工作实绩与民意反映，有利于提高干部选拔任用工作的公信度；三是在确定拟任人选环节通过两个不同表决群体的两次差额票决，改变了通常的领导干部选拔任用主要由常委会"说了算"的做法，发挥了全委会在干部选拔任用中的集体决策权，并有利于克服少数领导个人意志对选拔结果的影响。

3. 三推三考

所谓"三推三考"，是指在竞争性选拔干部活动中设置三个类型的推荐主体，并通过考试、考察和考绩等环节对选拔对象进行择优后确定任用人选的程式安排。早在1996年，山东省单县针对村级干部队伍文化水平低、年龄结构老化以及进出渠道不畅等问题就开始推行这种选拔程式。近年来，在全国多个地方的基层领导干部选拔和后备干部选拔中这种选拔程式被较多地运用。

如新疆维吾尔自治区新源县在近几年的竞争性选拔干部活动中通过实施"三推荐"和"三考评"来破解群众参与难与察人识人难问题。[1] 首先，在公布推荐职位、资格条件及选拔方法和程序的基础上，由县委组织部按照报名者单位列出名册，分单位召开推荐大会进行初步推荐。其次，根据各单位民主推荐的情况，按照报名者得票数列出初步名单以系统为单位在科级干部中进行第二轮集中推荐，每一职位确定10名推荐人选。最后，根据第二轮推荐得票情况，按照选拔职位编列花名册在县四套班子中进行第三轮民主推荐，每一职位确定6名竞职人选。在"三考评"阶段，首先，由县委组织部安排竞职人选进入竞职单位进行为期10天的驻点调研，围绕相关重大问题进行调查并形成调研报告，交有关领导和专家组成的评委会进行评审。其次，采取结构化面试、无领导小组讨论、演讲答辩等方式进行面试。面试考官从考官库中抽签产生，同一职位由同一个面试考官组面试，另设领导干部和群众民主评议（领导干部5人，群众评议人员20人）同时为面试者评分。最后，根据调研报告评审和面试综合成绩，从高分到低分按1：3的比例确定考察对象（面试成绩仅作为确定考察对象的条件，而不作为使用建议的主要依据，防止简单地以分数选人）并按姓氏笔画排序向社会公布。之后，由县委组织部牵头组成干部考察组，通

①《新源县实施"三推三考"选人提升"三满意"》，伊犁党建网，http://yl.xjkunlun.cn/ll-dy/zgxx/2011/2115285.htm，最后访问日期：2014年12月28日。

过政绩公示公议、民主测评、民意调查、个别谈话、查阅干部档案等程序，全面了解掌握考察对象在德、能、勤、绩、廉等方面的表现情况，并对其专业水平进行评估。考察工作结束后，考察组成员在全面分析考察情况、充分酝酿讨论和比较的基础上形成考察材料和综合报告，提交至县委组织部。县委组织部以此为依据提出任职建议人选，报县委研究决定后公示，经试用考核合格后正式任用。

2011 年 3 月，江苏省宝应县教育系统以"三推三考"形式进行了百名后备干部选拔工作。① 在预先制定的《宝应县教育系统公推公选后备干部实施意见》指导下，采取的程式如下。一是单位推荐和书面考试。根据县辖各个学校领导班子集体提出的推荐意见，确定参加笔试的青年干部和教师人选，笔试主要用于测试参考人员对本职工作的熟悉程度、自我学习能力以及专业理论水平。二是民主推荐和面试考核。笔试成绩公布后，根据笔试情况初步确定后备干部人选，由县教育局组织人事部门到其所在学校进行民主测评和意见征询，评价情况良好者进入面试环节。在面试环节，要求面试者以某一具体管理岗位为视角对学校的管理问题及其解决思路和策略进行分析，由县教育局领导班子成员和知名学校校长、特级教师代表所组成的专家评委团对面试者的语言表达水平、逻辑思维能力等基本素质进行比较评价。三是校长推荐和综合考察。以面试成绩为依据，再次征询选拔对象工作学校校长意见，最终完成 102 名后备干部的选拔工作（其中女性 33 人，非党人员 18 人），并进行公示。

2012 年 2 月，北京市门头沟区对区水务局、区财政局和区旅游委等 9 名处级正职领导干部进行竞争性选拔。② 为真实反映民意，避免凭印象、凭感觉和凭感情推荐，一部分岗位在推荐程序设计上采用了三个层次的推荐主体，即区委委员和区级班子成员、处级班子正职、一般干部群众分别进行推荐，另一部分岗位则根据实际情况采用个人自荐、社会举荐和二级单位党组织推荐等多种不同推荐方式。在推荐工作完成之后，通过曲线图形式对被推荐人在不同层次或不同类别推荐中的得票差异进行对比分析，以求准确把握干部选拔的群众基础。除此之外，在选拔过程中还通过"考

---

① 《江苏宝应县教育局"三推三考"选拔百名后备干部》，中国共产党新闻网，http://dan-gjian.people.com.cn/GB/14253207.html，最后访问日期：2014 年 12 月 28 日。

② 《中国组织人事报》：《民主推荐"嫁接"公开选拔》，《中国组织人事报》2012 年 2 月 10 日，第 2 版。

学、考绩、考德"等手段来实现好中择优（以笔试为基础，注重通过面试、组织考察等来比对选拔对象的实际工作成绩及其为官之德）。在面试考官的人员遴选上，邀请北京双高人才发展中心等专业社会测评机构的专家担任评委，以提高选拔测评的专业化水平；在测评方法的运用上，引入资历评价机制，将专业职称、工作实绩和获奖情况等项目分类进行量化评价；在德的评价上，通过专项调查、实地考察、查阅资料、同考察对象面谈等多种方法广泛而深入地了解干部"德"的现实表现以及在急、难、险、重工作任务中的突出表现，确保不让那些在艰苦地区和基层一线默默无闻、埋头苦干的干部吃亏。

综合各地"三推三考"的基本做法，其常见程式如图2-3所示。

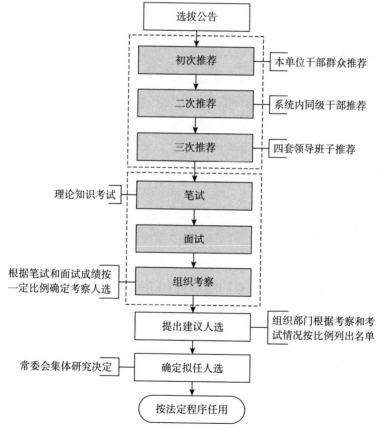

图2-3 "三推三考"竞争性选拔干部的一般程式

"三推三考"选拔程式的主要创新在于：突破了通常的竞争性选拔干

部活动在报名之后通过资格审查即可参加考试的做法，不仅设置了多个层次的推荐主体，灵活地将民主推荐"嫁接"到竞争性选拔过程，而且将民主推荐的程序前置，在知识与能力的竞争择优之前首先关注民意基础问题，切实贯彻了"德才兼备，以德为先"的干部选拔任用原则。实践中，一些地方还在"三推三考"的基础上，进一步在确定拟任人选环节采取票决方式，衍生出"三推三考一票决"或"三推三考两票决"等选拔程式。

4. 三推一选

"三推一选"是指以"三方"推荐为前提，并采取公开选举的办法选拔基层领导干部的一种程式安排，属于选任制范畴内的一种竞争性选拔方式。在不同地区和企事业单位的竞争性选拔干部活动中，作为推荐主体的"三方"构成略有差异。

2005 年 2 月，重庆市渝北区在区辖张关镇首次进行了"三推一选"正处级镇长的尝试，其"三推"过程包括"公推"、"优推"和"群推"。① "公推"是由"三推一选"领导小组成员、相关部门负责人以及张关镇相关干部对 12 名自愿报名者进行推选，从中产生 5 名初步候选人；"优推"是由区委组织部在对候选人进行严格政审的基础上，向区委常委会进行专题汇报，由区委常委会从中推选出 3 名候选人；"群推"则是召开群众大会，在 3 名候选人分别进行演讲答辩之后由全镇 2436 名具有选举权的群众现场投票从中推选 2 名候选人。在"三推"的基础上，依法召开镇人民代表大会，由 75 名镇人大代表从 2 名通过"群推"的候选人中选举产生镇长。具体流程如图 2-4 所示。

2008 年 7 月，河南省三门峡市湖滨区在社区党支部的换届工作中，按照群体代表性设置了"辖区党员"、"居民代表"及"辖区单位和商户代表"三类推荐主体。② 在竞选者进行现场演讲和答辩之后，三类推荐主体分别进行投票，按得票多少为序依次取足支部委员和支部书记候选人初步人选。各街道党工委在听取考察组关于"三推"和考察情况汇报的基础

---

① 《基层民主从间接向直接的巨大跨越——重庆市首次试点"三推一选"正处级镇长冲击波》，新华网/重庆频道，http://www.cq.xinhuanet.com/focus/2005-04/18/content_4083968.htm，最后访问日期：2014 年 12 月 30 日。

② 卫清波、王卫国：《"三推一选"模式是扩大基层党内民主的有益探索》，中国共产党新闻网，http://cpc.people.com.cn/GB/117092/7663182.html，最后访问日期：2014 年 12 月 30 日。

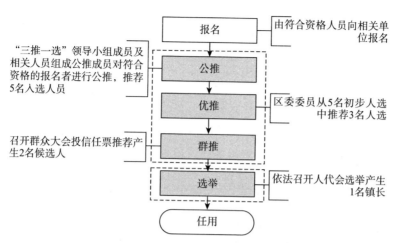

图2-4　重庆市渝北区"三推一选"竞争性选拔镇长流程

上，讨论确定各社区书记、副书记和委员候选人建议名单（其中书记、副书记候选人建议名单按1∶1比例确定，委员候选人建议名单按多于应选人数的30%确定）。最后，由各社区党员从候选人建议名单中选举产生任职人选。2011年10月，内蒙古自治区科左后旗在旗直机关事业单位党组织换届工作中，在公开推荐环节，推荐主体不仅包括本级党组织推荐和本单位党员群众推荐，还包括下一级党组织推荐。同时强调，上级党组织不仅有推荐下一级党组织成员的权力，而且应该严格对下一级党组织所推荐的候选人初步人选进行把关和考察。在此基础上，由党员大会直接选举产生书记、副书记、委员，或者先直选出委员，再从委员中直选出书记和副书记。①

"三推一选"选拔程式的实践创新在于：通过"三推"使更多符合条件的优秀人才有参与竞争的机会，使得候选人的产生拥有更为广泛的民意基础，亦使选举有了更大的空间和更为合理的依据。由此不仅可以较好地落实广大党员群众在干部选拔任用中的知情权、参与权、选择权和监督权四项权利，同时亦进一步拓展了基层民主，实现了党管干部原则与群众公认原则的有机结合，增强了基层自治的政治功能。

5. 三推两选

所谓"三推两选"是指在基层领导干部的选拔中，采取组织、党员和

---

① 《通辽日报》：《后旗："三推一选"选出新气象》，《通辽日报》2011年11月9日，第1版。

群众"三方"推荐提名候选人,再通过两轮差额选举产生任职人选的程式安排,属于选任制范畴内的一种竞争性选拔方式。

2008 年江西省余干县结合村委会换届选举,在全县选择了 20 个乡镇条件成熟的村进行"三推两选"村党组织成员的试点工作,共公推直选出 60 名党支部成员。① 其操作程式如下。试点村统一按照书记 1 名和委员 2 名的职数配备标准,采取党员推荐、群众推荐和组织推荐三结合方式产生书记及委员候选人。其中,党员推荐是由乡(镇)驻村指导组主持召开村党员大会,通过全体党员等额推荐新一任党组织班子成员候选人初步人选;群众推荐则是根据村规模大小不同,以村民小组为基本单位分别推选产生 20 ~ 50 名不等的群众代表,由乡(镇)驻村指导组主持召开村民代表会议对新一任党组织班子成员进行无记名等额投票推荐;组织推荐是由乡(镇)党委召开专题会议,等额推荐各村新一任党组织班子成员初步候选人选。在三方推荐的基础上,由乡(镇)党委根据初步推荐候选人选综合得票情况,在书记和委员初步候选人选中各取前 2 名作为初步候选人。然后,乡(镇)党委按照"一考二议"的程序研究确定正式候选人。"一考"即组织考察,"二议"即通过召开两次党委会分别商议候选人预备人选和候选人正式人选。最后,通过两轮投票差额直选党组织成员。选举大会在审议通过《选举办法》、村党组织书记候选人竞职演说等程序之后,由全体党员进行两轮投票:第一轮投票由参会党员从 2 名书记候选人中差额选举出村党组织书记,同时将落选的书记候选人列为第二轮投票的委员候选人;第二轮投票同样采用差额方式,由全体参会党员从 3 名委员候选人中选举产生 2 名村党组织委员。在举行选举大会时,全村有选举权的党员参会人数超过应到人数的五分之四会议有效,被选举人所获得赞成票数超过有选举权且实际到会人数的一半被视为当选。

2010 年,江苏省南通市崇川区在全区 107 个基层党组织换届"公推直选"试点中,同样采用了"三推两选"的基本程式。② 通过组织推荐、党员推荐、群众推荐三者的有机结合,改变了基层党组织换届"自上而下"

---

① 《余干县开展村级党组织"三推两选"试点工作 积极探索扩大基层党内民主有效实现形式》,余干党建网,http://www.ygdj.com/Article/ShowArticle.asp? ArticleID = 322,最后访问日期:2014 年 12 月 30 日。

② 中共南通市崇川区委:《推行"三推两选"工作 深化党内民主实践》,《南通党建》2010 年第 6 期,第 8 页。

式单向提名的传统。在"两选"阶段，大部分社区党组织采取了"正选"（先选委员，再选书记）方式，少部分社区党组织则采取了"倒选"（先选书记，再选委员）方式。

综合以上各地在实践中"三推两选"的基本做法，其一般程式如图2－5所示。

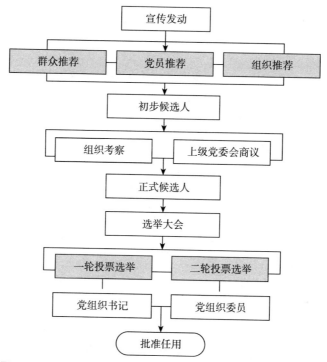

图2－5　"三推两选"竞争性选拔基层党组织干部的一般程式

（三）选拔技术方法的创新

能否科学、准确、有效地识别和甄选出优秀人才以提高公共部门管理绩效，是领导干部选拔任用所关注的最根本问题之一。为了提高竞争性选拔工作的信度和效度，彰显"德才兼备，以德为先"的干部标准和"群众公认，注重实绩"等导向原则，各地各部门在实践中围绕选拔过程链条的多个关键节点进行了有益探索。

1. 面试环节的"大评委制"

作为面试环节的一种评审手段，"大评委制"与传统面试相比的最大区别在于评委人数增多且来源构成多元化，并通过适当降低每位评委的分值比重，尽可能地缩小评价误差。在面试环节引入"大评委制"以提高公正性和公信度成为近年来很多地方在竞争性选拔干部活动中所采取的一项重要措施。

2008 年 9 月，广东省面向全社会公开选拔百名厅处级年轻干部，在笔试环节之后，共有 600 名通过笔试者分 23 个组别接受面试。为扩大干部群众参与面，面试环节首次尝试采用"大评委制现职制"，23 个组别的面试评委总数共计逾 5000 人。面试过程每个环节的评委除了专业评委外还包括三类人员：省、市两级人大代表、党代表、政协委员；公开选拔职位所在地区（单位）干部群众；省直和市直相关单位中层及中层以上干部。为防止"拉票"或"公关"等非组织行为，所有面试和测试环节的评委均通过计算机随机抽签方式确定并提前一天由专人通知，同时规定每位评委在同一职位组中只能参加一个环节的面试评价工作。[①]

2010 年，广西来宾市在公开选拔优秀乡镇（街道）党委书记担任市直机关副处级领导职务工作中，首次采用"大评委制"进行面试。面试评委成员包括专业评委 9 名，市级人大代表、政协委员评委 15 名，群众评委15 名。其中，专业评委由组织人事部门的业务人员和选拔职位所在单位的领导组成；市级人大代表、政协委员评委从自愿报名参加者中随机抽签确定；群众评委由选拔职位所在单位的干部群众代表组成。面试采用百分制并按照岗位特征量化计分（专业评委占 60 分，另外两类评委各占 20 分）。[②]

2013 年 1 月，河北省正定县面向全县机关和全额拨款事业单位公开选拔副科级干部。在选拔考试的演讲环节建立了 600 人评委库。评委库成员包括县级领导、县纪委常委、县直部门以及各乡镇党政正职领导、县人大代表、政协委员、离退休老干部、先进人物和劳动模范等，每名成员按类别随机编号并严格保密，每场考试从评委库中随机抽取 200 名评委担任考官。每名职位竞争者演讲完毕后评委当场打分，由职位竞争者本人抽签确定 100 名评委的评分作为有效成绩并当场公布。[③]

一方面，"大评委制"的探索尝试扩大了竞争性选拔工作的社会参与

---

① 《人民日报》：《广东厅处级干部公选试行"大评委制"，面试评委包括职位所在单位的在职人员》，《人民日报》2008 年 9 月 26 日，第 10 版。
② 《广西日报》：《来宾：创新机制阳光考"官"》，《广西日报》2010 年 10 月 14 日，第 1 版。
③ 《正定竞争性选拔干部实行"大评委制"》，河北新闻网，http://hebei.hebnews.cn/2013 - 02/26/content_3111754.htm，最后访问日期：2015 年 1 月 13 日。

面，有利于纠正"少数评委选人"和"暗室面试"的潜在弊端，充分体现竞争性选拔干部方式的公平性和公开性；另一方面，评委来源构成成分的多元化有利于较好地反映各方面的意愿和选拔认同度，尤其是选拔职位所在单位干部群众介入面试，"给未来的领导当考官"，在某种程度上正是保障和落实广大干部群众关于领导干部选拔的知情权、参与权、表达权和监督权的切实体现，有效改变过去用人单位"事先茫然，事后埋怨"的消极格局。同时，"大评委制"这种评委身份的广泛性，亦有利于提高对竞聘入围者的考评效度。更为关键的是，"大评委制"亦是对竞争性选拔制度的有效创新。诸多事实证明，竞争性选拔制度在干部工作中确实发挥了积极作用。但不必讳言，作为一种制度性的"初生婴儿"，其制度本身难免存在一定缺陷，而"大评委制"在竞争性选拔活动中的引入，充分地体现了这一制度本身具有兼容性和发展性。

2. 辨别人职匹配的"履历评价"

履历评价法亦可称为资历评价或者履职评价，主要是指通过对被评价者的社会背景、教育培训情况、工作经历及工作业绩等信息的综合分析来预测和评价其专业背景、实践经验、工作能力等与所选拔职位匹配程度的一种人才测评技术。[①] 其技术雏形源于第二次世界大战期间的个人经历分析，美国心理学者吉尔福特（Joy Paul Guilford）在开发用于军队征兵的阿尔法测验过程中，以个人经历为基础来预测军事训练的成功率，取得了相当大的成功。基于此，二战后该方法被移植应用于一些民用部门，在经过大量研究和应用实践基础上，逐渐发展成为人才测评领域的一项重要技术方法。西方一些国家如美国自 1983 年开始就将履历评价技术用于公务员的选拔之中。近年来，为克服竞争性选拔干部工作中存在的"唯分取人""以票取人"等简单机械主义选拔倾向，全国多个地方在竞争性选拔干部活动中相继开始尝试采用履历评价的方法，对照所选拔职位的实际素质需求，对竞职者的学习和工作经历、工作实绩、日常表现、专业素质等进行匹配性的量化测评，并按一定比例计入个人成绩。

辽宁省早在 2003 年就将履历评价技术应用于领导干部的公开选拔工作中，如鞍山市在当年的 16 个副局级领导职位的选拔中将选拔总成绩分为资

---

① 陈哲娟：《履历业绩评价在领导干部竞争性选拔中的应用》，《中国人力资源开发》2012 年第 3 期，第 51～54 页。

历评价、笔试和面试三个部分，其中资历评价得分占 30%，笔试成绩占
40%，面试成绩占 30%。2010 年 12 月，河南省渑池县在公开选拔科级干
部的考察环节，采取了资历评价和综合评价相结合的办法，资历评价分值
和综合评价分值各占考察成绩的 30% 和 70%。其中，资历评价的评价项目
和评分标准如表 2-2 所示。

表 2-2　2010 年河南省渑池县公开选拔科级干部资历评价标准

评价项目	分值	评分标准
任职情况	35 分	担任中层副职职务（企业相应职级）但未经组织部门备案 10 分 担任中层正职职务（企业相应职级）但未经组织部门备案 15 分 担任中层副职职务（企业相应职级）且经组织部门备案 25 分 担任中层正职职务（企业相应职级）且经组织部门备案 35 分
受教育程度	30 分	具有全日制大学专科和在职本科学历 20 分 具有全日制本科学历 25 分 具有国家承认的研究生学历 30 分
获奖情况	15 分	参加工作以来获得 1 次县级荣誉 5 分 获得 2 次县级荣誉或 1 次市级荣誉 10 分 获得 3 次县级荣誉或 2 次市级荣誉或 1 次省级及以上荣誉 15 分
加分项目	4 分	获得与报考职位要求专业相对应的技术职称予以加分。其中：初级职称加 1 分；中级职称或市级专业协会会员加 2 分；高级职称或省级专业协会会员加 4 分
扣分项目	5 分	对参加工作以来受到党政纪律处分且影响期已满的予以扣分。其中：受到党内警告、行政警告处分每次扣减 2 分；受到党内严重警告、行政记过及以上处分每次扣减 5 分

资料来源：根据河南省渑池县竞争性选拔干部工作方案整理。

　　广东省深圳市在 2011 年专门出台了《公开推荐选拔领导干部履职评
价细则》（以下简称《细则》），在确定考察对象的环节分别从"基本资
格"、"平时表现"、"获奖情况"、"工作及学习经历"以及"是否为后备
干部"五个维度对报名人员进行量化评价。[1] 按照《细则》，履职评价满分
为 100 分。其中，"基本资格"项目满分为 50 分，重点评价报名人选是否
符合所报职位的资格条件。凡符合任职资格条件、工作经历和专业要求，

---

[1] 《深圳市在公开推荐选拔领导干部中首试履职评价》，中华人民共和国中央人民政府网，
http://www.gov.cn/gzdt/2011-09/07/content_1942336.htm，最后访问日期：2015 年 1 月
21 日。

且近三年年度考核无基本称职、不称职情况的报名人选，可记50分。"平时表现"项目满分为20分，主要评价报名人选的群众公认度与德才情况，以民主测评的形式由报名人选所在单位干部群众无记名投票计算得分。为保证测评的科学性，"领导班子成员"和"其他参会人员"分别按照一定权重计算得分。"获奖情况"项目满分为10分，着重评价工作实绩，按照近五年来个人或单位所获最高奖项一次记分，不累计记分。"工作及学习经历"项目满分为15分，主要评价报名人选的工作经历，包括任职年限、基层工作经历、多岗工作经历、挂职经历和学习经历5个子项目。"是否为后备干部"项目满分为5分，着眼于评价报名人选的培养潜力和发展潜力。根据这一细则，深圳市下属各区结合自身实际制定了更为详细的实施细则。表2-3为深圳市光明新区制定的《公开选拔推荐领导干部履职评价申报表》，在相关人员参加竞争性选拔时首先进行履职自评，然后由组织部门审核确定评价分数。

表2-3 深圳市光明新区公开选拔推荐领导干部履职评价申报表

姓名			所在单位			
现任职务			联系电话			
履职评分						
项目	个人自评分	评分事由（由个人填写）	单位初核得分	组织人事局复核分	备注	
基本资格 30分	—	—	—		由组织人事局资格审查后填写	
民主测评 30分	—	—	—		由组织人事局组织民主测评后填写	
年度考核 10分		示例：1. ××年考核优秀，计×分；2. ××年考核称职，计×分。合计：×分				
任职年限 10分		示例：××年×月至今任该单位××科科长，计×分				
多岗经历 9分		示例：××年×月至××年×月任××单位××科科长，××年×月至今任该单位××科科长，计×分				
学习经历 6分		示例：××年×月至××年×月参加××学校××专业学习，获××学历，计×分				

后备干部 5分	示例：××年×月参加新区中青 年干部培训班			
合计	—			

资料来源：根据深圳市光明新区公开推荐选拔处级领导干部公告整理。

履历评价所依据的基本原理是：一个人过去的工作绩效表现是其未来绩效表现的最佳预测变量之一,[1] 因此，通过考察其过去的工作经历和工作业绩，可以预测其对未来岗位的胜任程度和适应程度。在竞争性选拔干部活动中，通过履历分析，有利于掌握职位竞争者在某个领域或者某个层面已经具备的工作经验和职业能力，进而以此为基础对人职匹配度进行前瞻性预测。相对于传统的资格审查而言，资格审查仅仅局限于考察应试者的学历和资历，难以反映出职位竞争者在其成长和发展过程中丰富多彩的具体事件，且难以对不同应试者的不同经历进行等值比较，而履历评价技术可以在一定程度上弥补这些不足。[2] 同时，相对于笔试和面试从横向截面来测评竞职者的知识和能力而言，履历评价技术是从纵向截面对竞职者进行历时的和更为广泛的评价，在一定程度上弥补了其他选拔测评技术在测评维度上的不足，有利于对职位竞争者的个人素质进行更为全面的把握，有效避免或减少竞争性选拔干部活动中的"高分低能"现象。

3. 考察实际能力的"驻点调研"

针对竞争性选拔干部工作中存在的"能干不能考，能考不能干"这一突出问题，一些地方改变以往主要进行笔试和面试的单一模式，采用"驻点调研"等方式突出对竞职者在实际工作情境中综合能力的测试。所谓"驻点调研"，是指由组织部门统一组织竞职者到有关单位进行实地调研，通过听取情况介绍和座谈交流等形式采集信息，并在规定时间内独立完成调研报告后进行答辩，以此考察其发现问题、分析问题和解决问题的实际工作能力。

2008年9月，贵州省贵阳市面向全国公开选拔33名处级领导干部，在笔试和面试环节之后按1∶3比例确定驻点调研人选，之后又按笔试成绩

---

[1] 陈哲娟：《履历业绩评价在领导干部竞争性选拔中的应用》，《中国人力资源开发》2012年第3期，第51～54页。

[2] 陈哲娟：《履历业绩评价在领导干部竞争性选拔中的应用》，《中国人力资源开发》2012年第3期，第51～54页。

占30%、面试成绩占40%、驻点调研报告评分占30%的权重计算综合成绩，并按1∶2的比例确定考察人选。① 2008年9月，广东省在省、市联合公开选拔100名年轻干部过程中，依照面试成绩高低按照选拔职位1∶2的比例确定各个职组进入领导能力测试的人员名单。其中，"驻点调研"在测试成绩中所占比重为40%，另外两个测试项目"情景模拟"和"无领导小组讨论"各占30%，三个项目综合计算得分。② 浙江省在省、市组织的竞争性选拔干部活动中普遍采取驻点调研、竞职陈述和结构化面试相结合的方式，首先安排面试人员到县（市、区）、企业或高校进行集中调研，然后围绕调研情况和选拔职位要求，进行竞职陈述和答辩。③ 2013年3月，云南省面向全国竞争性选拔50名副处级以上园区管委会干部，在资格审查的基础上，取消笔试环节，将履历业绩评价结果作为初试成绩，然后围绕竞职者到所应聘园区驻点调研的情况进行面试答辩。④ 除上述地方外，近年来全国很多地方在竞争性选拔干部活动中都引入了驻点调研测试的环节。

4. 考察干部品德的"逆向测评"

"德才兼备，以德为先"是党的干部标准之一。但自古以来，官员选拔都存在"德考"的困境。在竞争性选拔干部工作中，对于干部德的考察笼统抽象而缺乏明确的评价尺度和具体的考察方法依然是一个现实的实践难题。针对这一难题，一些地方在竞争性选拔干部工作中尝试通过正向测评与逆向测评相结合的方式来构建系统化的指标体系和明晰化的量化标准，以求使德的考察向可操作化方向发展，尽可能防止因德之失察而造成的选人用人失误。其中的逆向测评，即通过设计反向或负向的评价指标（评价要点），采取反向调查的方式来了解考察对象是否具有某些负面反应，以全面、准确、真实地掌握干部的德行表现。在一定程度上，负面评价更能真实、客观地反映干部德的全貌。

---

① 《贵阳市面向全国公开选拔领导干部公告》，新华网贵州频道，http://www.gz.xinhua-net.com/2008htm/xwzx/2008 - 09/22/content_14460873_2.htm，最后访问日期：2008年9月22日。

② 《广东省省市联合公开选拔100名年轻干部公告》，中国网，http://www.china.com.cn/po-licy/txt/2008 - 08/01/content_16112023_2.htm，最后访问日期：2008年8月1日。

③ 《人民日报》：《浙江创新完善竞争性选拔干部方式》，《人民日报》2010年6月26日，第7版。

④ 《云南面向全国选拔46名产业园区"一把手"》，中国新闻网，http://www.chinanews.com/df/2012/03 - 09/3732702.shtml，最后访问日期：2015年2月7日。

浙江省宁波市在 2004 年就开始在全国率先探索建立干部德行评价体系，选定 6 个县（市、区）进行各有侧重的试点，并逐渐将其作为竞争性选拔考察环节的基本工具。所辖江北区在 2006 年出台了国内第一套"领导干部道德评价体系"，该评价体系中包含"社会公德"、"政治品德"、"职业道德"和"家庭美德"4 个一级指标，在此基础上一级指标又进一步分层细化为 11 个二级指标和 22 个三级指标，对于每个三级指标均列出"优、良、中、差"4 个等级，并有与之对应的正向或逆向测评内容。譬如，"廉洁性"、"政治态度"和"理想信念"这 3 个指标属于一票否决性指标，它们所对应的逆向测评内容描述分别为"有吃拿卡要情况""不考虑国家利益和大局""动摇共产主义信念"。所辖奉化县（现奉化区）在干部选拔任用工作中，针对德的测评设置了四大逆向指标。其中，在政治品德方面的逆向描述为："不敢坚持原则，老好人思想严重，过于关注名利得失和个人进退"；在职业道德方面的逆向描述为："利用手中职权谋取个人私利，在面临急难险重任务时，有推诿责任或逃避退缩行为"；在社会公德方面的逆向描述为："有参与赌博行为，有嫖娼行为，有违反计划生育政策等法律法规的行为"；在家庭美德方面的逆向描述为："有虐待老人的现象或者推卸赡养义务，有婚外情、家暴或者生活不检的现象"。在针对干部德的考察中，如果此类逆向指标得票超过投票人数的 30%，实行"一票否决"。① 在经过前期试点的基础上，宁波市于 2010 年 6 月在市级层面推出《宁波市领导干部德行考核评价办法（试行）》，重点从"政治品质"和"道德品行"两个维度构建干部德的评价标准体系，针对其中的理论素养、宗旨观念、大局意识、政治纪律、政治信念、坚持原则、职业道德、社会公德、家庭美德和个人品德等 12 个具体指标，实行正向和反向相并列的方式进行测评并量化赋分。在领导班子任期届满考察时，应用这一整套指标体系全面测评相关人员的德行表现。而在干部个别提拔任职考察和竞争性选拔考察时，则侧重于测评其在某些关键时刻和对待个人名利的行为表现。②

广东省惠州市在竞争性选拔干部工作中为了将"德"的考察落到实

① 《宁波日报》：《宁波在全国率先探索干部德行考评体系——干部问德，竖起道德风向标》，《宁波日报》2010 年 6 月 28 日，第 A3 版。

② 《浙江宁波建立干部德行考核指标体系》，政府绩效管理研究网，http://www.ppirc.org/html/64/n-4064.html，最后访问日期：2015 年 2 月 23 日。

处，专门设计了《干部"德"的专项考察测评表》，以定性和定量相结合的方式从正、反两个方向来科学界定德的考察内容与标准体系。其中，正向测评维度包括"政治品德"、"职业道德"、"社会公德"、"家庭美德"和"个人修养"，分别按照优、良、中、差四个等次以相应权重评价计分；反向测评项目包括"责任意识"、"工作作风"、"合作精神"、"为人处事"和"廉洁自律"，分别从工作圈、生活圈、社交圈和"台上台下"、"八小时内外"等不同侧面考察干部的德行表现，对应的四个评价等次为"没反映""有议论""意见大""不了解"，并按照相应权重计分。整个德的评价实行百分制量化，最终分值为正向测评项目和反向测评项目的平均得分。①

5. 决定任用人选的"听证会制度"

听证会制度是在政府的公共决策过程中为了保证决策透明度和接受社会监督而广为使用的一种手段。为了在任用决策之前进一步广泛听取各方面意见，以提高选拔工作的透明度和公信力，一些地方在竞争性选拔干部工作的考察环节引入了"听证会制度"，让广大干部群众参与对选拔结果的监督。

上海市闵行区近几年在竞争性选拔干部工作中改变以往在考察环节之后直接向常委会提出建议人选名单的做法，对每个选拔职位首先由区公开竞职领导小组根据对各个考察对象的"岗位经历""工作成效""德的考核""民主测评""征求意见""群众公认"六个方面的考察结果提出两名建议人选，然后邀请区委全委会人事工作委员会委员、选拔职位所在单位主要领导、特邀监督员以及新闻媒体代表共同参加对初步人选的公开听证会。听证过程包括案例撰写、案例介绍、提问互动、署名投票等环节，每个选拔职位听证得票最高者由区委组织部作为建议任职人选报送区委常委会讨论决定。②

河北省东光县规定，在干部选拔工作中要以书面形式将考察结果向考察对象所在单位进行反馈，并由考察对象所在单位负责就考察情况举行监督听证会。参加监督听证会的人员范围为：考察对象所在单位领导、党员代表、群众代表以及下属单位的一把手。通过向参加听证会的人员发放征

---

① 《惠州日报》：《坚持民主公开　着力竞争择优》，《惠州日报》2011年7月28日，第5版。

② 《闵行区举行竞争性选拔处级干部听证会》，上海政务网，http://shzw.eastday.com/shzw/G/20130826/u1ai113465.html，最后访问日期：2015年2月23日。

求意见表来对考察结果进行监督评议。考察组就反映的问题进行分析汇总、调查核实后，对考察材料进一步完善，报送县委组织部部务会和县委常委会研究决定。自东光县实施考察监督听证会制度以来，已经先后有 5 名拟提拔干部由于在听证会环节被反映存在严重问题，并经组织进一步调查核实而被取消任用资格。① 由此可见，监督听证会制度无论是对于提高竞争性选拔公信度，还是严把选人用人最终关口，都具有独到作用。

6. 延伸竞争跑道的"差额试岗"

为了增强选拔工作的效度和动态性，克服人岗不相适配等现实问题，一些地方在竞争性选拔干部工作中试行"差额试岗"来拉长竞争跑道，以进一步考察和检验竞职者的实际工作能力。

江西省横峰县近年来在科级干部的选拔中，采取每一岗位同时选拔两名候选对象的方式对其进行为期半年的差额试岗，以期在正式任用之前对选拔对象进一步深入考察。② 按照规定，用人单位在充分考虑试岗对象个人意愿以及其能力特长的前提下，安排二者分别承担一些重点工作和难点工作，以求查验其实际工作能力和综合素质。试岗对象在试岗期间的组织关系与工资补贴等均留在原单位，且须每 3 个月向县委组织部提交一份履职报告。试岗期满后，组织部门通过采取"人大议、政府评、政协看"以及由试岗单位所有人员填写考评意见等方式，对试岗对象的工作成绩进行综合考评。在此基础上，由县委常委会听取各位试岗对象的述职报告，以及试岗单位党组织对于试岗人员在试岗期间的相关情况介绍，然后以无记名投票方式票决产生正式的任职人选。为了提高这一工作的透明度，在票决环节还专门邀请一部分"两代表一委员"和相关干部群众列席监督。针对一些试岗对象领导经验较为欠缺等问题，横峰县通过结对帮扶、学习交流等方式来加强对其后续的跟踪培养，着力提高试岗对象的"成才率"。

福建省莆田市 2012 年在不定职位竞争性选拔 35 周岁以下副处级干部和 30 周岁以下副科级干部的过程中，同样尝试性地采取了"实践试岗"的举措。③ 根据相应的干部管理权限，副科级干部人选由各县县委或各区

---

① 《东光县建立干部选拔听证会制度》，马鞍山党建网，http://www.ahmasdj.gov.cn/Index/Show.Asp? sysid=1811241735450，最后访问日期：2012 年 9 月 24 日。

② 《人民日报》：《江西横峰干部任用"差额试岗"》，《人民日报》2011 年 7 月 15 日，第 19 版。

③ 《我市今年联合公开选拔领导干部工作纪实》，福建之窗，http://news.66163.com/2012-12-21/716442.shtml，最后访问日期：2015 年 3 月 15 日。

区委负责安排到相关岗位进行实践锻炼，而副处级领导干部人选则由市委根据各人的阅历经验、性格特点、专业特长以及发展潜力等因素统筹安排至相关岗位进行实践锻炼，通过岗位实践进一步考察和识别干部，确保将合适的人用到合适的岗位上。为期一年的试岗期满后再进行组织考察，经考察不能胜任试岗岗位的人员，免去其试任职务，返回原工作单位并按原职级安排。

2015 年 5 月，广西来宾市面向各县（市、区）国有企业、事业单位在职在编干部以"试岗比选"的方法公开选拔 66 名乡镇领导班子后备干部作为 2016 年乡镇领导班子换届的储备人选。[①] 其具体操作办法如下。首先，由各县（市、区）组织部门根据笔试、面试和能力素质测试（以人机对话方式进行）综合成绩按照 1∶1.5 的比例确定进入考察的人员名单，经组织考察合格者公示后即列为试岗人选。然后，由各县（市、区）委组织部统一下文安排试岗人选到各乡镇挂任一定职务进行为期半年的试岗，并报市委组织部备案。试岗期间，试岗者的人事关系与工资待遇仍在原单位保持不变。试岗期满后，由组织部门统一进行考察，将其中能够胜任乡镇管理工作的人员择优推荐为 2016 年乡镇领导班子换届提名人选，其余人员返回原单位工作。

"差额试岗"制度体现了一种以"实践"和"实绩"为核心的竞争性选拔干部导向，有利于弥补由于选拔方式的静态性而存在的一些不足，同时亦可以通过试岗而加深选拔职位所在单位与试岗者之间的相互了解。

二 竞争性选拔干部方式的实践问题

毋庸置疑，竞争性选拔干部方式经过若干年的发展在很大程度上已经形成了良性的路径依赖效应。但与此同时，和任何一项新生制度的发展演进过程一样，由于"初生自身发展不足"与"外在环境干扰或异化"[②] 等因素的影响，制度的进一步发展或创新难以避免地会遭遇到各种各样的问

① 《来宾市"试岗比选"乡镇领导班子后备干部简章》，来宾党建网，http://www1. lbs-dj. com/html/Overview/Honor/2015/05/07/15570323702. html，最后访问日期：2015 年 5 月 18 日。

② 李木洲：《我国公开选拔党政领导干部制度创新探究》，硕士学位论文，华中师范大学，2010，第 48 页。

题甚至障碍，需要通过不断的探索与修正才能更好地发挥制度效应。

（一）适用范围的扩大化问题

相对于其他干部选拔任用形式而言，竞争性选拔干部方式具有三个显著特征，即人才选拔范围大、竞争性强、采用笔试和面试相结合的评价方法。这些特征与公务员考任制、事业单位聘任制人才选拔特征相似，所不同的是公务员招考适用于录用担任主任科员以下及其他相当职务层次的非领导职务公务员，竞争性选拔干部方式则主要用于选拔领导干部。竞争性选拔干部方式亦不同于选任制，尽管选任制的选举过程具有或应该具有竞争性，但其范围限定于一定区域或组织内部的有选举权或被选举权者，该选拔方法不需要在选举之外进行考试。因此，特定意义的竞争性选拔干部方式不适用于选任制。至于与常规委任制的区别，竞争性选拔干部方式是在对传统大一统委任制突破性改革中发展起来的选拔干部新方式，而这一新方式之所以被定位为"党政领导干部选拔任用的方式之一"，本身就意味着它不是选拔任用干部的唯一方式，甚至不是主要的方式。

然而，全国很多地方在推行竞争性选拔干部过程中出现了扩大其使用范围的问题。扩大化问题一方面表现为对有些选任制职位采用了竞争性选拔干部方式。例如，将竞争性选拔干部方式用于地方党组织、基础党组织领导班子成员的产生，用于需要通过地方人大任用的职位人选的产生，用于居委会、村委会等基层群众自治组织人员的选举任用等。出现这方面问题的一个原因是2004年颁发的《公开选拔党政领导干部工作暂行规定》做出了扩大化规定："公开选拔适用于选拔地方党委、人大常委会、政府、政协、纪委工作部门或者工作机构的领导成员以及其他适于公开选拔的领导成员。"[1] 尽管竞争性选拔干部方式运用于选任制干部选拔中的一些创新机制及创新举措，对于提高选任制干部选拔任用的民主性、增强选举过程的竞争性、抑制选任制所衍生的不正之风等具有值得提炼和吸收的价值，但将竞争性选拔干部方式直接运用于不同合法性基础的选任制人员，毕竟缺乏法理基础和法律依据。

扩大化问题另一方面表现为将竞争性选拔干部方式作为选拔任用干部的主要方式。这一问题在2010~2012年表现得更为突出，由于《2010—

---

[1] 《公开选拔党政领导干部工作暂行规定》（中办发〔2004〕13号）。

2020 年深化干部人事制度改革规划纲要》提出了 "到 2015 年，每年新提拔厅局级以下委任制党政领导干部中，通过竞争性选拔方式产生的，应不少于三分之一"① 的目标要求，于是，在各地 "达标" "超标" 的锦标赛中 "逢提必竞" "逢竞必考" 成为一种政治潮流，成为地方党委及其组织人事部门的 "政绩工程"。短短几年间，不仅各地通过竞争性选拔干部方式产生的干部普遍达到三分之一，不少地方超过一半，有些地方甚至接近百分之百。正是在这一时段背景下，由于竞争性选拔干部方式大面积快速推进中出现了诸多问题，2013 年全国组织工作会议后这一干部选拔任用新方式进入收缩与理性反思阶段。

（二）选拔效度的 "高分低能" 问题

"高分低能" 现象，既是竞争性选拔干部方式实践中存在的一个问题，也是实践中面临的一个难题。本研究实施的问卷调查结果显示：尽管调查对象对竞争性选拔方式存在问题的看法并不完全一致，但 "高分低能" 现象被组织部门干部、竞聘者和公众比较一致地认定为主要问题之一，组织部门干部视其为一个突出问题；同时也被公众、竞聘者、组织部门干部三个群体比较一致地视为竞争性选拔干部方式所面临的难题之一。当然，竞争性选拔干部实践中存在 "高分低能" 现象，并不是说所有在竞争性选拔中获得高分而被任用的干部都是 "低能" 者。事实上，通过竞争性选拔而产生的具有 "真才实学" 的优秀干部不在少数。"高分低能" 现象只是说明有一部分通过竞争性选拔干部方式选拔出来的高分者实际工作能力和工作绩效表现低下，进而影响竞争性选拔干部方式的整体效度，成为竞争性选拔干部方式的一个问题。

竞争性选拔干部方式实践中存在 "高分低能" 现象的主要原因是笔试、面试等考试形式存在局限性。竞争性选拔干部方式的核心特点是以考试以及考试成绩作为 "择优" 依据，考试的主要形式是常规的笔试和面试。其中，笔试主要用于了解应试者的知识，但难以考察其实际能力；面试可望考察应试者的实际能力，但如果缺少必要的技术保障，如面试形式和面试题目设计缺乏科学性、面试考官缺乏必要的专业性、面试评分标准缺乏客观性等，其效度同样难以得到充分保证。本研究实施的问卷调查统

---

① 《2010—2020 年深化干部人事制度改革规划纲要》（中办发〔2009〕43 号）。

计结果显示：被调查的公众、竞聘者、组织部门干部对于笔试能否测试出竞聘者潜在能力问题，都给予较低评价；对于面试能否测试出职位竞争者潜在能力的问题，约 85% 的公众、竞聘者、组织部门干部认为在一定程度或很小程度上能够测试出实际能力。另外，2014 年上海市一项关于竞争性选拔干部工作的问卷调查结果显示，被调查者中有 56.5% 的人认为在面试中那些"能干不能说的同志会吃亏"，40.2% 的人认为按照面试问题回答要点进行评判"很难科学评价应试者的真实能力"，32.6% 的人认为结构化面试可能会落入俗套。①

竞争性选拔干部实践中的面试之所以难以有效考察职位竞争者的实际能力，涉及面试形式、面试试题设计、面试考官等多方面的影响因素。在面试形式方面，竞争性选拔干部大都采用"多对一"的结构化面试，偶尔运用"多对多"的"无领导小组讨论"集体面试。这种大一统的结构化面试形式，具有较大的局限性，既无法有效考察不同类别职位工作所需的专门能力，又由于试题的可预测性而使一些人通过事先有针对性的复习而达到"应试"效果。在面试题目设计方面，面试试题大多取自国家和地方考试命题机构建立的试题库，进入试题库的题目主要由相关专业的高校教师和实务部门担任领导职务的干部所命制，命题的高校学者和实务部门的领导干部，由于多种原因（如缺乏考试命题的专业知识和经验、不愿投入太多精力和时间等），所撰写试题尤其是情景行为类题目，大多是从互联网络或教科书中收集到的资料进行修改而成，使得试题质量得不到保障。在面试考官方面，由于面试考官的确定缺乏相关资格条件认证及筛选程序的严格规定，竞争性选拔工作的组织部门往往会随意选择一些熟悉的人担任考官，很少考虑面试对考官的专业性、经验性要求，同时在面试之前又缺少对考官进行培训这一必要环节，再加上每位考官都会无意识地根据个人主观偏好对面试者进行评价，因而使得面试评分的客观性、公正性、相对一致性受到不同程度的影响。

竞争性选拔干部的面试难以有效考察职位竞争者实际能力的另一重要影响因素是"应试"文化。中国的"应试"文化源远流长，在实行科举制度的近 1300 年里，作为科举制度副产品的"应试"文化一直伴随其中，

---

① 毛军权、李明：《完善上海市竞争性选拔干部方式研究》，《上海行政学院学报》2014 年第 5 期，第 91 ~ 101 页。

即便是在科举制度终结之后，依然寄生于当今社会名目繁多的各种考试体系之中，形成了以应试培训机构为主体的应试市场。"应试"作为一种社会文化现象，主要表现为一种"考前必复习"的大众应考心理和应试复习行为，而考前复习对于提高考试成绩所带来的不同程度的效果，反过来又会进一步强化应试行为。本研究实施的问卷调查统计结果亦反映出这种应试文化的内在逻辑。在被调查的公众群体中，约有97%的人表示出"如果以后参加竞争性选拔考试会进行考前复习"的意向；在参加过竞争性选拔干部考试的群体中，是否有过考前复习以及复习时间长短与最终是否被任用之间存在一定的相关性，被任用者中有过考前复习的人数及其考前复习的时间多于落选者。应试文化对竞争性选拔干部方式的负面效应，不仅直接干扰了其考试选拔的效度，成为产生"高分低能"问题的一个原因，而且助长了一些善于"应试"者"在不断的竞争性选拔考试中不断地实现晋升"的投机行为，进而在一定程度上影响了竞争性选拔干部方式的公信度。

（三）选拔制度建设存在的问题

1. 制度建设缺乏整体统筹

制度效用的发挥不仅取决于其本身设计的科学性，同时亦会受到与之相关的其他制度的影响和制约。竞争性选拔干部方式既是对传统干部选拔任用方式的突破，同时又是与常规委任制并存的一种实践存在。2014年修订的《党政领导干部选拔任用工作条例》，对公开选拔和竞争上岗的竞争性选拔干部方式的实施范围及条件做出了明确限定，有利于规范各地各部门竞争性选拔工作的秩序。但从干部选拔制度整体设计层面来看，竞争性选拔干部方式与常规选拔任用方式之间的关系以及二者之间的功能边界尚无一个明确的界定和划分，容易导致处于同一平面上的各项制度产生某种"挤出效应"，即因为某一制度的强化而削弱了其他制度功能的有效释放。[①]一方面，在竞争性选拔干部方式使用频率最高的委任制领域之内，存在以"伯乐相马"为主要特征的常规性选拔方式和以"规则赛马"为主要特征的竞争性选拔干部方式并存的状态且前者占据主导地位。但由于二者之间的功能边界及相互关系没有清晰界定，某些掌握"相马权"的官员在干部

---

① 廖志豪：《竞争性选拔干部方式：演进、问题与改进》，《云南行政学院学报》2018年第2期，第67～72页。

选拔任用活动中更容易将前者作为一种偏好性的制度选择，无形中侵蚀和挤压了竞争性选拔干部方式的成长空间。

另一方面，竞争性选拔干部开辟了干部晋升的新渠道，但又绝非医治传统干部任用制度弊病的灵丹妙药。事实上，常规的干部委任制亦有其合理的制度内核，如注重组织权威、对组织有认同感、具有较高的运作效率和较低的运作成本等。一些专业性技术性较强的非政务职位、党政机关职能部门内设机构中的具体职务往往需要长期的工作经验、技术和知识积累方有可能较好地胜任，这类职位比较适合采用委任制。尤其是现阶段，常规的干部委任制作为干部任用的主导方式，在我国党政系统等公共部门人才资源配置中依然发挥着不可替代的作用。在这种情况下，如果竞争性选拔干部方式的适用范围过大或频率过高，有可能会招致"打破干部选任制度结构要素之间的均衡关系，扭曲干部晋升性流动的常规性通道，削弱其他并行干部选任方式的制度效果"①。因而，合理划分竞争性选拔与常规委任制的功能边界并保持二者之间的平衡协调是干部选拔任用制度后续深化改革中需要关注的一个重要问题。

2. 相关配套制度供给不足

竞争性选拔必须依赖于配套完备的制度体系，才能保证其合法性、实效性和运行可控性的要求。从总体上看，竞争性选拔干部方式尚未构建出一套能够满足实践需要的完备制度体系，操作性制度缺位和程序漏洞较为普遍，难以满足保证竞争性选拔工作运行可控、操作规范的要求。② 从制度的供给结构来分析，目前实体性制度偏多，操作性制度偏少，制度结构的这种不均衡影响制度的实际实施效果。同时，中央层面和省级层面具有高度专业性和权威性的制度供给偏少，在一定程度上影响地方实践。③ 尤其是与竞争性选拔干部实践操作的一些关键环节直接形成配套关系的操作性规范的供给明显欠缺，除了与选拔考试环节相关的《党政领导干部公开选拔和竞争上岗考试大纲》（2009）之外，其他一些与竞争性选拔干部活

---

① 胡宗仁：《竞争性选拔制度的功能分析》，《江苏行政学院学报》2009 年第 6 期，第 99 ~ 104 页。

② 龚建桥：《竞争性选拔制度运行现状与改进》，《特区实践与理论》2012 年第 1 期，第 52 ~ 55 页。

③ 郭波：《竞争性选拔干部质量提升的困境及应对》，《上海党史与党建》2012 年第 8 期，第 17 ~ 18 页。

动相关的必经环节，如选拔报名和资格审查、民主推荐和民主测评、考察公示与试用、任用等方面尚未有与之配套的操作性规范颁布。这种制度构成体系的缺陷会影响整个制度体系的效能发挥，并容易导致在竞争性选拔的关键性环节中自由裁量过度问题。①

3. 实体制度规范过于笼统

现有的竞争性选拔干部方式的一些制度供给主要是偏向于原则性制度规范，但在制度的具体安排上缺乏必要的刚性，由此亦使得竞争性选拔干部工作的程序规定性和职位类别规定性在一定程度上被相对弱化，导致选拔实践中同一制度适用标准的自由无序和过于宽松的自由裁量空间，这种状况不仅影响竞争性选拔干部工作的严肃性与权威性，也有悖于竞争性选拔干部工作科学化的要求。例如，目前对于体制外人员参与体制内职位竞争的基本条件尚无明确规定，在《公开选拔党政领导干部工作暂行规定》中仅仅笼统表述为"海外留学回国人员、非公有制经济组织和社会组织中的人员等，其报名条件和资格由组织实施公开选拔的党委（党组）及其组织（人事）部门根据有关政策确定"。② 由此造成了各地在竞争性选拔活动中对于报名条件和资格标准规定各不相同；对于推荐提名这样的关键程序，各地在实践中亦是各行其是，做法不一；对于推荐程序和考试测评的把握，一些地方采取了先进行笔试后进行面试的程序设置，而另外一些地方则采取了先进行面试后进行笔试的程序设置，还有一些地方在竞争性选拔干部工作中对某些特定职位的选拔采取取消笔试而直接进行多轮面试的程序安排，由于笔试和面试之间安排的程序结构不同、计分权重设计不同，由此而形成的最终选拔结果亦可能大相径庭。

（四）选拔方式存在的问题

1. 选拔测评技术方法的科学性与有效性有待提高

为了提高选拔效度，一些地方在竞争性选拔干部活动中开始尝试性采用"领导素质测评"、"领导干部心理测评"或"公文筐测验"等一些现代人才测评技术对职位竞争者进行甄选。但从总体运用情况来看，目前各种测评技术在竞争性选拔干部活动中的应用频率较低，"笔试＋面试"等

---

① 廖志豪：《竞争性选拔干部方式：演进、问题与改进》，《云南行政学院学报》2018年第2期，第67～72页。

② 《公开选拔党政领导干部工作暂行规定》（中办发〔2004〕13号）。

传统测试模式依然在测评方法上处于主导地位。究其原因，主要在于由我国自主开发且适用性强的测评技术和方法比较缺乏，尤其是能够切合我国不同类型公共部门组织性质和能够反映中国特色社会主义干部人事制度要求的测评技术更为缺乏。以心理测试为例，当前中国国内一些应用于人才测评实践的主流心理测验量表主要是在西方国家相关研究成果的基础上，经过少量修订改编而成。由于中西方国家在价值观念、政治文化、人文环境、教育背景等方面存在一系列差异，这些以西方社会文化为背景所编制的心理测验量表往往难以完全符合中国人才选拔测评的实际需要。不仅如此，心理素质测评还需要具备一定专业资格的施测人员来操作方可有效进行，如果不能科学客观地解释测验分数的统计学和心理学意义而将测试结果简单机械地加以应用，反而可能会给干部竞争性选拔的质量带来负面影响。因而，除了选拔测评技术的本土化开发落后于实践需要之外，专业化测评技术队伍建设滞后亦是一个需要解决的问题。

2. 缺乏对应于选拔职位的素质框架与胜任标准

按照职位类别和岗位特点构建素质框架，并以素质框架为依据制定职位说明书是现代企业组织人力资源管理发展的普遍趋势。在新公共管理运动的政府改革中，一些发达国家在公共部门职位管理中也引进了这一人力资源管理新概念，从职位所需要的胜任素质出发建立起分层分类的素质框架体系与职位规范，并运用于相关职位的人员选拔、培训开发以及薪酬管理等人力资源管理实践。我国干部人事制度经过多年的持续改革，已经形成以党政机关、事业单位和国有企业为基本分类的干部人事管理制度架构，但从整个公共部门职位管理的现实状况来看，还没有在基本管理制度架构的基础上进一步建立起专业化的职位分类与职位分析制度。因此，在干部选拔任用工作实践中也就缺乏与各类职位相对应的职位素质框架与素质标准。虽然《党政领导干部选拔任用工作条例》以党内法规的形式明确了干部选拔的一般标准（其中包括六项"基本条件"和七项"资格条件"），并强调报名参加公开选拔、竞争上岗人员的基本条件和资格，应当符合相关规定，但竞争性选拔干部实践活动所涉及的职位层次与职位类别往往各不相同，各个职位所需要的素质框架与素质要求具有一定的差异性。因而，除了一般性标准外，还应该建立相对完善的职位胜任素质框架作为干部选拔任用的参照依据，以此为保证选拔效度奠定前提条件。

由于职位分类和职位分析制度的缺失，全国各地、各部门在竞争性选拔干部活动中普遍缺乏能够有针对性地适用于不同职位层次和不同职位类别的素质框架体系。在进行干部选拔时，对相关职位的素质要求往往以"具有较高的政策研究水平；具有履行岗位职责所需要的政治理论水平、组织领导和协调能力"等较为模糊的方式进行表达，缺乏具体的控制性岗位选拔标准。由此必然会带来在竞争性选拔干部工作中对职位的要求偏于原则化和模糊化，对竞争标准和条件的设置失之于宽泛，而缺乏与德、才、能、绩及个性品格等要求直接相关的科学化、明晰化、可控性的职位胜任素质标准。在缺乏明晰的职位素质框架与职位规范的情况下，不仅竞争性选拔干部的质量会因此而受到影响，亦会使竞争性选拔干部活动难以发挥对竞争者职位胜任素质开发的引导标准。

3. "德"的考察测评缺乏具体指标及量化方法

德才兼备，以德为先是我国干部选拔任用的基本标准。坚持德才兼备，以德为先的干部标准，必须首先注重对干部的德进行科学准确的考察评价。人们对德的内涵具有多种不同的认识，使得对干部德的考察评价成为干部竞争性选拔中面临的一大难题，实践中容易出现抽象化、空泛化、片面化和简单化的倾向。例如，干部德的考察中往往是原则性的标准多，可操作性的标准少；抽象性的成分多，具体性的成分少；考察现实表现的内容多，考察过去表现的内容少；[①] 考察浅层次表现的内容多，考察深层次表现的内容少；等等。党的十七届四中全会通过的《中共中央关于加强和改进新形势下党的建设若干重大问题的决定》，为从"政治品质"和"道德品行"等方面来完善干部的德之评判标准提出了指导性方向，即重点要看"是否能够忠于党、忠于国家、忠于人民，是否能够确立正确的世界观、权力观、事业观，是否能够真抓实干、敢于负责、锐意进取，是否能够作风正派、清正廉洁、情趣健康"。[②] 这一指导性意见概括了在建设和发展中国特色社会主义环境条件下中国共产党对其党员领导干部在德的方面的要求，突出了对干部德的考察的核心和重点，勾画出考核评价干部德的基本轮廓。[③] 但如

① 廖志豪：《竞争性选拔干部方式：演进、问题与改进》，《云南行政学院学报》2018 年第 2 期，第 67 ~ 72 页。
② 中国共产党第十七届中央委员会第四次全体会议：《中共中央关于加强和改进新形势下党的建设若干重大问题的决定》，《人民日报》2009 年 9 月 19 日，第 1 版。
③ 王光庆：《浅析干部德的考核评价标准和办法》，《中国组织人事报》2011 年 11 月 21 日，第 6 版。

何将这些原则要求和指导性评价内容转化为具体的考核指标体系，以便于将实际的考核工作落到实处，是包括竞争性选拔在内的干部选拔任用工作需要重点探索的一个领域。

（五）与相关干部制度的衔接问题

我国干部人事管理系统囊括了多个系列的制度规范，要充分发挥竞争性选拔干部方式在整个干部人事制度体系中的功效，需要以系统思维来统筹考虑竞争性选拔干部方式与其他相关干部管理制度之间的契合和协同。目前，这种干部管理制度之间的系统协同机制尚未完全建立，竞争性选拔干部方式与诸如后备干部制度、干部交流制度等之间均存在一定的非对接性矛盾。

1. 与后备干部制度之间的衔接问题

为加强干部队伍建设的人才储备，我国自20世纪80年代初期开始着手建立后备干部制度，2000年起相继颁布了《党政领导班子后备干部工作暂行规定》（2000年）、《党政领导班子后备干部工作规定》（2003年）、《2009—2020年全国党政领导班子后备干部队伍建设规划》（2009年）等规范性制度或规划性文件。其中，《党政领导班子后备干部工作规定》还做出了"党政领导班子成员一般应当从后备干部中选拔"的特别规定。但随着竞争性选拔干部方式的实践发展，很多地方开始将一些部门党政领导班子职位纳入竞争性选拔范围，虽然在一些规范性文件中屡有涉及竞争性选拔干部方式与后备干部队伍建设之间的关系问题（见表2-4），但二者之间依然存在一些需要处理的非对接性矛盾。[1] 例如，为完成《2010—2020年深化干部人事制度改革规划纲要》提出的"到2015年，每年新提拔厅局级以下委任制党政领导干部中，通过竞争性选拔方式产生的，应不少于三分之一"[2]的目标要求，一些地方组织部门当时在进行领导干部选拔时，较少考虑首先从后备干部中寻找合适人选，造成竞争性选拔与后备干部制度之间"用而不备"和"备而不用"的矛盾现象；又如，《党政领导班子后备干部工作规定》提出在开展竞争性选拔时，同等条件下参与职位竞争的后备干部应该被优先得到考虑并任用，但《2009—2020年全国党

---

① 顾玲玲：《后备干部制度与竞争性选拔方式对接研究》，硕士学位论文，华东师范大学，2015，第38~40页。
② 《2010—2020年深化干部人事制度改革规划纲要》（中办发〔2009〕43号）。

政领导班子后备干部队伍建设规划》又提出"干部选拔任用要面向全体干部，不能只在后备干部中进行。任用后备干部时，坚持与其他干部同样标准、同样程序，不搞照顾性任用"[①] 的要求。《党政领导干部选拔任用工作条例》2014 年修订后将原有"党政领导班子成员一般应当从后备干部中选拔"[②] 的表述修改为"注重使用后备干部"[③]，同时保留公开选拔和竞争上岗作为干部选拔任用的方式之一并对其适用范围进行了原则界定，但实践中后备干部制度与竞争性选拔干部方式之间应该如何有效对接依然不甚明确。因而，解决这些制度上的相互掣肘是完善竞争性选拔干部方式所面临的现实问题之一。

表 2 - 4　后备干部制度与竞争性选拔干部方式对接的相关文件

法规（文件）名称	颁布年份	相关条款规定或内容表述
《党政领导干部选拔任用工作条例》	2002	第 2 章第 9 条：党政领导班子成员一般应当从后备干部中选拔；第 9 章第 49 条：公开选拔、竞争上岗是党政领导干部选拔任用方式之一
《党政领导班子后备干部工作规定》	2003	第 4 章第 13 条：在公开选拔和竞争上岗中暂时不能提拔使用的优秀年轻干部，符合后备干部条件者可按规定程序列入后备干部名单；第 7 章第 24 条：党政领导班子成员一般应从后备干部中选拔，需从后备干部名单之外提拔的，呈报单位应说明情况；第 7 章第 25 条：鼓励和支持后备干部参加公开选拔和竞争上岗，同等条件下，优先使用后备干部
《公开选拔党政领导干部工作暂行规定》	2004	第 5 章第 35 条：对经过考察符合任用条件但未能任用的人员，符合后备干部条件的，可以纳入后备干部队伍进行培养
《中共中央关于改进新形势下党的建设若干重大问题的决定》	2009	在"深化干部人事制度改革部分"提出了"完善公开选拔、竞争上岗等竞争性选拔干部方式"和"扎实抓好后备干部队伍建设"的要求
《2009—2020 年全国党政领导班子后备干部队伍建设规划》	2009	规划第 4 部分提出：要打破封闭式和神秘化的传统选拔方式，按照公开、平等、竞争、择优的原则，积极探索选拔后备干部的新方法、新途径
《关于加强和改进优秀年轻干部培养选拔工作的意见》	2014	意见第 3 部分提出：创新机制，大力破除妨碍优秀年轻干部脱颖而出的思想、舆论、制度阻力。认真贯彻《公开选拔党政领导干部工作暂行规定》和《党政机关竞争上岗工作暂行规定》，坚持民主、公开、竞争、择优，深化干部人事制度改革，完善竞争性选拔制度

①　《2009—2020 年全国党政领导班子后备干部队伍建设规划》（中发〔2009〕5 号）。

②　《党政领导干部选拔任用工作条例》（中发〔2002〕7 号）。

③　《党政领导干部选拔任用工作条例（修订）》（中发〔2014〕3 号）。

法规（文件）名称	颁布年份	相关条款规定或内容表述
《党政领导干部选拔任用工作条例（修订）》	2014	取消原条例中"党政领导班子成员一般应当从后备干部中选拔"的表述。第3章第4条：应当注重培养选拔优秀年轻干部，注重使用后备干部，用好各年龄段干部；第9章第50条：公开选拔、竞争上岗是党政领导干部选拔任用的方式之一

资料来源：顾玲玲：《后备干部制度与竞争性选拔方式对接研究》，硕士学位论文，华东师范大学，2015，第41~42页。

2. 与干部交流制度的衔接问题

干部交流是以"优化领导班子结构，提高领导干部的素质和能力，加强党风廉政建设，促进经济社会发展"[①] 为主要目的的干部人事制度安排，有调任、转任、挂职锻炼等常见方式。在干部人事制度体系中，干部交流制度是建立较早的一项管理制度。1962年，中国共产党第八届中央委员会第十次全体会议颁布了《中共中央关于有计划有步骤地交流各级党政主要领导干部的决定》，明确规定要将"定期交流干部作为我党干部管理工作的一项根本制度"[②]。20世纪90年代以来，为规范和加强干部交流工作，在多项干部人事管理法律法规或中国共产党的重要会议决定中都对干部交流问题做出了专门性制度安排或交叉性制度安排。但随着实践的发展，如何实现竞争性选拔干部方式与干部交流制度之间的统筹衔接亦逐渐成为一个需要着手解决的问题。

从应然状态来看，干部人事制度体系并非各种单项制度的简单机械相加，其中每一单项制度要充分有效发挥作用，都需要来自其他制度的支持而形成的合力作用，只有这样才能达到整个制度体系的帕累托最优状态。从实然状态来看，竞争性选拔制度与干部交流制度虽然有一定的衔接，但总体而言，干部交流制度是在一个相对具有封闭性的系统中运行，而竞争性选拔制度则要求在一个具有开放性的环境中运行。前一制度的意愿在于通过体制内人才的流动来锻炼干部，提升能力，而后一制度的意愿在于以竞争方式拓展选人视野，使处于不同体制之内的优秀人才具有同等机会。

---

① 《党政领导干部交流工作规定》（中办发〔2006〕19号）。

② 中国共产党第八届中央委员会第十次全体会议：《中共中央关于有计划有步骤地交流各级党政主要领导干部的决定》，中国共产党新闻网·文史资料，http://cpc.people.com.cn/GB/64184/64186/66669/4493548.html，最后访问日期：2015年6月3日。

因而，这两种制度之间无论是在协调还是在衔接等方面均存在一定冲突。①

在实践层面，虽然《2010—2020 年深化干部人事制度改革规划纲要》提出"引入竞争机制以改进选拔交流人选的方式"②后，一些地方零星地对竞争性选拔与干部交流之间的衔接结合进行了自主探索，如 2010 年河北省开展了竞争性选拔优秀年轻干部上下交流任职、海南省屯昌县开展了副职领导干部任期制竞争性交流的试点工作，但由于这些探索性活动缺乏系统的制度安排，并未形成有序、有效、有力衔接的长效机制。尤其是 2013年《中央党内法规制定工作五年规划纲要（2013—2017 年）》提出"规范干部轮岗交流，避免党政领导干部因调动频繁而引发短期行为"③的明确要求之后，竞争性选拔干部方式与干部交流制度这二者之间的衔接在某种程度上受到了限制和约束。

（六）竞争性选拔干部方式的其他问题

1. 资格条件与程序设定的随意性

由于制度刚性的不足和配套制度的缺位，各地在竞争性选拔干部方式的模式选择、资格条件设置以及程序设定方面均拥有较大自主权，由此亦带来一系列需要关注的问题。其一是一些地方的干部竞争性选拔实践中，存在同类职位的选拔模式随意变化的问题。尽管这是竞争性选拔工作推进和发展过程中"摸着石头过河"的必经历程，但选拔模式的多变性与不确定性对选拔结果造成的差异性有着直接的影响，并会由此影响干部竞争性选拔的质量和权威性。据本研究对某地竞争性选拔工作的实际了解，在2006 年和 2007 年的选拔工作中采用的主要是"笔试＋面试"选拔方式，并将笔试和面试成绩按照 3 : 7 的权重计算考试成绩，确定考察对象；2010年则在笔试与面试的基础上增加了履历分析的环节，履历分析所占比重为7%；2012 年则采用"履历分析＋笔试＋面试＋组织考察"的方式，其中履历分析、笔试、面试成绩根据 2 : 3 : 5 的权重来综合计算成绩。由此可以看出，虽然其选拔模式逐渐趋于合理，但模式变更过于频繁也是一个比

---

① 周红杏：《竞争性选拔制度与干部交流制度衔接研究》，硕士学位论文，华东师范大学，2014，第 64～65 页。

② 《2010—2020 年深化干部人事制度改革规划纲要》（中办发〔2009〕43 号）。

③ 中共中央：《中央党内法规制定工作五年规划纲要（2013—2017 年）》，《人民日报》2013年 11 月 28 日，第 10 版。

较突出的问题。其二是一些地方对于竞争性选拔干部的职位类别、选拔范围、选拔标准等条件设置随意性较大。如在一些地方的公开选拔活动中，片面地将年轻化标准演绎为"低龄化"，将知识化标准演绎为"高学历"，[①] 使得竞争性选拔的资格条件成为超越德才标准的前提要件。其三是选拔程序的自由设定为可能发生的程序性腐败提供了空间，使得一些干部竞争性选拔活动出现通过"对少数人有利的程序达到最终有利于少数人的结果"以及"以貌似公正的形式掩盖不公正的结果"等不正常现象。[②]

2. 民主评价的真实性和公正性有待提高

民主评价是指竞争性选拔干部程序中民主推荐和民主测评这两种评价形式，其中都涉及民意表达的真实性和评价的公正性问题，且这种真实性和公正性会受到多方面因素的影响。例如，按照《党政领导干部选拔任用工作条例》规定，民主推荐是产生考察人选的一个关键环节，但在很多地方和单位干部选拔工作的实际操作上，存在一个事实上不成文的潜规则或惯例，即民主推荐之前便由个别或少数领导内定人选，民主推荐这一至关重要的环节形同虚设。在有些地方的党政领导干部选任过程中，不同程度上存在"一把手"专权或独裁现象，"一把手"意志压抑甚至取代了民主，民主推荐、考察、酝酿、讨论决定等程序流于形式。[③] 又如，在民主推荐和组织考察环节，组织方所安排的"划票"场所是否具有隐秘性，个别谈话的内容是否能够保密，给谈话对象所定的思考时间是否宽裕等诸如此类的细节，均可见微知著地反映出民主程序只是一种形式还是具有真实意义，同时一定程度上也会影响推荐、考察结果的真实性。[④] 再如，在信息披露机制尚不健全的情况下，测评者与测评对象之间的信息不对称对于民意的真实表达同样具有重要影响，在没有充分掌握测评对象在"德""能""勤""绩""廉"等方面具体信息的情况下，测评者很难对其做出一个客观真实的判断。此外，在少数风气不正的单位，干部群众究竟给谁"划

---

① 中共九江市委组织部课题组：《竞争性选拔干部工作的困境与创新》，《组织人事报》2011年6月28日，第3版。

② 廖冀坤：《竞争性选拔干部认识误区及规避路径》，《领导科学》2012年第7期，第45~47页。

③ 吴志华：《提升领导干部选拔任用公信度的路径》，《中国行政管理》2013年第12期，第64~67页。

④ 吴志华：《提升领导干部选拔任用公信度的路径》，《中国行政管理》2013年第12期，第64~67页。

叉"或者给谁"打钩"往往还包含着微妙关系，在这样的氛围中由于无法避免"感情票""关系票""授意票"等不良现象的存在，民主测评的结果难以体现测评者的真实意图。

3. 竞争性选拔活动的实施成本难以控制

相对于常规委任制等干部选拔任用方式而言，竞争性选拔干部的实施成本过高，事实上成为各地组织人事部门开展该项工作难以承受的负担。尽管不少地方在竞争性选拔工作中采取了优化选拔程序，集中职位和时间进行统一选拔等措施，但因为竞争性选拔干部尤其是面向本单位、本系统、本地区以外的公开选拔方式，选拔流程长、环节多、程序复杂、规模大，需要采用笔试、面试等多种测评手段，面试需要从外单位、外地甚至外省份聘请考官，势必导致成本居高不下。

据本研究对若干地区的公开选拔干部个案的了解，开展一次小规模竞争性选拔工作需要三个月左右的时间，较大规模的则历时半年以上；平均每个职位选拔过程所涉及的可计算的直接费用（如信息发布费、委托命题费、笔试考务费、面试专家费、场地租用费等）在两万元左右，至于组织部门投入其中的大量时间成本更是难以估算。本研究对组织人事部门干部所实施的问卷调查中，对于"竞争性选拔干部方式存在的主要问题"一题的调查结果，"选拔过程成本太高"被组织人事部门干部认定为排在"存在高分低能现象""测评技术不够科学"之后的第三大问题。

三　竞争性选拔干部方式的个案分析

（一）Z省L市竞争性选拔干部实践①

1. 竞争性选拔干部的基本情况

Z省L市于1987年12月（时为L地区）首次以"双推双考"形式面向社会竞争性选拔团地委书记、副书记，1995年11月再次以"双推双考"形式面向社会竞争性选拔团地委书记、副书记。截至2013年，市本级先后组织了10批次竞争性选拔领导干部活动。其中，2010～2013年开展竞争性选拔干部活动共3个批次，先后推出了县处级职位28个，乡科级职位

---

① 本部分内容根据实地调研过程中所获得材料以及L市竞争性选拔干部专题网站公开信息归纳整理而成。

185 个，共有 11333 名符合报名资格条件者参与目标职位的竞争，累计选拔出县处级干部职位人选 27 名，乡科级干部职位人选 181 名。这三个批次竞争性选拔活动的基本情况如表 2 - 5 所示。

表 2 - 5　Z 省 L 市竞争性选拔干部基本情况（2010 ~ 2013）

时间	选拔职位	备注
2010 年 6 月	面向全市竞争性选拔 8 名市直单位副处级领导干部职位人选，包括：市教育局副局长、市交通局副局长、市人口计生委副主任、市审计局副局长、共青团市委副书记、市文联副主席、市农科院副院长和市中心医院副院长	经资格审查，共有 319 名符合报名资格条件者参与职位竞争
2012 年 6 月	市县两级联合公开选拔县处级领导职位 10 个（面向全国选拔），乡科级领导职位 94 个（面向全省选拔）。其中，10 个县处级领导职位是：市委老干部局副局长、共青团市委副书记、妇女联合会副主席、经济技术协作办公室副主任、城乡规划局总规划师、卫生局副局长、统计局副局长、旅游局副局长、供销社副主任及金融工作办公室副主任	报名总人数为 5634 人。经资格初审，有 4763 名符合资格者参与竞争；10 个县处级目标职位最终有 9 个职位产生目标人选
2013 年 5 月	市县两级联合公开选拔县处级领导职位 10 个（面向全国选拔），乡科级职位 91 个（面向全市选拔）。其中，10 个县处级领导职位为：共青团市委副书记、市财政局财政监督局局长（副处级）、市城乡规划局总规划师、市统计局总统计师、市食品药品监督管理局副局长、市人民政府驻北京办事处副主任、市人民政府驻上海办事处副主任、市职业高级中学校长、市农业科学研究院副院长、市农业投资发展有限公司副总经理	报名总人数为 6342 人。其中，县处级职位报名人数为 1231 人，乡科级岗位报名人数为 5111 人。经资格初审，有 6251 人符合资格条件

资料来源：根据表中所列相关年度 L 市竞争性选拔领导干部工作公告或简章整理。

报考人员来源范围广泛且相关选拔职位竞争激烈是近年来 L 市竞争性选拔干部活动的重要特征之一。以 2013 年 10 个县处级目标职位的选拔为例，在 1231 名报名者中，来自省外的报名者为 612 名，来自省内外市的报名者为 133 名，来自本市的报名者为 486 名。10 个职位报考比例平均达到 100∶1，各个职位具体的报名情况如表 2 - 6 所示。

表 2 - 6　2013 年 L 市竞争性选拔县处级领导干部各职位选拔职数与报名人数

单位：个，人

序号	选拔职位	选拔职数	报名人数
1	共青团市委副书记	1	98
2	市财政局财政监督局局长	1	92
3	市城乡规划局总规划师	1	26
4	市统计局总统计师	1	18

续表

序号	选拔职位	选拔职数	报名人数
5	市食品药品监督管理局副局长	1	104
6	市人民政府驻北京办事处副主任	1	318
7	市人民政府驻上海办事处副主任	1	393
8	市职业高级中学校长	1	40
9	市农业科学研究院院副院长	1	84
10	市农业投资发展有限公司副总经理	1	58

资料来源：根据 2013 年 L 市联合公开选拔领导干部专题网站公开资料整理。

2. 选拔流程与实践举措

在选拔程序的设计方面，通过对以往选拔经验的总结和优化，2013 年 L 市联合公开选拔领导干部所采取的程序如图 2-6 所示。

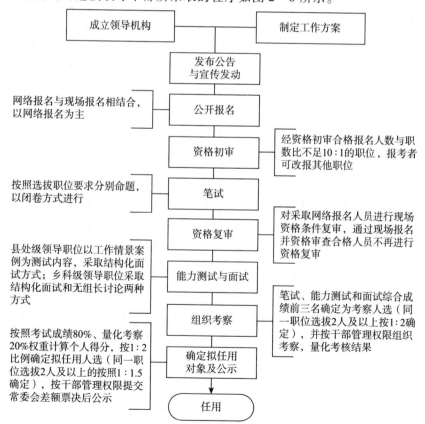

图 2-6 2013 年 L 市竞争性选拔领导干部基本程序

资料来源：根据 2013 年 L 市联合公开选拔领导干部专题网站公开资料整理。

围绕"优化干部结构、完善选拔机制、降低选拔成本、提高选拔效率,推进竞争性选拔工作规范化、制度化和科学化"以及"提升组织工作的公信度、满意度"等选拔工作愿景,近年来 L 市在竞争性选拔干部实践中采取的主要措施包括以下几个方面。

第一,选拔过程的"三个公开",即全程公开选拔信息、接受群众公开考评、对拟任人选个人陈述情况进行公开直播。2010 年 L 市竞争性选拔领导干部全程共通过电视、报刊、专题网站和组织工作官方微博等媒体发布公告和公示 8 条,2012 年和 2013 年市县联合公开选拔全程分别发布公告和公示 10 条,分别对选拔职位、选拔条件、程序与方法、报名情况和选拔结果向社会公开。为切实落实群众对选拔活动的知情权、参与权、选择权和监督权,在选拔工作开始之前,通过电话、短信、电子邮件、信件及微博留言等渠道公开向社会征集意见建议;在面试环节,分设专家评委组和群众评委组,分别对面试者进行评分(权重为 8∶2);在考察环节,通过设计"群众认可"评价指标让被考察对象接受群众评议。为了提高选拔工作的透明度与公开性,对面试现场情况、拟任人选个人陈述情况以及常委会差额票决情况进行电视直播。

第二,考试工作的"三个在外",即组织部门在对岗位设定、职位分析、考生资格条件设定等进行细致研究的基础上,根据职位选拔的需要将笔试和面试题本全部委托外省领导干部考试中心命制,笔试试卷全部委托外地专家进行批阅,面试专家全部从职位选拔地以外区域聘请并实行考官和考生双盲抽签。这种考试组织模式有效地压缩了"社会关系机制"或"非正式制度因素"对竞争性选拔过程的不良影响空间,以程序正义维护了选拔的公平性和公正性。与此同时,考试试卷的密封、运送以及开启等工作纪委均全程参与并监督。

第三,考试目标的能力取向,即遵循"干什么考什么"的基本原则,在竞争性选拔干部活动的相关测试中不专门指定考前复习资料,由报考者凭其本人在日常学习和工作中的知识和能力积累来参加考试,以尽量避免"高分低能""一考定音"等消极现象的存在。其中,纸笔测试侧重于测评职位竞争者运用相关理论和方法分析、解决实际管理问题的能力;面试则注重测试应试者的领导能力素质、个性品格特征和职位适应度;能力测评的测评方式为运用计算机技术进行"人机对话",用案例来模拟现实情景,主要测评应试者作为领导干部的判断、决策、沟通、组织协调和处理复杂问题的能力。

第四，考察评价工作的量化操作。量化评价主要是从评价考察人选能
岗相适度出发，重点开展包括实绩评价、岗位背景评价、群众认可度评价
和考察组评价在内的四方面评价。以 2013 年 L 市联合公开选拔领导干部县
处级职位为例，量化评价共 20 分，其中，实绩评价 10 分，岗位背景评价
3 分，群众认可度评价 3 分，考察组评价 4 分。四个方面的赋分权重与评
分标准见表 2 - 7。

表 2 - 7　2013 年 L 市联合公选考察量化评价办法

评价维度	评价指标	评分办法及标准	评价量表
实绩评价 （10分）	业绩测评 （5分）	考察人选总结提炼 3 项业绩，每项不超过 150 字，提交主管领导审查后在单位内部公示并进行民主测评，根据"评价意见"量化评分。评分标准："好"1 分，"较好"0.8 分，"一般"0.6 分，"差""有虚报"0 分。单项业绩评得分 =（"好"票数×1 +"较好"票数×0.8 +"一般"票数×0.6）/总票数；业绩测得分 =（单项业绩测得分之和/3）×5	表 1：实绩量化业绩审核表 表 2：实绩量化业绩公示表 表 3：实绩量化业绩测评表 表 4：实绩量化业绩评分表
	日常考核 （4分）	根据近三年年度考核民主测评和本次考察民主测评"综合评价意见"进行量化评分。评分标准："好"1 分，"较好"0.8 分，"一般"0.6 分，"差"0 分。日常考核单次得分 =（"好"票数×1 +"较好"票数×0.8 +"一般"票数×0.6）/总票数；日常考核得分 =（日常考核单次得分之和/考核次数）×4	表 5：实绩量化日常考核评分表
	加减分情形 （1分）	根据考察人选近三年奖惩情况、年度考核得优情况进行加减分。评分标准：获国家级、省（部）级、地（市）级综合荣誉的，分别加分；年度考核优秀等次为 3 次、2 次、1 次的，分别加分；对专业性职位，获国家级、省（部）级、地（市）级专业成就的，分别加分；因工作失职或廉洁自律方面问题被问责或诫勉的，分别减分。加减分得分 = 奖励加分 + 专业成就加分 + 年度考核优秀加分 - 问责或诫勉扣分	
岗位背景评价 （3分）	岗位经历 任职时间 基层经历 学历学位 专业背景	根据考察人选的领导岗位经历、任职时间、基层工作经历、学历学位、相关专业背景和任职经历进行量化评分。评分标准：每项指标设置 3 档，每一档赋予相应分值。岗位背景评价得分 = 领导岗位经历分 + 任职时间分 + 基层工作经历分 + 学历学位分 + 相关专业背景和任职经历分	表 8：考察人选岗位背景量化评分表

续表

评价维度	评价指标	评分办法及标准	评价量表
群众认可度评价 (3分)	德能勤廉	根据民主测评"德、能、勤、廉"结果和征求意见的"任职意见"量化评分,分值各占一半。评分标准:"好"1分,"较好"0.8分,"一般"0.6分,"差"0分;"同意"1分,"不同意"0分。"德能勤廉"得分 = 〔("好"票数×1+"较好"票数×0.8+"一般"票数×0.6)/总票数〕×1.5;"任职意见"得分 = ("同意"票数×1/总票数)×1.5;群众认可度评价得分 = "德能勤廉"得分 + "任职意见"得分	表9:县处级职位考察人选民主测评及征求意见表; 表4:县处级职位考察人选群众认可度汇总计分表
	任职意见		
考察组评价 (4分)	德	根据考察人选人岗相适度方面的综合表现,综合工作业绩评价、德的反向测评情况、信访反映和奖惩情况。考察组集体对其进行综合分析,然后由各成员单独对其德、能、勤、绩、廉和人岗相适度进行评分,最后计算平均分。评分标准:"德""能""勤""绩""廉""人岗相适"分别赋分0.8、0.6、0.4、0.8、0.6、0.8分。一位考察组成员评分 = "德"分 + "能"分 + "勤"分 + "绩"分 + "廉"分 + "人岗相适"分;考察组评价得分 = 考察组成员评分之和/考察组成员数	表10:考察组成员评分表; 表11:考察组成员评分汇总表
	能		
	勤		
	绩		
	廉		
	人岗相适		
量化评价总分 (20分)		实绩评价得分 + 岗位背景评价得分 + 群众认可度评价得分 + 考察组评价得分	表12:考察人选评价得分汇总表

资料来源:根据2013年L市联合公开选拔领导干部专题网站公开资料整理。

第五,选拔过程的全程监督,即由纪检监查部门"盯"牢选拔的每一环节,确保选拔过程风清气正。为严肃选拔纪律,2013年,L市纪律检查委员会和市委组织部联合制定了《L市联合公开选拔领导干部纪律公告》,根据中央纪委和中共中央组织部所提出的"5个严禁、17个不准、5个一律"的纪律要求,要求所有报考者签订《L市联合公开选拔领导干部纪律承诺书》,承诺公平公正地参与竞争,自觉抵制各种"非组织行为"。

3. 主要启示与需要关注的问题

公平与公正是竞争性选拔干部方式的基本价值诉求。Z省L市将全程信息公开作为实现这一诉求最基本的实践举措,让整个选拔过程置于阳光之下以保证选拔活动能够得到社会监督。与此同时,科学设置考试内容,客观组织考察考核,准确检测干部的能力素质,全面考察干部的工作实绩和群众评价,是保证竞争性选拔干部工作科学性与公信度的重要条件。基于这一认识，L市将"既比考试成绩又比工作业绩，既比岗位胜任度又比群众公认度"作为竞争性选拔干部活动的主要导向，并运用"人机对话"、量化考察评分等技术方法来评价考察人选的能岗相适度。尤其是在量化评价的操作方面，针对"实绩""岗位背景""群众认可度"等评价维度分别采用具有明晰标准的评价量表来进行评价，力争使之体现科学性和客观性。这种选拔导向有利于引导广大干部在日常工作中树立起实干意识和实绩意识，同时亦能够真正将那些素质高、能力强，且具有较大发展潜力的优秀人才选拔出来。

L市竞争性选拔干部活动中亦有一些值得关注的问题。通过对其历次选拔职位的考察可见，其中既有一些属于委任制范畴的职位，亦有一些属于选任制范畴的职位。因而，需要进一步科学界定竞争性选拔干部方式的适用范畴，确保干部选拔任用工作在既定的法律框架内活动。此外，对于委任制而言，何种职级和岗位类型应该通过竞争性选拔方式来进行选拔，何种性质的岗位适合通过一般委任制方式直接进行提拔，同样值得进一步探讨，以避免对竞争性选拔干部方式的误用甚至滥用。应该说，这些问题都是全国范围内竞争性选拔干部活动所面临的共性问题，需要从制度设计层面来加以完善。

（二）Y省K市竞争性选拔干部实践①

1. 竞争性选拔干部的基本情况

2008～2012年，Y省K市把竞争作为选拔和培养优秀人才的有效途径，根据《公务员法》、《党政领导干部选拔任用工作条例》以及《公开选拔党政领导干部工作暂行规定》等相关法律法规，按照Y省委组织部统一安排部署，结合K市实际，先后组织开展了10个批次竞争性选拔干部活动，共选拔副处级及以下级别干部逾600名。具体情况如表2-8所示。

2. 实践举措

在竞争性选拔干部活动的开展中，K市采取的主要举措包括以下几项。第一，努力拓宽选人用人的视野，打破以往干部选拔活动对地域、行业、身份以及工作性质的限制。为了克服长期以来本区域人才存量相对偏少的问题，由"立足本地"选人转变为"放眼全球"选人。凡是报名且符合资

---

① 本部分内容根据实地调研过程中所获得材料归纳整理而成。

格条件人员，无论是党政机关公务员、国有企事业单位工作人员，还是海外留学归国人员，均可参与竞争性选拔。在选拔考试的组织方面，K市竞争性选拔的笔试和面试均是委托省外单位出题，主考官全部由省外考官担任，面试过程全程录像，市纪委对选拔工作进行监督，并通过地方新闻媒体对选拔过程做全面报道，以主动接受社会监督。

表 2-8　Y省K市竞争性选拔干部基本情况（2008~2012）

年份/批次		选拔职位	备注
2008	1	公开招考30岁以下县处级后备干部100名，录用后将安排在市属相关部门、各县（市、区）以及开发区担任正科级助理职务，同时纳入县级后备干部人选进行培养锻炼	面向全国
	2	公开招聘"中国K信息港"管委会管理人员4名，其中，管委会主任1名、管委会副主任3名	面向全国
	3	公开招聘市属国有企业总经理6名及K市金融工作协调领导小组办公室主任1名	面向全国
2009	1	公开选拔60名年轻干部挂职担任所辖县（市、区）党委常委职务、政府副县长职务、开发区主任助理职务，以及部分市属部门的副职领导职务	面向本市
	2	公开选拔经济学博士40名，挂职担任所辖县（市、区）党委常委职务、政府副县长职务、开发区主任助理职务，以及部分市属部门的副职领导职务	面向全球
2010	1	公开选拔行政机关副县处级、市属企（事）业单位副职领导干部15名	面向全国
	2	面向全国公开选拔K市14县（市、区）辖区范围内乡镇（街道）党（工）委副职（副科级）领导干部134名，即每个乡镇（街道）各公选1名	面向全国
2011	1	公开选拔K市14县（市、区）辖区范围内乡镇（街道）政府（办事处）副职（副科级）领导干部130名，每个乡镇（街道）各选拔1名	面向全国
2012	1	竞争性选拔62名副科级领导干部和3名企业管理人员	面向社会
	2	竞岗交流K市市直部门和所辖区县以及产业园区管委会55个正、副科级领导岗位	—

资料来源：根据实地调研过程中所获得材料归纳整理而成。

　　第二，全面实行"竞争上岗"。2008年，K市制定出台《市级机关科级领导干部选拔任用办法（试行）》（以下简称《办法》），该《办法》规定，选拔配备科级领导干部主要采取竞争上岗、公开选拔的方式进行。凡是 K 市市级机关科级领导干部职位出现空缺而需要进行补充，因机构调整或现有科级领导干部职位超出职数限额而需要进行调整，以及按规定进行转任并且有必要通过竞争性方式来确定职位人选等情况时，应当采取竞争上岗的方式进行。竞争上岗原则上应在本单位内部实施，但对于某些专业性较强或性质比较特殊的工作岗位，由于本单位无合适人选或者合适人选数量较少而不能形成有效竞争，可将实施范围适当扩大到列入《公务员法》实施范围的单位和参照《公务员法》进行管理的单位。竞争上岗可以是竞争具体职位，亦可以是竞争某一层级职位的任职资格，符合资格条件的报名人数与选拔职位数比例须达到 2∶1。

第三，广泛推行"公开选调"。为进一步规范公务员调配管理工作，提高公务员队伍素质，K 市结合自身实际专门制定出台了《K 市公开选调公务员暂行办法》（以下简称《暂行办法》）。该《暂行办法》规定，从 K 市市级机关和参照公务员法管理的市级单位之外调入科级和科级以下公务员，以及 K 市所辖区县机关，从机关以外调入主任科员以及主任科员以下非领导职务的公务员，必须一律实行公开选调方式。2008 年 9 月，K 市委、市政府办公厅首次面向全国公开选调 15 名公务员；2009 年 6 月，全市公开选调 76 个岗位，吸引了 467 名报考者参加，平均比例为 1∶6，有利于"好中选优，优中选强"。

第四，将竞争性选拔干部方式引入了党内基层选举制度。2008 年，K 市制定了《关于在市级部门机关党组织中开展公推直选试点工作的意见》和《K 市村（社区）党组织班子成员公推直选办法》，编印了《K 市公推直选试点工作手册》，进行了基层党组织领导班子成员公推直选试点工作。具体措施包括三项。一是改革完善候选人提名推荐制度。在以往组织推荐、党员推荐"两推"的基础上，把参加民主推荐人员的范围从本单位扩大到非党领导干部、中层干部及所属基层单位负责人，按照组织推荐、领导干部署名推荐、自荐等多种形式提名推荐候选人；推荐后按照不低于20% 的比例，根据所得票数确定预备人选。同时，及时公开党员名册、有当选资格人员名册和候选人基本情况，认真做好资格审查，既发扬民主广泛提名，又严把条件接受群众监督，以提名的广泛性保证直选的合理性。二是扩大和加大差额直选的范围和力度。把以往在党委会上选举产生党组织书记、副书记改革为在党员大会或党代表大会上由党员或党代表直接选举产生党组织书记、副书记。所辖 P 区所有 29 个社区党组织在换届选举过程中还尝试了将差额原则贯穿于提名推荐、最终票决等整个选举过程，试行首先在所有候选人中无记名投票差额直选党组织委员，然后从选出的委员中无记名投票差额直选党组织书记、副书记的"三次差额直选"，以选举过程的竞争性保证党内选举的择优性。三是加强对公推直选的驾驭能力。把"党管干部"原则与"群众公认"原则结合起来，认真贯彻落实党内选举法规的基本要求，严格按照基层党组织任期、党员或党员代表大会基本程序、参会人数要求、当选条件等基本规定开展公推直选试点工作，允许有条件的基层党组织大胆改革和探索，但必须确保党的民主集中制原则的贯彻落实，确保公推直选体现的是大多数党员的意志，做到公推直选有序可控。

3. 主要启示与需要关注的问题

通过对 K 市竞争性选拔干部活动的考察可见，其在两个方面的做法具有一定的启示性。一是根据本地公共部门人才存量的现实状况和干部人才队伍建设的实际需要，合理确定竞争性选拔干部面向的区域范围，避免在西部民族地区由于经济社会发展"梯度结构"的原因和"虹吸现象"① 的存在而给公共部门人才资源配置带来进一步冲击和影响；二是探索竞争性选拔干部活动与其他干部制度之间的有效对接，利用竞争性选拔方式来进行年轻后备干部的选拔储备和锻炼培养，以及本区域不同辖区和不同部门之间的干部交流。这些做法对于避免竞争性选拔干部方式与干部人事制度体系内其他并行制度之间可能的矛盾冲突，无疑具有积极意义。

与其他一些地方的做法类似，K 市亦将竞争性选拔干部方式引入党内基层干部的选举以及一些选任制领导干部职位的任用之中，以选拔过程的竞争性来保证党内选举的择优性。但在此过程中，如何妥善处理其中所涉及的法律关系，以及如何确保选拔对象的组织忠诚度，都是值得关注的问题。

(三) S 市 M 区竞争性选拔干部实践②

1. 竞争性选拔干部的基本情况

为深化干部人事制度改革，拓宽选人用人视野，为优秀人才脱颖而出

---

① 任新民：《民族地区经济社会的梯度结构与人力资源的梯次开发》，《思想战线》2000 年第 3 期，第 19~22 页。

② 本部分内容根据实地调研过程中所获得材料归纳整理而成。

营造公平竞争的环境，S 市 M 区根据区属党政机关、企事业单位和所辖各镇（街道）党政领导班子职位配备情况，分别于 2006 年、2007 年、2010 年和 2012 年开展了 4 个批次的竞争性选拔干部活动，先后拿出 28 个副处级职位和 3 个正科级职位进行公开选拔。据统计，这 4 个批次的竞争性选拔干部活动总计有 527 人次报名参与职位竞争，实际成功选拔副处级职位干部 24 人，正科级职位干部 1 人。其中，2006 年 73 位报名者中有 50 人为组织推荐，23 人为自我推荐；2007 年 178 位报名者中有 33 人为组织推荐，145 人为自我推荐；2010 年和 2012 年两个批次选拔活动的所有报名者均为自我推荐。在这 4 个批次实际选拔出的 25 个任职者中，有 6 人来自选拔职位所在单位，9 人来自区内其他单位，10 人来自区外单位。历次选拔活动的职位数与报名情况如表 2 - 9 所示。

表 2 - 9　S 市 M 区年竞争性选拔干部职位数与报名情况
（2006 年、2007 年、2010 年和 2012 年）

单位：个，人

年份	职位层次	选拔职位数	报名人数	实际选拔成功职位数
2006	副处级	6	73	6
	正科级	—	—	—
2007	副处级	8	178	7
	正科级	—	—	—
2010	副处级	6	72	4
	正科级	—	—	—
2012	副处级	8	151	7
	正科级	3	53	1
合计		31	527	25

资料来源：根据实地调研过程中所取得资料整理。

2. 选拔流程与实践举措

在选拔工作的规范化建设方面，S 市 M 区根据《党政领导干部选拔任用工作条例》等法律法规，并结合本区实际先后制定颁布《M 区关于公开竞职选拔处级单位党政领导班子成员的实施办法（试行）》《M 区关于公开竞职副处级和正科级领导干部的实施方案》《M 区关于加强竞争性选拔干部工作若干规定》等专门性制度文件，对本区竞争性选拔干部活动的职位范围、基本原则、实施方案以及工作要求等一系列问题做出明确规定。在这些制度文件中，选拔程序的设置经历了一个逐步调整的过程，同时选拔过程中所采用的测评技术方法亦从相对简单逐步走向多元化。其中，2012年选拔活动所采用的基本程序如图2-7所示。

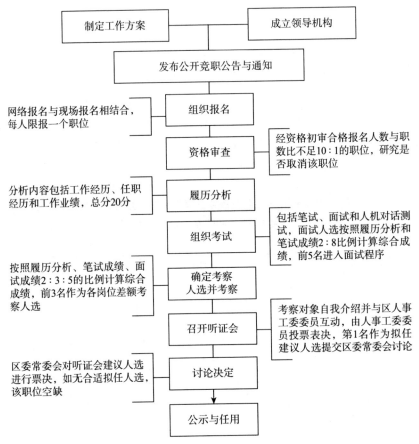

图2-7 2012年S市M区竞争性选拔干部工作基本程序

资料来源：根据实地调研过程中所取得资料整理。

为贯彻"突出职位特点、注重实际能力，把事业需要、工作需求、职位要求与促进干部成长、调动干部积极性结合起来"的基本原则，S市M区在竞争性选拔干部工作中着重对选拔测评的技术方法和选拔程序中的个别环节进行了创新探索，以此来解决仅靠传统的笔试和面试难以考出考生的实际工作水平的问题。

第一，增加笔试试题的开放性。在笔试试卷的题型结构中，将主观试题比重提高至90%，并主要结合M区改革发展的实际情况，以辨析、论述、案例分析等形式来命题，突出对职位竞争者在理论素养、管理能力以及分析问题和解决问题能力等方面的考察。这在一定程度上改善了以往选拔过程中所出现的"唯分取人""考得好不一定干得好"等情况。

第二，提高面试工作的权威性。一方面，将面试工作全部委托 S 市委组织部党政领导干部考试中心、S 市委党校现代人力资源测评中心等第三方专业机构来组织开展；另一方面，面试操作采用半结构化形式并按不同职位分组进行，通过公共题项与专业题项的结合对职位竞争者的领导能力、专业能力进行测评，以减小面试结构单一且程序化所带来的"考试专业户"现象发生的概率。面试考官则由相关部门领导、内外部专家、组织人事部门干部等人员组成，保证面试工作的专业性和权威性。

第三，将履历分析纳入测试评价环节。在 M 区 2006 年和 2007 年的竞争性选拔干部活动中，采用的是笔试＋面试的测评方式，并按照笔试和面试成绩 3∶7 的权重比例计算最终成绩确定考察对象。2010 年，在笔试与面试基础上首次增加了履历分析环节，履历分析在总评价分值中所占比重为 7%。2012 年，同样采用笔试＋履历分析＋面试的方式进行量化评价，其中履历分析、笔试、面试按照 2∶3∶5 的权重比例计算综合成绩，综合成绩排名前三的考生进入组织考察环节。

第四，创设听证会环节作为确定拟任建议人选的依据。在 2012 年的竞争性选拔干部过程中，根据对"德的考核""民主测评""征求意见""工作成效""岗位经历""群众公认"六个方面的考察结果进行分别排名和综合排序，提出两名建议人选进入听证会环节，达成了差额考察"三选二"的目的。两名初步人选进入听证会环节以后，通过互动问答方式由人事工作委员会委员和岗位所在单位主要领导进行听证投票并即时宣布投票结果，根据投票结果确定最终提名人选，进入区委常委会讨论程序，以此完成"二选一"的工作步骤。这一做法改变了以往在干部选拔任用考察环节之后直接提名至区委常委会的惯例，有效解决了选拔工作中"三选一"过程公开度、透明度缺失的问题。

第五，尝试建立竞争性选拔干部方式与后备干部队伍建设之间的联系通道。随着竞争性选拔干部方式的开展，有相当一部分领导干部职位人选是通过公开选拔和竞争上岗方式产生的，这在一定程度上带来后备干部"备而不用"的问题。为解决这一矛盾，M 区将那些通过组织考察而未被最终任用的人员纳入后备干部队伍进行跟踪培养，以此来减少竞争性选拔活动给后备干部队伍建设带来的冲击。

此外，S市M区还尝试通过运用"人机对话"技术对职位竞争者的个性特质、个人价值观、领导风格、领导行为等素质要素进行测试，以求全方位地考察职位竞争者的岗位匹配度。在差额考察过程中，为了改变以往单凭考察组的考察印象来对考察对象进行排序的传统做法，M区委组织部门在2012年尝试设计了《干部德的考察反向测评表》，通过其中4大类共计20个具体指标对考核对象的德行进行全面考察，再结合其他指标的得分情况对考察对象进行排序。

3. 主要启示与需要关注的问题

如何使干部选拔任用工作更为科学有效是选人用人领域的一个重要课题，解决这一问题一方面需要从整个选拔机制的设计入手，另一方面还需要借助科学合理的选拔技术和方法。S市M区对后一方面进行了积极的探索，尤其是其所采用的履历分析法，对于解决竞争性选拔参与人员来源构成相对复杂，组织部门对其基本情况掌握较少等现实问题是一种重要的弥补手段，履历分析同时亦将过往的工作实绩和工作经验等作为考量因素，有利于其对职位竞争者的总体素质有一个更为全面的认识和把握。与此同时，听证会制度的引入亦具有相当的突破意义，对于破除干部选拔任用工作的神秘性和提高干部选拔任用工作的公信力而言无疑是一种值得借鉴的做法。

但在运用这些新技术和新方法的同时，有些问题还有待进一步考量。例如，履历分析中岗位匹配指标的评价内容是指具有与选拔岗位相同或相关的工作经历，而相关工作经历应如何界定、评价分值应如何设定尚需进一步明确；增加笔试试题的开放性，虽然能在一定程度上解决"能考不能干"的问题，但同时由于不同评卷者对于主观试题答案的看法可能存在一定差异，或多或少会降低评价的客观性，从而会影响笔试信度。

| 第三章 |

认知述评：竞争性选拔干部方式的问卷调查

一 问卷设计与调查实施

（一）问卷调查的时段背景

本研究于 2013 年 6 月获得正式立项，课题名称来自课题指南设定的"完善竞争性选拔干部方式研究"选题。指南的该命题出自 2012 年 11 月党的十八大报告第十二部分"深化干部人事制度改革"中提出的"完善竞争性选拔干部方式"原句。课题立项后，2013 年 6 月 28~29 日全国组织工作会议召开。中共中央总书记习近平在会议上谈到了竞争性选拔干部的相关问题：一是认为公开选拔和竞争上岗等竞争性选拔方式的范围和规模要合理，不宜硬性规定竞争性选拔比例，更不能搞"凡提必竞"；二是指出有些地方和单位竞争性选拔考试侧重于知识而不是能力，选拔出一些"高分低能"的干部；三是强调不能把干部工作搞成"选秀""作秀"。2013 年 11 月，党的十八届三中全会通过的《中共中央关于全面深化改革若干重大问题的决定》，提出要"改进竞争性选拔干部办法"。正是在这一背景下，根据实证研究的需要，结合 2013 年 6 月全国组织工作会议上习近平总书记讲话的主要内容，本研究于 2013 年 11~12 月进行调查问卷设计，并于 2014 年上半年开展问卷调查。实施问卷调查的半年，正是全国各地组织部门传达、学习全国组织工作会议以及习近平总书记讲话精神，同时对多年来竞争性选拔干部工作进行反思的特定时期。

（二）调查问卷设计

为了解各相关群体对竞争性选拔干部方式的认知和评价性看法，本研究设计了两套竞争性选拔干部方式调查问卷。一套是以公众和曾经作为竞聘者参加过竞争性选拔的人员（职位竞争者）为调查对象，简称"公众与职位竞争者问卷"（见附录一）；另一套是以开展过多次竞争性选拔工作的组织人事部门干部为调查对象，简称"组织者问卷"（见附录二）。两套问卷绝大部分调查题目相同，只有小部分题目根据调查对象而专门设定。问卷初稿设计完成后，先征求和吸纳了中共上海市闵行区委组织部、普陀区委组织部等有关组织部门干部的意见，然后经过反复讨论和修改完善，最后定稿。

"公众与职位竞争者问卷"包含32个调查题目，涉及六部分调查内容（见附录一）。一是调查对象的背景信息（题1~6），涉及其任职单位的类别、年龄、受教育程度、现任职务、是否参加过竞争性选拔干部考试、如参加过是否被任用等问题；二是应试信息及其评价（题7~13），涉及职位竞争者有无复习资料的获取、投入复习的时间花费、考前复习在考试中的成效如何、竞争性选拔干部的考试成绩是否能够反映出职位竞争者的知识和能力等问题；三是总体认知和评价（题14~17），涉及竞争性选拔干部方式是否提高了选人用人公信度、是否优于常规的干部委任制、是否有利于选拔出优秀干部和避免任用干部中的不正之风以及竞争性选拔干部方式的主要优点等问题；四是适用范围认知和评价（题18~21），涉及公开选拔方式更适合哪些组织、哪些类别、哪些层级干部的选拔任用和竞争上岗方式更适合哪些层级干部的选拔任用等问题；五是对竞争性选拔干部方式存在问题的认知和评价（题22~29），分别涉及竞争性选拔干部方式中存在的主要问题、笔试能否测试出职位竞争者的潜在能力、人机对话能否测试出职位竞争者的实际能力、面试能否测试出职位竞争者的实际能力、面试难以测试出职位竞争者实际能力的原因、民主测评结果能否真实反映被测评者的实际情况、民主测评结果不完全反映被测评者的实际情况的原因，以及竞争性选拔干部方式所面临的实践难题等问题；六是价值和相关问题认知（题30~32），涉及竞争性选拔干部方式的主要目的、价值目标以及常规委任制与竞争性选拔的关系等问题。

"组织者问卷"一共包含29个题目，涉及六方面调查内容。一是调查对象及其所在单位的基本信息（题1~4），涉及任职单位或机关的层级及类别、本人职务的行政级别、对竞争性选拔干部工作的熟悉程度、所任职组织部门先后开展过竞争性选拔干部工作的批次等问题；二是对竞争性选拔干部方式的总体认知和评价（题5~8），涉及竞争性选拔干部方式是否提高了选人用人公信度、是否优于常规的干部委任制、是否有利于选拔出优秀干部和避免任用干部中的不正之风以及竞争性选拔干部方式的主要优点等问题，该部分题目与"公众与职位竞争者问卷"第三部分相同；三是对竞争性选拔干部方式适用范围的认知和评价（题9~12），涉及公开选拔方式更适合哪些组织、哪些类别、哪些层级干部的选拔任用和竞争上岗更适合哪些层级干部的选拔任用等问题，该部分题目与"公众与职位竞争者问卷"第四部分相同；四是问题的认知和评价（题13~19），包含7个问题，分别涉及竞争性选拔干部方式中存在的主要问题、笔试能否测试出职位竞争者的潜在能力、人机对话能否测试出职位竞争者的实际能力、面试能否测试出职位竞争者的实际能力、面试难以测试出职位竞争者实际能力的原因、民主测评结果能否真实反映被测评者的实际情况、民主测评结果不完全反映被测评者的实际情况的原因，该部分题目与"公众与职位竞争者问卷"第五部分的前7个题目相同；五是相关问题认知和评价（题20~26），涉及竞争性选拔工作中采用过哪些选拔评价方法、花费的人均成本、最终任用者中来自本地党政机关之外的职位竞争者的比例、竞争性选拔干部方式需要与哪些干部单项制度衔接、常规委任制与竞争性选拔干部方式的关系、竞争性选拔干部方式所面临的难题、竞争性选拔干部工作需要专题研究哪些问题，其中有2个题目与"公众与职位竞争者问卷"相同，另5个题目专门为组织部门人员设计；六是价值认知和建议（题27~29），涉及竞争性选拔干部方式的主要目的、价值目标两个问题，以及对完善竞争性选拔干部方式有何建议这一特别为组织人事部门人员所设定的开放性题目。

（三）问卷调查实施

问卷调查于2014年2~6月实施。"公众与职位竞争者问卷"放在网络上随机在线填写，同时依靠本研究课题组成员及其亲友的熟人关系以发送电子邮件方式邀请填写问卷。另外，与上海市的闵行区、普陀区组织部门联合，给参加过两区竞争性选拔的职位竞争者发送电子邮件邀请填写问卷。"公众与职位竞争者问卷"获取在线填写和电子邮件填写的有效问卷共636份。

"组织者问卷"的发放途径，起初是通过互联网搜集全国各地开展过竞争性选拔干部工作的组织部门的邮箱和联系电话，向广东、四川、湖南、湖北、山东、江苏、贵州等地的市县级组织部门发送共 198 份邮件（附有问卷调查公函），邀请组织部门干部在线填写问卷，并追加电话联系 160 多人次，但最终只有 41 人在线填写问卷。之所以如此，其主要原因可能在于组织部门属于组织性、纪律性、保密性要求很高的党政机关，其干部言行谨小慎微，不敢自作主张或擅自行事，但如向领导汇报是否可以填写，又会不了了之。考虑到这一难题，本研究继后通过与各地组织部门干部的熟人关系，向上海、浙江、江西、陕西等地有关组织部门干部再发送 82 份邀请在线填写问卷的电子邮件，实际在线填写问卷 61 份。此外，在有关组工干部研修班进行现场问卷调查，浙江省委党校组工班发放和回收纸质问卷 63 份，上海交通大学"青海省组工干部培训班"发放和回收纸质问卷 36 份。"组织者问卷"回收纸质有效问卷和在线填写有效问卷共 201 份。

有效填写"公众与职位竞争者问卷"的 636 名调查对象的单位、年龄、职务、学历的分布情况见表 3-1。另外，636 名调查对象中，有 194 人曾经以职位竞争者身份参加过公开选拔、竞争上岗或公推公选等竞争性选拔干部活动，累计参加 235 人次（参加公开选拔者 121 人次，参加竞争上岗者 101 人次，参加公推公选者 13 人次），并有 76 人获得任用。

表 3-1　接受"公众与职位竞争者问卷"调查的人员分布

单位：%

	政府机关	党群机关	人大、政协	事业单位	国有企业	其他组织
单位分布	30.97	14.78	1.73	33.02	11.16	8.33
年龄分布	25 岁及以下	26~30 岁	31~35 岁	36~40 岁	41 岁及以上	
	1.73	44.18	30.03	11.79	12.26	
职务分布	科员级	科级	副处级	正处级	副局级及以上	
	55.82	33.65	7.55	2.52	0.47	
学历分布	大专以下	大专	本科	硕士研究生	博士研究生	
	0.16	0.79	67.61	30.03	1.42	

资料来源：根据回收有效调查问卷统计整理。

有效填写"组织者问卷"的 201 名调查对象的所属部门和现任职务分布情况见表 3-2。此外，关于对竞争性选拔干部工作的熟悉程度，83% 以上的调查对象表示"非常熟悉"或"比较熟悉"，只有不到 4% 的调查对象表示"不太熟悉"；所任职的组织部门开展过竞争性选拔干部工作批次，1~5批次的占比为43.28%，6~10批次的占比为31.84%，10批次以上的占比为21.39%，没有开展过的仅占3.48%。

表3-2 接受"组织者问卷"调查的人员分布

单位：%

所属部门	县处级机关组织部门	厅局级机关组织部门	县处级事业单位组织部门	厅局级事业单位组织部门	国有企业人事部门	其他
	65.17	25.37	2.49	3.48	1.00	2.49
现任职务	办事员或科员	副科级或正科级	副处级	正处级	副局级及以上	
	14.93	68.16	12.94	3.98	0.00	

资料来源：根据回收有效调查问卷统计整理。

二　问卷调查结果的实证分析

（一）对竞争性选拔干部方式的总体评价

公开选拔和竞争上岗等竞争性选拔干部方式，作为对传统大一统委任制干部任用模式进行结构性改革的部分性替代，从20世纪80年代中期至今，制度变迁已历经30余年探索。公众、参与过竞争性选拔干部活动的职位竞争者以及实施这一改革举措的组织部门干部如何评价竞争性选拔干部方式是本次问卷调查所关注的重点问题。为此，问卷设计了"您认为采用竞争性方式公开选拔干部，是否提高了选人用人公信度""您认为竞争性选拔干部方式的主要优点是什么"等相关问题。

1. 竞争性选拔干部方式的公信度评价

公信度一般指公众的满意程度、认可程度、信任程度。选人用人公信度是指群众和干部对干部选拔任用工作及其结果的心理认同和满意程度。提高选人用人公信度是党政领导干部选拔任用制度改革的基本要求，党的十七大报告、党的十八大报告、《2010—2020年深化干部人事制度改革规划纲要》等重要文件中，关于深化干部人事制度改革部分都提及要"提高选人用人公信度"。因此，评价干部人事制度改革成效如何可侧重选用"提高选人用人公信度"这一综合指标。

自2008年开始，中共中央组织部推出了一项以提升选人用人公信度为要旨的重要举措，即委托国家统计局在全国范围内（含 31 个省区市、国家机关、中央的企事业单位），以随机抽样的方式抽取近 8 万人规模的调查对象进行"组织工作满意度民意调查"。这项调查从 2008 年开始持续了五年时间。调查结果显示：各项评价指标的分值逐年提高。与 2008 年相比，2012 年的"选人用人公信度"调查评价得分提高了 11.26 分，"防止和纠正用人不正之风"满意度提高了 11.24 分，"组织工作"满意度提高了 6.41 分（见表 3-3）。中组部新闻发言人认为，五年的调查结果表明，通过不断"深化干部人事制度改革，防止和纠正用人不正之风，选人用人公信度逐年提高"①。

表 3-3　2008～2012 年全国组织工作满意度民意调查结果

单位：分

调查年份	组织工作满意度		选人用人公信度	防止和纠正用人不正之风
	组织工作	组工干部形象		
2008	73.55	73.58	67.04	66.84
2009	73.83	74.41	71.29	70.35
2010	75.17	75.54	72.92	71.80
2011	78.53	78.77	76.10	76.02
2012	79.96	—	78.30	78.08

资料来源：中华人民共和国国史网，http://www.hprc.org.cn/pub/gsw/leidaxinxi/ds/201210/t20121023_202213.html，最后访问日期：2012 年 10 月 24 日。

2008～2012 年五年间，全国组织工作满意度的逐年提高与竞争性选拔干部方式的大力推进相关。2009 年新下发的《2010—2020 年深化干部人事制度改革规划纲要》提出，要"加大竞争性选拔干部工作力度"。② 实际上，2008～2012 年这五年是各地快速推广竞争性选拔干部工作的时段，在干部群众中产生了比较广泛的积极影响。因此，可以说竞争性选拔干部方式的推行促进了选人用人公信度的提高。

问卷调查的结果也显示：公众、职位竞争者和组织部门干部比较一致地认为竞争性选拔干部方式提高了选人用人工作的公信度。在"公众与职

① 国家统计局：《党的十七大以来选人用人公信度逐年提高》，中国共产党新闻网，http://renshi.people.com.cn/n/2012/1020/c139617-19328149.html，最后访问日期：2012 年 10 月 20 日。
② 《2010—2020 年深化干部人事制度改革规划纲要》（中办发〔2009〕43 号）。

位竞争者问卷"中，约81%的受访者认为这种方式在不同程度上提高了选人用人的公信度。其中，有近61%的受访者认为"一定程度上提高"，约21%的受访者认为"极大提高"和"很大提高"。相比较而言，组织部门干部对竞争性选拔干部方式的积极评价高于公众与职位竞争者，96%以上的人认为其在不同程度上提高了选人用人公信度，其中，约61%的人认为"一定程度上提高"，约35%的人认为"极大提高"和"很大提高"（见表3-4）。

表 3-4　对竞争性选拔干部方式是否提高选人用人公信度的评价

单位：%

调查对象	极大提高	很大提高	一定程度上提高	很小提高	没有提高
公众与职位竞争者（$n_1 = 636$）	6.13	14.62	60.53	13.21	5.50
组织部门干部（$n_2 = 201$）	7.96	26.87	61.19	3.48	0.50

资料来源：根据所回收有效调查问卷统计整理。

2. 竞争性选拔干部方式与常规委任制的比较性评价

党政领导干部选拔任用有选任制、委任制等不同形式。《党政领导干部选拔任用工作条例》中明确规定："选举和依法任免的党政领导职务，党组织推荐、提名人选的产生，适用本条例的规定，其选举和依法任免按照有关法律、章程和规定进行。"[1] 按照这一规定，可以理解为，完全适用《党政领导干部选拔任用工作条例》的非选举和依法任免的党政领导职务属于委任制，党组织推荐、提名人选的产生环节适用《党政领导干部选拔任用工作条例》，选举、依法任免的党政领导职务属于选任制。同时，无论是2002年颁布的《党政领导干部选拔任用工作条例》，还是2014年修订后新颁布的《党政领导干部选拔任用工作条例》，均一致性地规定公开选拔、竞争上岗是党政领导干部选拔任用的方式之一。另外，按照2009年颁布的《2010—2020年深化干部人事制度改革规划纲要》中有关"到2015年，每年新提拔厅局级以下委任制党政领导干部中，通过竞争性选拔方式产生的，应不少于三分之一"[2] 的表述（这一比例指标规定在2013年6月的全国组织工作会议后已停止执行），竞争性选拔这一方式可认为属于委任制的范畴，但这一干部选拔任用的方式又区别于常规的委任制。因

---

① 《党政领导干部选拔任用工作条例（修订）》（中发〔2014〕3号）。
② 《2010—2020年深化干部人事制度改革规划纲要》（中办发〔2009〕43号）。

而，竞争性选拔干部方式和常规委任制方式这两者之间可以进行比较性的评价。为此，调查问卷中设计了"与常规的干部委任制相比，您对竞争性选拔干部方式的总体评价"这一问题。

问卷调查的统计结果显示，接受调查的公众、职位竞争者、组织部门干部都对竞争性选拔干部方式加以肯定，给出了比常规委任制更高的评价。与此同时，公众、职位竞争者对于竞争性选拔干部方式的积极性评价要比组织部门干部高。约有21%的公众与职位竞争者认为很大程度上优于委任制和大大优于委任制，约有8%的组织部门干部认为很大程度上优于委任制和大大优于委任制；约33%的公众与职位竞争者认为一定程度上优于委任制，约27%的组织部门干部认为一定程度上优于委任制；约有23%的公众与职位竞争者认为委任制与竞争性选拔各有所长，约47%的组织部门干部认为委任制与竞争性选拔各有所长，显然对于这一选项的认同度组织部门干部要高于公众与职位竞争者（见表3-5）。这一结果说明，对于竞争性选拔干部方式和常规委任制两者相比较，何者优势更明显、何者不足更突出，组织部门干部经过长期的工作实践和经验累积会更清楚一些；而一般公众只是基于对传统委任制所显现弊端的直观认知，所以给委任制以相对较低的评价。

表3-5 竞争性选拔干部方式与常规委任制方式的比较

单位：%

选项	公众与职位竞争者（$n_1 = 636$）	组织部门干部（$n_2 = 201$）
大大优于委任制	3.76	0.77
很大程度上优于委任制	16.97	7.69
一定程度上优于委任制	33.03	26.92
略优于委任制	9.59	5.00
与委任制差不多	13.47	12.31
委任制与竞争性选拔各有所长	23.19	47.31

资料来源：根据所回收有效调查问卷统计整理。

3. 竞争性选拔干部方式的合目的性评价

长期以来，党政领导干部选拔任用工作中存在两个突出问题。一是范围问题，选人用人的范围较为狭窄，"由少数人在少数候选人中选拔干部"的情况不同程度地存在，不利于优秀人才脱颖而出；二是风气问题，腐败现象和不正之风在干部选拔任用中比较严重，难以从根本上遏制跑官卖官、任人唯亲、带病提拔等顽症。竞争性选拔干部方式作为党政领导干部选拔任用制度改革的一项重大举措，推行这一方式的预期目的，就是试图从制度上的突破来解决上述两个困扰已久的难题。因此，竞争性选拔干部方式究竟能否利于选拔优秀干部，能否避免不正之风，是本调查想要了解的问题之一。针对这一问题，问卷设定了四个选项，分别为"有利于选拔出优秀干部""有利于避免任用干部中的不正之风""不利于选拔出优秀干部""难以避免任用干部中的不正之风"，要求被调查者从中选择两个选项。

问卷调查的统计结果显示，有近70%的公众与职位竞争者和80%以上的组织部门干部都相对集中地对这一问题做出了积极的评价，认为竞争性选拔干部方式有利于选拔出优秀干部和避免不正之风。但与此同时，仍有近28%的公众与职位竞争者和近11%的组织部门干部认为竞争性选拔干部方式难以避免任用干部中的不正之风（见表3－6）。这在一定程度上反映出领导干部选拔任用工作中的不正之风仍然是一个群众反映强烈的突出问题，也是一个难以解决的难题。

表3－6　竞争性选拔干部方式是否有利于选拔出优秀干部和避免干部任用中的不正之风

单位：%

选项	公众与职位竞争者（$n_1 = 636$）	组织部门干部（$n_2 = 201$）
有利于选拔出优秀干部	29.13	28.62
有利于避免任用干部中的不正之风	39.37	52.30
不利于选拔出优秀干部	3.71	8.13
难以避免任用干部中的不正之风	27.78	10.95

资料来源：根据回收有效调查问卷统计整理。

同时，或许与本次问卷调查的特定时段有关。据本研究通过网络平台进行的不完全搜索，2010～2013年，由网民发帖并引起社会质疑和热议的年轻干部"火箭"提拔事件至少有24起。其中，各地组织部门进行调查核实后对任用者做出免职或辞职处理的有11起，认定不存在违规情况而维持任用的有13起。而在违规任用并做出免职或辞职处理的11起事件中，属于常规委任制方式选拔任用的有9起，属于公开选拔方式选拔任用的有2起。在以公开选拔方式选拔任用的2起违规事件中，具体违规情况主要是组织部门未能严格把握报考的资格条件审核关,其中一人是不符合报考的经历条件和在非报考地任用,另一人是不符合报考的任职年限条件且存在营私舞弊行为。这24起干部选拔任用的网络热议事件中,绝大部分发生于2011~2012年,而本次问卷调查恰好在此类质疑事件发生之后进行。因此,这些事件可能会导致公众对竞争性选拔干部方式产生一定的负面影响——尽管绝大部分负面事件出现于常规委任制而不是竞争性选拔干部方式之中。

本研究认为,与具有封闭性、神秘性和一把手或主要领导说了算的常规委任制方式相比,竞争性选拔干部方式以其公开、透明、竞争等特点,应该说有利于避免干部选拔任用工作中的一些不正之风。以广东省茂名市腐败窝案为例,根据权威媒体的公开报道,"茂名系列案窝案涉案人员包括省管干部24人、县处级干部218人。茂名市辖6个县(区)的主要负责人无一不腐,波及党政部门105个,其中159人涉嫌行贿买官","在'一把手'的前后带动下,茂名市官员买官卖官的行为异常疯狂"。① 如此严重的卖官鬻爵腐败虽是一种极端个案,但过去若干年中,在常规委任制方式下不同程度的选人用人腐败绝非个别现象。而竞争性选拔干部方式在很大程度上可以减少这种腐败现象的产生。中共中央在2014年1月5日颁布修订版《党政领导干部选拔任用工作条例》之后,紧接着又于1月25日颁布了《关于加强干部选拔任用工作监督的意见》(以下简称《意见》)。该《意见》指出,"近几年来,加强选人用人监督,整治用人上不正之风,取得积极成效。但是,在一些地方和单位,违规用人问题仍时有发生,跑官要官、拉票贿选、买官卖官等不正之风屡禁不止,干部群众反映强烈"。制定与新《党政领导干部选拔任用工作条例》配套的《关于加强干部选拔任用工作监督的意见》,其主要是"为了贯彻落实党要管党、从严治党方针,严明组织纪律,大力营造风清气正的用人环境,保证《党政领导干部选拔任用工作条例》严格执行"。②

4. 竞争性选拔干部方式的主要优点评价

竞争性选拔干部方式具有某些优胜于常规委任制的优点。为此,在本

① 刘江、蔡国兆、毛一竹:《鬻官之祸危于疽患——广东茂名腐败窝案警示录》,《瞭望新闻周刊》2014年第33期,第12~16页。
② 中共中央组织部:《关于加强干部选拔任用工作监督的意见》,《人民日报》2014年1月26日,第4版。

问卷"您认为竞争性选拔干部方式的主要优点是什么"的调查问题上，基于我们前期初步研究和思考的认知，列出了 8 个可以选择的选项："民主参与的面广""程序的公正性""结果的公正性""制度的科学性""过程的公开性""选拔范围的广泛性""测评方式的有效性""其他"。调查结果表明：无论是公众与职位竞争者还是组织部门干部，在这一问题的选择上相对一致，竞争性选拔干部方式的主要优点包括民主参与的面广、过程的公开性、程序的公正性、选拔范围的广泛性，而在诸优点中并不包含测评方式的有效性、制度的科学性、结果的公正性（见表 3－7）。

表 3－7　竞争性选拔干部方式的主要优点

单位：%

选项	公众与职位竞争者（$n_1 = 636$）	组织部门干部（$n_2 = 201$）
民主参与的面广	21.25	19.71
程序的公正性	20.24	22.73
结果的公正性	5.43	9.50
制度的科学性	7.40	3.21
过程的公开性	19.86	21.44
选拔范围的广泛性	20.53	21.44
测评方式的有效性	4.62	1.97
其他	0.67	0

资料来源：根据所回收有效调查问卷统计整理。

这一调查结果亦反映出公众与职位竞争者尤其是组织部门干部对于竞争性选拔干部方式的功能理解，即认为其更能充分体现党的十七大报告、党的十八大报告、《2010—2020 年深化干部人事制度改革规划纲要》以及《党政领导干部选拔任用工作条例》所规定的干部选拔任用的"公开、平等、竞争、择优"方针或原则中的公开性、平等性和竞争性，更能充分体现这些党内法规文件提出的"扩大干部工作民主""选人用人渠道"等要求。之所以在诸优点中并没有包含测评方式的有效性、制度的科学性、结果的公正性等方面，原因在于程序公正其本身是价值准则，但它并非一定能保证结果的公正性；制度的科学性并不是制度本身价值要求所在，它属于一种工具性要求；而测评方式的有效性恰恰是一个真正影响竞争性选拔干部方式结果的公正性的问题——难以避免"高分低能"现象的出现。

（二）对竞争性选拔干部方式存在的问题及其原因认知

一项制度的变迁往往都会经由问题动因驱使的改革、再改革而一步步达到相对完善的螺旋式发展的路径。干部选拔任用制度的改革同样具有这一特征。在其发展过程中，中共中央先后制定了《深化干部人事制度改革纲要》（2000 年）、《2010—2020 年深化干部人事制度改革规划纲要》（2009 年），并对党政领导干部选拔任用工作先后进行了三次党内法规规范，即 1995 年制定的《党政领导干部选拔任用工作暂行条例》、2002 年修订的《党政领导干部选拔任用工作条例》，以及 2014 年 1 月再次修订的《党政领导干部选拔任用工作条例》，正是这一制度变迁规律的写照。

公开选拔和竞争上岗等竞争性选拔干部方式，在经历了萌发、局部试点、党内法规规范到大范围推广后，于 2009 年至 2013 年上半年的发展高潮期内，出现诸多亟待研究和解决的问题。习近平总书记在 2013 年的全国组织工作会议上，概括性地谈到了与竞争性选拔干部方式相关的若干问题。为了调查公众、职位竞争者以及组织部门干部对其中的问题、难题及其原因的认知性看法，本研究在 "公众与职位竞争者问卷干部" "组织者问卷" 中设计了 8 个相同题目："您认为目前竞争性选拔干部方式中存在的主要问题是什么"；"您认为竞争性选拔干部方式所面临的主要难题是什么"；"目前竞争性选拔干部方式中的笔试能否测试出职位竞争者的潜在能力"；"目前竞争性选拔干部方式中的人机对话能否测试出职位竞争者的实际能力"；"目前竞争性选拔干部方式中的面试能否测试出职位竞争者的实际能力"；"如果您认为竞争性选拔干部试的面试难以测试出职位竞争者的实际能力，其原因是什么"；"目前竞争性选拔干部方式中的民主测评结果能否真实反映被测评者的实际情况"；"如果民主测评结果不能完全反映被测评者的实际情况，您认为其原因是什么"。

在这 8 个问题中，前 2 个问题主要调查存在的问题和难题分别是什么；其他 6 个问题，一是针对竞争性选拔干部方式中局部存在的 "高分低能" 现象，调查对竞争性选拔中考试测评 "效度" 的看法，即笔试、人机对话、面试三种考试测评手段是否和多大程度上能够测试出职位竞争者的能力，并进一步调查面试难以测试出职位竞争者能力的原因；二是针对民主测评中存在的问题，调查民主测评结果的真实性，以及影响民主测评结果真实性的原因或因素。

1. 竞争性选拔干部方式中存在的主要问题

根据 2013 年 6 月习近平总书记在全国组织工作会议上讲话的有关内容，结合本研究前期所做的问题诊断，调查问卷在"竞争性选拔干部方式中存在的主要问题是什么"的问题上，设定了"程序和规则不规范"、"存在高分低能现象"、"测评技术不够科学"、"存在'开后门'现象"、"选拔方式缺少分类"、"存在'作秀'现象"、"适用范围太广"、"选拔过程成本太高"以及"其他"9 个可多项选择的选项。

调查结果显示，组织部门干部、公众与职位竞争者对于竞争性选拔干部方式存在主要问题的看法不完全相同。公众与职位竞争者认为竞争性选拔干部方式中存在的主要问题依次是：存在"作秀"现象、存在高分低能现象、测评技术不够科学、存在"开后门"现象。组织部门干部则认为竞争性选拔干部方式中存在的主要问题依次是：存在高分低能现象、测评技术不够科学、选拔过程成本太高。其中，存在高分低能现象被组织部门干部、公众与职位竞争者认定为主要问题之一，被组织部门干部看作突出问题；其次把测评技术不够科学看作主要问题。程序和规则不规范、适用范围太广并没有被公众与职位竞争者、组织部门干部认为是竞争性选拔干部方式中存在的主要问题。公众与职位竞争者和组织部门干部之间的主要分歧，在于"存在'作秀'现象"和"存在'开后门'现象"两个问题选项。选择这两项者，公众与职位竞争者占比近 20% 和 17%，组织部门干部分别只有约 11% 和 3%（见表 3 - 8）。

表 3 - 8　竞争性选拔干部方式中存在的主要问题

单位：%

选项	公众与职位竞争者（$n_1 = 636$）	组织部门干部（$n_2 = 201$）
程序和规则不规范	8.94	4.25
存在高分低能现象	18.68	25.18
测评技术不够科学	17.09	20.79
存在"开后门"现象	17.09	2.93
选拔方式缺少分类	11.10	12.88
存在"作秀"现象	19.85	10.69
适用范围太广	1.78	3.95
选拔过程成本太高	4.92	18.89
其他	0.56	0.44

资料来源：根据所回收有效调查问卷统计整理。

2. 竞争性选拔干部方式所面临的主要难题

问题与难题这两个概念有交叉关系却不完全相同，问题为现实存在、有待解决的矛盾抑或非期望的状况，问题分难解之题和易解之题，难题则指不易解决的问题。本研究在设计问卷时，增添"竞争性选拔干部方式所面临的主要难题"一题作为"竞争性选拔干部方式中存在的主要问题"的补充，期待能进一步掌握所存在的问题中什么是主要难题。调查的统计结果显示，公众与职位竞争者、组织部门干部这三个群体较为一致地认为解决"高分低能"问题、对职位竞争者的"德"的评价、对职位竞争者岗位匹配度的评价三个问题是竞争性选拔干部方式所面临的主要难题（见表 3 - 9）。

表 3 - 9   竞争性选拔干部方式所面临的主要难题

单位：%

选项	公众与职位竞争者（$n_1 = 636$）	组织部门干部（$n_2 = 201$）
确定选拔干部的具体标准	19. 15	13. 39
对职位竞争者岗位匹配度的评价	24. 61	27. 29
对职位竞争者的"德"的评价	22. 72	19. 49
解决"高分低能"问题	22. 04	29. 83
竞争性选拔的分类方法	10. 60	10. 00
其他	0. 89	0

资料来源：根据所回收有效调查问卷统计整理。

3. 竞争性选拔干部方式能否测试出职位竞争者的能力

竞争性选拔干部方式区别于常规委任制方式的特点之一，在于后一方式在干部选拔任用过程中一般不对候选人进行考试，而前一方式一般会采取考试手段来对职位竞争者进行筛选，甚至将考试分数作为决定是否任用的重要依据。问卷中前一问题的调查结果已经表明，组织部门干部、参与竞争性选拔的职位竞争者和没有参加过竞争性选拔的公众，较为一致地认为"高分低能现象"是竞争性选拔干部方式中存在的一个主要问题。从逻辑上推论，造成这一现象的原因在于实践中所采用的笔试、面试、人机对话等考试形式并不能够完全测试出应试者的能力。为了解不同调查对象对这一问题的看法，调查问卷分别就笔试、人机对话、面试各设计了一个题目。其中，对于笔试能否够测试出职位竞争者的潜在能力的问题，分别有约66%的公众与职位竞争者以及约59%的组织部门干部认为在一定程度上可以测试出职位竞争者的潜在能力，而认为能够在很大程度上测试出职位竞争者的潜在能力的公众与职位竞争者低于7%，组织部门干部低于5%（见表3－10）。可见，接受调查的公众与职位竞争者、组织部门干部对于竞争性选拔干部方式中的笔试能否测试出职位竞争者的潜在能力的问题，评价都较为谨慎且有所保留。相对而言，公众与职位竞争者给出的评价比组织部门干部的评价要高。

表3－10 竞争性选拔干部方式中的笔试能否测试出职位竞争者的潜在能力

单位：%

调查对象	完全能	很大程度能	一定程度能	很小程度能	不能
公众与职位竞争者（$n_1 = 636$）	0.70	6.64	65.72	21.59	5.35
组织部门干部（$n_2 = 201$）	0	4.48	59.20	29.35	6.97

资料来源：根据所回收有效调查问卷统计整理。

对于人机对话能否测试出职位竞争者的实际能力问题，分别有约62%的公众与职位竞争者和63.0%的组织部门干部认为其在一定程度上能测试出职位竞争者的实际能力。而认为其在很大程度上能够测试出职位竞争者的实际能力的公众与职位竞争者、组织部门干部分别仅为4%和6%左右，认为其在很小程度上能够或者不能测试出职位竞争者的实际能力的公众与职位竞争者、组织部门干部分别约为33%和31%（见表3－11）。

表3－11 竞争性选拔干部方式中的人机对话能否测试出职位竞争者的实际能力

单位：%

调查对象	完全能	很大程度能	一定程度能	很小程度能	不能
公众与职位竞争者（$n_1 = 636$）	0.31	4.25	62.11	26.10	7.23
组织部门干部（$n_2 = 201$）	0	6.0	63.0	24.0	7.0

资料来源：根据所回收有效调查问卷统计整理。

对于面试能否测试出职位竞争者的实际能力的问题，分别约有66%的公众与职位竞争者、69%的组织部门干部认为面试一定程度上能测试出职位竞争者的实际能力。对同一问题，认为面试很大程度上能测试出职位竞争者的实际能力的公众与职位竞争者约为15%，组织部门干部约为13%，认为其在很小程度上能够或不能测试出职位竞争者的实际能力的公众与职位竞争者、组织部门干部分别约为18%和16%（见表3－12）。

表 3 - 12　竞争性选拔干部方式中的面试能否测试出职位竞争者的实际能力

单位：%

调查对象	完全能	很大程度能	一定程度能	很小程度能	不能
公众与职位竞争 （n_1 = 636）	0.79	15.09	65.72	15.09	3.30
组织部门干部 （n_2 = 201）	1.49	13.40	69.15	14.43	1.49

资料来源：根据所回收有效调查问卷统计整理。

如果进一步综合比较笔试、人机对话和面试这三种考试形式的问卷调查统计结果，会发现三个特点：其一是公众与职位竞争者和组织部门干部两类调查对象群体对笔试和人机对话两种考试形式的效度评价大体趋同，即约有 62% 的调查对象认为其一定程度上能够测试出职位竞争者的实际能力，约有 32% 的调查对象认为其在很小程度上能够和不能测试出职位竞争者的实际能力；其二是在笔试、人机对话和面试三种考试形式中，公众与职位竞争者、组织部门干部，对面试的效度评价都相对较高；其三是对笔试效度评价组织部门干部比公众与职位竞争者要低，对面试的效度评价组织部门干部比公众与职位竞争者要略高。

4. 面试难以测试出职位竞争者实际能力的原因

从问卷调查结果可知，对于职位竞争者的实际能力，公众与职位竞争者、组织部门干部相对比较一致地认为，笔试、人机对话、面试这三种考试形式并不能完全测试出结果。而在这三种考试形式中，面试相对于其他两种考试形式来说在测试职位竞争者的实际能力方面具有更高的效度。因为就适用性而言，笔试更适用于测试一个人的知识，人机对话更适合测试一个人的性向、性格，二者都难以测评一个人的职业能力。尽管如此，本研究更愿意进一步探寻面试难以测试出职位竞争者实际能力的原因，因为影响面试效度的因素是多方面的，而且更具有提高效度的可能空间。为此，问卷对面试难以测试出职位竞争者实际能力的原因进一步追问，列举了可能影响面试效度的一系列选项。

调查结果显示，对于面试难以测试出职位竞争者实际能力的原因，公众与职位竞争者选择频次较高的项目依次为："考官评分的主观性""面试存在'开后门'情况""面试同样可以'应试'复习获高分""面试试题设计不科学""面试方法不够科学"；组织部门干部选择频次较高的项目依次包括："考官评分的主观性""面试同样可以'应试'复习获高分""面试试题设计不科学""面试方法不够科学"。两类调查对象的分歧是关于

"面试存在'开后门'情况"的选项，超过23%的公众与职位竞争者将其列为面试难以测试出职位竞争者实际能力的第二位原因，而在组织部门干部中则只有约6%的调查对象认为存在这一问题（见表3－13）。

表3－13 面试难以测试出职位竞争者实际能力的原因

单位：%

选项	公众与职位竞争者（$n_1 = 636$）	组织部门干部（$n_2 = 201$）
面试方法不够科学	12.68	16.16
面试试题设计不科学	16.22	24.41
考官评分的主观性	28.16	26.94
面试同样可以"应试"复习获高分	18.54	25.59
面试存在"开后门"情况	23.56	6.23
其他	0.85	0.67

资料来源：根据所回收有效调查问卷统计整理。

5. 民主测评结果能否真实反映被测评者的实际情况

民主测评是党政领导干部选拔任用的考察程序中体现民主原则的重要环节，亦是竞争性选拔干部尤其是竞争上岗的一项必经程序。本研究通过与多次参加过民主测评（包括测评他人和被测评）的一些干部交谈了解到，民主测评的结果如同民主推荐一样，并不一定完全真实反映被测评者的情况，其中存在多种复杂的原因。为此，本调查问卷中设计了"民主测评结果能否真实反映被测评者的实际情况"这一题目。

调查结果显示：几乎没有被调查者认为民主测评的结果能够完全反映被测评者的实际情况。有约55%的公众与职位竞争者、约63%的组织部门干部选择"一定程度能"反映被测评者的实际情况，而选择"很大程度能"反映被测评者实际情况的公众与职位竞争者、组织部门干部分别约为12%和11%，认为"很小程度能"或者"不能"反映被测评者实际情况的公众与职位竞争者约为33%，组织部门干部约为26%（见表3－14）。相比较而言，组织部门干部对民主测评效果的评价要高于公众与职位竞争者。

表3－14 "民主测评"结果能否真实反映被测试者的实际情况

单位：%

调查对象	完全能	很大程度能	一定程度能	很小程度能	不能
公众与职位竞争者（$n_1 = 636$）	0.33	11.74	55.22	25.63	7.08

续表

调查对象	完全能	很大程度能	一定程度能	很小程度能	不能
组织部门干部 ($n_2 = 201$)	0	10.95	62.69	20.90	5.47

资料来源：根据所回收有效调查问卷统计整理。

6. 民主测评结果不完全反映被测评者实际情况的原因

如果说民主测评结果不完全反映或者不能很大程度上反映被测评者的实际情况，那么其原因是什么？对于这一问题的问卷调查结果是：公众与职位竞争者、组织部门干部选择频次较多的项目分别是"评价者对被测评者情况缺乏了解""评价者按照与自己的利害关系评价被测评者""不同评价者的评价标准不同"（见表 3 - 15）。公众与职位竞争者和组织部门干部对这一问题的看法大体趋同，基本呈现差距不大的均衡状态。这一特点既在于预设的 6 个选项之间存在一定的交叉关系，同时也说明具有交叉关系的这些选项因素均会不同程度对民主测评结果的真实性产生影响。

表 3 - 15　民主测评结果不完全反映被测评者实际情况的原因

单位：%

选项	公众与职位竞争者 ($n_1 = 636$)	组织部门干部 ($n_2 = 201$)
评价者对被测评者情况缺乏了解	20.82	21.58
评价者按照个人恩怨评价被测评者	18.01	16.93
评价者按照与自己的利害关系评价被测评者	22.86	20.96
不同评价者的评价标准不同	19.06	20.65
评价者按照被测评者自己的述职进行评价	6.61	4.81
评价者对被测评者进行随意评价	11.64	13.98
其他	1.00	1.09

资料来源：根据所回收有效调查问卷统计整理。

（三）"应试"现象及其效果的评价分析

应对考试的"应试"行为已成为当今社会一种普遍存在的社会文化现象。无论是针对学历教育的入学考试（如高考、考研、专业学位入学考试等），还是针对其他的考试（如公务员考试、职业资格考试等），均有相应的市场链条（辅导用书、辅导班、网站等）。公开选拔、竞争上岗等竞争性选拔干部考试也同样如此。考前针对性复习的"应试"是影响竞争性选拔考试效度的一个重要因素，或者说是"高分低能"现象产生的一个重要原因。本研究在面向公众与职位竞争者的调查问卷中，专门设计了与之相关的7个问题，以此了解参加过竞争性选拔考试的职位竞争者复习资料获取情况、复习备考耗时情况、考前复习在笔试和面试中的成效体现情况等问题，并请他们就竞争性选拔干部的考试成绩是否能够反映出职位竞争者的知识和能力等问题进行评判。

1. 职位竞争者通过何种途径获取复习资料

"公众与职位竞争者问卷"调查结果显示，在接受调查的194位参加过竞争性选拔活动的职位竞争者中，约有39%的职位竞争者表示自己没有进行过专门复习，而其余职位竞争者则分别通过购买考试辅导图书资料（约35%）、从有关公选网站获取考试复习资料（约23%）等方式进行过考前复习（见图3-1），即被调查的职位竞争者中有近三分之二的人进行过考前复习。

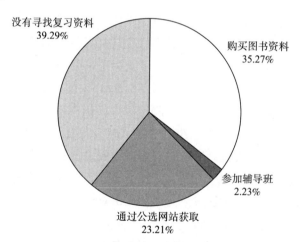

图3-1 职位竞争者获取复习资料的途径
资料来源：根据所回收有效调查问卷统计整理。

2. 职位竞争者考前投入复习的时间

问卷调查显示，参加过竞争性选拔考试的职位竞争者中进行过考前复习者，复习时间少于20小时的职位竞争者约占48%，20~50小时者约占24%，50小时以上者约占10%。如果将职位竞争者中最终被任用者与落选者考前投入复习的时间进行比较，则被任用者用于考前复习的时间明显多于落选者。其中，复习时间少于20小时的，任用者约占45%，落选者约占 51%；复习时间 20 小时以上者，任用者约占 43%，落选者约占 26%（见表 3 – 16）。这在某种程度上说明，是否考前复习以及复习时间长短与最终是否被任用之间存在显著的相关性。

表 3 – 16 职位竞争者考前复习准备的时间耗费情况 （n = 194）

单位：%

调查对象	未进行复习	20 小时以下	20～50 小时	51～100 小时	100 小时以上
职位竞争者	18.04	47.94	23.71	6.70	3.61
被任用者	12.77	44.68	31.91	8.51	2.13
落选者	23.0	51.00	16.0	5.0	5.0

资料来源：根据所回收有效调查问卷统计整理。

3. 职位竞争者考前复习对于考试成绩的效果

"应试"现象之所以经久不衰说明其对于提高考试成绩具有一定的实际效果，至于有多大程度的效果，难以一概而论，这是一个需要分门别类研究的有趣问题。本研究想要了解的是职位竞争者对于竞争性选拔方式的笔试、面试和人机对话三种考试形式的应试复习效果的感受性评价。问卷调查结果显示，64% 左右的职位竞争者认为考前复习对笔试有不同程度的效果，其中约 50% 的人认为有一定效果，近 15% 的人认为很有效和非常有效；60% 左右的职位竞争者认为考前复习对面试有不同程度的效果，其中约 49% 的人认为有一定效果，约 10% 的人认为很有效；53% 左右的职位竞争者认为考前复习对人机对话有不同程度的效果，其中近 44% 的人认为有一定效果，近 10% 的人认为很有效和非常有效。相比较而言，考前复习的效果，笔试效果最好，面试效果其次，人机对话效果最差。

如果将最终被任用者与落选者对于考前应试效果的评价情况进行比较，会发现二者之间存在明显差异。对于笔试效果，认为有不同程度效果的，被任用者约占 72%，落选者约占 56%，相差 16 个百分点；认为没有效果的，被任用者约占 5%，落选者占 19%，相差 14 个百分点；对于面试效果，认为有不同程度效果的，被任用者约占 72%，落选者约占 48%，相差 24 个百分点；认为没有效果的，被任用者占近 9%，落选者占 26%，相差 17 个百分点（见表 3 – 17）。

为了对竞争性选拔干部方式的应试现象做补充了解，在调查职位竞争者过去应试复习情况的同时，调查问卷还设计了"如以后参加竞争性选拔考试是否会进行考前复习"这一意向性问题。结果显示，约有 94% 的公众

表 3 – 17　考前复习对于不同考试方式成绩的效用评价（n = 194）

单位：%

考试方式		非常有效	很有效	有一定效果	有很小效果	没有效果
笔试	职位竞争者	1.55	12.89	49.48	23.71	12.37
	被任用者	2.13	14.89	55.32	22.34	5.32
	落选者	1.0	11.0	44.0	25.0	19.0
面试	职位竞争者	0.0	10.31	49.48	22.68	17.53
	被任用者	0.0	13.83	58.51	19.15	8.51
	落选者	0.0	7.0	41.0	26.0	26.0
人机对话	职位竞争者	0.95	8.57	43.81	20.95	25.71
	被任用者	1.89	5.66	52.83	20.75	18.87
	落选者	0.0	11.54	34.62	21.15	32.69

资料来源：根据所回收有效调查问卷统计整理。

与职位竞争者表示会进行考前复习，其中选择"一定会"的逾53%。如果将职位竞争者和公众分开进行考察，约有97%的公众表示会考虑进行考前复习，其中选择"一定会"的占近60%；约有87%的职位竞争者表示会考虑进行考前复习，其中选择"一定会"的约占39%。总体来看，公众对于考前复习的意向高于职位竞争者10个百分点，其原因可能在于职位竞争者在以前的竞争性选拔活动中已经有过考前复习的体验。但尽管如此，绝大部分职位竞争者还是选择会再次进行考前复习（见表3 – 18）。

表 3 – 18　对于以后参加竞争性选拔考试是否会进行考前复习的意向

单位：%

调查对象	一定会	很可能会	可能会	可能不会	肯定不会
公众与职位竞争者（n = 636）	53.14	19.18	21.38	4.25	2.04
职位竞争者（n_1 = 194）	39.30	22.89	24.88	8.96	3.98
公众（n_2 = 442）	59.73	17.65	19.46	2.04	1.13

资料来源：根据所回收有效调查问卷统计整理。

4. 考试成绩是否能够反映职位竞争者的知识和能力

竞争性选拔干部方式区别于常规委任制的一大特点是竞争性考试，并将考试成绩作为职位竞争者能否被任用的主要依据之一。这种竞争性的考试事实上亦被当作选人用人合法性和合理性的重要基础，当然这是以考试和考试成绩对应试者的评价是客观、公正的为默认前提的。但也有一个困扰已久的质疑：考试和考试成绩是否能够或者在多大程度上能够对应考者做出客观、公正的评价，或者说考试成绩能够在多大程度上反映出所要评价的考生的实际状况？竞争性选拔干部方式的考试主要测试选拔目标职位所需要的职位竞争者素质，包括知识、能力、品行、特质等。因此，在竞争性选拔干部方式中，考试能否测试出职位竞争者的素质或者能从多大程度上测试出职位竞争者的素质，这是研究竞争性选拔干部方式中所存在的"高分低能"问题的重要论题——当然这是一个超出本研究主题的复杂技术问题。

　　基于研究此问题，调查问卷设计了"考试成绩是否能够反映职位竞争者的知识和能力"的问题。这一问题围绕"知识""能力"这两大素质要素设计了四个选项。调查结果显示：在公众与职位竞争者中，认为其能够反映职位竞争者的知识的约占91%，认为能反映其能力的约占63%，其中约有56%的人认为其能够在一定程度上反映职位竞争者的能力，而认为不能反映职位竞争者能力的约占37%。这表明被调查的公众与职位竞争者普遍认为，竞争性选拔考试很大程度上能够反映职位竞争者的知识，但只能在一定程度上反映职位竞争者的能力。如果把公众与职位竞争者分解为公众、职位竞争者、职位竞争者中的被任用者和落选者四个小群体进行比较，从中又会发现一个明显差别，即职位竞争者中的被任用者对考试的正面评价高于落选者（见表3-19）。

表3-19　竞争性选拔考试是否能够反映职位竞争者的知识和能力（$n = 636$）

单位：%

选项	公众与职位竞争者	公众	职位竞争者	被任用者	落选者
能反映职位竞争者的知识，不太能反映其能力	28.62	28.51	28.36	24.47	33.0
能反映职位竞争者的知识，一定程度反映其能力	56.13	59.50	48.76	52.13	45.0
能反映职位竞争者的知识，很大程度反映其能力	6.60	4.75	11.44	17.02	5.0
不太能反映职位竞争者的知识，更不能反映其能力	8.65	7.24	11.44	6.38	17.0

　　资料来源：根据所回收有效调查问卷统计整理。

（四）竞争性选拔干部方式适用范围的认知和评价

　　在竞争性选拔干部活动的高峰年份，公开选拔和竞争上岗等竞争性选拔干部方式所使用的范围呈现扩大化趋势，几乎各类组织的所有委任制职位类别、职位层级以及部分选任制职务，或多或少地都纳入竞争性选拔的范围之内。但实际上反映出竞争性选拔干部方式的夸大化问题。2013 年 6 月，习近平在全国组织工作会议上谈到竞争性选拔干部方式中存在的问题时指出，"委任制干部应该主要适用实绩晋升原则，可以增加一定的竞争性，但不能把竞争性选拔作为主要方式甚至唯一方式"，"公开选拔和竞争上岗的范围和规模要合理，不宜硬性规定竞争性选拔比例，更不能搞什么'凡提必竞'"。时任中共中央政治局常委刘云山在全国组织工作会议上的讲话中谈到，要"合理确定公开选拔和竞争上岗的范围和规模"。[1]

至于哪些职位类别、职位层级适用于竞争性选拔干部方式，2014 年 1 月颁布的《党政领导干部选拔任用工作条例》，其中第九章"公开选拔和竞争上岗"的第五十条只进行了原则性规定而并没有列出具体范围，即"应当从实际出发，合理确定选拔职位、数量和范围"。鉴于这一情况，尽管在如前所述的"竞争性选拔方式中存在的主要问题"的调查题项中，"适用范围太广"并没有被公众与职位竞争者、组织部门干部认为是竞争性选拔干部方式的主要问题，但本研究希望进一步了解公众、职位竞争者以及组织部门干部对竞争性选拔干部方式适用范围的意见。为此，问卷设计了四个题目，分别就公开选拔方式更适合哪些组织、哪些类别、哪些层级干部的选拔任用和竞争上岗方式更适合哪些层级干部的选拔任用等问题进行调查。

1. 公开选拔适合于哪类组织的干部选拔任用

对于竞争性选拔干部方式中的公开选拔形式，公众与职位竞争者、组织部门干部相对多数的人认为，这种形式更适用于政府机关干部、事业单位干部和国有企业干部，而不太适用于党群机关干部和人大、政协机关干部。这当中也存在组织部门干部和公众与职位竞争者之间的小的差异。组织部门干部中，认为更适用于事业单位干部和国有企业干部的人数多于公众与职位竞争者，认为不太适用于人大、政协机关干部或所有组织的人数少于公众与职位竞争者（见表 3 - 20）。

2. 公开选拔适用的干部类别

调查结果显示，对于竞争性选拔干部方式的公开选拔更适用哪些干部

---

① 《全国组织工作会议精神内部印发稿》，张家口党建网，http://www.zjkdj.gov.cn/shownews. asp? newsid = 44319&page = 1，最后访问日期：2015 年 7 月 5 日。

表3-20 公开选拔更适合于哪类组织的干部选拔任用

单位：%

组织类别	公众与职位竞争者（$n_1 = 636$）	组织部门干部（$n_2 = 201$）
所有组织	16.18	14.09
党群机关	14.29	14.36
政府机关	22.78	21.73
人大、政协机关	7.14	1.93
事业单位	20.12	24.20
国有企业	19.49	23.69

资料来源：根据所回收有效调查问卷统计整理。

类别问题，无论是公众与职位竞争者还是组织部门干部，相对多数的人认为适用于选拔紧缺人才干部和聘任制干部两类人员。这说明相当一部分调查对象对这一问题的认知与中央的基本主张相吻合。对于是否适用于选任制干部问题上，组织部门干部中只有约8%的人予以肯定，公众与职位竞争者中有近20%的人予以肯定。另外，与前一题目的调查结果类似，公众与职位竞争者中有约19%的人认为公开选拔方式适用于所有类别干部，而组织部门的调查中只有近7%的人认同（见表3-21）。

表3-21 公开选拔更适合于哪些类别干部的选拔任用

单位：%

干部类别	公众与职位竞争者（$n_1 = 636$）	组织部门干部（$n_2 = 201$）
所有类别干部	19.34	6.89
委任制干部	9.17	8.98
选任制干部	19.84	8.08
聘任制干部	25.52	31.54
紧缺人才干部	26.12	44.51

资料来源：根据所回收有效调查问卷统计整理。

3. 公开选拔方式适用的干部层级

调查统计显示，对于竞争性选拔干部方式的公开选拔，公众与职位竞争者，尤其是组织部门干部，相对多数的人认为不太适合单位的正职领导，而更适用于单位或单位内设部门的副职领导。但公众与职位竞争者中有超过20%的人认为其亦适合于单位内设部门的正职领导。在公开选拔是否适用于所有层级干部的选项上，组织部门干部中只有近8%的人给予肯定，而公众与职位竞争者中有近21%的人予以肯定（见表3-22）。

表 3 – 22　公开选拔更适合于哪些层级干部的选拔任用

单位：%

干部层级	公众与职位竞争者（$n_1 = 636$）	组织部门干部（$n_2 = 201$）
所有层级干部	20.75	7.88
单位的正职领导	11.76	2.73
单位的副职领导	26.39	49.39
单位内设部门的正职领导	20.46	10.61
单位内设部门的副职领导	20.36	28.79
其他	0.29	0.61

资料来源：根据所回收有效调查问卷统计整理。

4. 竞争上岗方式适用的干部层级

对于这一问题的调查统计结果，公众与职位竞争者和组织部门干部之间显示出不一致性。组织部门干部选择序列是单位内设部门的副职领导（近38%）、单位的副职领导（近24%）、科级干部（约13%），选择适合所有层级干部的约为11%；公众与职位竞争者首选的是所有层级干部（近26%），其次是单位的副职领导（近16%）、科级干部（15%）、副处级干部（近15%）、单位内设部门的副职领导（近15%）（见表 3 – 23）。

表 3 – 23　竞争上岗更适合于哪些层级干部的选拔任用

单位：%

干部层级	公众与职位竞争者（$n_1 = 636$）	组织部门干部（$n_2 = 201$）
所有层级干部	25.74	11.05
单位的副职领导	15.93	23.84
单位内设部门的副职领导	14.72	37.50
科级干部	15.00	13.08
副处级干部	14.91	8.43
正处级干部	8.24	2.62
副局级干部	5.46	3.49

资料来源：根据所回收有效调查问卷统计整理。

（五）其他相关问题的认知和评价

1. 竞争性选拔干部方式的主要目的

任何制度的变迁或改革都有其预期目的。问卷在该问题上从比较宽泛的视野设计了 6 个选项，这 6 个选项之间存在一定的交叉关系。调查结果显示，组织部门干部选择较多的选项依次是"扩大选拔干部的视野""选拔出适合岗位的人才""选拔出优秀人才""为人才提供流动和晋升的机会"；公众与职位竞争者选择较多的选项依次是"选拔出适合岗位的人才""保障选拔的民主性和公平性""为人才提供流动和晋升的机会""克服委任制的弊端"（见表 3 - 24）。本研究认为，竞争性选拔的初衷之一是有利于"择优"或者说使优秀人才"脱颖而出"。同时，当今人力资源管理的理论和实践强调，"择优"并不一定是要选拔出"最优"人才，而在于选拔出"最适合"职位要求的职位竞争者。因此，组织部门干部、公众与职位竞争者，普遍认同"选拔出优秀人才"，尤其是"选拔出适合岗位的人才"作为竞争性选拔干部方式的主要目的，既符合竞争性选拔的初衷，亦符合当今人力资源管理的用人理念。

表 3 - 24　竞争性选拔干部方式的主要目的

单位：%

选项	公众与职位竞争者（$n_1 = 636$）	组织部门干部（$n_2 = 201$）
选拔出优秀人才	13.98	16.37
选拔出适合岗位的人才	21.56	21.13
保障选拔的民主性和公平性	19.60	13.24
为人才提供流动和晋升的机会	18.78	15.33
扩大选拔干部的视野	10.69	21.88
克服委任制的弊端	15.26	11.46
其他	0.14	0.60

资料来源：根据所回收有效调查问卷统计整理。

2. 竞争性选拔干部方式应该追求的价值目标

调查问卷在该问题上依据干部人事制度改革和党政领导干部选拔任用所确定的方针原则，列出了选拔任用干部的"民主性"、"公平性"、"公开性"、"科学性"、"法制化"和"其他"6 个选项。调查结果显示，组织部门干部、公众与职位竞争者较为认同前 4 个价值目标。其中，最认同的是"选拔任用干部的公平性"，其次认同的是"选拔任用干部的公开性"和"选拔任用干部的科学性"（见表 3 - 25）。这在一定程度上反映出调查对象对竞争性选拔干部方式应然价值目标认知的理性逻辑。作为非市场化配置的稀缺公共职位分配的制度安排，竞争性选拔干部方式的核心价值原则理应是公平性，而公开性和科学性是保障公平性的必要条件。

表 3 - 25　竞争性选拔干部方式应该追求的价值目标

单位：%

选项	公众与职位竞争者（$n_1 = 636$）	组织部门干部（$n_2 = 201$）
选拔任用干部的民主性	18.71	18.55
选拔任用干部的公平性	28.36	29.01
选拔任用干部的公开性	23.41	22.09
选拔任用干部的科学性	19.66	23.78
选拔任用干部的法制化	9.65	6.41
其他	0.21	0.17

资料来源：根据所回收有效调查问卷统计整理。

3. 如何处理竞争性选拔干部方式与常规委任制的关系

竞争性选拔干部方式不同于通常的制度变迁规律，作为对常规委任制的突破，不是以前者逐步替换后者，而是部分替代或补充，即"公开选拔、竞争上岗是党政领导干部选拔任用的方式之一"。这是由社会主义制度和基本国情所决定的。再者，委任制特别是经过党政领导干部选拔任用制度不断改革后的委任制，自身优势明显，例如，党组织领导班子、分管组织人事的领导和组织部门，基于多年积累的选人用人经验，掌握更多的干部信息，对于选人用人的党内法规政策往往会比普通群众和一般干部更为熟悉，更能明辨干部的德才、实绩等，更知道什么样的干部适合领导岗位。当然，只有选人用人的不正之风得以有效整治，选人用人制度进一步完善，才能更好地将委任制的优势发挥出来。因此，在党政领导干部选拔任用制度的后续深化改革和实际工作中，需要研究和处理好竞争性选拔干部方式与常规委任制的关系。

基于上述认识，问卷列出了与之相关的 4 个选项，就如何处理竞争性选拔干部方式与常规委任制之间的关系问题进行调查。调查结果显示，公众与职位竞争者、组织部门干部较为普遍地认同"常规委任制与竞争性选拔之间应相互取长补短"，分别约占两个调查群体的 40% 和 52%；高度认同"常规委任制和竞争性选拔各有适用范围"，分别约占两个调查群体的 35% 和 38%。对于"扩大竞争性选拔干部方式的适用范围"和"逐步以竞争性选拔取代常规委任制"这两个试探性选项，公众与职位竞争者、组织部门干部的认同度不高，且组织部门干部的认同比例则要更低。尤其是

"逐步以竞争性选拔取代常规委任制"这一选项,组织部门干部的被调查者中认同者微乎其微(见表 3 - 26)。

表 3 - 26　如何处理竞争性选拔干部方式与常规委任制之间的关系

单位:%

选项	公众与职位竞争者（$n_1 = 636$）	组织部门干部（$n_2 = 201$）
扩大竞争性选拔干部方式的适用范围	15.16	7.72
常规委任制和竞争性选拔各有适用范围	34.84	37.58
常规委任制与竞争性选拔之间应相互取长补短	40.02	52.35
逐步以竞争性选拔取代常规委任制	9.98	2.35

资料来源:根据所回收有效调查问卷统计整理。

(六) 组织者问卷特定调查题目

"组织者问卷"共设计 29 个调查题目,其中绝大部分题目与"公众与职位竞争者问卷"相同,以便对调查结果进行比较,只有少部分题目针对组织部门干部这一特定调查对象而设定。

1. 竞争性选拔工作中采用过的选拔评价方法

据本研究对前期研究所收集的相关文献资料而做的不完全统计,全国各地、各部门在开展竞争性选拔干部活动中所采用过的选拔评价方法或手段近 20 种。本研究从中选择了 11 种作为问卷调查的选项,以了解被各地组织部门在竞争性选拔干部活动中更多采用的是哪些方法或手段。调查结果显示,被组织部门采用较多的选拔评价方法或手段是业绩评价、履历量化评价、大评委制、德的量化考察或逆向测评、分层分类方法、无领导小组讨论、驻点调研方法等 (见表 3 - 27)。本研究根据访谈调研中获得的信息进行分析,各地组织部门所采用的这些方法或手段,体现了探索性改革过程中的相互学习规律,并且在学习中添加了更有新意的内容,其目的在于更有效地考察与评定职位竞争者的业绩、能力和品质,以弥补笔试、面试等考试评价方式的不足;同时,这些方法或手段作为互相学习的集体智慧,或多或少具有创新的意义,也成为各地竞争性选拔干部方式的亮点。

表 3 - 27　竞争性选拔工作中采用过的选拔评价方法 （ n = 201）

单位：%

序列	选项	占比
1	业绩评价	18.89
2	履历量化评价	17.87
3	大评委制	14.01
4	德的量化考察或逆向测评	12.08
5	分层分类方法	10.03
6	无领导小组讨论	9.77
7	驻点调研方法	7.33
8	人机对话测评	3.86
9	心理素质测评	3.47
10	领导特质测试	2.19
11	其他	0.51

资料来源：根据所回收有效调查问卷统计整理。

2. 开展公开选拔干部工作花费的人均成本

一般来说，竞争性选拔干部方式，尤其是面向本单位、本系统、本地区以外的社会公开选拔方式，其总体成本远远高于常规委任制干部选拔任用方式。因为竞争性选拔干部方式的选拔流程长、环节多、程序复杂、规模大，往往需要采用笔试、面试等多种测评手段，面试需要从外单位、外地甚至外省份聘请考官，势必导致成本居高不下。据本研究对若干经济发达地区的公开选拔干部个案的了解，开展一次竞争性选拔工作少则需要三个月时间，多则历时半年以上，平均每个职位选拔过程所涉及的可计算的直接费用（如信息发布费、委托命题费、笔试考务费、面试专家费、场地租用费等）在两万元左右，至于组织部门投入其中的大量时间成本更是难以估算。如前所述，"竞争性选拔干部方式中存在的主要问题"这一问题的调查结果显示，"选拔过程成本太高"被组织部门干部认为是排在"存在高分低能现象""测评技术不够科学"之后的第三大问题。

当然，公开选拔所面向的区域范围大小、本地区的经济发展水平、每批次竞争性选拔的职位数多少、选拔测评流程及手段等因素，都会影响其成本的高低。本问卷的调查统计结果显示，在被调查单位中，公开选拔可计算人均成本在 1 万元以下的约占 47%，2 万元及以上的约占 53%（其中 3 万元及以上的占 17% 以上）（见表 3 - 28）。被调查的组织部门或许没有核算过公开选拔的人均成本，被调查者只是根据自己的直观判断而填写，因此该题目的调查统计数据仅具有参考意义。

表3-28　公开选拔干部工作花费的人均成本（n=201）

单位：%

序列	选项	占比
1	1万元以下	47.26
2	2万元左右	29.85
3	2.5万元左右	5.47
4	3万元左右	8.46
5	3.5万元以上	8.96

资料来源：根据所回收有效调查问卷统计整理。

3. 任用者中来自本地党政机关之外的职位竞争者比例

2002年的《党政领导干部选拔任用工作条例》，2014年修订的《党政领导干部选拔任用工作条例》（二者均简称为《条例》）均规定"公开选拔面向社会进行，竞争上岗在本单位或者本系统内部进行"。区别在于，2002年的《条例》对适用范围的规定比较笼统，而2014年的《条例》做了比较清楚的规定，即"一般情况下，领导职位出现空缺且本地区本部门没有合适人选的，特别是需要补充紧缺专业人才的，可以进行公开选拔；领导职位出现空缺，本单位本系统符合资格条件人数较多且人选意见不易集中的，可以进行竞争上岗"①。

本研究认为，既然公开选拔可以跨地区进行，那么从其结果来观察最终被任用者中来自本地区以外的人数有多少，是一个值得调查的有意义问题，因为由此可以推断公开选拔的有关问题。调查结果显示，通过公开选拔被任用者中来自本行政区之外的职位竞争者人数低于30%的约占被调查者的75%，高于50%的约占20%（见表3-29）。这也就是说公开选拔后的最终任用者绝大部分还是来自本地区。

表3-29　公开选拔任用者中来自本地党政机关之外的职位竞争者比例（n=201）

单位：%

序列	选项	占比
1	占20%及以下	57.5
2	约占30%	18.0

---

① 《党政领导干部选拔任用工作条例》（修订）（中发〔2014〕3号）。

续表

序列	选项	占比
3	约占40%	4.0
4	约占50%	9.5
5	占60%及以上	11.0

资料来源：根据所回收有效调查问卷统计整理。

之所以出现这种情况，一是由于各地的优秀人才绝大部分已在本地区、本系统或本单位选拔任用，真正在本地怀才不遇者只是少数甚至极少数。因此，很多外地的优秀人才不可能通过面向社会的晋升类公开选拔招募到。二是如果说某一地区在公开选拔干部的初期还能将一定数量的优秀人才从外地选拔过来，那么鉴于地区人才总量的相对确定性，在后续的选拔中以类似方式选到优秀人才的数量将会逐步递减。这实际上涉及面向外地或社会公开选拔干部的可持续发展问题。三是由于发达地区与欠发达地区之间的经济社会发展差距，不合理的跨地区公开选拔活动可能会导致人才的非合理流动，导致人才集聚的马太效应。基于上述理由，本研究认为，公开选拔活动的空间范围不应随意扩大到本地区之外，发达地区的公开选拔活动更应如此，以有效避免高成本、低收益的人才选拔行为和不合理的区域人才流动。

4. 竞争性选拔干部方式需要衔接的干部单项制度

制度是一个系统，处于同一系统内的各项制度之间必然会发生相互联系。竞争性选拔作为党政领导干部选拔任用的一种新方式，多多少少会同现有的其他干部制度产生关联，存在与其他相关干部制度之间的衔接问题。

根据前期调研所初步了解的情况，就"竞争性选拔干部方式需要与哪些干部单项制度衔接"问题，本研究预设了6个选项。在这些选项中，接受调查的组织部门干部认同度较高的是"后备干部制度""干部交流调配制度"两项相关制度（见表3-30）。为此，本研究在相关部分对竞争性选拔与后备干部制度、干部交流调配制度的衔接问题进行了专门研究。

表3-30　竞争性选拔干部方式需要衔接的干部单项制度排序　($n = 201$)

单位：%

序列	选项	占比
1	干部考核制度	20.93

序列	选项	占比
2	后备干部制度	24.50
3	干部交流调配制度	23.61
4	干部晋升制度	17.86
5	公务员相关制度	12.57
6	其他	0.54

资料来源：根据所回收有效调查问卷统计整理。

5. 竞争性选拔干部工作需要专题研究的问题

本研究力求在整个研究过程中不断调整和优化研究思路，不仅在课题研究实施之初要对课题申请书中的研究思路及框架进行必要的调整，也要在实施研究的过程中不断优化研究的问题。研究思路及问题取向应该来自实践需要，尤其需要从从事竞争性选拔实际工作的组织部门干部中获取思路和问题。为此，本研究在以组织部门干部为调查对象的问卷中设定了"竞争性选拔干部工作需要专题研究的问题"这一问题，并设计了8个相关选项。调查结果显示，在8个备选选项中，组织部门干部认为需要研究的主要问题分别为"提高笔试、面试等测评手段的有效性""竞争性选拔干部方式的适用范围和规模""竞争性选拔干部方式与相关干部制度的衔接"等（见表3-31）。这一结果一方面使本研究进一步了解了目前竞争性选拔干部实践需要研究哪些问题，另一方面亦为优化研究思路和优选问题提供了参考。

表3-31 竞争性选拔干部工作需要专题研究的问题 （$n = 201$）

单位：%

序列	选项	占比
1	提高笔试、面试等测评手段的有效性	22.05
2	竞争性选拔干部方式的适用范围和规模	17.44
3	竞争性选拔干部方式与相关干部制度的衔接	16.92
4	竞争性选拔干部方式的分类体系	12.31
5	规范和细化竞争性选拔的程序规则	11.28
6	竞争性选拔干部方式与常规委任制的关系	10.77
7	竞争性选拔中党的领导与扩大民主的关系	9.23
8	其他	0

资料来源：根据所回收有效调查问卷统计整理。

三　基于问卷调查分析的结论

（一）竞争性选拔干部方式一定程度上提高了选人用人公信度

提高选人用人公信度，是党的十七大、十八大以及《2010—2020 年深化干部人事制度改革规划纲要》所提出的深化干部人事制度改革，尤其是党政领导干部选拔任用制度改革的总体要求。公开选拔、竞争上岗等竞争性选拔干部方式作为干部人事制度改革的重要举措，在全国各地广泛推行，成为干部选拔任用的重要方式之一。竞争性选拔干部方式的推行，对从制度上防范干部工作中的不正之风发挥了积极作用，直接和间接地提升了选人用人公信度。

如前所述，全国组织工作满意度民意调查结果显示，2008～2012 年五年间，防止和纠正用人不正之风满意度五年中提高 11.24 分；选人用人公信度提高 11.26 分。同时，全国组织工作满意度民意调查显示，"公开选拔、竞争上岗连续多年被评为最有成效的干部人事制度改革举措"①。事实上，这五年正是全国各地加大力度推行竞争性选拔的高峰期。尽管其间在某些地方出现了诸如选拔范围和规模过大、唯分取人、高分低能以及"作秀"等问题，但竞争性选拔干部方式与常规委任制相比，具有制度设计的比较优点，如拓宽了选人视野，突破了体制限制，民主参与面更广，程序规则更公正，选拔过程更公开等，因而得到广大干部群众的认可和好评。本研究所做的问卷调查显示，公众与职位竞争者、组织部门干部的共识是：竞争性方式公开选拔干部的施行，一定程度上提高了选人用人公信度，部分公众与职位竞争者甚至认为极大提高了选人用人公信度，其中组织部门干部的评价又高于公众与职位竞争者。因此可以认为，选人用人公信度的逐年提高与竞争性选拔干部方式的推行具有较高的相关性，或者说竞争性选拔干部方式的推行是选人用人公信度提高的一个不可忽视的重要原因。

（二）对竞争性选拔干部方式的主要问题存在不同认知

任何一项制度变迁都遵循有针对性逐步改进和完善问题的动态规律。

---

① 中共中央组织部党建研究所课题组：《如何改革完善竞争性选拔干部工作》，《光明日报》2012 年 5 月 24 日，第 14 版。

作为干部选拔任用制度改革的重要举措,竞争性选拔干部方式在实践中同样存在一些有待于改进和完善的问题。在 2013 年 6 月的全国组织工作会议上,中共中央总书记习近平和其他领导概括性地点出了竞争性选拔干部方式在实践中出现的问题,包括竞争性选拔的范围和规模的扩大化、唯分取人导致"高分低能"、党组织的领导和把关作用发挥不够、竞争性选拔工作出现"选秀"和"作秀"现象等。

竞争性选拔干部方式实践中存在的这些问题大多不同程度地得到问卷调查群体的认同。对于"高分低能"现象,公众、参加过竞争性选拔的职位竞争者以及组织部门干部比较一致地将其看作一个突出问题。导致这一问题的原因是复杂而多方面的,其中主要和直接的原因在于作为竞争性选拔评价主要手段的考试,包括笔试和面试等,在考试内容及试题的设计、考官的选择及评判等方面不够合理和科学,导致考试只能在一定程度上测试出职位竞争者的实际能力,难以完全反映或很大程度上反映出职位竞争者的实际能力,即笔试和面试的效度不高。在本问卷调查中,公众与职位竞争者普遍认为竞争性选拔的考试成绩(尤其是笔试成绩)能够反映职位竞争者的知识,有近三分之二的被调查者认为其只能在一定程度上反映职位竞争者的能力,近三分之一的被调查者认为其不太能反映其能力或不能反映其能力。其次的原因在于,旨在评价职位竞争者业绩、能力、品行、特质等综合素质的履历量化评价、业绩评价、无领导小组讨论、驻点调研、德的量化考察或逆向测评、领导特质测试等测评手段,尽管或多或少地被应用于竞争性选拔的程序之中,但由于这些手段本身还不够成熟,难以在测评职位竞争者能力和素质中发挥应有效用。

对于竞争性选拔干部方式的适用范围,如前所述,习近平总书记指出:"不能把竞争性选拔作为主要方式甚至唯一方式";"公开选拔和竞争上岗的范围和规模要合理,不宜硬性规定竞争性选拔比例,更不能搞什么'凡提必竞'"。[①] 2014 年版的《党政领导干部选拔任用工作条例》规定,"公开选拔面向社会进行,竞争上岗在本单位或者本系统内部进行,应当从实际出发,合理确定选拔职位、数量和范围。一般情况下,领导职位出现空缺且本地区本部门没有合适人选的,特别是需要补充紧缺专业人才

---

① 《全国组织工作会议精神内部印发稿》,张家口党建网,http://www.zjkdj.gov.cn/shownews.asp?newsid=44319&page=1,最后访问日期:2015 年 7 月 5 日。

的，可以进行公开选拔；领导职位出现空缺，本单位本系统符合资格条件人数较多且人选意见不易集中的，可以进行竞争上岗"①。本问卷有关"竞争性选拔方式中存在的主要问题"的调查中，"适用范围太广"似乎并未被各调查对象群体看作一个主要问题，基本上处于 8 个选项的末位。之所以出现这一结果，本研究认为，尽管在竞争性选拔干部的实践中，尤其是2009 年颁布的《2010—2020 年深化干部人事制度改革规划纲要》中规定"到 2015 年，每年新提拔厅局级以下委任制党政领导干部中，通过竞争性选拔方式产生的，应不少于三分之一"之后，不少地方确实存在将竞争性选拔方式的适用干部类别、层级范围扩大化乃至动辄在全国范围招募选拔人才的问题。但在组织部门干部、职位竞争者、公众看来，竞争性选拔干部方式作为一种机制，可以在不同程度上适用于各类干部的选拔任用。这实际上是看问题的角度不同。

对于公开选拔方式的适用范围问题，本研究所做的问卷调查结果显示，公众与职位竞争者、组织部门干部比较一致地认为其更适用于政府机关干部、事业单位干部和国有企业干部，而不太适用于党群机关干部和人大、政协机关干部；在公开选拔方式的适用干部类别上，相对多数的被调查者认为适用于选拔紧缺人才和聘任制干部。与此同时，有一定比例的公众与职位竞争者、少数组织部门干部认为，公开选拔方式适用于所有组织的干部、所有类别的干部、所有层级的干部，而持有此观点的公众与职位竞争者比例又大大高于组织部门干部。本研究认为，造成这一结果的原因在于，负有干部选拔职责的组织部门与群众及普通干部之间在选人用人的价值取向上存在认识差异，前者更多考虑的是选拔出符合要求的人选这一结果，而后者看重的则是选人用人过程的民主性、公开性以及结果的公正性。竞争性选拔干部方式与传统委任制相比，民主性、公开性、公正性的特点表现得更为明显，加之公众对传统委任制中存在的"由少数人在少数候选人中选拔干部"的封闭性做法以及选人用人不正之风的不满，因而公众与职位竞争者对于竞争性选拔干部方式的适用范围，有一种寄望于扩大的期望，或者说公众与职位竞争者对竞争性选拔干部方式的适用范围存在一种期望性认知。

此外，对于竞争性选拔干部实践中存在的"作秀"和"开后门"现

---

① 《党政领导干部选拔任用工作条例》（修订）（中发〔2014〕3 号）。

象，问卷调查的统计结果亦显示出分歧。在组织部门干部中，很少人把"作秀"和"开后门"看作竞争性选拔干部的方式一个主要问题。本研究认为，这主要是因为在组织部门干部看来，"作秀"的做法在各地竞争性选拔工作中并不普遍，亦不是组织部门的主观意图，"开后门"现象也不是竞争性选拔活动中普遍存在的问题。不少公众与职位竞争者则认为"作秀"和"开后门"现象是竞争性选拔实践中存在的一个主要问题。本研究认为，"作秀"现象在竞争性选拔活动的"高潮"年份（2010 年底至 2013 年上半年）比较突出，但不管是否包含或包含什么意图，"作秀"现象并不是竞争性选拔干部方式本身的缺陷；"开后门"问题是竞争性选拔干部工作中的个别现象而非全局性的问题。因为与传统委任制相比，抑制"开后门"等不正之风，应该说正是竞争性选拔干部方式的长处所在。

（三）"应试"是竞争性选拔中存在"高分低能"现象的重要原因

如前所述，竞争性选拔干部活动中存在"高分低能"现象的一个主要和直接的原因在于，作为竞争性选拔评价主要手段的考试，只能在一定程度上测试出职位竞争者的实际能力，考试成绩难以完全反映出职位竞争者的实际能力。而考试难以反映出职位竞争者实际能力的一个重要原因又在于考前应试复习发挥了效用。问卷调查结果显示，组织部门干部、公众与职位竞争者都不同程度把"面试同样可以通过'应试'复习获高分"看作面试难以测试出职位竞争者的实际能力的重要原因。

竞争性选拔干部的考试不同于高考以及学校教育中的课程考试，前者主要测试考生所掌握的知识（或者说智商），严格意义上说不存在"高分低能"问题；后者则侧重于测评职位竞争者从事实际工作的能力（或者说情商），而考试这种测评手段本质上更适用于测试知识，不太适合于测评能力——至少到目前为止考试评价技术还是如此，因此有可能出现"高分低能"情况。"应试"作为一种社会文化现象，既表现为一种"考前必复习"的大众应考心理和应试复习行为，同时又表现为为迎合这种需求而衍生的名目繁多的应试市场。而且考前复习给考试成绩带来的不同程度效果，反过来又会进一步强化应试文化。问卷调查的结果显示出这种应试文化的内在逻辑。在参加过竞争性选拔干部考试的职位竞争者群体中，是否有过考前复习以及复习时间长短与最终是否被任用之间存在一定的相关性；对于考前复习效果，绝大部分职位竞争者认为考前复习对笔试有不同程度的效果，大部分职位竞争者认为考前复习对面试有不同程度的效果；被调查的公众群体中几乎所有人都表示"如果以后参加竞争性选拔考试会进行考前复习"的意向。

"应试"是竞争性选拔中存在"高分低能"现象的重要原因，进而是一个问题，然而它又是一个难以破解的难题，甚至是一定时期的无解之题。因为应试文化源远流长，由历史传承而来，而且当今社会的应试培训市场几乎无所不在，考前必复习、复习需有针对性、考试需有技巧等考试认知似乎成为一种普遍的共识。本研究只是基于问卷调查而提出这一问题，至于如何破解这一难题则不属于本研究的专门讨论范围。

（四）完善竞争性选拔干部方式需要研究与探索的若干问题

尽管竞争性选拔干部方式从局部探索到全面推行已经历了约30年的实践，但仍然需要针对实践中出现的问题进行反思与研究，使其进一步得以完善。其中既包括竞争性选拔干部方式本身需要研究和解决的问题，如"高分低能"等，同时亦包括竞争性选拔干部方式与其他相关制度之间的关系问题。

一是竞争性选拔干部方式的实践难题有待于破解。本研究在前期研究阶段，尤其是在与组织部门主管竞争性选拔工作的干部进行访谈、交流和研讨过程中初步了解到，各地的竞争性选拔干部实践中有一些创新举措的探索，其动因是试图破解实践难题。为此，本研究根据前期调研中对难题的预判，列出5个难题选项，即"确定选拔干部的具体标准"、"对职位竞争者岗位匹配度的评价"、"对职位竞争者的'德'的评价"、"解决'高分低能'现象"和"竞争性选拔的分类方法"。调查结果显示，"解决'高分低能'现象""对职位竞争者岗位匹配度的评价""对职位竞争者的'德'的评价"这三个问题，被组织部门干部、公众与职位竞争者三个群体比较一致地视为竞争性选拔干部方式所面临的主要实践难题。其中，"高分低能"现象，既是竞争性选拔干部实践中存在的一个问题，也是竞争性选拔干部实践中需要研究和破解的难解。然而，这三个难题又是不易破解之题。在人力资源管理和应用心理学界，测评个体能力的情商理论及技术落后于智商的测评技术，选拔人岗匹配度的理论及技术落后于选拔优秀人才的方法，至于"德"的评价理论和方法更是有待于开发。发达国家公共部门的人才选拔评价和企业的人才招聘评价中都不同程度地面临着类似困境，一定程度上可以说这是一个世界性的难题。目前，解决这些难题还缺乏有效的技术方法及手段，只是一些发达国家所采用的技术方法相对较为先进。为此，解决这些难题的路径在于，将引入相对比较先进的测评技术方法与提炼各地实践探索中的一些有益做法相结合，并在对相关理论进行深入研究的同时，进一步在后续的竞争性选拔实践探索中逐步解决诸如此类的难题。

二是处理好竞争性选拔干部方式与常规委任制之间的关系。与一般制度变迁规律不同，竞争性选拔干部方式作为对常规委任制的突破，不是以前者逐步替换后者，而是部分替代或补充，即"公开选拔、竞争上岗是党政领导干部选拔任用的方式之一"。① 这可以说是由社会主义制度和党的领导这一基本国情所决定的。再者，常规委任制尤其是经过党政领导干部选拔任用制度不断改革后的委任制，有其自身诸多优势，例如，党组织领导班子、分管领导和组织部门，比群众和一般干部更熟悉选人用人的党内法规政策，更知道什么样的干部适合做领导，在某种程度上也更了解干部的德才、实绩等基本情况。假如选人用人制度进一步得以完善，选人用人上的不正之风得到有效抑制，委任制的优势将会得到更好的发挥。因此，在党政领导干部选拔任用制度的后续深化改革和实际工作中，需要研究和处理好竞争性选拔与常规委任制之间的关系。在本研究的问卷调查中，有关"如何处理竞争性选拔与常规委任制的关系"的调查结果也显示，公众与职位竞争者、组织部门干部普遍认同"常规委任制与竞争性选拔之间相互取长补短"，高度认同"规定常规委任制和竞争性选拔的各自适用范围"。相反，职位竞争者及公众，尤其是组织部门干部，对于"扩大竞争性选拔干部方式的适用范围"这一选项的认同度并不高，对于"逐步以竞争性选拔取代常规委任制"这一试探性选项，在组织部门干部中几乎无人认同，在公众与职位竞争者群体中的认同度也比较低。这说明，常规委任制与竞争性选拔干部方式之间相互补充这一应然性认知已成为人们的共识。当然，如何妥善处理竞争性选拔干部方式与常规委任制之间的关系、常规委任制与竞争性选拔干部方式之间如何相互补充，这涉及党政领导干部选拔任用制度的再设计问题，同样需要在完善竞争性选拔干部方式这一系统工程中进一步进行理论研究和实践探索。

---

① 《党政领导干部选拔任用工作条例》（修订）（中发〔2014〕3 号）。

　　三是竞争性选拔干部方式需要与相关干部制度衔接。在制度变迁过程中，制度系统中某一项制度的变革会牵涉其他相关制度，引发新的问题和矛盾，这就需要在制度变革和制度再设计时统筹兼顾，对相关制度进行协同性调整或变革以逐步实现新制度的系统再平衡。竞争性选拔干部方式的有效运行同样如此。它作为党政领导干部选拔任用的一种新方式，或多或少地会与现有的其他干部制度发生关联，存在与其他相关干部制度的衔接问题。正如中共中央组织部党建研究所有关竞争性选拔干部的调查报告中提出的，要"做好竞争性选拔与现有干部制度的衔接"①。据本研究在调研中了解的情况，事实上，竞争性选拔干部的实际工作中已经遇到这些问题，也在实践中探索性地采取了一些与相关干部制度衔接的措施。本研究在面向组织部门干部的问卷调查中，根据前期调研中所初步了解的情况，设定了"竞争性选拔干部方式需要与哪些干部单项制度衔接"问题，预设了"后备干部制度""干部交流调配制度""干部考核制度""干部晋升制度""公务员相关制度"5个选项。这些选项中被调查组织部门干部认同度比较高的分别是"后备干部制度"、"干部交流调配制度"和"干部考核制度"三个选项。干部考核制度与竞争性选拔干部方式的相关性，主要体现为考核结果能够在竞争性选拔工作中为职位竞争者的评价提供基础，但与考核本身和竞争性选拔干部方式之间的制度安排上似乎不存在衔接问题。后备干部制度、干部交流调配制度与竞争性选拔干部方式之间，无论是现行的法规文件规定还是在实际操作中，都存在一些相互脱节的矛盾和问题，需要对其进行研究，以形成相互对接的制度规范。

---

①　中共中央组织部党建研究所课题组：《如何改革完善竞争性选拔干部工作》，《光明日报》2012 年 5 月 24 日，第 14 版。

|第四章|

学理诠释：竞争性选拔干部
方式的理论分析

一 基于制度变迁理论视角的诠释

（一）制度变迁理论概要

20 世纪 70 年代前后，以美国经济学家道格拉斯·诺斯（Douglass C. North）和兰斯·戴维斯（Lance E. Davids）等为代表的学者，在相关研究中重新发现了制度因素对于解释经济增长的重要作用，并对其进行系统阐述而建构了制度变迁理论。其核心思想为：制度①可以视为一种公共产品，由个人或组织进行供给。随着制度存在环境的变换或是基于制度实践而带来的自身理性的提升，人们对新制度的需求会不断产生，以期望由此增加其预期收益。当供给与需求之间基本均衡时，制度可保持一种相对稳定的状态。而当现存制度未能充分满足人们的相关需求时，制度将会发生变迁。简言之，制度变迁可以理解为一种制度框架的创新和被打破，亦可以理解为一种效益更高的制度对另外一种制度的扬弃、替代、转换和交易过程。其逻辑架构包括制度变迁条件、动因、主体、过程、模式以及路径依赖等相互关联的内容。

1. **制度变迁的条件和动因**

道格拉斯·诺斯认为，制度环境，即"一系列用于建立生产、交换和

---

① 制度变迁理论中的所谓制度（Institution）即经济学意义上的制度，"是一系列被制定出来的规则、服从程序和道德、伦理的行为规范"，道格拉斯·诺思称之为"制度安排"。

分配基础的政治、社会与法律规则"①，决定和影响着其他相关的制度安排，对于经济体系运行具有不容忽视的影响。具体的制度变迁会受到包括政治因素、经济因素、观念因素与知识因素等诸多条件约束，这些条件制约着制度变迁能否发生、如何发生以及制度变迁绩效。譬如，政治制度规定着人们进行制度变迁和创新的氛围与程度，观念（意识形态）和知识制约着制度变迁能否进行以及以何种方式进行，特别是通过对"交易成本"与"预期收益"的比较而得出的"潜在利润"（或称外部利润）对于制度变迁的促进或延迟具有关键影响。在某种意义上，制度变迁的根本诱致因素即源自行为主体期望获取与自身利益相关的"潜在利润"最大化，"当在现有制度结构下，由外部性、规模经济、风险和交易费用所引起的收入的潜在增加不能内在化时，一种新制度的创新可能允许获取这些潜在收入的增加"②，换言之，对于既有制度安排，虽然行为主体可能已经觉察到存在于其中的"潜在利润"，但无法直接获取。要想获取这些潜在利润，就必须进行制度的再安排（制度创新）促使外部利润"内在化"。基于这种认识，诺斯进而提出，"稀缺性"、"竞争"、"认知"和"选择"是制度变迁动因中的直接构成要素。因为在稀缺性和竞争并存的经济环境中，人们会随着对环境条件认知的改变而进行符合自身需求的、更为理性的边际选择，以便为自己谋求更多的潜在利益，制度安排亦会因此在相关集团的推动下发生变迁。

2. 制度变迁的主体、过程与步骤

按照诺斯等人的观点，推动制度变迁的主体可分为"初级行动团体"（Elementary Action Groups）和"次级行动团体"（Secondary Action Group）。③前者是在制度变迁过程中最先意识到制度变迁预期收益大于预期成本且在相当程度上启动并支配制度创新进程的利益团体和决策单位。任何一个初级行动团体成员均可被视为"熊彼特意义上的企业家"，只要其能够通过

① 〔美〕L. E. 戴维斯、D. C. 诺斯：《制度变迁的理论：概念与原因》，载〔美〕R. 科斯、A. 阿尔钦等著《财产权利与制度变迁——产权学派与新制度学派译文集》，刘守英译，上海三联书店、上海人民出版社，1994，第270页。

② Lance E. Davis and Douglass C. North, *Institutional Change and American Economic Growth* (Cambridge University Press, 1971).

③ 〔美〕L. E. 戴维斯、D. C. 诺斯：《制度变迁的理论：概念与原因》，载〔美〕R. 科斯、A. 阿尔钦等著《财产权利与制度变迁——产权学派与新制度学派译文集》，刘守英译，上海三联书店、上海人民出版社，1994，第270~271页。

创新改变既有制度安排的结构，其中存在的潜在收入就可能会实现。后者则是参与推动制度变迁并帮助前者获取利润的相关团体，但亦是从自身利益出发而参与其中，不过其利润目标是通过社会的收入再分配方式来实现的。因而，其属于一个"准企业家"团体。

诺斯认为，制度变迁是一个始于制度供给和制度需求之间的非均衡并从非均衡到均衡再到非均衡的动态演化过程。所谓制度均衡即制度达至"帕累托最优"的状态，是在既定制度安排之下各种相关资源要素能够实现的潜在收入增量的最大化；或是潜在利润虽然存在，但对既有制度安排进行改变的成本可能会超过能够获取的潜在利润；或是如果制度环境不能做出某些改变，收入的重新分配就无法实现。而所谓制度不均衡则是指一种制度安排是从一个可供挑选的制度安排集合中挑选出来的。具体的选择条件需要从生产与交易费用两个方面来同时考虑，保证这一制度比制度集合中的其他制度具有更高的效率。自某一起始均衡点开始，制度不均衡的引致因素主要来自四个方面，即制度选择集合的改变（一些新的相关制度被纳入其中或者一些制度从中退出）、与制度相关的技术进步、制度服务需求的变化以及其他制度安排的变化。具体的变迁过程一般历经五个步骤：第一，对推动制度变迁起主要作用的集团，即意识到潜在收益存在的初级行动团体的形成；第二，围绕谋求潜在收益的实现而提出制度变迁的若干方案；第三，根据制度变迁的相关原则进行方案评估并做出抉择；第四，参与推动制度变迁的次级行动团体的形成；第五，初级行动团体与次级行动团体两个集团相互协同实现制度变迁。

3. 制度变迁的模式与路径依赖

制度变迁的过程可能表现出不同的模式特征。就充当初级行动团体的主体性质而言，制度变迁模式可分为诱致性制度变迁（Induced Institutional Change）和强制性制度变迁（Imposed Institutional Change）。前者的改革主体来自基层，其动力在于地方政府或微观组织对潜在利润的追求，具有边际革命性质，程序自下而上，属于"一群（个）人在响应由制度不均衡引致的获利机会时所进行的自发性制度变迁"[①]。后者则是由中央政府充当第一行动集团，以命令或法律形式而导致的制度变迁，程序自上而下。就变

---

① 林毅夫：《关于制度变迁的经济学理论：诱致性制度变迁与强制性制度变迁》，载 R. 科斯、A. 阿尔钦等著《财产权利与制度变迁——产权学派与新制度学派译文集》，刘守英译，上海三联书店、上海人民出版社，1994，第 384 页。

迁规模的幅度而言，制度变迁模式可分为整体性制度变迁（Overall Institu-tional Change）和局部性制度变迁（Local Institutional Change）。前者涵盖了整个制度结构的变迁，而后者仅仅是对某个特定制度安排的改变（整个制度体系中的其他制度安排不变）。就变迁的力度和速度而言，制度变迁模式可分为渐进性制度变迁（Progressive Institutional Change）和激进性制度变迁（Radical Institutional Change），前者表现为一个渐进性的和连续的演变过程，主要是通过制度在边际上的调整而实现，后者则表现为突发性的和非连续性的剧烈变革。除此之外，上述不同模式还可以相机组合而形成新的模式，如激进式诱致性制度变迁、渐进式诱致性制度变迁、激进式强制性制度变迁、渐进式强制性制度变迁等。

"路径依赖"（Path Dependence）最初是由保罗·大卫（Paul David）于1985年针对技术演变过程中的自我增强机制和路径依赖现象而提出的一个概念，类似于物理学中的"惯性"，布莱恩·阿瑟（Brian Arthur）等人将其进一步发展而形成了技术演进中的路径依赖的系统思想。诺斯将其中关于自我强化现象的论证推广到对制度变迁的分析，并逐步提出制度变迁过程中的路径依赖理论。他将路径依赖解释为"过去对现在和未来的强大影响"，"历史确实是起作用的，我们今天的各种决定、各种选择实际上受到历史因素的影响"。① 诺斯认为，"制度变迁过程与技术变迁过程一样，存在报酬递增和自我强化的机制。这种机制使制度变迁一旦走上了某一路径，其既定方向会在以后的发展过程中得到自我强化。所以，人们过去做出的选择决定了其现在可能的选择。沿着既定路径，经济和政治制度变迁既可能进入良性的循环轨道得以迅速优化，亦可能顺着错误路径往下滑，甚至被'锁定'于某种无效率状态而停滞"②。决定制度变迁路径的力量源自两个方面，即不完全市场和报酬递增。前者是由于市场复杂性和信息不充分，使得制度变迁不可能总是完全在预设轨道上演进，偶然性事件可能会改变其方向；后者是由于人们的利益最大化行为倾向。制度给人们带来的报酬递增效应决定了制度变迁的方向。

总体而言，制度变迁理论为人们揭示了在经济活动中制度创新何以发

---

① 〔美〕道格拉斯·C.诺斯：《经济史中的结构与变迁》，厉以平译，上海三联书店，1999，第1~15页。

② 〔美〕道格拉斯·C.诺斯：《制度变迁理论纲要》，载北京大学中国经济研究中心主编《经济学与中国经济改革》，上海人民出版社，1995，第55页。

生、如何发展以及由此而带来效益递增的逻辑图式。虽然其分析研究的具体指向为经济学范畴内的制度，但其关于制度分析的工具和方法带有一定的普遍适用性，尤其是其提出了一套可以对制度进行规范分析的语言和理论工具。因而，对于其他社会领域制度变迁问题的研究同样具有参考价值和借鉴意义。

（二）竞争性选拔干部方式的制度属性

相对于制度变迁理论所指意义上的"制度"而言，我国的干部竞争性选拔同样可以视为一项"公共产品"，其基本的制度原则和制度架构由执政的中国共产党领导机构和职能机构供给。因而，从其供给来源来看，具有有限性和稀缺性的特征，且会随着整个干部人事制度改革深化而不断提出制度完善与制度创新需求，以提高其功能有效性和环境适应性。中国共产党第十八次全国代表大会报告中关于"全面准确贯彻民主、公开、竞争、择优方针，扩大干部工作民主，提高民主质量，完善竞争性选拔干部方式"① 的表述在某种程度上表明，人们对于竞争性选拔干部方式精神实质的认知尚待进一步提高，现实的竞争性选拔实践对于相关制度供给的需求尚不能完全得到满足，具有进一步变迁的必要性。从制度属性来考察，竞争性选拔干部方式具有自己独特的制度特征。

首先，在制度结构上，竞争性选拔干部方式属于一种"整合型的制度体系"②。目前，竞争性选拔干部方式已经出现的实践形式有公开选拔、竞争上岗、公推公选等。无论哪一种形式一般都包括考试和考察等过程要素，并强调公开、公平、公正、民主等价值要素。因而，竞争性选拔干部方式本质上并非仅指一种实体化的形态结构，其中亦蕴含了考试制的基本价值——竞争性和选拔性、选举制的基本精神——民主性和公正性以及推荐制的基本理念——代表性与合理性，因而具有其独特的观念形态结构。尤其是在竞争性选拔实践活动中，制度实施主体所制定的具体操作规则往往体现为不同实体化制度之间的相互整合以及多种价值主张之间的相互整合，其在结构上的"整合型"特征表现更为明显。与此同时，虽然这种制

---

① 胡锦涛：《坚定不移沿着中国特色社会主义道路前进　为全面建成小康社会而奋斗——在中国共产党第十八次全国代表大会上的报告》，《人民日报》2012 年 11 月 18 日，第 1 版。

② 王鹏：《中国党政领导干部选拔任用制度变迁研究》，博士学位论文，中共中央党校，2011，第 24 页。

度整合过程涉及多种制度因子，但始终围绕由"推荐"、"选举"和"考试"三个核心要素所构成的基本制度框架而展开，即操作规则安排是为了更好地实现"竞争性选人"以突破传统的"以人选人"的干部任用模式。这种制度模式的重构不仅能够有效提升公共部门人才资源配置效率，亦可使其社会效益得到极大提高。因而，竞争性选拔干部方式的制度安排中蕴含了通过制度创新来增加其预期效用的基本内涵。

其次，在制度功能上，竞争性选拔干部方式不仅具有对人才资源的优化配置功能，同时在相当程度上兼具政治录用功能与激励功能。在《党政领导干部选拔任用工作条例》、《公开选拔党政领导干部工作暂行规定》及《党政机关竞争上岗工作暂行规定》等与竞争性选拔相关的总体性规范或单项文件的具体操作环节中，均有针对上述功能的目标设定或程式设计。例如，《党政领导干部选拔任用工作条例》第一条，就明确了条例的目的是"形成富有生机与活力、有利于优秀人才脱颖而出的选人用人机制"，表明这一制度在功能导向上具有通过人才的晋升性流动而优化人才资源配置的作用，而这种晋升性流动对于为追求职业成长而参与职位竞争的个体来说，其内在的激励效应是不言而喻的。又如，竞争性选拔干部方式将"德才兼备，以德为先""考试与考察相结合"等作为基本原则，表明其对于人才的甄选不仅仅注重职业能力标准，而且首先强调品德标准尤其是政治品格标准，"政治坚定"因而成为职位竞争者最终能否得以录用的必要条件，说明竞争性选拔干部方式中蕴含了政治筛选和政治录用的内涵。所以，竞争性选拔干部方式制度功能的多元叠合标示着其所能够带来的收益来源的多元性和综合性，无论是与传统的干部选拔任用制度相比，还是就增强自身机制而言，都存在能够诱使制度变迁发生的"潜在利润"。

最后，在制度的内在逻辑上，竞争性选拔干部方式以"民主性"、"科学性"和"公正性"为主线而展开。"民主性"是竞争性选拔干部方式区别于既往干部任用制度的主要因素，其目的在于最大限度地消除掌握干部任用权的主要领导者的个人意志和个人偏好等因素对干部选拔任用的影响，而其实现程度则主要通过个体参与权以及人民群众的知情权、参与权、表达权、监督权等方面的权利实际落实情况予以体现。"科学性"是竞争性选拔干部方式得以确立的理性基础和有效运行的技术保障，同时亦是检测制度效用的核心因素，直接关系到竞争性选拔干部方式的制度优劣。制度本身的理性诉求、程序和环节的科学架构是保证竞争性选拔方式

"科学性"的现实基础。① "公正性"是竞争性选拔干部方式的基本要求，程序正义和结果公平是其两个主要的考量标准。竞争性选拔干部方式实际效用的大小主要取决于其"民主性"、"科学性"和"公正性"在实践操作过程中的实现程度，制度期望和制度后果之间的落差（不均衡）是影响制度供给者进一步进行制度变迁的重要因素。

（三）竞争性选拔干部方式制度变迁分析

1. 竞争性选拔干部方式制度变迁的动因

制度变迁会受到政治、经济、观念等诸多条件的约束，这些条件制约着制度变迁能否发生、如何发生以及制度变迁的外部"潜在利润"，要实现这种外部潜在利润的"内在化"，必须进行制度再安排。诺斯认为，"稀缺性、竞争、认知、选择"② 四个要素是导致制度变迁的直接动因。从竞争性选拔干部方式制度生成与发展的基本脉络来看，其中亦蕴含了这些基本的逻辑要素。

第一，基于经济社会发展对于稀缺性干部人才资源需求的推动。中共十一届三中全会以来，随着中国改革开放事业逐步走向纵深，政治、经济和社会领域都发生了巨大变化，并由此引发国家治理转型对于高素质干部人才资源的迫切需求。在此背景下，单纯以传统委任制为主导的干部选拔任用方式难以满足这种新的需求，即由于制度功能的不足，包括公共部门在内的高素质人才需求和人才供给短缺之间的矛盾难以解决，而如果能够解决这一矛盾，将会因为整个国家治理水平的提高而带来多方面的潜在收益。于是，推动干部选拔任用制度变迁的"初级行动团体"开始出现。1985 年，浙江省宁波市首次提出了"公开选拔"的概念并将其付诸领导干部的选拔实践。1986 年，广东省深圳市面向社会公开招考部分市属局级单位正职、副职领导人选。其后，愈来愈多的地方加入改革的初级行动团体行列，使得竞争性选拔干部活动呈现星火燎原之势，并最终以中共中央颁布《党政领导干部选拔任用工作暂行条例》（1995 年）为标志而成为一种正式的制度安排。该条例首次以党内法规的规范形式明确将"公开、平

---

① 胡宗仁：《竞争性选拔的制度属性、逻辑起点及效用分析》，《江海学刊》2009 年第 2 期，第 111～115 页。
② 诺斯认为，在稀缺性经济和竞争组织环境下人们会随着对外界认知的改变进行理性边际选择以谋求更多潜在利益，而制度安排也会因此在做出选择的集团的推动之下产生变迁。

等、竞争、择优"作为干部选拔任用的基本原则。

随着实践发展的需要，中央又适时进行了一系列新的制度供应，其中主要包括 2004 年颁布的《公开选拔党政领导干部工作暂行规定》《党政机关竞争上岗工作暂行规定》两个单项法规，以及 2009 年作为配套性文件颁布的《党政领导干部公开选拔和竞争上岗考试大纲》。其制度预期均在于通过公开、平等、竞争、择优的导向原则来指导竞争性选拔干部活动的开展，以获取更大的政治效益和社会效益。竞争性选拔干部方式的实践成果亦充分表明，将竞争理念引入干部工作之中，使得以往伯乐相马式的传统干部选拔任用模式被打破。这一改变所带来的巨大收益不仅优化了我国公共部门人才资源配置，同时亦在一定程度上缓解了当时条件下经济社会发展对于各类高素质干部人才资源的迫切需求。

第二，基于中国共产党对于提高执政能力理性认知的推动。中共十六届四中全会将党在新时期的执政能力概括为"驾驭社会主义市场经济的能力、发展社会主义民主政治的能力、建设社会主义先进文化的能力、构建社会主义和谐社会的能力、应对国际局势和处理国际事务的能力"[1] 五个核心方面。在党管干部的既定原则下，这些能力最终所体现的能级高低是由整个公共部门人才资源状况所决定的，即这一系统内的关键个体所具备的素质与工作绩效对其执政能力将产生重要影响。从这个意义上讲，竞争性选拔干部方式制度的产生及其进一步变迁都是在不同历史条件下中国共产党提高执政能力的需要。而这种需要又是建立在对世界各国政党执政兴衰历史周期律深刻认识的基础上，竞争性选拔干部方式中的一系列制度原则及其持续完善的努力方向在本质上都是以其中的基本规律为指引而展开的。

执政能力的基础与核心在于其合法性问题，即"政治系统能够使处于其中的人们产生和坚持现存政治制度是社会最适宜制度之信仰的能力"[2]。对于任何执政党而言，要保持执政地位的稳定，首先必须通过提高自身执政的有效性与合法性方式来获得公众认可。但传统干部人事制度体系由于权力授予主体错位而产生的干部选拔任用工作的不正之风乃至腐败问题，

---

① 中国共产党第十六届中央委员会第四次全体会议：《中共中央关于加强党的执政能力建设的决定》，《人民日报》2004 年 9 月 27 日，第 1 版。

② 〔美〕S. M. 李普塞特：《政治人——政治的社会基础》，张绍宗译，上海人民出版社，1997，第 55 页。

以及由于权力运行不透明而产生的选人用人公信度缺乏问题难以解决。竞争性选拔干部方式不仅提高了干部工作的民主性，彰显了中国特色干部制度的优越性，增强了社会主义政治制度的活力和竞争力，同时亦有利于中国在激烈的国际竞争中赢得主动。国际舆论和海外学者曾经对此给予积极评价，认为"地方领导人的更新更趋制度化"，"这个政治体制正在变得更透明、更精英化、更特殊、更有效"。①

第三，基于干部选拔任用方式本身对竞争性新制度需要的推动。长期以来，我国在干部选拔任用工作中所采用的大一统传统委任制方式带有浓厚的计划经济色彩和明显的封闭性特征，其弊端集中体现为官僚主义现象、权力过分集中现象、家长制现象等。在社会主义市场经济确立过程中，这些现象的存在不仅阻碍了现代化建设的顺利进行，同时亦损害了党和政府形象。因而，打破旧的制度均衡，引入与时代发展相适应的具有竞争性的新制度成为一种历史必然。近年来全国范围内的竞争性选拔实践活动极大地促进了干部选拔任用工作由以往的"在少数人中选人"向"在多数人中选人"转变，由封闭操作向阳光运行转变，由干部被动接受选择向主动参与转变，由以人选人向以制度选人转变。但是在竞争性选拔干部方式制度的创制初始期，制度供给难免存在相对短缺问题。这一方面是由于在短期内难以迅速建立起一套完备的制度体系来充分保证其公开、平等、竞争、择优价值诉求的实现，另一方面则是由于路径依赖的惯性，原有制度中一些不良因素遗存依然在发挥作用。由此也使得竞争性选拔干部方式的制度变迁过程呈现一种渐进性特征，从实践发展情况来看，选拔活动的公平性、民主性和科学性等核心问题与社会期望仍存在一定差距。因此，具有进一步改革和完善的空间与必要性。

第四，基于对国外人才选拔新理念与新技术借鉴性引入的推动。制度是某种观念的产物，无论其是在冲突中产生还是在设计中产生，都必然是观念的外化。② 20 世纪 80 年代以来，伴随着新公共管理运动的浪潮，西方国家公共部门人力资源管理领域发生了诸多变化。这些变化既包括对传统公务员管理体制和具体制度规范的调适和翻新，亦涉及一些人力资源管理

---

① 中组部党建研究所：《如何改革完善竞争性选拔干部工作》，《光明日报》2012 年 5 月 24 日，第 14 版。

② 何俊志：《结构、历史与行为：历史制度主义对政治科学的重构》，复旦大学出版社，2004，第 22 页。

新理论、新方法的实践引入。其中人才测评、人才资源配置、素质模型等理论和技术对中国干部人事管理制度改革具有多方面启迪作用。[①] 如在竞争性选拔干部过程的考察环节，与时俱进地建构能够反映时代特征、中国特色和职位特点的多层次、多维度和针对性的指标体系并分别对不同类别与不同层次的评价指标科学合理地赋予相应权重，有利于实现考察评价工作定性与定量的有机结合；在对各类干部的考核评价工作中，辅助性地引入量化指标作为一种分析研判手段，将考核对象在不同工作岗位和不同历史时期的个人表现进行相对全面的分析对比，有利于更为全面地掌握其个人实绩状态。这些技术和方法的借鉴性应用，无疑有利于提高干部选拔工作的公平性、民主性与科学性水平，亦是竞争性选拔干部方式持续改革和完善的重要动因之一。

2. 竞争性选拔干部方式制度变迁的推进主体

在我国特定的政治体制与政治生态下，竞争性选拔干部方式的制度变迁推动主体涉及多个利益相关者，包括作为中共中央及其组织部门、各级地方党委及其组织部门、社会知识精英、广大人民群众等，[②] 他们在推动制度变迁过程中分别扮演着"初级行动团体"或者"次级行动团体"的角色。其中，中央是竞争性选拔干部方式制度变迁的核心推进主体，凭借着其巨大的政治势能在改革中发挥着两个方面的作用：一是为改革提供最高层次的制度供给并对改革进行总体性的规划部署，通过对制度变迁的成本和收益的评估来把握改革的基本导向和推进速度，控制改革过程中可能出现的风险；二是通过创设宽松的制度环境，赋予地方党委一定的改革试验权，允许其在竞争性选拔干部方式的实践中先行先试，以调动地方进行制度创新的积极性和主动性。在这种改革经验积累尚不充分的条件下，中央允许地方党委在一定的空间内进行改革尝试，"相当于扩大制度选择的集合"。[③] 作为"初级行动团体"，中央的改革意志在根本上决定着竞争性选拔干部方式制度变迁的基本路径和总体进程。

各级地方党委及其组织部门在推动竞争性选拔干部方式制度变迁中同时发挥着"初级行动团体"和"次级行动团体"的功能，这种状况是由其

---

① 吴志华：《当今国外公务员制度》，上海交通大学出版社，2008，第25页。

② 刘再春：《干部选拔任用制度改革研究——基于制度变迁理论的分析》，吉林大学出版社，2017，第94~101页。

③ 苗壮：《制度变迁中的改革战略选择问题》，《经济研究》1992年第10期，第72~80页。

在整个国家权力结构体系中的地位决定的，因而，地方党委在竞争性选拔干部活动中既是相关制度的需求者，又可能在上级权力中心确定的制度框架内充当区域内特定制度供给者。具体而言，其作用可表现为三种情况。①其一是以代理人的角色和身份严格执行中央权力中心所颁布的相关政策。此种情况之下，各地方竞争性选拔干部方式的改革操作方案是以中央的政策目标和约束条件为基本依据来制定和实施的，并且中央亦会通过一定手段来限制地方党委及其组织部门进行创新的空间，未有中央授权或许可，地方既无必要亦无可能去进行主动创新。其二是以中央权力中心所设置的原则框架为依据，以"第一行动集团"即初级行动团体的身份在其固有职权和能力范围内主动进行制度创新。此种情况之下，往往需要中央营造良好的制度环境来为地方组织提供制度创新的动力。其三是以"第二行动集团"即次级行动团体的身份，为本区域之内的下级微观主体的各种制度创新活动提供一些必要的帮助和鼓励，以增加本地区公共部门人力资源配置的潜在收益或扩大制度创新的示范效应。

人民群众是竞争性选拔干部活动的基础参与主体。根据"人民主权"的宪法原则，包括竞争性选拔干部方式在内的整个干部人事制度改革都应该以人民利益为导向和核心。由于各级权力主体，即制度变迁的初级行动主体是人民群众名义上的代理人，人民群众的利益是其在进行新制度提供过程中进行成本收益分析所要权衡的根本变量。而对于具体的选拔实践而言，人民群众的知情权、参与权、表达权和监督权的落实情况则是测量竞争性选拔活动"民主性"的基本标尺，也是影响竞争性选拔结果是否具有公信力的一个重要参数。

知识精英是一个相对松散的社会群体，既可能存在于公共部门内部，也可能存在于其他社会组织。此类群体对竞争性选拔干部方式制度变迁的作用主要在于其思想贡献和专业贡献，这一群体拥有丰富的专业知识、理论知识及敏锐的洞察力和深邃的思考力，有助于他们对竞争性选拔干部活动的现状、问题以及未来的改革方向做出科学分析和理性判断，并提出自己的政策意见。一旦其意见为相关方面所采纳，将会对制度设计的科学性、前瞻性、合理性等产生积极影响。从这个角度讲，知识精英是促进竞争性选拔

① 刘再春：《干部选拔任用制度改革研究——基于制度变迁理论的分析》，吉林大学出版社，2017，第 94 ~ 95 页。

干部方式制度变迁不可或缺的主体之一，中央以及地方的初级行动团体对这一智库的开发和利用状况将会在很大程度上影响制度变迁的基本进程。

此外，由于改革开放以来我国经济社会发展变迁所导致的社会阶层的分化而形成的各种利益集团亦是竞争性选拔干部方式制度变迁中值得注意的影响力量。这些不同的利益集团从自身特定的利益需要出发，希望通过寻求合适的代理人参与国家政治生活而为自己的利益诉求创造空间，或者以其他方式直接或间接地影响竞争性选拔干部方式制度变革向着有利于实现自身利益的方向发展。但利益集团的参与亦可能带来一些负面效应，即某些强势利益集团可能会利用其所掌握的资源进行"寻租"，从而影响竞争性选拔活动的公正性。

3. 竞争性选拔干部方式制度变迁的模式特征

制度属性不同，其变迁亦会呈现不同的模式特征。对于竞争性选拔干部方式而言，其在制度变迁中所呈现的模式特征包括以下几个方面。

第一，从制度框架体系的构建过程来看，表现为一个以单项制度的供给为出发点而逐步走向系统集成的渐进式演变模式，即为了突破原有的干部委任制单一模式，少数地方以中央的改革精神为指引首先进行某种形式的竞争性选拔试验，随着实践发展的需要由中央逐步增加新的制度供给，直至最后成长为干部人事制度改革中的一种正式的制度安排。这种渐进式制度变迁模式与竞争性选拔干部方式的实践形态发展之间具有逻辑上的内在一致性和相互关照性。迄今为止，全国各地以"竞争性选拔"为名呈现的改革实践可谓层出不穷：1980 年，重庆市公用事业局领风气之先公开招聘所属企业管理干部；1985 年，浙江省宁波市在国内首次提出"公开选拔"的概念并用以选拔局级领导干部；1988 年开始，吉林省先后多次采用"一推双考"模式竞争性选拔副厅级领导干部；20 世纪 90 年代末期，四川省多个地方通过"量化淘汰""混合投票""公推直选"甚至由群众"直接选举"等方式选拔乡镇干部；21 世纪之初，江苏省创造出"公推差选""公推竞选""差额直选"等多元模式用以选拔乡镇干部，并通过"自荐公推竞选"、"公推票决"和"公推公选"等模式选拔区、县直至省管干部；等等。① 目前，竞争性选拔干部方式的概念内涵已经发展成为一个包

---

① 胡宗仁：《竞争性选拔的制度属性、逻辑起点及效用分析》，《江海学刊》2009 年第 2 期，第 111～115 页。

括"公开选拔""公推公选""竞争上岗"等多种选拔形式的制度集合。竞争性选拔干部方式实践形式的多元化渐次延展既是其制度变迁的实践动能，亦可视为制度自身进行渐进式变迁的一种客观映射。选择渐进性模式的主要考量在于：首先，可以避免因为一种新制度的引入和骤然实施而带来的剧烈社会震荡并由此导致昂贵的改革成本，这样反而可能会使其"潜在利润"难以实现；其次，通过先期试验向人们释放出改革信息，特别是通过探索中的成功案例来增强人们对制度收益预期的认识，从而使制度变迁产生一种自我强化的效果，为后续改革的顺利推进创造良好的制度环境；最后，渐进式改革具有较好的试验积累功能，通过不断地比较和权衡而选择出相对令人满意的制度方案。

与此同时，在竞争性选拔干部方式制度体系的渐进式形成中，在某些阶段亦存在激进式变迁的特征。这主要表现为，当某一形式的竞争性选拔活动在经过前期试验已经比较成熟的基础上，由中央进行连续性的制度供给以促进其大面积推广。因为此时一些影响制度进一步完善的障碍因素已被基本清除，以激进式模式进行制度供给可以使其边际效益迅速递增。以党政领导干部公开选拔为例，1999~2004年几年间，中央相继出台了《关于进一步做好公开选拔领导干部工作的通知》（1999年）、《公开选拔党政领导干部考试大纲（试行）》（2000年）、《深化干部人事制度改革纲要》（2000年）、《党政领导干部选拔任用工作条例》（2002年）、《公开选拔党政领导干部工作暂行规定》（2004年）以及《党政领导干部公开选拔和竞争上岗考试大纲》（2004年）等多个文件，对公开选拔干部工作从基本原则、工作目标到工作办法做出了愈来愈系统化和具体化的规定，显示出明显的激进式制度变迁特征。

第二，从制度变迁的发生机制来看，诱致性变迁模式在竞争性选拔干部方式中表现得较为明显。这种改革的主要特点为：宏观政策原则来源于中央，而地方在不违背政策精神的前提下可以进行自主创新，根据实际情况选择改革的内容和形式。比如，自《2010—2020年深化干部人事制度改革规划纲要》（以下简称《纲要》）于2009年颁布以来，围绕其中关于干部选拔任用改革方面的整体推进任务和重点突破项目，一些地方党委即开始以《纲要》精神为指导对竞争性选拔干部活动进行新的改革探索，将制度的完善和量的扩张以及形式的多样化结合起来。2010年11月，湖南省长沙市在公开选拔5名市管正职干部过程中，采取了对差额提名、专家选择和差额票决三个阶段进行全程电视直播的形式，并将评分权交给专家评委团和 25 名群众评委。不仅使选拔程序公开透明，而且充分体现了干部群众的知情权、参与权、选择权和监督权。2012 年 2 月，安徽省宣城市在公开选拔县级领导干部时首次采取"大评委制"，每组设考官 19 名，其中领导干部、专家考官 9 名、"两代表一委员"考官 10 名，以最大限度地防止和克服"少数评委选人"的弊端。2013 年 3 月，广东省博罗县在公开选拔 10 个岗位的干部人选时，同样采用邀请基层"两代表一委员"担任评委参与测评的做法。这些探索均可视为一种在中央精神统领下的制度创新行为，其主旨在于提高选人用人公信度，落实广大群众在其中的"四项权利"。

随着改革的逐步深入，竞争性选拔干部方式制度变迁除了具有诱致性变迁的模式特征外，强制性变迁模式的特征表现亦日益凸显，即中央在总结前期探索经验的基础上，提出整体性改革规划并直接进行制度供给，而地方则在此基础上通过制定相关的实施细则加以贯彻落实。例如，在《2010—2020 年深化干部人事制度改革规划纲要》中，中央对 21 世纪第二个十年干部选拔任用制度深化改革提出了要"修订《党政领导干部选拔任用工作暂行条例》"，"制订配套法规或实施细则，逐步形成党政领导干部管理的法规体系"，"推行公开选拔党政领导干部制度。逐步提高公开选拔的领导干部在新提拔同级干部中的比例"[①] 等若干明确的工作目标。这些目标本身就体现了中央欲将改革进一步引向深入的强制性色彩，其必要性在于以中央意志将先期形成的诱致性制度进一步升华为强制性制度，有利于扩大制度的适用覆盖范围，且有效提升制度实施的综合效益。

第三，从扩散方式的基本特征看，竞争性选拔干部方式的制度变迁还表现出以局部性变迁推动全局性变迁的特点。这一特征既表现为从个别单项制度的优化完善逐渐扩散到更多关联制度的衍生，亦表现为某些制度在局部试点成熟之后逐步向全国范围内拓展，如吉林省在 1988 年所创制的"一推双考"干部竞争性选拔模式在经过几年试验成熟之后，1992 年，中共中央组织部即开始大力推广这种公开推荐与考试考核相结合的选拔模式，使得全国各地公开选拔领导干部的规模不断扩大。这同时亦可视为作为制度变迁"第一行动集团"的初级行动团体在制度变迁之初为控制改革成本和降低改革风险所采取的必要策略之一。

---

① 《2010—2020 年深化干部人事制度改革规划纲要》（中办发〔2009〕43 号）。

4. 竞争性选拔干部方式制度变迁的路径依赖

既定的制度生成并定型之后，随即便会进入一个路径依赖期。这是因为任何制度在构建之后，都可能会受到诸如初始成本、学习与合作效应、适应性预期等因素的影响而导致路径依赖。尤其是在现实的政治生活领域，制度网络的密集性、政治权力的非对称性以及政治活动的复杂性等因素决定了其路径依赖特征较之于其他领域更为明显。[①] 这种依赖具体表现为两种情形：一种情形是新制度产生了显著的报酬递增效应，加上与之相关的其他制度安排的协同配合，导致制度进一步沿着既定路径向利好方向发展，此为"良性路径依赖"（Benign Path Dependence）；另一种情形则是当制度演变路径形成之后，由于报酬递增效应的衰减以及其他一些因素的影响而使其难以被更优的制度所替代，处于一种"锁定"状态，此为"恶性路径依赖"（Malignant Path Dependence）。毋庸置疑，竞争性选拔干部方式经过若干年发展在很大程度上已经形成了良性路径依赖效应，在过去一定时期整个干部人事制度改革中扮演着重要角色。但与此同时，由于一些影响制度运行和发展的因素处于一种"锁定"状态，其制度的深化改革也面临着一些困境。具体而言，影响其运行的不利路径依赖因素主要来源于以下方面。

第一，制度协同障碍：竞争性选拔干部方式与其他并行制度之间的功能边界模糊。干部人事制度体系是一个由多项制度共同构成的复杂系统，在竞争性选拔方式的变革过程中难以避免地会涉及与其他相关制度的关系问题并引发新的矛盾。从近年全国各地的实践来看，竞争性选拔干部方式在不同领域的干部选拔活动中均有或多或少的施用，尤其是在其施用最为集中的委任制领域，目前存在伯乐相马式的常规性选拔方式和以"规则赛马"为主要特征的竞争性选拔干部方式并存的情况。客观而言，这两种选拔方式各有优势和合理性，但二者之间的功能边界没有清晰界定，导致实践中产生两种不良倾向。一方面，由于常规性选拔方式长期以来的主导地位及其形成的路径依赖，特别是其能够为某些掌握"相马权"的官员提供寻租机会，在干部选拔任用活动中更容易成为一种偏好性的制度选择，无形中挤压着竞争性选拔干部方式的成长空间。另一方面，亦有一些地方和部门将竞争性选拔干部方式过度拔高，试图以此来破解干部工作中的各种

---

① 何俊志：《结构、历史与行为：历史制度主义对政治科学的重构》，复旦大学出版社，2004，第 255 页。

症结性问题，使其超越了自身本来的价值功能。① 这种倾向在实际工作中主要表现为"凡提必竞""逢竞必考"，甚至"唯票取人""唯分取人"等失范现象，片面地将竞争性选拔作为主要的干部选拔任用方式，而忽视对其所适用的职位类别、职位等级、职位标准等前提问题的科学界定与系统研究。除此之外，竞争性选拔干部方式与干部交流制度、后备干部制度以及在选任制领域内的施用等同样存在由相互关系不明而导致的不同问题。

第二，制度自身障碍：开放性不足与"次级行动团体"的有限参与。制度变迁的一般规律表明，其良性路径依赖的形成往往是"初级行动团体"与"次级行动团体"共同推动的结果，竞争性选拔干部方式制度变迁良性路径依赖的形成同样需要二者的共同推动。但在实践中社会公众、知识精英等"次级行动团体"的应然功能发挥明显不足，且不同主体间由于价值、角色和利益冲突使得主体合力难以形成。譬如，"群众公认"是竞争性选拔的基本制度原则之一，同时竞争性选拔实践活动本身就是为了落实群众在干部选拔工作中的知情权、参与权、选择权和监督权。但现行的相关制度不仅存在开放性不足问题，对于如何落实群众的"四项权利"和如何体现"群众公认"原则亦缺乏系统的制度设计，使得"次级行动团体"难以充分参与到竞争性选拔干部活动之中。

第三，非正式制度障碍："社会关系机制"与正式制度之间的博弈。政治文化、社会传统等非正式制度因素对于正式制度具有重要影响。诺斯认为"风俗习惯、行为惯例等是非正式制度的主要表现形式"②。中国传统社会结构中具有依靠非制度手段去实现社会地位晋升的习惯，即在社会地位的分配与获得方面，某些特殊的社会关系机制发挥着独特的作用，③ 这种特殊的社会关系机制通常被人们称为"社会资本"或"社会资源"。此种传统流传至今就逐步演变为人们习惯于"既认可现有制度安排带来的结果，同时依然偏好于以传统的社会关系机制为手段来获得某种社会地位的双重需求及行为"④。尤其是在我国的市场经济体制确立之后，社会结构剧

---

① 廖志豪：《竞争性选拔干部方式：演进、问题与改进》，《云南行政学院学报》2018 年第 2 期，第 67～72 页。

② 〔美〕道格拉斯·C. 诺斯：《制度、制度变迁与经济绩效》，杭行译，格致出版社、上海人民出版社，2008，第 64 页。

③ 杜维明：《新加坡的挑战——新儒家伦理与企业精神》，三联书店，1989，第 132 页。

④ 张婉丽：《非制度因素与地位获得——兼论现阶段中国社会分层结构》，《社会学研究》1996 年第 1 期，第 64～73 页。

变释放出大量"自由流动资源"为人们提供了前所未有的"自由活动空间",使其具有同时借助制度性和非制度性两种手段实现地位获得的条件,并导致了非制度手段与正式制度之间的博弈。在竞争性选拔干部活动中同样存在类似的博弈现象,具体表现为某些竞争选拔参与者依托自身拥有的由"资源、规约和信息沟通"[1]等因素构成的社会关系网络来获取竞争优势,使其成为制度之外的另一套机制而对选拔活动产生影响。所以,在竞争性选拔干部方式的制度完善期,非正式制度往往会与正式制度相分歧,甚至抵制正式制度的变迁。

第四,技术供给障碍:科学完备的竞争性选拔技术体系尚未形成。从技术层面看,竞争性选拔干部方式是一个通过对人才素质的系统评价而实现人才资源优化配置的过程,不仅涉及对参与竞争者德、能、勤、绩、廉等基本面向的考察,同时还须关注其品格特征等内隐素质与职位的匹配性测评。因此,选拔过程需要多种技术支撑才能保证最终胜出者能够在实际岗位上释放良好工作绩效。"考试与考察相结合"是竞争性选拔制度的基本原则,但目前与之配套的技术体系开发相对滞后。其主要表现为:考试考察的具体内容偏重于对参与选拔者外显素质的测评而对其内隐素质的探测重视不足,容易陷入"干得好不如考得好"的选拔误区;缺乏对不同类别和不同层次选拔职位素质框架的系统研究,使得相关选拔测评活动缺少完整而明晰的职位素质标准可资参照;与竞争性选拔相关的专业化测评技术与测评工具欠缺且专业机构不够健全,导致实践中可供选择的测评形式不甚丰富,测评方式较为简单。技术支撑体系开发的相对滞后不仅会影响竞争性选拔的信度和效度,同时亦会成为制度本身发展的一个掣肘。

第五,观念障碍:传统政治文化中所蕴含的消极成分的现代流弊。中国是一个经历两千余年封建社会历史的国家,人治思想、特权意识源远流长,并对现实生活中人们的思想和行为模式具有或多或少的影响。具体到干部选拔方面,封建主义政治文化的消极影响有多种表现,如专制主义传统常常使一些领导者将个人凌驾于组织之上,在干部选拔任用活动中将自己负责的部门当作独立王国,使组织沦为个人操控的工具。在此情形下,干部选拔任用活动的公平性、民主性和科学性为领导意志所取代。又如,

---

[1] 任利成:《竞争性选拔情境中社会网络及其演化研究》,《华东经济管理》2011 年第 3 期,第 128~129 页。

官本位思想在中国国民观念和社会意识中根深蒂固，亦是传统政治文化的一种沿袭。在官本位思想盛行的环境中，整个社会以"官"为中心，官职大小不仅被当作衡量个人身份地位的标志，也成为某些人借以攫取各种利益的快捷工具。这种意识对于干部人事制度变迁会形成一种心理抗拒，造成干部能上不能下、能进不能出的代谢机制失调。同时，亦与竞争性选拔制度旨在通过竞争而优化干部资源配置效率的制度意向相背离。再如，中国传统行政文化的人治特征容易导致行政职位"人格化"倾向，即在权力行使中强调个人人格魅力而忽视法治规则。在干部选拔任用活动中，这种思想会造成权力掌控者无视选人用人程序和标准而凭借个人喜好来进行判断，使得选拔任用活动缺乏科学性和必要的纠错机制。

（四）竞争性选拔干部方式制度变迁的推进方向

从制度变迁的视角来说，竞争性选拔干部方式的优化和完善必须消弭可能导致其制度变迁路径闭锁的障碍因素，使之形成良性路径依赖。为此，未来一定时期可以考虑从以下向度进一步推进。

一是加强干部选拔任用制度体系的顶层设计以求其总体收益的帕累托最优。系统理论认为，系统功能的优化不仅可以从改善其中的要素（子系统）入手，同时亦可从改善其中不同要素（子系统）之间的相互关系入手。因而，通过加强干部选拔任用制度体系的顶层设计，着力提升竞争性选拔制度与整个干部人事制度体系内其他相关并行制度之间的协同性是增加整个制度体系收益的重要途径。

二是注重程序制度与实体制度建设的平衡，以程序正义克服非制度因素干扰。制度的现实收益是其构成体系内实体性制度与程序性制度在一定条件下相互支持和协同作用的结果。对于程序性制度而言，离开实体性制度就失去了其存在基础。而对于实体性制度而言，缺乏程序性制度则难以保证其实施的程序正义。目前关于竞争性选拔干部方式的制度供应从总体上看存在程序性制度供给相对不足的问题，导致在实践中选拔程序设置的随意性与多变性，同时亦为以社会关系机制为典型表现形式的非正式制度介入留存了空间。因而应尽量增加程序性制度的供给，根据各种竞争性选拔干部方式的特点分别制定相对统一的程序规范，并提供与其关键环节相对应的配套制度，以有效压缩因选拔程序的自由设定和配套制度的短缺而可能发生的程序性腐败空间。

三是提高制度设计的开放性以落实制度实践中"次级行动团体"相关权利。针对社会公众、知识精英等"次级行动团体"的应然功能发挥不足等问题，竞争性选拔干部方式在未来的制度供给过程中须对制度设计的开放性予以必要关注。例如，在相关的制度设计中，首先应该对"次级行动团体"有效参与的接口与路径进行充分考虑，以保证组织部门在干部选拔任用工作中发挥主导性作用的前提下，亦使社会知识精英和普通公众等利益相关者能够具有更大的角色扮演空间。同时，亦应通过专门性的制度供给来保证选拔过程关键节点的信息进行公开并尽可能增加信息公开量，以解决由信息不对称因素而造成的广大干部群众对选拔工作本身以及对职位竞争者知之不多的问题。[①] 这不仅可以彰显程序正义与选拔工作的透明度，也是有效落实群众知情权与监督权的重要基础。

四是开发与制度实践相适配的技术支撑体系以提高选拔工作的信度与效度。竞争性选拔干部方式的核心内涵在于其"竞争性"以及与之密切相关的"科学性"、"民主性"和"公正性"[②] 等价值准则。在这些价值准则中，科学性是其得以立论的基础和有效运行的保障，对于能否真正实现竞争效应具有关键意义，直接关系到这一制度的优劣。因而开发与之相适配的技术支撑体系是推动竞争性选拔制度变迁的重要基础。其关键首先是建立职位分类与分析制度，以人职匹配为逻辑起点对那些适于进行竞争性选拔的职位有针对性地开展选拔活动；其次是在职位分类和分析基础上，探索建立对应于不同职位序列和职位层次的职位素质框架，为相关职位的选拔工作提供科学、系统的素质参照标准，以解决由选拔标准笼统抽象而造成的考试测评针对性不足问题；最后是根据不同选拔职位的素质框架和素质标准，有针对性地选择或开发与之匹配的测评技术和方法，使竞争性选拔干部方式的测评工作能够达到现职适配与未来发展相结合、检前与导后相结合、外显素质与内隐素质识别相结合的多重效力。[③]

五是着力进行制度文化培育以增强竞争性选拔制度运行的内驱力与

---

① 廖志豪：《竞争性选拔干部方式：演进、问题与改进》，《云南行政学院学报》2018 年第 2 期，第 67 ~ 72 页。

② 吴志华：《提升领导干部选拔任用公信度的路径》，《中国行政管理》2013 年第 12 期，第 64 ~ 67 页。

③ 廖志豪：《竞争性选拔干部方式：演进、问题与改进》，《云南行政学院学报》2018 年第 2 期，第 67 ~ 72 页。

外张力。制度文化是政治经济社会变革过程中一种重要的路径依赖，尤其是其中的意识形态、价值观念等对于正式的制度规则具有不可低估的影响。为消除传统政治文化中一些消极成分的影响，必须着力培育与竞争性选拔方式相适配的新型制度文化，并使之成为制度变迁的正向力场和报酬递增的内在机制。制度文化培育的愿景应该围绕干部选拔任用的"注重实绩，群众公认"等一系列基本准则，在广大干部中营造出一种强调实际能力以彰显"能者居之"，突出工作实绩以彰显"成者居之"，注重群众公认以彰显"贤者居之"的选人用人生态；通过民主、公开、竞争、择优等制度意向宣扬使那些掌握"相马权"的领导干部形成价值共识，使其在坚持党管干部原则的同时又保持"权为民所赋，权为民所用"的权力理性与行为自觉；通过公民意识的培育和民主素养的提高，使公众逐渐养成民主参与意识、权利表达意识和公共责任意识，并使之内化为一种普遍的社会心理和行为习惯，为竞争性选拔干部方式的制度变迁提供良好的社会土壤。

二　基于公共性理论视角的诠释

（一）公共性理论概要

从词源上看，"公共性"一词起源于古希腊词汇"Pubes"，后来在英语中演变为"Public"，具有"公共的""公众的""公有的"等意思，与我国《辞海》和《汉语大辞典》中对"公"字的解释相近。公共性问题体现于人类生活的诸多方面并同时以包括自然领域、社会领域、经济领域、政治领域乃至精神领域等多个领域的相关问题相互交织而呈现复杂样态，因此受到诸多领域学者的关注。其中，尤以德国学者尤尔根·哈贝马斯（Jurgen Habermas）和德裔美国学者汉娜·阿伦特（Hannah Arendt）等人对公共性[①]的启蒙性论述在政治哲学和公共管理领域具有较为广泛的影响，其基本含义可以简约解释为"在政治权力本身的框架之外，作为民主政治基本条件而存在的公民自由讨论公共事务，参与政治活动的空间"。[②]

---

① 在哈贝马斯等西方学者的研究视野中，"公共性"与"公共领域"密切相关，二者之间的关系可以理解为公共性是对公共领域的抽象化、原则化。

② 傅永军：《传媒、公共领域与公共舆论》，《山东视听》2006年第1期，第5~7页。

汉娜·阿伦特视域的公共性以政治性为前提，在其著作《人的境况》中专门就公共领域的问题进行了最早的阐述。阿伦特认为，"与家庭相对应的私人生活空间和与政治相对应的公共生活空间，始终是两个截然有别的空间"①。在她看来，公共性包括"公开"和"共同"两个最基本的要素。其中，"公开"意味着在公共生活空间出现且被所有"在场者"看到、听到的任何事务，具有最大限度的公开性。②"在场"体现了世界的真实状态，保证在特定场景中所发生的一切可以被人们看见和听见。而"共同"则意味着"公共性"一词表示对我们所有人而言的那个世界本身，它区别于我们个人在其中拥有的私人处所。③阿伦特此处所称的世界是指人们进行共同活动的特定条件和有限空间，而非我们一般意义上所说的世界，它"仿佛一张桌子置于围桌而坐的人们之间"。或者说，通过一个能够将人们聚拢在一起的媒介，让大家可以共同参与其中。与此同时，阿伦特还将公共性与人的"行动"联系起来，她认为行动是一种真正自律性的人类活动，亦是人类意识进化到最高程度的产物，而作为这种行动的活动空间，即公共领域。④基于这种认识，阿伦特倡导作为行动主体的人应该以"积极生活"的方式来实现公共性。因为"积极生活需要每个人以追求卓越的精神参与公共事务，使得公共领域弥漫出一种强烈精神，即为了在其中表现卓越才能的机会和显示对这一共同政治体的热爱，每个人才会或多或少地愿意承担审判、辩护以及其他公共事务的责任"⑤。阿伦特认为，"只有存在这样一个公共领域，才能使世界随之转化为可以使人们聚拢起来的共同体。而如果没有这种潜在的向尘世不朽的超越，就没有政治的存在"⑥。

尤尔根·哈贝马斯关于公共性的思考同样具有广泛的影响。他认为，公共性即公共领域，只限于那些与公共权力机关有关的事务。在汲取汉娜·阿伦特公共性思想的基础上，哈贝马斯对公共性的基本性质进行了进一步阐述，并将其解构为这样几个要素。①公共性与批判性。"公共性首先可以理解为一个由不同私人集合而构成的公众的领域，但处于这一领域

---

① 〔美〕汉娜·阿伦特：《人的境况》，王寅丽译，上海人民出版社，2009，第18页。
② 〔美〕汉娜·阿伦特：《人的境况》，王寅丽译，上海人民出版社，2009，第34页。
③ 〔美〕汉娜·阿伦特：《人的境况》，王寅丽译，上海人民出版社，2009，第34页。
④ 朱士群：《公共领域的兴衰——汉娜·阿伦特政治哲学述评》，《社会科学》1994年第6期，第68~72页。
⑤ 〔美〕汉娜·阿伦特：《人的境况》，王寅丽译，上海人民出版社，2009，第26~27页。
⑥ 〔美〕汉娜·阿伦特：《人的境况》，王寅丽译，上海人民出版社，2009，第36页。

并且受到公共权力控制的公众随即会产生反对公共权力机关自身的要求，这种政治讨论的手段，即公开批判可以说是前所未有的。"① 在哈贝马斯看来，就其根本而言，公共性存在的目的是通过反思国家制度、政策等来维护公众的权利不受侵犯，由此建立一个合理社会。②公共舆论。"所谓'公共性'，首先意指我们生活的一个领域，在该领域中公众舆论（或意见）能够形成。"由此要求"公共领域必须是开放的，需要由公民之间的对话来构成"，即人们可以在其间表达自己的观点，而在此过程中所形成的公共舆论则可以充当"国家和社会的需要加以调节的媒介"。② ③沟通性。"公共性可被描述为一个关于意见的沟通交流网络。在此网络中，沟通交流的各种内容与观点以某种特定方式进行过滤和综合后，成为根据特定议题集束而成的公共舆论或意见。"③ 只有在此基础上，理性的政治选择方有可能。④公开性。在这一点上，哈贝马斯认为"举凡对所有公众开放的场合，都可以用'公共的'来加以称谓"，"公共性原则的前提条件必须是使人们有公开运用自己理性的自由，并且唯有如此方能带来人类的启蒙"。④

　　阿伦特和哈贝马斯之后的研究者对公共性的进一步讨论主要围绕公共权力、公共利益和公众参与等在逻辑上相互关联的要素而展开。尽管不同学者对于公共性的具体阐释不尽相同，但同时亦表现出一些原则上的一致性：其一是公共性的本质是公共权力，这种权力来源于实现、维护和增进社会公共利益的需要；其二是公共性是对公平与正义的"重叠共识"，其在伦理价值层面须体现公共权力行使的公平与正义；其三是公共性是三维的统一（行为者、利益、可进入性），即公共权力行使者必须合理合法地运用权力实现公共利益，并保证公众具有参与和监督的渠道。⑤

---

① （德）尤尔根·哈贝马斯：《公共领域的结构转型》，曹卫东译，学林出版社，1999，第32页。
② （德）尤尔根·哈贝马斯：《公共领域的结构转型》，曹卫东译，学林出版社，1999，第35页。
③ （德）尤尔根·哈贝马斯：《在事实与规范之间》，童世俊译，三联书店，2003，第446页。
④ 〔德〕尤尔根·哈贝马斯：《公共领域的结构转型》，曹卫东译，学林出版社，1999，第32页。
⑤ 廖志豪、母天学：《论党政领导干部选拔任用的公共性及其实现》，《行政论坛》2017年第6期，第121~127页。

（二）干部选拔任用活动的公共性属性

从公共性理论的分析视角来看，包括竞争性选拔干部在内的各类干部选拔任用活动是一种典型的具有公共性属性的活动。

首先，从权力来源看，干部选拔任用工作是由履行专门职能的中国共产党各级党委及其组织部门基于"党管干部"的基本原则而对公共权力的运用。这种权力之所以属于公共权力的范畴，是因为中国共产党本身即一个具有显著公共性的政治组织，其执政权力与公共性具有天然的内在联系。在现代民主国家，政党存在和发展并非为了某一个社会行为主体的单一理性，而是关注政治共同体的公共利益、公共价值与公共精神的多重理性。① 作为近代中国历史和中国人民选择的必然结果，中国共产党成为执政党，其在组织性质上不仅是中国工人阶级的先锋队，同时亦是中国人民和中华民族的先锋队，并将"立党为公，执政为民"作为执政理念。因而，无论是从其组织成员的构成基础来看，还是从组织使命来看，公共性都是中国共产党最显著的标志之一。相对于其他资产阶级政党而言，这种公共性本质表现得更为突出——《中国共产党章程》指出："党除了工人阶级和最广大人民群众的利益，没有自己特殊的利益。"与此同时，中国共产党所秉持的"权为民所赋，权为民所用"② 的马克思主义权力观亦充分彰显出其执政权力及其运用的公共性。这种权力观实质上是强调党的领导权力和执政权力来源于人民，领导干部对待人民赋予的权力必须始终保持敬畏之心，并以人民本位为根本准则来行使权力。而这种"人民主权"思想正是公共性理论展开的逻辑基点，亦是现代民主国家及其治理活动之所以具有公共性的本源性基础。③

其次，从功能目标看，干部选拔任用活动旨在通过对干部资源的优化配置以"保证党的基本路线全面贯彻执行和中国特色社会主义事业的顺利发展"④，而谋求公共利益的不断增长是其中最核心的内容之一。在公共性

---

① 黄丽萍：《论中国政党的公共性建构》，《南京航空航天大学学报》（社会科学版）2011 年第 2 期，第 1 ~ 6 页。
② 习近平：《牢固树立正确世界观权力观事业观》，《人民日报》2010 年 9 月 2 日，第 2 版。
③ 廖志豪、母天学：《论党政领导干部选拔任用的公共性及其实现》，《行政论坛》2017 年第 6 期，第 121 ~ 127 页。
④ 《党政领导干部选拔任用工作条例》（修订）（中发〔2014〕3 号）。

理论的代表人物哈贝马斯看来，国家是"公共权力"机关，它之所以具有公共性，是因为肩负着为全体公民谋幸福这样一种使命。① 同时，公共性与公共利益的产生和维护相关，凡是可以导致公共利益关怀的制度均具有公共性。② 在当代中国，中国共产党所领导的各项建设事业的出发点正是建立于这一基础之上。例如，"共同富裕"是中国特色社会主义建设的重要目标之一，这一目标摒弃了少数人或某些集团利益的狭隘性，彰显了为全体人民谋福祉的发展愿景；又如，和谐社会构建战略强调，"在经济发展的基础上要更加注重社会建设，着力保障和改善民生，推进社会体制改革，扩大公共服务，完善社会管理，促进社会公平正义"③，同样是以社会公共利益为基本出发点。各级干部作为党的路线、方针、政策的执行者和中国特色社会主义建设事业的中坚力量，其选拔任用工作从根本上说是为更好地实现上述战略服务的。为此，《党政领导干部选拔任用工作条例》就明确要求："选拔任用党政领导干部，必须符合把领导班子建设成为坚持党的基本理论、基本路线、基本纲领、基本经验、基本要求，全心全意为人民服务，具有领导社会主义现代化建设能力，结构合理、团结坚强的领导集体的要求。"④ 各级党委及其组织部门作为干部选拔任用的执行主体，其工作效度如何与公共利益的最终实现具有高度的相关性。与此同时，为了体现这种选拔行为与公共利益的攸关性，在其制度规范中特别提出了广大党员和群众对于干部选拔任用工作的知情权、参与权、选择权和监督权四项权利，充分表明这是一种利益相关者可以进入其中的集体行动。⑤

最后，从价值取向看，干部选拔任用的制度原则中包含了一系列与公共性理念密切相关的内容。其"公开、民主、竞争、择优"和"依法办事"的原则规定主要在于确保选拔任用活动的程序正义而使之具有形式上的公共性，而"五湖四海、任人唯贤""注重实绩、群众公认"等原则的多重结合则使之具有内容上的公共性。特别是在一些竞争性选拔干部方式中，这种公平与正义叠加的公共性理念体现得尤为明显。以公开选拔为

① 〔德〕尤尔根·哈贝马斯：《公共领域的结构转型》，曹卫东译，学林出版社，1999。
② 詹世友：《公共领域·公共利益·公共性》，《社会科学》2005年第7期，第64~73页。
③ 胡锦涛：《高举中国特色社会主义伟大旗帜　为夺取全面建设小康社会新胜利而奋斗》，《人民日报》2007年10月25日，第2版。
④ 《党政领导干部选拔任用工作条例》（修订）（中发〔2014〕3号）。
⑤ 廖志豪、母天学：《论党政领导干部选拔任用的公共性及其实现》，《行政论坛》2017年第6期，第121~127页。

例，这一方式通过"面向社会""公开推荐""考试与考核相结合"的模式设计，旨在实现选拔职位向社会开放、职位竞争者凭能力和工作实绩公平竞争、选拔信息向公众公开、选拔过程由公众参与和监督、任用决策以职位竞争者的胜任素质测试结果为参考依据并充分吸纳民意以达成选人用人共识的制度意愿，以求提高干部选拔任用工作的公开性、民主性和公正性。[①] 而这些核心法则恰好符合公共性所指涉的"人们从私人领域中走出来，就共同关注的问题开展讨论和行动，实现自己从私人向公众的转化"以及"通过程序的公开、开放和公平，在平等对话中达成共识"[②] 等形式特征。

（三）干部选拔任用活动公共性的阙如

由于各种因素的影响，在现实的国家政治生活和政府公共管理活动中公共性的生产与表达常常会发生流失甚至阙如现象，从而导致其逻辑应然与客观现实之间存在一定的矛盾和差距。干部选拔任用活动在实践中同样面临着此类困境，其中的具体问题包括以下几个方面。

1. 选人用人的公共权力异化为私人权力导致公共性流失

权力所有者与掌控者相互分离是公共权力的基本特征之一，这一特征使得公共权力的使用方向和使用结果有可能与权力所有者的原初意愿发生背离。同时，由于公共权力掌控者亦是"理性经济人"，其本性中具有追求个人欲望的内在动机。这些因素的存在为公共权力在委托代理过程中的异化提供了基础，使得一部分公共权力掌控者可能会"为了追求自己的特殊利益，从社会的公仆变成了社会的主人"[③]，并以自己所掌握的公共权力进行"设租"和"寻租"活动，从而偏离了服务于公共利益的主旨，导致政治生态系统代谢过程的紊乱。恰如亚里士多德所言："人们要使其权力足以攫取利润，往往就不惜违反正义。"[④] 由于我国领导干部选拔任用主要采取的是自上而下的层层任命方式，公共权力委托代理运行机制与人民群众之间的生态关联容易出现监督链的断裂，导致一些公共权力掌控者在追

---

① 廖志豪、母天学：《论党政领导干部选拔任用的公共性及其实现》，《行政论坛》2017 年第 6 期，第 121～127 页。
② 李友梅、肖瑛：《当代中国社会建设的公共性困境及其超越》，《中国社会科学》2012 年第 4 期，第 125～139 页。
③ 《马克思恩格斯选集》（第三卷），人民出版社，1995，第 12 页。
④ 亚里士多德：《政治学》，吴寿彭译，商务印书馆，2014，第 316 页。

求政治仕途利益最大化过程中信奉拉帮结派的"圈子文化"或者形成上下级之间的人身依附关系。国家统计局 2016 年 10～11 月在全国 21 个省（区、市）开展的全国党风廉政建设民意调查的一项结果显示，有 47.9% 的受访群众认为选人用人领域的不正之风和腐败问题仍然突出。[①] 这种公众认知状况从一个侧面反映了当前的干部选拔任用活动在一定程度上仍然存在由公共权力滥用而导致的公共性流失问题。

2. 选拔信息公开的有限性削弱了公共性生产的基础

"公开"既是公共性的本质要求，亦是公共性得以实现的基础条件。就人民主权的政治理念而言，公共权力行使者有义务向权力委托者公开权力运行过程中的相关信息，以防止由于信息不对称而可能产生的"逆向选择"和"道德风险"问题。中共十七届四中全会通过的《中共中央关于加强和改进新形势下党的建设若干重大问题的决定》和《2010—2020 年深化干部人事制度改革规划纲要》均将扩大干部工作信息公开，实行干部工作信息公开制度作为干部选拔任用制度改革的重点突破项目。但从近几年的实际情况来看，由于缺乏统一的、针对性和可操作性强的干部选拔任用工作信息公开制度，在信息公开的范围、内容、方式等方面均无严格界定，实践中依然存在一些值得注意的问题。一是信息公开的动力不足。虽然相关制度规范将"公开"作为干部选拔任用的一项基本原则，但具体的程序性制度中仅仅要求在一定范围内公开选拔过程的相关信息，加之干部工作本身的相对敏感性，一些地方组织部门往往只是选择性地进行信息公开。二是信息公开的内容片面。一般均局限于拟任人选的学习工作简历和任用结果公示，而对于组织人事安排的主要考量、拟任干部的素质特点、工作实绩和一些过程性信息公开较少，导致参与的干部群众难以对其做出客观公正的评判。三是信息公开的形式单一。虽然当前干部选拔任用工作信息公开渠道正趋于多元化，涵盖了电视、广播、报纸以及网络等多种媒体，但在形式上缺乏创新性和互动性，难以让公众产生强烈感受，影响信息公开的实际效果。近年来干部选拔任用工作引发的诸多社会质疑事件，大多数与信息公开程度不够、透明度不高有关，部分事件甚至导致"塔西佗陷阱"效应，说明干部选拔任用的信息公开工作与公众期待之间尚有较大

[①] 《中国纪检监察报》：《逾九成群众对反腐败工作成效表示满意》，《中国纪检监察报》2017 年 1 月 8 日，第 1 版。

差距。①

3. 制度的理性化与民主化不同步抑制了公共性生产

制度变迁的一般规律表明，制度的理性化通常先于民主化，但单纯的理性化可能会导致工具主义的膨胀而成为公共性发育和生长的阻碍。制度民主化则可以通过激发公众参与公共活动，保证制度理性化向着有利于多数人利益的方向发展。在公共性生产过程中，正是后者为其奠定了必要条件并决定着其可能的生产空间。干部选拔任用活动在过去若干年的改革发展中，制度理性化取得了长足进步，但与民主化相关的公众参与发展水平相对滞后，使得其一直未能走出"由少数人在少数人中选人"的传统定势。主要表现为：其一是民主参与的开放程度较低，相关参与主体中的"群众"范围仅仅局限于选拔对象所在单位的少部分人员，而不是更为广泛的社会参与；其二是民主参与的针对性不强，在民主推荐、民主测评或个别谈话等环节，参与者对推荐对象或测评对象的情况了解缺乏深度，影响了民意的真实性；其三是群众参与选拔活动的机会有限、效能不高，主要局限于民主推荐和任前考察等少数环节的浅层次参与，导致民意表达不足与民意失真问题同时存在，尤其是能够为选人用人提供高质量决策依据的参与严重不足。②

有研究者曾经针对北京市公开选拔领导干部制度的运行情况进行调查，结果亦认为群众参与度不高是其中一个较为突出的问题。在机关事业类调查对象中，分别有32.7%的公选干部、44.9%的非公选干部和59.6%的群众认为公开选拔工作的群众参与度不高；在国有企业类调查对象中，分别有28.6%的公选企业高管、50.0%的非公选企业高管、66.7%的企业中层或一般员工和52.2%的人事部门人员认为公开选拔工作的群众参与度不高。③之所以如此，其中一个重要原因是现行相关制度对于如何落实广大群众在干部选拔任用中的"四项权利"缺乏衍生制度支持，未能系统地构建便于公众参与其中的通道和平台。由于公众参与的不足，不仅增加了干部选拔

---

① 廖志豪、母天学：《论党政领导干部选拔任用的公共性及其实现》，《行政论坛》2017年第6期，第121～127页。
② 廖志豪、母天学：《论党政领导干部选拔任用的公共性及其实现》，《行政论坛》2017年第6期，第121～127页。
③ 王鹏：《中国党政领导干部选拔任用制度变迁研究》，博士学位论文，中共中央党校，2011，第118～119页。

任用活动中用人失察失误现象发生的概率，同时亦影响了"群众公认"这一原则的有效实现。

4. 公共精神短缺的文化传统影响公共性生产的品质

所谓公共精神，是指公众在超越狭隘个人或小团体利益的基础上，以公共性作为价值皈依，关注更高层次共同体的公共利益，并为增进这种公共利益而积极努力的一种态度和行为取向。衡量一个国家民主化发展程度的重要标准在于其公民政治参与水平的高低，而公共精神正是有效扩大政治参与的一种精神动力。中国传统政治文化中虽然含有悠久的民本思想渊源，但由于社会组织结构中"差序格局"①的客观存在，同时亦使其缺少形成公共精神的内在根据，由此限制了公共精神的培育。虽然在现代文明的浸润之下，中国社会组织结构如今已经发生了深刻变化，市民社会的发育正在显露雏形，但缺少公共精神的传统政治文化的影响并未完全消除，且在很多时候仍然在发挥作用。

在干部选拔任用活动中，公共精神的短缺有多种不同表征。譬如，一些参与者虽然对行使民主权利有一定愿望和要求，但对其重要性缺乏足够认识或民主权利行使能力较弱，使得民主参与难以达至理想效果；一些参与者缺乏主体意识，在民主参与过程中缺乏热情，认为个人意愿难以影响大局，甚至抱有"事不关己，高高挂起"的心态；一些参与者在民主参与过程中存在某种矛盾心理，既想表达自己的真实观点和态度，又担心所反映的负面信息会传递到当事人耳中而可能对自己造成不利影响，在矛盾纠葛中最终选择"自卫型静默"；还有一些参与者在民主参与过程中怀有从众心理，习惯于凭借个人经验对其他人的态度进行猜测得出趋同性观点，并在潜移默化中调整自己，导致群体性失语而产生"沉默螺旋效应"。又如，由于参与民主推荐或民主测评的人员局限在狭窄范围之内，其中大多数人与考察对象有着直接或间接的利害关系，出于个人利益或部门利益的考虑，一些人趁此机会投出"利益票"或"感情票"。凡此种种的形式主义民主参与，不仅造成"以票取人"的弊端，对于公共性的生产而言，亦难以真正起到保障其生产品质的效用。②

---

① 费孝通：《乡土中国》，载《费孝通文集》（第五卷），群言出版社，1999，第332～339页。

② 廖志豪、母天学：《论党政领导干部选拔任用的公共性及其实现》，《行政论坛》2017年第6期，第121～127页。

（四）干部选拔任用活动公共性的回归与生产

要实现干部选拔任用活动公共性的本位回归，必须消除导致其公共性消解和流失的负性影响因子，并积极改善影响其公共性生产的系统外环境和系统内要素。

1. 重构选人用人的政治生态以阻抑公共权力的异化

基于公共权力需要接受监督和制约的普遍共识，人们提出了"以权力制约权力""以权利监督权力""以法律规制权力""以道德驯化权力"①等权力监督制约模式构想并将这些模式付诸实践。但无论何种监督制约模式，欲达到理想效果都必须以良好的政治生态作为其环境条件。这是因为良好的政治生态可以为公共权力运行提供一个动态链接和平衡协调的生态回路，从而有利于抑制权力的异化并成为公共性涵养的沃土。针对干部选拔任用活动中所透射出来的一些不良政治生态，其治理和重构需要把握以下要点。

第一，将突出抓住"关键少数"作为政治生态重构的逻辑出发点。政治生态重构是以斩断公共权力寻租的利益链条为基本切入口，而各级领导干部尤其是党委领导班子成员掌握着干部选拔任用的决策权，其自身的政治品格、清正廉洁、秉公用权等方面的状况对于政治生态具有决定性影响。只有这些"关键少数"严格遵循"坚守正道、弘扬正气；襟怀坦白、光明磊落；坚持原则、恪守规矩；严肃纲纪、疾恶如仇；艰苦奋斗、清正廉洁"②的原则要求，保持权力使用的公共理性，才能真正发挥自身在党风政风建设中的示范引领作用，为净化干部选拔任用活动的政治生态奠定最坚实的基础。

第二，将坚持正确的选人用人导向作为政治生态重构的中心环节。"用一贤人则群贤毕至，见贤思齐就蔚然成风。选什么人就是风向标，就有什么样的干部作风，乃至就有什么样的党风。"③坚持正确的选人用人导

---

① 陈鹏：《重构政治生态：权力制约监督的一种新视角》，《江苏行政学院学报》2016 年第 3 期，第 90~95 页。

② 习近平：《积极借鉴我国历史上优秀廉政文化 不断提高拒腐防变和抵御风险能力》，《人民日报》2013 年 4 月 21 日，第 1 版。

③ 习近平：《建设一支宏大高素质干部队伍 确保党始终成为坚强领导核心》，《中国青年报》2013 年 6 月 30 日，第 4 期。

向关键在于各级党委及其组织部门严格把握干部选拔任用的基本原则和条件，将"信念坚定、为民服务、勤政务实、敢于担当、清正廉洁"① 的好干部标准转化为操作规范，确保那些政治作风过硬、踏实为民谋利、工作实绩突出、人民群众公认的优秀干部能够进入组织视野。通过能者上、庸者下、劣者汰的竞争机制，荡涤"跑官要官""买官卖官"等歪风邪气，纯洁干部选拔任用工作中的人际关系，创造风清气正的吏治氛围。

第三，将强化权力监督和追究用权失责作为政治生态重构的重要保障。2014 年 1 月，中共中央组织部印发了《关于加强干部选拔任用工作监督的意见》。2016 年 10 月，中国共产党第十八届中央委员会第六次全体会议明确提出"党内不允许有不受制约的权力，也不允许有不受监督的特殊党员"的论断，并颁布《中国共产党党内监督条例》。这表明，为解决包括选人用人权力在内的公共权力在运行过程中的失范而造成的公共性流失问题，强化权力监督已成为政治生态治理的一项重要工作。而要将此项工作落到实处，不仅需要从体制和制度上使公共权力运行过程处于制度的笼子之内，同时亦需要将党内监督与人大的法律监督、政协的民主监督以及社会公众的舆论监督有机结合以形成合力，通过多向度的压力传递机制使各级领导干部始终保持权力清醒和权力自觉。②

第四，将建设先进的政治文化作为政治生态重构的场域。政治文化是政治生活的灵魂，对于政治生态的形成具有潜移默化的影响。中国共产党在长期的革命和建设过程中形成了一系列独具特色的先进政治文化，如对马克思主义的坚定信仰和对共产主义理想的坚定追求，对党的章程、宗旨、制度、准则和各项规定的遵从不懈，对优良政治作风、思想作风、工作作风和生活作风的继承发扬，等等。只有将这些优秀的政治文化作为选人用人政治生态重构的基础并赓续相传，才能保持干部队伍的先进性和纯洁性，使广大领导干部不忘中国共产党人一心为公之初心。

2. 健全信息披露机制以奠定公共性生产的基础

针对由信息公开不足和透明度不高而导致的选人用人公信度受损和制约公众监督实效等公共性生产障碍，应积极探索建立系统化的信息披露机

---

① 习近平：《建设一支宏大高素质干部队伍 确保党始终成为坚强领导核心》，《人民日报》2013 年 6 月 30 日，第 1 版。

② 廖志豪、母天学：《论党政领导干部选拔任用的公共性及其实现》，《行政论坛》2017 年第 6 期，第 121～127 页。

制，从静态和动态两个维度着手扩大信息公开力度，真正使干部工作完全置于阳光之下而彻底摆脱"暗箱操作"之诟病，为公众参与和社会监督提供必要的信息条件。这方面的工作着力点在于：一是以干部选拔任用实践中群众反映较为强烈的关键环节和关键内容作为推进信息公开的突破口，进一步在制度上明确信息公开的环节、程序、范围、内容、方式等；二是创新干部工作信息公开手段，建立开放性、互动式的信息平台，并将建立完整的信息流通回路作为其中的重要内容；三是引入干部工作信息公开责任追究制度和社会评议制度，对那些在信息公开过程中由发布失实信息或者应该公开的信息而未进行公开等引发社会质疑的，视情况追究有关责任人的工作责任，以此促进干部选拔任用工作信息公开的完整性与真实性。

3. 疏浚民主参与通道以释放公共性生产的空间

公共性的生产着重于参与机制和公众基于该机制参与公共活动的过程，唯当"公意"是在这种参与中得以达成时才具有公共性。[①] 因而，为保证"群众公认"原则的充分实现，必须疏浚党政领导干部选拔任用工作中民主参与的通道以便为公共性生产释放空间。基于目前在民主参与方面存在的问题，一方面应优化和完善民主参与的制度体系，对选拔过程中民主参与的内容、范围和方式进行科学设计和系统安排，以此来解决由制度供给不足所导致的民主参与碎片化和民意表达不足等问题；另一方面应根据不同干部选拔任用方式的特点，有针对性地进行制度设计以准确把握民主参与的重心。如对于公开选拔方式，因其公开性而成为民主参与最广泛和最透明的干部选拔任用方式，其民主参与的重心应放在组织考察环节。而对于选任制选拔任用干部中的民主参与，其重心则应放在民主推荐候选人和投票选举环节。除此之外，为了提高民主参与过程中民意表达的真实性，还应为民主参与活动创设良好的环境条件。根据不同的民主参与内容和参与形式，周密地进行参与情境设计，避免参与者由于缺乏充分的思考时间和相对独立的操作空间而影响其真实的意愿表达。

4. 培育公众公共精神以提升公共性生产的品质

政治生活领域公共性的生产与实现不仅意味着公众能够顺利地融入其中，同时亦需要参与者在参与过程中富有公共精神方能保证其生产品质。

---

① 李友梅、肖瑛：《当代中国社会建设的公共性困境及其超越》，《中国社会科学》2012 年第 4 期，第 125～139 页。

而要达到这一要求，唯有通过公共精神的培育来启蒙公众的公共理性，提高其有效参与政治生活的内在素养。改革实践表明，每一次中国社会的成功变革无不是在中国共产党的坚强领导和推动下完成的，公共精神的培育同样只有在中国共产党的领导和推动下才能得以健康生长。中国共产党的纯洁性和先进性决定了其是以追求公共利益为价值旨归的，是公共精神培育的领导核心。以此为前提，在干部选拔任用工作中，公共精神培育的逻辑路径为：一是向公众广泛而深入地宣扬干部选拔任用准则中所内含的公平、正义等价值理念，促使其树立对这些价值理念进行澄明、维护和持守所必需的价值认同、理性精神、权利与责任意识等人性品质与精神样态；二是引导公众以集体主义行动机制超越其个人利益的狭隘视界，逐步养成一种基于公共利益的立场来思考和规范政治参与活动的心理倾向与行为习惯，因为公共精神的培育既是一个社会生产和再生产的自我循环过程，同时亦是一个社会集体心理的塑造过程；三是进一步改革和完善干部选拔任用工作中公众参与的制度体系，创新公众参与的方式方法，为公共精神逐渐走向成熟提供现实的实践土壤，并在实际参与过程中不断向其输送公共精神成长的养分。

三　基于公平正义理论视角的诠释

（一）公平正义理论概要

公平正义是一个根源于人类实践的古老概念，亦是人类社会具有永恒意义的价值追求。中国古代公平正义思想不仅表现为"公""正""中""公理""公义""公法"等政治概念范畴，而且寄予在经济上的"均"与"平"的追求之中，以及体现于对表述个人德性的"直"的概念的推崇。[①]在英语中，公平正义的概念族中包括 Right（"正义"或"正当"）、Justice（"公正"或"正义"）、Impartiality（"公正"或"不偏不倚"）、Fairness（"公平"）等词，但其中的基本词是 Justice 和 Fairness。在我国的《现代汉语词典》和《简明牛津英汉词典》等语言工具书中，Fairness 和 Justice 及其对应汉语词"公平""公正""正义"等均为同义词或近义词，在人

---

① 刘白明：《近十年来中国古代公正思想研究综述》，《史学月刊》2009 年第 6 期，第 118 ~ 125 页。

们的日常话语乃至在伦理学家和政治哲学家们的相关探讨中常常不加区分地互换使用。① 围绕这些概念而进一步展开的理论探讨一般被称为公平正义思想、公平正义理论或正义理论，其思想理论生长点主要源自人们在劳动交往中对于平等权利的追求，以及对不公平社会生活秩序进行调节的需要。

与其他诸多理论的演化规律相似，公平正义理论经历了一个由早期零散思想观点的阐发到逐步系统化的漫长过程。中国从先秦时期的诸子百家到明清时代的哲人常有关于社会公正和权利公平方面的思想表达。例如，儒家不仅将公正作为一种社会理想，同时将其作为评价个人道德品质高低的重要标准。在其经典《礼记·礼运》中有如此阐述："大道之行也，天下为公，选贤与能，讲信修睦。故人不独亲其亲，不独子其子；使老有所终，壮有所用，幼有所长，矜、寡、孤、独、废疾者皆有所养……是谓大同。"② 其代表人物之一孟子亦曾提出过"老吾老以及人之老，幼吾幼以及人之幼"③ 的主张。墨家的"兼爱"、"尚贤"和"崇俭"等理念中，同样透露出公平正义的基本思想。所谓"兼爱"，即彼此等同和爱人如己之意。在墨子看来，只有人们之间相互"兼爱"，天下才不会发生以强凌弱或以贵傲贱等不公平现象。所谓"尚贤"，即在社会政治体系建构上，出身地位不能成为人们参与政治的障碍，人民应有权参与国家管理。墨子认为"官无常贵，而民无终贱"，在官员任用上应尽量做到"贤者举而尚之，不肖者抑而废之"④。所谓"崇俭"，主要是针对"富贵者奢侈，孤寡者冻馁"这样的社会贫富分化现象，将有限资源用于济世救民、富国强兵上。墨子主张，所有社会成员应该"有力相营，有道相教，有财相分"⑤，只有这样才能达到"饥者得食，寒者得衣，劳者得息，乱者得治"⑥ 的社会公平状态。

在西方古典哲学家柏拉图、亚里士多德等人关于社会生活和国家体制等方面的论述中同样涉及对公平、正义问题的阐述。柏拉图认为，"正义"不仅是个人的根本德性，亦是理想社会制度的特征。⑦ 在柏拉图看来，不

---

① 徐大建：《西方公平正义思想的演变及启示》，《上海财经大学学报》2012 年第 3 期，第 3 ~ 10 页。

② 梁启超：《孔子》，中华书局，1941，第 41 页。

③ 《孟子》卷一《梁惠王章句上》，朱熹集注，中华书局，1936，第 18 页。

④ 《墨子》，毕沅校注，上海古籍出版社，1995，第 129 页。

⑤ 《墨子》，毕沅校注，上海古籍出版社，1995，第 52 页。

⑥ 《墨子》，毕沅校注，上海古籍出版社，1995，第 23 页。

⑦ 柏拉图：《理想国》，郭斌和译，商务印书馆，1986，第 169 ~ 172 页。

同的人和不同阶级应当享有各自不同的权利和责任，所谓正义便在于不同的人和不同的阶级各自维护自己的权益，而不去侵害其他人或者其他阶级的特有权益。[①] 亚里士多德继承和发展了柏拉图的探讨，认为正义是构成理性生活的"道德德性"中可以用于调节人们之间关系的德性之一，能够同时促进他人利益和社会利益。正因为如此，正义常被人们视为德性之首，"比星辰更让人崇敬"。[②] 在亚里士多德看来，正义包含守法与平等两重含义。其中，守法属于整体性质的正义或者说是正义最普遍的表现形式，因为法的存在是为了促进城邦全体成员的利益，城邦中所有成员都应该遵守法律。而平等则属于公平的特殊表现形式，是城邦全体成员在利益分配方面应当奉行的一个原则，即每个人的付出与其所得应该对等，人们之间的各种交换在价值上应该保持对等。[③] 由此可见，亚里士多德明确地将正义纳入调节社会冲突的利益分配范畴。这些论述不仅奠定了公平正义在西方文化中的基础地位，亦为后人的相关探讨奠定了重要基础。

近现代以来，随着社会的日益分化，人们对于公平正义的内涵解读和价值判断标准趋于多元化，资产阶级启蒙思想家以及古典自由主义学派、新功利主义学派的诸多学者的论述中均涉及公平正义问题。尽管不同学者对于公平正义有不同的界定和解读，但从其关于公平正义的理论阐述中仍然可以发现一些通约之处，即"公平正义应是价值理念、规范原则以及制度的三维统一"。[④]

首先，作为价值理念的公平正义是一种关于社会价值（能够满足人们生存和发展需要的各种价值对象，包括权力、地位、机会、职位、名誉以及收入等）如何分配的社会心理倾向。由于现代社会是一个分工协作与冲突竞争并存的体系，人们对于社会价值如何分配的关注超过了以往的任何历史时期。在这种环境之下，社会价值分配公平与否不仅关涉社会生活的秩序化与社会的和谐稳定，同时亦关涉人们的个人理想与价值实现的可能空间。正是因为这种价值理念上的公平正义在社会价值分配体系中的首要性、先在性作用，其成为不同学派探讨的焦点论题。以杰里米·边沁

---

① 柏拉图：《理想国》，郭斌和译，商务印书馆，1986，第144~157页。
② 亚里士多德：《尼各马可伦理学》，廖申白译，商务印书馆，2003，第130页。
③ 亚里士多德：《尼各马可伦理学》，廖申白译，商务印书馆，2003，第128~140页。
④ 贾中海、何春龙：《社会公平正义的三维视角》，《北方论丛》2013年第2期，第151~154页。

（Jeremy Bentham）、约翰·穆勒（John S. Mill）为代表的福利经济学功利主义公平观将公平问题归结为个人权利问题，认为一切人有权得到的唯一平等是起点公平与过程公平，这种平等就其本质而言是给予人们趋于最大限度的行动自由，特别是在经济生活中拥有获取经济价值与经济成果的自由。在此基础上，保罗·萨缪尔森（Paul A. Samuelson）、约翰·希克斯（John Richard Hicks）、艾布拉姆·伯格森（Abram Bergson）等人运用社会福利函数、补偿原理等分析工具来说明政府应当保证个人的自由选择权利。与这种预设平等、自由人性的先验方法论不同，马克思主义以唯物史观为基础提出了对公平更为科学的解释，认为公平是不同实践主体在社会交往中按照双方都能接受的规则和标准来处理彼此之间的关系，它不是一个抽象的观念，而是具体的和发展变化着的历史的产物。因为就公平观念的形成而言，它"需要一定的历史条件，而这种历史条件本身又以长期的以往的历史为前提"。① 在马克思主义看来，确保"一切人，或至少是一个国家的一切公民，或一个社会的一切成员，都应当有平等的政治地位和社会地位"②，即权利公平，是实现公平的前提要件。

其次，作为规范原则的公平正义是公平正义理念在政治、经济、法律等社会生活领域中的具体体现和贯彻，对社会价值分配具有原则性指引作用。由于作为价值理念的公平正义是多元甚至歧义的，正如诺贝尔经济学奖获得者阿马蒂亚·森（Amartya Sen）所指出的那样："现实中并不存在唯一的正义原则，而存在多种正义原则的冲突。"③ 因而，要达到某种程度上的公平正义首先需要在不同价值理念之间形成一定的重叠共识，才能用以指导社会价值的分配。在这一层面，公平正义主要涉及竞争与参与机会（如就业、职业发展）和权利享有（如接受教育）的平等等内容。其中，权利平等被认为是达至公平的首要原则和优先性要求，其肯定性的要求指向维护实现和促进公民之间享有的权利和义务的真实平等，而否定性的要求则指向对特权现象的彻底批判。同时，这一原则还要求国家和政府给予人民平等的对待和关怀，平等地施用法律。竞争与参与机会平等的原则亦是公平正义的重要内容，这一原则要求建立一个具有开放性的社会体系，

---

① 《马克思恩格斯全集》（第二十六卷），人民出版社，2014，第113页。

② 《马克思恩格斯选集》（第三卷），人民出版社，1995，第444页。

③ Sen, K. Amartya, *The Idea of Justice*（Cambridge Massachusetts：Belknap Press of Harvard University Press, 2009），pp. 6 – 7.

以保证充分的社会流动性，使成长与发展机会能够在人与人之间平等地进行分享。[①] 虽然实现机会平等的具体路径长期以来都是一个富有争议的话题，但争议本身恰恰表明机会平等这一原则本身是公平理念化为现实的关键环节。

最后，作为制度的公平正义是保证社会价值分配结果公平性的根本保证。如前所述，公平正义既是一种涉及社会价值分配的价值观与价值理念，亦是一种在社会价值分配中应当遵循的指导原则。但与此同时，如果没有能够将其由理念形态转化为规范形态的制度作为有效保障，则只能算是一种空洞虚化的教条。美国学者约翰·罗尔斯（John Rolls）曾经指出："一种理论，无论其多么精致和简洁，只要它不真实，就必须加以拒绝或修正。"[②] 按照他的解释，正义之所以被视为制度第一重要的价值，缘于其对生存于其中的人们深刻而久远的影响，它不仅分配着人们在不同社会角色中的权利义务，同时更决定着人们能够获得的机会状况以及能够达至的成就状态。各种制度，无论其是社会的、政治的制度，还是经济的、法律的制度，都是人的理性从正义理念出发审慎思考并精心设计的产物。同时，人的理性还可以基于正义原则对制度的合法性进行评判，并进而决定其存废。罗尔斯认为，"当制度对人们基本权利义务的分配没有在个体之间进行刻意区分时，或者当规范能够在各种社会利益冲突的要求之间寻求出一个恰当平衡时，这些制度就可以被认为是正义的"[③]。换言之，在权利公平和机会平等的基础上，只有通过共识性的制度和规则才能在某种限度内协调人们之间的利益分配冲突，并有效减少涉及其间的人们对于利益分配公平性的质疑。正因为如此，恩格斯亦指出："平等是正义的表现，是完善的政治制度或社会制度的原则。"[④]

（二）竞争性选拔干部方式的公平正义价值意蕴

作为我国公共部门一项具体的干部人事制度，干部选拔任用制度及其具体的实施方式之一——竞争性选拔干部方式同样具有社会利益分配的性

---

① 贾中海、何春龙：《社会公平正义的三维视角》，《北方论丛》2013年第2期，第151～154页。

② 〔美〕约翰·罗尔斯：《正义论》，何怀宏等译，中国社会科学出版社，1988，第5页。

③ 〔美〕约翰·罗尔斯：《正义论》，何怀宏等译，中国社会科学出版社，1988，第5页。

④ 《马克思恩格斯全集》（第一卷），人民出版社，1995，第58～59页。

质，其间亦蕴含着公平正义的价值诉求。这种诉求至少源于以下三个方面。

其一，公共部门干部职位资源具有公共性与稀缺性并存的特征，无论采取何种方式进行配置，公平正义都应是其最基本的理念要求。我国的干部选拔任用制度是以党管干部原则为首要基础，而党的根本宗旨是全心全意为人民服务，因此，干部选拔任用制度与公共性有着天然的内在联系。这种属性理论上要求公共部门干部职位应向公众开放，从中选取符合胜任素质要求的精英人才，且在职位准入、晋升以及退出机制设计方面显现良好的竞争性、公平性和科学性。与此同时，公共部门每个行政层级的领导干部职位资源数量有限，职位资源供给较为稀缺，但由于职位升迁对于个人职业发展而言，往往被认为是获得组织认可最直接的表现，亦是最具激励性的手段，这就决定了在公共部门之内，对于较高职位资源具有较大的需求量。由此一来，如何解决这种干部职位资源供给与需求之间的矛盾，就成为干部选拔任用工作中一个无法回避的基本问题，唯有将其置于公平正义的理念之下，以公平、公开、竞争和择优作为职位资源的配置原则才能确保选拔活动的公信力。

其二，竞争性选拔干部方式的核心要义之一"竞争"要求其必须遵循公平正义的原则规范。公平竞争是市场经济的基本原则和市场机制有效运行的重要基础，只有在公平竞争的市场条件下，各类经济资源才能得到合理配置，社会经济才能高效发展。这一原则规范不仅适用于市场经济场景中经济主体之间的相互竞争，同时亦适用于其他社会合作体系中人们之间的利益争胜行为。正如罗尔斯所言："由于社会合作，人们有可能过上一种比仅靠自己努力而独自生存更好的生活。但另一方面，由于人们对于由自己参与其中协力合作而产生的较大利益如何分配并非无动于衷——基于个人需求，每个人都希望获得较大的份额，由此在分配过程中便产生了利益冲突。要调节这种冲突，需要以一系列原则来指导社会利益的分配，以在人们之间达成一种有关恰当分配份额的契约。"[1] 在竞争性选拔干部活动中，职位竞争者之间的相互竞争亦是在一个合作的社会体系中进行的，因为其根本目的是满足我国各项事业发展对于高素质干部队伍建设的需要，通过竞争方式来达到干部资源的优化

---

[1] 〔美〕约翰·罗尔斯：《正义论》，何怀宏等译，中国社会科学出版社，1988，第4页。

配置，并将其作为为包括职位竞争者在内的全体人民谋取福祉的一个重要基础。但与此同时，竞争性选拔干部方式的具体竞争过程对于所有职位竞争者个人而言，关乎其职位获得、职位升迁等一系列个人利益，由此决定了这一过程必然存在个人之间的利益冲突。要调节这些利益冲突，需要以公平正义原则来指导竞争规则的制定，明确职位竞争参与的资格（机会）条件、程序设置、甄选方法等竞争规则，并使之成为一种能够得到所有利益相关者接受的共同契约。

其三，现实的干部选拔任用制度设计充分体现其对公平正义价值理念和原则规范的推崇。实现社会的公平正义不仅是中国共产党长期以来的理想追求，亦是其执政以来不断探索的重要内容。中国共产党第十七次全国代表大会提出，"实现社会公平正义是中国共产党人的一贯主张，是发展中国特色社会主义的重大任务"[①]。这种对公平正义的理想追求和执政思想不仅体现在国家发展战略、发展目标以及社会管理政策的制定上，同时亦体现在中国共产党自身建设的各个方面。在选人用人方面，2016年10月，中国共产党第十八届中央委员会第六次全体会议审议通过的《关于新形势下党内政治生活的若干准则》（以下简称《准则》）提出，"坚持正确的选人用人导向，是严肃党内政治生活的组织保证"[②]。针对干部选拔任用工作中的不正之风，《准则》不仅强调要坚决禁止拉票贿选、买官卖官、跑官要官等不良行为，还提出要坚决纠正唯分、唯票、唯 GDP、唯年龄等取人偏向。同时要求领导干部带头执行党的干部政策，不准任人唯亲、不准封官许愿以及不准为干部提拔任用打招呼、递条子等。其出发点就在于防范和纠正干部选拔任用中"劣币驱逐良币"的逆淘汰现象，为其中一些非公平正义行为划出红线禁区，使选人用人风气更加清朗。在干部选拔任用制度所提出的一系列基本原则中，无论是"五湖四海，任人唯贤"的选拔视域、"德才兼备，以德为先"的选拔标准，还是"群众公认，注重实绩"的选拔原则以及"民主、公开、竞争、择优"[③]的选拔方针，在很大程度上都是公平正义理念和原则的制度内化。

---

① 胡锦涛：《高举中国特色社会主义伟大旗帜 为夺取全面建设小康社会新胜利而奋斗——在中国共产党第十七次全国代表大会上的报告》，《人民日报》2007年10月25日，第1版。
② 中国共产党第十八届中央委员会第六次全体会议：《关于新形势下党内政治生活的若干准则》，《人民日报》2016年11月3日，第5版。
③ 《党政领导干部选拔任用工作条例》（修订）（中发〔2014〕3号）。

（三）竞争性选拔干部实践涉及的公平正义问题

从竞争性选拔干部方式的历史与现实实践来看，容易引起公平问题争议的工作环节主要有以下几个方面。

1. 选拔面向的区域范围关系到人才资源区域配置公平

为了扩大选拔对象的来源范围，突破行政区域的限制而进行跨区域选拔是很多地方在竞争性选拔实践中呈现的一个显著特点。据本研究对全国各地 2010～2013 年竞争性选拔干部活动的观察，有多个地方在此期间进行过面向全国范围的竞争性选拔活动。这种跨区域选拔虽然在某种程度上可以增强竞争效应，提升本区域内人才选拔的质量和效果，但如果从更为宏观的层面来看，则容易在发达地区与欠发达地区公共部门之间形成一种人才"虹吸效应"，即发达地区利用自己的经济社会发展优势和良好的工作生活条件从欠发达地区吸引人才，造成欠发达地区公共部门的一些优秀人才借此契机向发达地区流动，从而进一步扩大了二者之间本已存在的人才鸿沟。这一机制虽然在整个公共部门人才资源配置中不占主导地位，但它仍然会在客观上干扰区域协调发展的战略部署，侵损欠发达地区公共部门人力资本积累的基础。

为了避免这种跨区域竞争性选拔的过度使用，2014 年修订的《党政领导干部选拔任用工作条例》对其做出了限制性规定，明确要求"一般情况下，领导职位出现空缺且本地区本部门没有合适人选的，特别是需要补充紧缺专业人才的，可以进行公开选拔"，"公开选拔县处级以下领导干部，一般不跨省（自治区、直辖市）进行"。[①] 这一限定条件不仅有利于保证干部选拔活动的基本秩序，同时亦在一定程度上维护了不同区域间公共部门人力资源配置环境的公平性。

2. 选拔职位竞争参与资格条件设置关系到机会公平

作为竞争性选拔干部方式的初始关口，选拔职位资格条件设置科学合理与否对选拔工作的公平性以及选拔质量都具有重要影响。实践中常见的问题有：一些地方和部门因为片面地追求干部队伍的年轻化，在竞争性选拔的年龄条件设置上采取"一刀切"的方式，甚至将年轻化变异为"青年化""低龄化"，导致那些长期在基层工作且具有丰富工作经验的"大龄"

---

① 《党政领导干部选拔任用工作条例》（修订）（中发〔2014〕3 号）。

干部在选拔活动中处于被边缘化的境况；一些地方和部门过于注重学历因素，片面拔高选拔的学历资格条件，甚至为了吸引高学历人员报名参与竞争而放低对报名者工作年限上的资格要求，使得一些学历条件不突出但具有真才实学的干部被排除在报名资格条件之外；一些地方和部门在设定选拔对象的来源范围时，将视野过于集中在本区域或本部门之外的人才，无形中忽视了对本区域或本部门之内人才的发掘，使其丧失了与组织外人才同等竞争的机会。此外，很多地方和部门在竞争性选拔活动中忽视了对报考者的报考频次或报考时间间隔的条件限制，使得一些整日忙于备考、连续参加竞争性选拔而不安心于本职工作的"考试专业户"能够得到高于他人的竞争获胜机会。还有少数地方或部门根据内定人选情况来设置报名资格条件，不仅在选拔活动的端口就将其他一些能够胜任职位需求的优秀人才排除在外，亦使整个竞争性选拔过程流于形式。

为了规范竞争性选拔干部工作资格条件的设置，2014 年修订的《党政领导干部选拔任用工作条例》在"公开选拔与竞争上岗"一章中对选拔的基本资格条件进行了专门说明，规定"公开选拔、竞争上岗方案设置的条件和资格，应当符合本条例第七条和第八条的规定，不得因人设置资格条件"①。条例第七条和第八条主要是对党政领导干部选拔任用基本条件和基本资格的一般性规定，在这些基本条件和基本资格之外，由于实践中对选拔职位的职位分析和素质框架研究的缺位，相关单位所给出的关于职位胜任资格条件的要求往往比较模糊和笼统，在具体选拔过程中如果缺乏对公平正义理念的执守，就可能会损及机会公平。

3. 程序设计的公正程度关系到实体公正目标的实现程度

从程序公正与结果公正的关系来看，二者之间是辩证统一的。程序公正是实现结果公正的前提和必备要件，而结果公正是程序公正的终极价值目标。因此，干部选拔任用工作必须同时关注程序公正与结果公正两个方面，避免出现因追求纯粹的程序公正而发生与结果公正背离的现象。所谓纯粹的程序公正，即意图从公正的立场出发，以程序为中心但又不是将其作为实现实体公正目的的工具手段，而是将程序本身作为一种目的来认识和把握。在竞争性选拔干部活动中，如果仅仅追求纯粹的程序公正，而不是在其之前全面考量选拔职位究竟需要什么样的任职资格职业能力、如何

---

① 《党政领导干部选拔任用工作条例》（修订）（中发〔2014〕3 号）。

才能准确识别报考者是否具备这些能力等前提性因素，在选拔程序完成之后又不去充分审视所选之人是不是真正符合德才兼备、以德为先的干部标准，那么这样的程序公正就不一定能够保证选拔结果的公正性，甚至无形中被一些投机者操控利用。近年来一些干部选拔任用的舆情事件中，绝大部分事件具有纯粹的程序公正的特征，但选拔结果因广受社会质疑而丧失公信力，说明其并未达到公平正义的价值目标。

(四) 提升竞争性选拔干部方式公平公正水平的逻辑进路

从竞争性选拔干部方式既往的实践来看，对公平性的考量主要集中于程序公正方面，缺乏对与程序相关的前置和后置要素的系统关注，从而增加了程序公正与结果公正背离的可能性。为了形成一个有利于提升竞争性选拔干部方式公正性水平的完整逻辑进路，需要着重把握以下几个相互联系的关键点。①

第一，程序公正的前置：将合理设定选拔面向范围和选用标准及条件作为程序公正的前置要件。因为要保证程序公正最终能够走向结果公正，其重要前提是在设定竞争性选拔干部活动的面向范围、选拔标准和资格条件时符合实质正义原则。只有在此基础上，竞争性选拔干部活动的实施过程才有可能实现实质性的程序公正，进而达到结果公正。基于此，在竞争性选拔干部活动中，除了应在选拔面向范围上避免跨地区选拔的滥用之外，选拔标准和资格条件的设定应注意通过职位分析使选拔职位的素质要求尽量明晰化，并针对不同的素质要求准备具有较高信度保证的测评工具和方法。同时，应突出对报考者工作能力和工作实绩的要求，这样既可有效减少"唯分取人"等不公平现象，亦是对"不让老实人吃亏"这一干部选拔任用精神的切实践行，有利于达到公平正义的选拔结果。

第二，程序公正的适用：厘清不同干部选拔任用方式的合理边界。按照《公务员法》相关规定，我国的干部选拔任用包括考任制、委任制、选任制、聘任制等几种方式，不同方式的主体施用范围及施行程序具有一定差别。因而选人用人工作的程序公正必须具体到不同选拔任用方式的理论建构、原则要求和运行场景之中。中国共产党第十八届中央委员会第三次

---

① 张书林：《干部选拔任用中的程序公正探析》，《中国浦东干部学院学报》2014 年第 4 期，第 64~69 页。

全体会议指出，要"区分实施委任制和选任制干部选拔方式，坚决纠正唯分取人、唯票取人等现象，真正把信念坚定、为民服务、勤政务实、敢于担当、清正廉洁的好干部选拔出来"。① 这一要求在很大程度上提醒人们，竞争性选拔干部方式的程序设计首先应该以其归属关系为逻辑出发点，而不能一味为了强调竞争性而混淆不同干部选拔任用方式之间的程序界限，只有这样才能真正为程序公正奠定基础。

第三，程序公正的后置：实现程序公正与结果公正的对接。在竞争性选拔干部活动中，选拔程序公正与选拔结果公正之间是一种前置设计和后置预期的关系，除非在选拔过程中受到一些非组织因素的过分干扰，选拔程序总体而言是以追求公正的选拔结果为目标导向的。基于二者之间的这种关系，如何实现它们之间的有效衔接是选拔过程中需要妥善处理的一个重要问题。其中的关键在于以下三点。其一是必须统筹考量程序公正和结果公正这两个公正目标之间的契合点，在进行相关程序设计时，坚持以程序公正为出发点，以结果公正为落脚点，将程序公正与选贤任能的价值归宿有机统一起来。其二是以程序公正来规制结果公正。例如，通过在选拔程序中设定"工作实绩"这项评价内容，客观上也就表明应该将那些业绩平平者排除在最终的选拔结果之外，这样的选拔结果才符合公正要求。其三是以程序公正救济或矫正结果公正，即如果选拔结果显失公正，违反德才兼备、选贤任能标准或者群众公认程度差，就必须启动某种程序来对之进行救济。因此，在选拔程序的设计中，应预先考虑这种可能出现的"意外"对结果公正造成的干扰，并提前谋划如何进行救济程序的有效介入。

---

① 中国共产党第十八届中央委员会第三次全体会议：《中共中央关于全面深化改革若干重大问题的决定》，《人民日报》2013年11月16日，第1版。

| 第五章 |

外部比较：发达国家的公务员选拔及借鉴

一 公务员的价值观和素质框架

（一）公务员的价值观与行为准则

1. 加拿大公务员的价值观和行为准则

加拿大政府于 2011 年 12 月公布了主要适用于公务员的修订版《公共部门的价值观和行为准则》。该准则确定了公共部门及公务员五个维度的价值观，即尊重民主、尊重他人、保持廉正、管理职责、表现卓越，每一维度规定若干行为准则（见表 5-1）。这些价值观和行为准则纳入公务员管理的决策、行动、政策、流程及制度中，公务员须依照这些价值观和行为准则来规范自身行为和执行公务。

表 5-1 加拿大联邦公务员的价值观和行为准则

价值维度	行为准则
尊重民主	——尊重法治，并根据立法、政策和法令以非党派和政治中立方式来履行职责 ——忠实地履行上级的合法决定并且支持部长向议会和加拿大负责 ——向决策者提供信息、分析和建议，始终营造开放、坦诚和公正的环境
尊重他人	——尊重和公平地对待每个人 ——重视多样性以及由多样化劳动力带来的特质与优势相结合的益处 ——帮助创造和维系安全和健康的工作场所，不受骚扰和歧视 ——以开放、诚实和透明的方式工作，鼓励参与、合作和相互尊重的沟通
保持廉正	——无论何时都应正直行事，公务行为应符合公众的期望，若只在法律范围内行事，公众对其责任和义务可能不会完全满意 ——不允许不恰当地使用公务员的官方角色为自己或他人谋利

续表

价值维度	行为准则
保持廉正	——采取一切可能的措施来防止和解决因公务员官方责任和有利于公共利益的私事间产生的任何真实、明显或潜在的利益冲突 ——以维系所属机构对自身信任的方式行事
管理职责	——有效使用公款、公共财产和公共资源 ——考虑公务行为对人类和环境的当前及长远的影响 ——适当地获取、保留和分享信息
表现卓越	——公平、及时、高效地提供服务，尊重加拿大的官方语言 ——不断提高政策、方案和服务的质量 ——营造良好的工作环境，促进团队合作、学习、创新

资料来源：Government of Canada, Values and Ethics Code for the Public Sector, Statement of Values, 2011，http://www.tbs–sct.gc.ca/pol/doc–eng.aspx? id=25049#cha5。

2. 英国公务员的价值观与行为准则

英国的《2010 年宪法改革与治理法案》进一步明确了公务员的四大价值观及其行为准则。一是正直价值观，要求公务员的公共服务行为置于个人利益之上；二是诚实价值观，要求公务员是可信赖和无私的；三是客观价值观，要求公务员的建议和决定基于对事实的严谨判断；四是公正价值观，要求公务员依据事情的客观情况行动并能平等地为不同政治信念的政府服务。[①] 英国政府的《公务员守则指导》，对基于四大价值观的"应该行为"和"不应该作为"做出了相应规定（见表 5 - 2）。

表 5 - 2　英国公务员的价值观和行为准则

价值观	应该行为	不应该行为
正直	——始终以敬业的态度对待工作，不泄露工作机密 ——恰当、有效地使用公共资金和资源 ——尽己所能，公平、高效、迅速、敏捷地对待公众和处理公共事务 ——依据法律，尽可能公开处理信息；遵守法律，维护行政的正义	——滥用职权，比如运用职务之便获取信息为个人或其他人谋取私利 ——接受来自被视为可能损害个人判断或公正的礼物、款待或者其他好处 ——未经授权泄露官方信息，这一条款在离开公务员队伍后仍然适用

[①]　Civil Service, Statutory Guidance, The Civil Service Code, Updated 16 March 2015, https://www.gov.uk/government/publications/civil–service–code/the–civil–service–code#civil–service–values.

续表

价值观	应该行为	不应该行为
诚实	——如实阐明事实和问题并努力改正错误 ——基于公共利益的目的使用资源	——欺骗或故意误导部长、议会或其他主体 ——不受来自他人的不正当压力干扰
客观	——基于事实提供信息、建议，包括向部长的建议，准确提供选择方案和事实 ——依据客观情况做决定 ——认真考虑专家的建议	——提供建议或做决策时，忽视相关事实或有关的考虑 ——通过降低标准、逃避执行政策的行动等方式阻挠政策的实施
公正	——不受个人政治信仰、政府政治信念的影响，尽己所能地为政府服务，保持政治中立 ——尊重和维护部长的机密，同时确保与你将要服务的政府建立同样的关系 ——严格遵守对政治行为的限制	——以政党的政治考虑来做决定，或将官方资源用于政党政治的目的 ——个人的政治观点影响你所提的建议和你的行动

资料来源：Civil Service, Statutory Guidance, The Civil Service Code, 2015, https://www.gov.uk/government/publications/civil - service - code/the - civil - service - code。

3. 澳大利亚公务员的价值观与行为准则

澳大利亚政府 1999 年的《公务员法案》中曾提出公务员的 15 项价值观和 12 项行为准则。[①] 2013 年制定的《澳大利亚公务员价值观和行为准则》，将公务员的价值观和行为准则调整为 5 项价值观和 13 项行为准则（见表 5-3）。这些价值观和行为准则要求是公务员履行公职的期望表现和行为标准，它们体现于公务员选拔任用、培训、绩效管理等环节。

表 5-3　澳大利亚公务员的价值观和行为准则

5 项价值观	13 项行为准则
——公正：公务员非政治化，以坦率、诚实、及时的态度以及根据可获得的最佳证据向政府提供建议 ——服务：专业、客观、创新和高效的服务 ——责任：在法律和部长责任框架内承担责任 ——尊重：尊重所有人的权利和财产 ——伦理：表现出值得信任，并且行为正直	——在被雇用期间行为应当诚实和正直 ——在被雇用期间行为应当谨慎和勤奋 ——在被雇用期间对他人都应当尊重、有礼貌、不干扰他人 ——在被雇用期间行为应当遵守澳大利亚所有适用的法律 ——执行所在机构中上级领导下达的任何符合法律要求的公正的指示 ——从部长到工作人员都应保守本部门秘密

---

① 吴志华：《当今国外公务员制度》，上海交通大学出版社，2008，第 167~169 页。

续表

5 项价值观	13 项行为准则
	——应当采取合理措施避免涉及公务员任用现状或可能发生的利益冲突
	——合理使用国家资源
	——不能对其他政府机构提供错误或使人产生误解的用于公共目的的资料
	——不能滥用内部信息、职权和权威，为其他人谋取利益，以及对机构、政府或其他人造成或可能造成损害
	——任何时候都应当维护公务员的价值观、正直的品行以及良好的声誉
	——在海外执行公务的时候应当维护澳大利亚国家的声誉
	——遵守本条例规定的其他行为要求

资料来源：Australian Government，Australian Public Service Commission，APS Values，2018，https：//www.apsc.gov.au/aps-values-1；Australian Government，Australian Public Service Commission，Code of Conduct，2018，https：//www.apsc.gov.au/code-conduct。

4. 新西兰公务员的核心价值观与行为准则

新西兰国家公务员委员会曾于 2007 年发布了一份名为《理解行为准则：公务员指南》的文件（2010 年对该文件进行了修订）。该文件确定了 4 项公务员价值观以及 18 种行为准则（见表 5-4）。另外，作为新西兰政府最重要的三个政府机构之一的国家公务员委员会，其主要职责包括负责建立公务员的价值观、伦理观等行为要求。该机构在 2016 年颁布的《积极的工作行为指导》框架性文件中，又将公务员在履行公职及公共服务所应具有的核心价值观定义为五个方面，并列举出约 40 种积极工作行为（见表 5-5）。新西兰政府各部门可根据这些核心价值观及行为准则自行制定出适合本部门的价值观和行为准则。

表 5-4　新西兰公务员的价值观和 18 个"必须"

价值观	"必须"行为准则
公平	——必须以公平和尊重的方式对待每一个人
	——必须以专业的能力对公众给予回应
	——必须努力使政府服务具有可获取性和有效性
	——必须努力为新西兰及其公民的福祉有所作为
公正	——必须保持政治中立，为现在和未来的政府效力
	——必须在履行公职中不因个人的信仰而产生歧视
	——必须支持我们的组织并为其提供强有力的和客观的建议

续表

价值观	"必须"行为准则
公正	——必须维护政府的权威
负责任	——必须客观地依法行事 ——必须依照组织的预期目标周密地使用组织资源 ——必须注意公务信息只能用于正当用途 ——必须努力提高我们组织的性能和效率
值得信赖	——必须诚实 ——必须尽自己最大所能 ——必须确保自己的行为不受到个人的利益或关系的影响 ——绝不能滥用职权谋求私利 ——必须拒绝任何形式的赠品或利益 ——必须回避任何有可能会危害组织或政府部门声誉的活动

资料来源：State Services Commission，We Lead the Public Sector in the Service of Our Nation，Understanding the Code of Conduct – Guidance for State Servants，2016，http://www.ssc.govt.nz/upload/downloadable_files/Understanding – the – Code – of – Conduct – April2010. pdf。

表 5 – 5　新西兰公务员核心价值观和行为准则

核心价值观	积极工作行为
服务精神和客户导向：热爱自己的工作，并以专业能力为民众服务	——通过你的工作方式来建立信任 ——行为公正 ——基于政府立场保持政治中立 ——在利益冲突中秉持工作责任
注重团队合作和协同，不同部门同事之间相互支持、相互交流和分享知识	——支持他人 ——虚心倾听 ——认同共同利益 ——不断磨炼沟通技巧 ——找到与他人建设性合作的工作方式 ——分享信息 ——建立关系和网络 ——支持领导和同事的工作
通过对人力资本投资，使得公务员更好适应变化和未来的挑战	——重视自身及做出的贡献 ——努力与他人联系，比如打电话或拜访他人 ——主动增加自身的技能和知识 ——抓住机会去教导他人，同时向他人学习 ——重视其他人的技能、知识和贡献 ——适应不同工作方式从而实现结果 ——支持和授权他人
坚守职责和责任，不仅付诸工作行动，而且应为建设一种健康和积极的行政文化做出贡献	——坦诚承认不良行为，及时纠正错误 ——工作始终高标准 ——需要时寻求帮助

续表

核心价值观	积极工作行为
	——关心自身的健康和幸福
	——保持工作与生活的平衡
	——保持自己的能量和自律
	——熟悉机构的政策和行为的期望
	——提高自身的责任意识
	——定期自我审查以确定如何可以做得更好
	——积极构建自身的技能和知识
重视对所有人的公平和尊重：差异性和多样性被视为公共服务的重要原则	——与他人以诚相待
	——遵循合理的说明
	——适当地、尊重地、体贴地行事
	——提供充分和有用的信息
	——愿意接受他人的看法
	——始终意识到"没有惊喜的需要"
	——考虑别人的观点和利益
	——做决定时要实事求是

资料来源：State Services Commission, We Lead the Public Sector in the Service of Our Nation, Positive Workplace Behaviours Guidance, 2016, http://www. ssc. govt. nz/sites/all/files/positive - workplace - behaviours - april2016. pdf。

(二) 公务员的素质框架

素质（Competency）是一个被心理学、教育学、哲学以及人力资源管理等多学科使用的概念，不同学科对素质的解释和界定不完全一样。即便在人力资源管理理论研究和实践中对素质亦有不同解说。国内许多专家和学者常常将素质等同于能力概念，进而有能力模型说法。实际上，人力资源管理中所指的素质是一个特定的概念，参照国外对素质的相关阐释，其含义可以解释为由先天因素和后天学习所形成并与工作绩效相关的人的知识、能力、特质等要素的总称。由此，将素质等同于能力，在逻辑上是不准确的，在管理实践中亦容易产生误解。因为人力资源管理中的素质和能力（Ability）是两个不同的概念，素质包括能力，但同时还包含知识和特质（Traits）等其他内容。近些年来，素质模型理论不仅在企业界尤其是著名大公司得到越来越多的应用，许多发达国家也应用素质模型理论制定出公务员和高级公务员的素质框架。

1. 美国公务员的素质框架

2012 年美国联邦政府公务员管理机构"人事管理总署"颁布了高级公

务员的素质框架，该素质框架包括5项核心资格以及22项具体能力（见表5-6）。美国公务员素质建设的指导思想弥漫着"功绩制"的味道，充分地体现了以能力和业绩为取向，把创造力与革新力列示为首要的具体能力，鼓励新的想法和创新理念。

表5-6 美国公务员的素质框架

核心资格	具体能力
引领变革：在组织内外带来战略性变化，实现组织目标的能力。须具备的资质为：确立组织愿景并在不断变动的环境中执行这一愿景	——创造与创新：对形势发展的新见解；质疑传统的方法；鼓励新的想法和创新；设计和实施新的或前沿的方案/流程 ——外部认知：了解并持续关注对影响组织的地方、国家和国际政策及趋势的最新信息并形成利益相关者的观点；了解外部环境对组织的影响 ——灵活性：对变化和新信息持有开放的心态；快速适应新信息、不断变化的条件或意想不到的障碍 ——顺应力：有效地处理压力；在逆境中保持乐观和坚持不懈的精神 ——战略思维：制定目标和优先事项，并执行与全球环境中组织的长期利益相一致的计划；利用机会，管理风险 ——愿景构建：采取长远的观点，与他人建立共同愿景；作为组织变革的催化剂；激励他人把愿景转变为实际行动
卓越管理：战略性地管理人力、财务和信息资源的能力	——财务管理：了解组织的财务流程；准备和管理项目预算；监督采购和承包，以达到预期的效果；监控支出并使用成本效益思维来确定优先事项 ——人力资本管理：基于组织目标、预算和考虑和人员需求，有效地选拔、评估和激励下属人员；采取行动解决绩效问题 ——技术管理：追踪新技术发展；有效利用技术实现成果；确保技术系统的访问和安全
领导力：领导成员去实现组织愿景、使命和目标的能力。须具备的资质为：提供一个包容的工作场所，以激励他人的发展，促进合作和团队工作，鼓励建设性的冲突解决方案	——冲突管理：鼓励创造性张力及不同意见的交流；预先考虑并采取措施防止反生产对抗；以建设性方式管理和解决冲突和分歧 ——促进多样：建立一个包容性的工作场所，在这里多样性和个体差异得到重视和利用，以实现组织的愿景和使命 ——服务动机：通过提供持续的反馈和提供通过正式和非正式方法学习的机会，开发其他人执行和为组织做出贡献的能力 ——团队建设：激励和培养团队的承诺、精神、自豪感和信任；促进合作，激励团队成员完成团队目标
结果驱动：实现组织目标和公众期望的能力。须具备的资质为：通过运用技术知识、分析问题和	——责任心：使自己和他人对高质量、及时和有效的结果负责任；确定目标，设定优先权，并对工作予以授权；能够为错误担责；遵守既定的控制体系和规章制度 ——客户服务：预测并满足内部和外部客户的需求；提供优质

续表

核心资格	具体能力
计算风险来进行决策并产生高质量的结果	的产品和服务；致力于持续改进 ——果断：即使在数据有限或解决方案可能产生不愉快后果时，也能做出明智、有效和及时的决策；感知决策所带来的影响 ——创新：通过识别新的机会为组织的成功进行定位；通过开发或改进服务、评估风险来完成组织目标 ——解决问题：识别和分析问题；权衡信息的相关性和准确性；生成和评估替代方案；提出建议 ——技术信誉：理解并适当应用与专业知识相关的原则、程序、要求、规章和政策
合作与沟通：在内部、其他联邦机构、州政府和地方政府、非营利和私人组织、外国政府和国际组织之间建立合作，以成就共同的目标	——伙伴关系：发展网络并建立联盟；跨边界合作以建立战略关系和达成共同目标 ——政治悟性：识别影响组织工作的内部和外部政治；感知组织和政治现实并采取相应行动 ——影响/谈判：说服别人；通过给予和接受来建立共识；通过与他人合作来获得信息和达成目标

资料来源：OPM. GOV，Senior Executive Service，Executive Core Qualifications，2012，https://www. opm. gov/policy – data – oversight/senior – executive – service/executive – core – qualifications/。

2. 加拿大公务员的关键领导素质框架

加拿大政府于 2015 年为高级公务员制定了新的关键领导素质框架，它界定了加拿大高级公务员的行为。它们在创造和维持一个现代化、相互联系和高绩效的公共服务方面发挥着关键作用，而这些服务本身也是道德的、专业的和无党派的。新的关键领导素质框架是选拔、学习和发展、评价高级公务员的重要基础。新的关键领导素质框架由 6 项素质构成：创造愿景和战略、激励人员、维护正直和尊重、与伙伴和利益相关者合作、促进创新并引导变革、取得成果。加拿大政府还就这 6 项关键领导素质要素进行释义，同时对 6 个层级公务员详尽列举出各自的有效行为，并将政府机构中所有角色的通用无效行为也进行示例。[①]

以"创造愿景和战略"这一关键领导素质要素为例，加拿大政府对此关键领导素质要素的解释是："领导者定义未来并规划发展。善于理解和

[①] Government of Canada，Key Leadership Competency Profile and Examples of Effective and Ineffective Behaviors，2016，https://www. canada. ca/en/treasury – board – secretariat/services/professional – development/key – leadership – competency – profile/examples – effective – ineffective – behaviors. html.

交流，关注经济、社会和政治环境变化。思维敏捷，利用他们深厚而广博的知识，汇集不同的想法与观点，围绕愿景达成共识。领导人要权衡组织和政府范围内的优先事项，改善本国与公民的现状。"[1] 在对关键领导素质要素做出说明之后，加拿大政府官网分别对 6 个层级（副部长、助理副部长、司长、主任、管理者、主管）高级公务员关键领导素质要素的具体有效行为以及通用的无效行为——进行列示（见表 5 - 7）。

表 5 - 7　加拿大高级公务员关键领导素质的有效行为与无效行为

公务员层级	有效行为	无效行为
副部长	——从复杂、模糊和快速变化的环境中提炼出关键问题 ——考虑经济、社会和政治环境对部门优先权的影响 ——与他人合作以形成一个有共识且适应变化的愿景 ——对部门内部和外部环境有透彻的理解 ——为改善本国和公民现状而制定前瞻性目标和长期时间表	——在制定战略和计划时没有考虑资源约束 ——允许日常问题阻碍重要的长期规划
助理副部长	——提出新的问题，并对环节进行彻底理解后提供建议 ——与他人合作来制定清晰、简明、可行的实施策略 ——为部门愿景和战略的发展贡献专业知识和洞察力 ——建立并传达与部门的愿景和目标相一致的组织优先权 ——承诺实施改善本国和人民生活水平的战略	
司长	——诠释情境并确定环境中关键问题的含义 ——与他人合作确保对执行目标的承诺 ——为组织优先发展战略提供专业知识和洞察力 ——清晰地传达愿景和优先事项 ——建立策略以应对改善本国及公民现状的组织优先权	
主任	——这是一个关于主任和管理者角色中有效行为与关键领导能力（KLCS）的例子。在关键领导能力示范方面，并没有对监督者和管理者的政策要求。员工和有抱负的管理者可能希望将关键领导能力作为一种工具来识别其学习和发展需求，并获悉其职业规划。管理者/主管的上司可以选择使用关键领导能力和他们的行为示例对人员配置、绩效管理和人才管理方面进行干预。管理人员可根据实际情况添加、删除或调整示例	
管理者	——深入分析环境 ——将战略实施、目标和方向转化为具体行动 ——为组织战略的发展和实施贡献专业知识和洞察力	

---

[1]　Government of Canada, Key Leadership Competency Profile and Examples of Effective and Ineffective Behaviors, 2016, https://www.canada.ca/en/treasury - board - secretariat/services/professional - development/key - leadership - competency - profile/examples - effective - ineffective - behaviors.html.

续表

公务员层级	有效行为	无效行为
管理者	——明晰信念 ——对方针和组织优先权的变化做出反应 ——设计并实施解决方案回应操作层面的挑战	——忽略可能妨碍实现愿景的关键方面的问题和信息
主管	——深入分析环境 ——与他人合作实施具体的工作活动 ——通过协调员工工作，促进组织战略和目标的制定和实施 ——明晰信念 ——找出可能影响优先级的问题、影响和活动 ——履行应对优先级变化的解决方案	

资料来源：Government of Canada, Key Leadership Competency Profile and Examples of Effective and Ineffective Behaviors, 2016, https://www.canada.ca/en/treasury – board – secretariat/services/professional – development/key – leadership – competency – profile/examples – effective – ineffective – behaviors. html。

3. 英国公务员的素质框架

英国公务员素质框架设定 10 种要素。10 种要素可以归纳为三类①：第一类是设定方向，包括大局意识、变革与改善、做出有效决策；第二类是吸引人员，包括领导与沟通、合作与伙伴关系、构建能力；第三类是成果导向，包括达成业务成果、呈现物有所值、优质服务、关注绩效。每一项能力都附有一段实践意义的描述，以及所有层级的有效和无效行为的一些例子。英国公务员素质框架所设定的 10 种素质要素主要用于英国公务员的选拔任用、绩效管理和培训开发，以及公务员如何开展有效工作的行为规范。英国公务员素质框架见表 5 – 8。

表 5 – 8　英国公务员素质框架

素质要素	描述性释义
大局意识	公务员要有大局意识，深入了解自身角色如何与组织目标以及更广泛的公共需求和国家利益相适应，进而以实际行动来支持这些目标实现。对于所有员工而言，就是积极为公共部门事业做奉献，进而实现工作目标和公共事务价值最大化。对于领导者而言，就是一种对政治环境的扫描，以便制定长期执行战略，最大限度地增加公民价值、支持经济发展、把控可持续增长的机会
领导与沟通	在各级层面，领导与沟通就是展示公务员对公共服务的自豪感和热情，以清晰、正直和热情传递目标和方向。领导与沟通旨在鼓励多样化和外部经验的获取，在公务

① GOV. UK, Guidance – Civil Service Competency Framework, 2015, https://www.gov.uk/government/uploads/system/uploads/attachment_data/file/436073/cscf_fulla4potrait_2013 – 2017_v2d. pdf。

素质要素	描述性释义
领导与沟通	员队伍中大力提倡公平原则。对于领导者而言，领导与沟通就是建立强有力的方向和具有说服力的未来愿景，以一种直截了当、真实和坦率的方式管理公务员队伍并与同事进行交往
合作与伙伴关系	合作与伙伴关系下，所有公务员都应是一名团队合作者。在各级层面，合作与伙伴关系需要公务员协同工作、适当分享信息，与公务员队伍内外的广泛人士建立支持、信任和专业的关系，同时有信心挑战假设。对于高级领导者而言，在合作与伙伴关系下应变得平易近人，通过创造包容性的工作环境来实现组织目标，并善于走出舒适地带
变革与改善	优秀的公务员应积极主动、创新并寻找机会来实施有效的变革。对于所有公务员而言，变革与改善是对有效做法与无效做法的一种理性区分，是对变革和改善持开放的态度，并以"更聪明"的、更专注的方式进行工作。对于领导者而言，变革与改善是创造和鼓励创新的文化，并允许公务员考虑和做出明智的决定。做好这一切就意味着不断寻求改进政策执行和建立更精简、更灵活和更有反应力的公务员制度的途径。这同样也意味着在可能的情况下使用包括数字和共享服务方式在内的替代交付模型
做出有效决策	做出有效决策在于公务员运用正确的判断、证据和知识，得出具有准确性、专家性和专业性的决策与建议。对于公务员而言，英国政府正在小心谨慎地利用和保护公共信息，以确保对其安全谨慎地进行处理。对于领导者而言，做出有效决策就是获得基于证据的策略，评估选项、影响、风险和解决方案，以及围绕信息处理进而创建安全文化。领导者的目标就是回报最大化，同时在最小化风险的基础上权衡一系列的思虑，从而提供可持续的结果
构建能力	为大众构建能力是对自己、他人和组织持续学习的强烈关注。对于所有公务员来说，它是一种开放的学习，使自己的知识和技能水平顺应当前和发展。对于领导者而言，为大众构建能力就是在公务员能力培养上做投资，进而给出清晰、诚实的反馈并支持团队取得成功。为大众构建能力还涉及在整个组织中创建学习知识和文化的氛围，为将来的计划和变革做好准备
达成业务成果	达成业务成果是在所有活动中保持经济、长期的关注。要求公务员拥有一个商业、金融和可持续发展心态，以确保所有公共活动和服务都带来附加值。对于领导者而言，达成业务成果关键在于识别经济、市场和公民问题，并利用这些问题来促进业务模式创新、伙伴关系达成，从而实现最大价值。同时，还要求公务员确保对财务、资源及合同进行严格控制，以满足战略发展需要
呈现物有所值	物有所值包括在提供公共服务过程中对纳税人资金的有效及经济使用。对于所有公务员而言，意味着寻求并实施解决方案，以最少花费实现质量与效率最佳组合。它要求公务员需有理有据地做出决策并遵循程序和政策，适当挑战那些华而不实的事务。对于领导者而言，物有所值是其职责中嵌入的价值文化。领导者要跨界协作，以确保公务员在现有资源范围内最大化地实现战略成果
优质服务	——管理优质服务是评估和构建卓越性及专业知识以实现组织目标。同时，公务员要考虑到不同的公民需求。有效计划、组织和管理时间和公共活动以提供高质量、安全、可靠和高效的服务。公务员还要应用方案、项目和风险管理等方法来支持服务递送。对领导者而言，管理优质服务就是创造和谐环境来实现卓越的公共部门运营，并为公共服务创造最合适和最具成本效益的交付模式

续表

素质要素	描述性释义
关注绩效	——关注绩效意味着集中精力及时表现，并对质量结果承担责任。对于所有公务员而言，这是为了达成的目标和活动，并以积极和建设性的方式应对挑战。对于领导者而言，关注绩效就是建立一种绩效文化，员工在工作中得到空间、权威和支持来交付成果。领导者也要坚定地关注优先事项，坚决、公正、迅速地解决绩效问题

资料来源：Civil Service Human Resources, Civil Service Competency Framework 2012 – 2017, 2015, https://assets. publishing. service. gov. uk/government/uploads/system/uploads/attachment _ data/file/436073/cscf_fulla4potrait_2013 – 2017_ v2d. pdf。

4. 澳大利亚高级公务员的领导力素质框架

澳大利亚高级公务员的领导力素质框架是以该国高级公务员目前和未来需要为准绳，并体现公务员的价值观要求。高级公务员的领导力素质框架通常应用于人才选拔、领导力开发、绩效管理、职业发展等方面。如表 5 - 9 所示，高级公务员领导力素质框架包含 5 种核心素质要素，即战略思考、追求成果、高效工作关系、进取和公正的示范、善于沟通①。

表 5 - 9　澳大利亚高级公务员的领导力素质框架

核心素质	简要释义	行为表现
战略思考	具有明确的目标和方向感	——服从并贡献于组织愿景和目标 ——能把宏观战略转化为实施项目 ——在战略全局中形成行为准则和优先序列 ——为他人提供明确方向，并努力在组织内部各阶层之间达成共识
	用战略眼光关注问题	——向政府提供可达到预期成果的发展建议 ——把宏伟目标与实现途径统合起来 ——在"整个政府"框架的基础上运作，并考虑到更广泛的背景 ——优先考虑跨部门的整体利益设想未来的可能性与"现在和现在"之间的平衡
	充分利用信息和机遇	——以开放态度接受新信息和不同观点 ——了解澳大利亚和全球最佳实践（公共和私营部门），并在此背景下考虑组织的运作 ——通过深入研究组织运作的市场（以及机会和限制）来提高效率和提高服务质量，从而展示商业智慧 ——追踪技术变革及其成果

---

① Australian Government, Australian Public Service Commission, Senior Executive Leadership Capability Framework, 2015, http://www. apsc. gov. au/publications – and – media/archive/publications – archive/senior – executive – leadership – capability – framework.

续表

核心素质	简要释义	行为表现
追求成果	构建回应环境的组织能力	——把握不断变化的需求 ——通过资源整合形成最好的成果 ——对不同利益要求和变化的环境做出灵活回应 ——利用信息技术提供的优势 ——采取行动确保可持续性
	汇聚专业技能	——重视专家意见和专业技术 ——确保获得相关的专业知识
	驾驭和实施变革	——在不确定的环节中进行创新 ——把高水准目标转化为可实行的战略措施;掌握长期和短期规划的实施进度
	确保完成并交付预期结果	——创造一种成就性文化,通过想法和预期行动成就现实,计划中的项目实际上会产生预期的产出 ——建立和衡量责任制度
高效工作关系	培育内部和外部关系	——与部长和组织外部的关键人物建立关系 ——在尊重的基础上形成专业网络和发展多元互利关系 ——致力于客户服务
	促进合作与伙伴关系	——形成一种重视合作和团队化的工作环境 ——与其他部门和机构形成共享观点和见解的联合体 ——发挥作为团队一员的示范作用
	重视个体差异和多元化	——支持和尊重他人个性,认识到思想和方法多样性的好处 ——理解他人并以适当方式回应他人
	引领、指导和开发下属	——激励下属不断学习 ——及时赞赏绩效优良者 ——设定富有挑战性的目标来激励他人 ——创造有适当机会的环境帮助他人渡过难关
进取和公正的示范	示范公务员的专业性和公正	——维护和发扬公务员价值观和道德准则 ——在政府服务中体现公正性 ——在共同决定基础上实施政策和项目
	敢于面对风险并表现出勇气	——敢于面对风险并表现出勇气 ——要直言不讳 ——勇于承认错误并从错误中获益 ——准备向他人寻求帮助和价值建议
	注重行动	——坚定目标,激励自己以行动达到目标 ——为组织成功履行个人责任 ——主动处理问题 ——在不断发展的工作中投入精力和创造力

续表

核心素质	简要释义	行为表现
进取和公正的示范	坚忍不拔	——在身处困境时能坚持对目标的追求 ——遭受挫折后能保持积极态度 ——在有需求时愿意付出额外的努力
	自我意识并致力于个人发展	——对持续学习的坚定承诺 ——对自己个人发展负责并以持续表现的方式管理自我 ——寻找机会提高自己的技能 ——重视持续发展
善于沟通	明晰的沟通	——能进行清楚、具有亲和力的口头和书面沟通 ——确保信息被正确理解 ——使下属及时获得新信息
	倾听、理解和适应不同听众	——以积极倾听的态度与他人交流 ——确保他人的观点得到正确理解 ——能满足不同听众的需求 ——善于发掘有潜在价值的观点
	说服性协商	——建立说服力进行协商的信誉和途径 ——在包容不同观点基础上寻找共同点，促进达成和接受互利的解决方案

资料来源：Australian Government, Australian Public Service Commission, Senior Executive Leadership Capability Framework, n. d. https：//www. apsc. gov. au/senior - executive - leadership - capability - framework。

二　公务员选拔的程序和方法

（一）公务员选拔的程序

1. 美国公务员选拔程序

美国的州和地方政府公务员选拔程序由各州、地方自行决定，不尽相同。例如，加州的门多西诺市的公务员选拔程序规定较为笼统，该市在公务员选拔的征求建议书中简单地将选拔程序概括为五点：（1）建议应聘者必须遵守本征求意见书中规定的说明和要求；（2）评估将包括对应聘者所有相关文件和信息的审查，如应聘者的能力、资质、过往的表现等；（3）要求应聘者做出口头汇报并对其进行面试；（4）评估与应聘者相关的信息来源；（5）应聘者会因提案中存在的虚假、不完整或无回应的陈述遭到求职申请拒绝。① 加州丹维尔市的政府部门的选拔程序相对细化。首先要求申请者在任意三个指定地点获取并递交一份求职申请表，然后组织申请者进行笔试，再然后对申请者分别进行面试、指纹识别、测谎仪器测谎、背景调查、美国交通局检查、无犯罪记录核查、身体敏捷性检查、心理评估、警察局长审查、有条件工作邀约、医学检查等一系列测试和评估。②

美国联邦政府人事管理总署对高级公务员选拔设定了一套由八个步骤组成的比较完整的流程：（1）由用人机构选择合适的选拔方法；（2）用人机构通过不同渠道公布招聘信息，公布招聘信息的渠道包括外部链接美国工作网站（USAJOBS），招募对象包括联邦政府在职公务员和符合资格条件要求的其他人员；（3）申请者向用人机构递交申请；（4）用人机构组成评估小组对申请者进行审核及排序；（5）用人机构的执行委员会推荐优秀申请者给选拔官员；（6）有任命权的机构对申请者进行选择，并说明应试者符合该职位的技术核心能力资格条件；（7）用人机构将申请者的材料递交给美国联邦政府人事管理总署下属的资格审查委员会，由该委员会审查给予核心能力资格证书；（8）用人机构根据核心能力资格证书任用申请者到高级公务员职位任职。③

2. 加拿大公务员选拔程序

加拿大政府的公务员招聘主要面向大学生、研究生、专业人员以及愿意为加拿大服务者四类群体，④ 其招聘公务员的选拔程序可以概括为六个环节（见表5-10）。

3. 澳大利亚公务员选拔程序

澳大利亚公务员委员会的选拔程序以澳大利亚公务员委员会1999年颁布的《公务员法案》的法律要求为准绳，强调公务员选拔基于功绩制原则，并同时要求在公平性和透明度方面承担责任，以满足公众对该国公务员委员会实际选拔运作方式的合理期望。澳大利亚对公务员的选拔程序大

① Country of Mendocino, Executive Office/Central Services Division, Selection Process, 2016, https://www. mendocinocounty. org/home/showdocument? id =7440.

② Danville, Live, City Services, Public Safety, Police, Employment Opportunities, Recruitment Process, 2017, http://www. danville – va. gov/717/Recruitment – Process.

③ OPM. GOV, Senior Executive Service Selection Process, 2017, https://www. opm. gov/policy – data – oversight/senior – executive – service/selection – process/#url = Process.

④ Government of Canada, Public Service Recruitment Programs, 2017, https://www. canada. ca/en/public – service – commission/jobs/services/recruitment. html.

表 5 - 10　加拿大公务员选拔程序

程序	说明
职位分析	第 1 步：理解职位工作性质：对职位有一个全面的了解，这是选拔的基础。 第 2 步：识别绩效行为：确定将要使用的行为示例来评估工作质量，找出有效和无效行为的例子。 第 3 步：确保必需素质：将行为的例子作为基础，识别并选择必要的素质来证明应聘者具有表现高绩效的潜力。 第 4 步：确定目标绩效水平：目标水平指的是高绩效者所表现出的行为类型，关键是要选择高绩效者在大多数情况下所表现出的目标水平。 第 5 步：所需经验、教育和培训：对应聘者的知识、技能和能力进行评估，并确保用人机构可以通过工作经验和培训来进一步开发。 第 6 步：特殊考虑：一些职位需要对应聘者进行特殊考察，如犯罪记录审查、职业认证、意愿陈述等。 第 7 步：审查和确定：重新审视你对应聘者的选拔工作，以确保选拔程序的有效性，并经得起"常识"的检验。 第 8 步：预期结果
职位描述	第 1 步：从职位分析开始：意在帮助用人单位识别和描述职位的基本功能，以及履行职能所需的素质、知识、技能和能力。 第 2 步：确定所需职能：要确定工作的基本功能，首先要确定工作的目标，以及实际工作职能在实现这一目标方面所体现的重要性。 第 3 步：覆盖关键区域：职位描述所描述的是工作而不是公务员，所涵盖的是职位或岗位的主要职责。职位描述还说明了工作中对公务员的预期结果。 第 4 步：言简意赅地表达：职位描述应该以简短而清晰的句子进行表达。在职位描述中，句子的基本结构应该是"隐含的主语/动词/宾语/解释性短语"
职位说明书	工作描述由以下几部分构成：职位名称、组织名称、工作目标、义务与责任、资格与要求、组织结构、特殊工作条件、薪酬与福利、联系方式
选拔和面试	有效的选拔始于明确的工作要求。仔细撰写职位描述，并将所有相关的职责囊括其中。将必要的技能从人际技能和与工作相关的技能中剥离出来。在招聘启事或招聘广告中，要向应聘者告知工作的最低要求和薪资范围，不得含糊。所需材料包括申请表、求职信、简历
评估和测试	以往用人单位主要依赖于简历和面试作为选拔决策的信息来源。实践中，这些来源并不足以持续选拔优秀员工。虽然大多数用人单位多采用就业前的评估，但此举不足的主要原因之一就是，大多数用人单位缺乏对什么是就业前评估以及它们为什么有效缺乏理解。就业前评估实则为一组测试，用来从应聘者那里收集信息，以便帮助选拔决定。这些评估包括动机、道德、特征、工作经历、智力、技能、偏好和优选工作时间。当有效地进行测量时，所有这些因素都可以在某种程度上用来准确预测哪位应聘者在工作中表现良好，以及谁会被公共部门留用
任职推荐	许多工作机会从来没有被公开宣布过。通常，人们对这些隐藏的空缺职位知之甚少。然而，这些职位会继续通过推荐来进行定期填补。许多用人单位实施正式的职位任职推荐计划，来吸引有价值且具有技能的公务员

资料来源：Government of Canada, Hire Employees, 2018, https://www.jobbank.gc.ca/content_pieces - eng.do? cid =6483.

致可以分为四个阶段，即规划、广告、评测和任用，每一个选拔程序又细分为不同的步骤（见表 5-11）。

表 5-11 澳大利亚公务员的选拔程序

程序	说明
规划	步骤1：审查岗位。当出现职位空缺时，用人单位须决定是否需要填补空缺岗位并了解以何种形式来完成工作。 步骤2：重新配置。所有公务员委员会机构均须遵守政府人员重新配置决策。在选拔开始之前，各单位必须检查公务员委员会对人员重新配置的各项记录。 步骤3：岗位填补。一个空缺的岗位可以通过以下方式填补：将职责分配给机构中现有的公务员；将职责分配给服从调任的公务员；从机构内部或从另一个机构中提拔一名公务员；从公务员委员会外部选拔人才，作为在编公务员或非在编公务员。 步骤4：功绩制过程。公务员选拔与晋升遵从功绩制过程。适用于后续广告与评测过程的规则将取决于空缺岗位是在18个月内，还是18个月以上
广告	所有符合资格的应聘者都应有合理的机会申请公务员委员会的工作。这意味着，以岗位空缺来选拔新人或是提拔现有公务员都须引起社会的关注。政府机构可以通过以下几种方式来选拔人才。例如，公务员委员会网站、代理网站、专业期刊、求职者网站、社交媒体或利用临时雇佣记册等。 情况1：持续工作和工作超过18个月。岗位空缺可能会通过对在编公务员的晋升来填补，或者通过对新进公务员的选拔并以聘期超过18个月来填补空缺岗位。空缺岗位必须在公务员委员会的工作网站上的"公共服务宪报"（宪报）专栏刊登。 情况2：不满18个月或不定期/间歇性的工作，这些都不需要在公报中通知。 情况3：对公务员的选拔应从属于选拔条件，这些都应在选拔广告中注明。 情况4：支持多样性。当公务员岗位出现空缺时，无论是在编还是非在编的公务员都可以通过平权措施来填补空缺岗位。 情况5：延长就业周期。规则适用于非在编公务员的就业周期延长
评测	所有岗位申请者都必须根据工作要求进行评估。公务员委员会对申请人进行评估的方式没有限制，可使用适合于工作环境和性质的方法对申请人进行测评。用人单位可以通过以下方式（但不限于）来收集岗位申请人的信息：简历或书面申请；以书面或视频的方式进行自荐；面试或通过视频进行面谈；书面或口头测试，包括心理或能力测试；联系证明人。无论使用何种测评方法，所有申请人都必须接受测评并进行公平的比较，并向考官呈现所有可以帮助其决策的材料。 情况1：持续工作和工作超过18个月。《公务员法案》列出了基于功绩制选拔流程所需的内容。下列必须适用：事先对选拔程序的目标和目的予以确定；申请人可随时获得有关选拔程序的信息；选拔程序适用于每个符合条件的申请人；选拔程序适当地记录在案。当使用这样的选拔程序做出决策时：功绩制是首要考虑因素；如果任何符合条件的申请人在功绩制上表现相当，则可以考虑次要的因素。 情况2：不满18个月或更少时间的工作，或不定期/间歇性的工作。《公务员法案》规定：当空缺的岗位用于间歇性工作时，如特定期限、特定任务以及不定期或间歇性的工作等，应符合最低评估要求。考官至少确信，被聘用的人应具有真正履行工作职责所需的与工作有关的素质。 情况3：遴选委员会。如对相当数量的应聘者进行评估时，公务员委员会则采用遴选委员

续表

程序	说明
评测	会的方式进行测评。遴选委员会将向考官提出建议。采用遴选委员会的主要优势在于他们持有的背景与经验的殊异性是最佳的测评实践。如果遴选委员会成员与申请人之间存在利益冲突的关系，那么他们则应告知所有委员会成员及考官。考官可以决定是否将委员会成员移除选拔程序之外从而避嫌。如果申请者要求遴选委员会成员作为其证明人，委员会成员应在获得关于任何其他申请者的信息之前向其他委员会成员提供这些意见。如果就澳大利亚公务员高级行政领导的空缺岗位进行选拔，遴选委员会必须邀请澳大利亚公共事务专员或其代表一同参与。 情况4：招聘机构。如果招聘机构协助公务员委员会对空缺岗位进行公告或评估，遴选委员会依旧负责向考官提出最终建议。考官必须相信，选拔过程的所有方面都是根据公务员委员会的价值观、就业原则和其他相关立法和政策进行的。 情况5：批量选拔。就空缺岗位而言，对单一公务员的选拔可依照不同的分类水平进行。公务员委员会要求申请人在接受任何评估之前提名他们希望被考虑的岗位分类。申请人只能从事或被提拔到他们提名的分类级别中。如果提名不止一个等级，那么必须针对每个等级进行评估，并且针对每个等级与其他申请人进行比较。 情况6：证明人报告。证明人报告是收集信息和评估申请人是否符合岗位要求的有效方法之一，着眼于确定申请人是否具备履行工作职责所需的素质。公务员委员会可以从任何来源获取报告。一般情况下，如果申请人被认为符合岗位要求，公务员委员会还要征求他们现任主管的意见。对于一些申请者而言，与现有雇主取得联系可能存在敏感性。除非申请人有可能被推荐从事相关工作，否则他们可以做出不要求出具证明人报告的决定。证明人报告须遵守澳大利亚1988年颁布的《隐私法》和1982年颁布的《信息自由法》等法律规定。申请人应该有机会回应任何不利的评论。 情况7：功绩制清单
任用	情况1：执行决定。做出决定，任用优秀的应聘者，其中包括选拔新人、提拔公务员或平级调动。 情况2：澳大利亚公民。非澳大利亚公民不能参与公务员选拔，除非机构负责人认为这样做是合适的，并特别对本国公民身份豁免。 情况3：试用期。试用期是招聘和选拔的关键构成。在试用期内，机构可以评估新人是否符合该国公务员的各项岗位要求。 情况4：记录保存。在公务员人事档案中建立和保持与雇佣行为相关的文件是很重要的。这些信息在权衡公务员的权益或在做出任何审查的情况下都可能是极其重要的。 情况5：提供反馈。通知不成功的应聘者并向他们提供反馈。个人有权在1982年《信息自由法》的框架下请求相关的选拔文件。每个机构都应该在其网站上就有关如何向该机构提出请求给出具体信息。 情况6：回顾。功绩制保护委员会应对选拔决定，包括某些晋升决定，予以审查。 情况7：取消雇佣决定。 情况8：领取失业救济金者。对从澳大利亚公务员委员会获得冗余津贴的人予以限制

资料来源：Australian Government，Australian Public Service Commission，Recruitment：Guideline，2018，https：//www. apsc. gov. au/recruitment - guidelines。

（二）竞争性选拔公务员的方法

1. 笔试方法

美国联邦政府人事管理总署在其官方网站上对公务员的评估与选拔做了较为翔实的介绍，其中包括工作分析、职业问卷、设计评估策略等。然而，人事管理总署并未对笔试选拔进行专门的介绍。通过对相关内容的梳理后发现，人事管理总署对新进公务员的笔试选拔是渗透在各种评估项目中的，尽管人事管理总署就笔试选拔提供了一份可借鉴的笔试模板（见表 5 - 12），但各用人单位可根据实际的岗位要求适当地对应聘者进行不同方式的笔试选拔。

表 5 - 12　美国公务员选拔的笔试方式

笔试方式	优势与劣势	实例
组合评估：应聘者提供在学期间或工作期间所写书面材料样本	优势：具有较高效度（应聘者认为测试有效）；可进行远程管理。劣势：验证作者身份具有难度；缺少机会（如果应聘者没有相关写作样本）；偏见（考官只会选择最佳写作样本之人）	—
笔试部分：应聘者完成一项涉及书面写作任务	优势：具有较高的效度；具有较高的工作代表性；所有应聘者在标准化条件下进行评估。劣势：开发与管理上的费用比较昂贵（无论在时间还是金钱上）；写作技巧评估只是单纯地建立在单个样本之上（可能会降低信度和效度）	一般性问题：以前除周二、周三和周四外，员工可在周一和周五进行远程工作。现在除周三外，员工允许在任何一天进行远程工作。撰写一份内部备忘录，说明这种政策变化。技术性问题：假设与你搭档的招聘经理无进行工作分析经验，也不知为何要进行工作分析。写一封电子邮件给他，解释什么是工作分析及其重要性，以及如何进行工作分析
论文撰写：应聘者收到一个论文题目，并在既定时间内完成论文撰写	优势：具有较高的效度；所有应聘者在标准化的条件下进行评估。劣势：写作技巧的评估只是局限于工作样本	一般性问题：远程工作使你的工作变得更容易还是更难？为什么？技术性问题：如果有人不清楚什么是工作分析，你如何向他解释

资料来源：OPM. GOV, Writing Samples, 2018, https://www.opm.gov/policy - data - oversight/assess-ment - and - selection/other - assessment - methods/writing - samples - summary. pdf.

加拿大公务员委员会对公务员的笔试选拔设计则相对系统化。为了能更好地通过笔试选拔招募到更具竞争力的公务员，加拿大公务员委员会专门在其官方网站开设了笔试专栏，其中包括模拟测验、线上测验（含有监考的在线测验以及无监考的网络测验）、行政职位测验、管理层和执行层的测验等。在面向不同的应聘者时，笔试选拔还进一步做了细致的分类。[①] 例如，在行政职位测验中，考虑到此类公务员更多涉及文书以及行政类事务，故行政职位测验还被细分为 GSPAT－120 类测验（强调对语法、拼写和标点符号的测验）、GCT1－207 类测验（强调一般素质测验：一级）、OST－200 类测验（强调综合办公技能测验）、Filing－201 类测验（强调文件归档技能）、Checking－203 类测验（强调文件核对技能）。

与美国和加拿大的公务员笔试选拔相比，英国、澳大利亚及新西兰政府的公务员管理机构的官网上相对缺乏公务员笔试选拔的信息。英国的公务员竞争考试采取等级考试制和二轮考试。公务员行政职系考试分为行政、执行、文书与助理文书 4 个级别，这是一种纵向的分离考试法。第一轮就是笔试，而笔试主要采取传统的论文式。[②] 澳大利亚政府各机构可根据其公共事务需求以及工作性质，对应聘者采用不同的笔试选拔。例如，在应聘者提交书面申请和简历后，公务员委员会可能要求其用"一页纸的篇幅"来概括其对工作性质的理解。除此之外，考官亦可能会以其他书面测试形式对应聘者进行测评。尽管如此，这些书面测评并非强制性的，对所采用的笔试选拔方法的类型并没有限制，只要符合相关的选拔原则即可。[③] 新西兰国家公务员委员会认为，新进的公务员依旧缺乏必要的分析与写作技能。基于此，国家公务员委员会特地将写作考试纳入公务员的选拔过程中，以期让应聘者在小组作业中充分展示他们的沟通及群体技能。此外，对公务员的笔试考察还通过个性以及心理测试对应聘者进行评测。[④]

2. 面试方法

（1）美国公务员选拔面试

美国联邦政府人事管理总署设计的结构化面试意在评估申请人的胜任

① Government of Canada, Public Service and Military, Public Service Staffing, Staffing and Assessment Tools and Resources, 2016, https://www.canada.ca/en/public－service－commission/services/staffing－assessment－tools－resources/staffing－assessment－services－job－seekers－employees.html.

② 孙兰婷：《浅议英国公务员考录制度》，《劳动保障世界》2016 年第 23 期，第 32～33 页。

③ Australian Government, Australian Public Service Commission, Recruitment Unplugged, 2018, https://www.apsc.gov.au/recruitment－unplugged.

④ State Service Commission, The Policy Advice Initiative: Opportunities for Management, Selection, 2003, http://www.ssc.govt.nz/node/4721.

力，使用有针对性的问题和基准来评估申请人的反应。基于素质的基准提供了高、中、低三个水平的具体行为例子。作为基准的素质要素包括人际关系技巧、自我管理、团队合作、决策、口语交际、视觉、战略思维、合作、政治悟性、问责、果断、创业、财务管理、变通性等。结构化面试设计意在测量 5 ~ 8 个关键素质。美国政府的不同机构可依照所需职位必备的关键素质开展面试。同时，心理学家也可以帮助政府机构挑选关键目标素质从而评估机构在结构化面试过程中的表现。基准和问题也可依照各机构的具体招聘需求而单独设计。① 联邦政府人事管理总署在《结构化面试：实践指南》中对面试做了详尽的描述，将选拔公务员的结构化面试在原则上分为八个步骤，其中，每一个步骤以简要的文字对内容进行归纳。另外，在每一个步骤中对目的、注意事项、所需材料等进行了说明（见表 5 - 13）。

表 5 - 13　美国选拔高级公务员的面试方法

步骤	内容	说明
1	工作分析	目的是实现人的素质与职位的要求相互匹配。工作分析须得到行业专家的确认
2	确定面试中将要评估的能力	基于五项行政主管核心资格来识别并确定将要评估的关键能力，同时借助美国人事管理办公室的互动评估决策工具来提供一系列评估能力的方法并为每种评估方法提供评价标准
3	选择面试形式并设计面试问题	面试可以通过关注应试者过去的行为，或其在假设情境中的预期行为，或两者结合进行。面试的形式决定如何设计面试的问题。但无论采用何种形式的面试，面试的问题须符合几个要求：①从工作分析中反映出相关能力；②表达工作职责的真实性；③开放式；④清晰简洁；⑤具备可读性；⑥避免专业术语
4	设计等级量表来评估应试者	此步骤不适用于选拔官员的面试环节。对所有应试者使用同一等级量表是结构化面试的一个重要组成部分。一份标准的等级量表可同时适用于行为或情境面试中的问题，但是过程可略有不同
5	面试探究	探究应试者回答面试官所问问题的信息，意在帮助澄清试者的回答或确保该应试者已提供足够的信息。虽然探究可根据每位应试者的回答进行调整，但一般意义上的探究内涵不容更改。面试前，须确定所需的探究范围（例如，无探究、有限探究、无限探究），如使用探究，就面试官可能提及的每个问题确定具体的探究模式

① OPM. GOV, Assessment & Evaluation, Structured Interview, n. d., https://www.opm.gov/services - for - agencies/assessment - evaluation/structured - interview/.

步骤	内容	说明
6	初步试验面试问题的可行性	在真实面试中使用新设计的行为和/或情境问题之前，将这些问题给同事进行试验以确保问题措辞清楚，应试者可在适当的范围内进行回答。初步试验将指明需要修订之处
7	创作面试官指南	在确定问题和等级量表后应创建一份面试官指南，其中涵盖对面试过程的说明、对等级偏见的总结、如何规避等级错误，进行良好面试的提示说明。该指南还应提供这些特定的信息，如每种被评估的能力定义、每种能力水平面试的问题、等级量表、探究事例
8	记录面试的开发过程	应根据《授权考试操作手册》记录整个面试活动的开发过程，文件应包括：对所有参与者的描述，包括行业专家，参加"面试问题试验"环节的人；面试开发材料（参考材料、以前的手册）；开发面试环节的描述，包括工作分析、问题的设计等级量表开发过程以及初步试验

资料来源：Structured Interviews：A Practical Guide，United States Office of Personnel Management，2008，http://www.opm.gov/policy - data - oversight/assessment - and - selection/structured - interviews/guide.pdf。

　　《结构化面试：实践指南》的第二部分就实施结构化面试做了补充。其中就一名与多名面试官参与面试的不同情况进行了描述。同时，就如何对面试官本身进行培训、如何实施面试和如何记录整个面试的过程都做了进一步说明。值得一提的是，在选拔高级公务员时，美国政府采用的面试方法并非千篇一律。相反，为了能够更好地选拔出符合不同公共部门岗位要求的优秀公务员，在严格遵照公务员选拔八个步骤的基础上，联邦政府人事管理总署对其中的若干步骤给予了充分重视。例如，第三步是选择面试形式并设计面试问题，要求面试问题要确保如下原则：要从工作分析中汲取应试者能力的反映；要凸显工作职责的实际情况；要做到开放式面试；要做到清晰简洁；要确保面试问题的易读性；要避免面试问题出现术语等。同时，联邦政府人事管理总署还对情境面试以及行为面试的目的和内容做了详尽说明，同时还就如何设计这两类面试问题给出了若干指导性意见。再如，第四步是设计等级量表来评估应试者。联邦政府人事管理总署充分认识到，对所有应试者使用通用的等级量表则是整个结构化面试程序的关键组成部分。制定标准化的评定量表可同时服务于行为面试以及情境面试，尽管两种不同的面试方法呈现殊异性，但均将应试者对岗位的熟练程度分为五个类别，分别从1级（认知）、2级（基础）、3级（中等）、4级（高级）和5级（专家）五个级别对未来公务员所需具备的一般能力以及技术能力做了具体阐述。以情境面试为例，表 5 - 14 展示了此类面试问题以及评定量表的例子。

表 5 - 14　情境面试问题及评定量表实例

工作任务	素质	面试问题	代表性回答
进行调查工作以获取信息、收集证据或核实事实	诚信/诚实：有助于保持本组织工作的完整性；表现出高标准的道德行为并理解违反这些标准对组织、自身和他人的影响；执行人理应值得信赖	你正在调查一群涉嫌洗钱活动的汽车经销商经理。在接受一名嫌疑人的采访过程中，嫌疑人提出帮助你以低于市场价的价格购买一辆汽车，你会怎么做	——不满意的回答：接受报价 ——满意的回答：拒绝报价继续调查；将事件记录在报告中 ——卓越的回答：调查经销商经理以确定其如何能以如此低的价格提供汽车；尝试获取有关他人的联络资料；拒绝这个邀约并记录事件细节

资料来源：Structured Interviews：A Practical Guide，United States Office of Personnel Management，2008，http：//www. opm. gov/policy - data - oversight/assessment - and - selection/structured - interviews/guide. pdf。

（2）加拿大公务员选拔面试

加拿大在以面试为选拔的方法上表现为一种较为随性的直接沟通。面试的形式也分为非结构化和结构化两种。前者往往是一种随性的对话，涉及的问题可以在对话中进行沟通，而对结果的分析和应用较为主观。在后者中，面试官会问一些与工作相关的标准的问题，并且使用等级分规则对答案进行评分。同美国一样，加拿大公务员委员会就整个公务员选拔过程中如何设计并进行一次结构化面试使用了大量的篇幅进行说明，并且设计了一份面试指南供雇用机构参考和使用（见表 5 - 15）。此外，加拿大公务员委员会将结构化面试的整个过程分为面试前、面试中和面试后三个不同阶段，并制定出比较详尽的图表予以说明（见图 5 - 1）。

通常情况下，加拿大公务员委员会在公务员结构化面试中主要采用四种面试问题，即情景面试问题、行为面试问题、工作知识面试问题和工作模拟面试问题（如表 5 - 16 所示）。为了确保加拿大公务员面试的有效性，评估监督和人事心理学中心也有一套自成体系的面试问题设计原则，该原则以"七要与五不要"为准绳，在对面试问题设计的过程中严格予以执行。例如，不要使用那些基于文化知识的复杂性语言、政府特定术语；不要使简单问题复杂化，让那些未经历过特定情境的申请者无法回答问题；不要提出引导性问题来阻碍申请人回答；不要提出涉及道德判断、与工作无关或歧视性问题；不要提出带有威胁性或可能使申请人感到不舒服的问题。

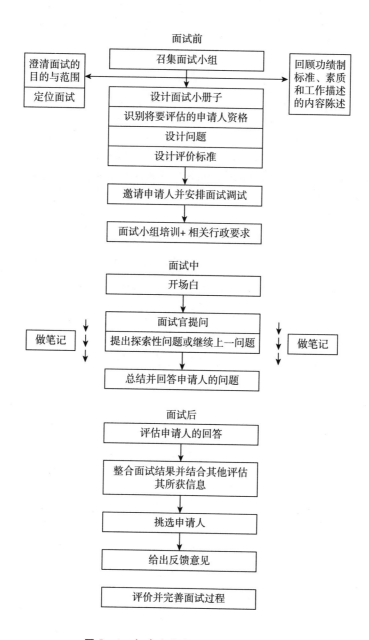

图 5 - 1　加拿大公务员结构面试步骤

资料来源：Government of Canada, Public Service Commission of Canada, Structured Interviewing: How to Design and Conduct Structured Interviews for an Appointment Process, 2009, https://www.canada.ca/content/dam/canada/public - service - commission/migration/plcy - pltq/guides/structured - structuree/rpt - eng. pdf。

表 5 - 15   加拿大公务员面试指南

面试大纲	主要内容
第一部分	结构化面试。这部分包括结构化面试及其优点的概述。同时也论述了采用非结构化面试可能存在的风险和相关的法律问题。另外，该面试指南还概述了结构化面试的过程
第二部分	面试前。本部分就如何设计面试小册子，包括如何识别要评估的相关资质，以及如何设计面试问题给出了一些实用的技巧。指南还涉及了一些重要活动，如邀请面试申请人，安排评估调试以及面试小组
第三部分	面试中。本部分给出了循序渐进的指导，就如何进行一次结构化面试，面试的开始与结束环节，提出有效的面试问题等提供了一些实用的技巧
第四部分	面试后。这部分就如何准确地评估申请人的回答以及避免常见评估错误，如何整合面试结果与其他相关信息来支持选拔和非正式的探讨过程，如何向申请人提供反馈等提供了指导
第五部分	评估面试过程。本部分探讨了评价面试有效性的重要性。其中包括如何完善面试流程，以确保其继续满足组织的需求，尤其是当面试环节仍为人才选拔的有效工具时
第六部分	其他信息来源。本部分列出了关于结构化面试目前最新的研究和最佳的做法额外信息

资料来源：Government of Canada, Public Service Commission of Canada, Structured Interviewing: How to Design and Conduct Structured Interviews for an Appointment Process, 2009, https://www.canada.ca/content/dam/canada/public - service - commission/migration/plcy - pltq/guides/structured - structuree/rpt - eng.pdf。

表 5 - 16   面试问题类型定义说明及实例

问题类型	定义	实例
情景面试问题	为了考察求职者在某一既定的情境中会做出何种举动，在这种面试中会向求职者提一系列与工作有关的问题	以评估团队工作为例，设计情景面试问题：假设你有一个改进程序提高工作质量的想法，但你团队中的一些成员反对任何形式的变化。那么在这种情况下，你会怎么做？为什么呢？你会考虑哪些因素？这种情况会涉及谁？假定你和你的同事一起参与了一个项目，你们俩都同意工作的分工。然而，你的同事没有做好分内的工作，你会做什么
行为面试问题	对面试者进行面试的一种方法，这种面试会提出一系列与工作有关的问题，来考察求职者对过去的现实工作环境中所发生的问题是怎样做出反应的	以评估财务管理和团队合作为例，设计行为面试问题：告诉我们，当要求你做出一个艰难的预算决定时，你怎么去分析这个问题并做出决定？你决定的结果是什么？在团队合作方面，你与同事之间最大的意见分歧是什么？你尝试做了什么来解决这一分歧？结果是什么
工作知识面试问题	这些问题通常用来评估履行职责应具备的技术或专业知识。这些问题要求申请人展示其在具体领域内的知识，如基本会计原则，计算机编程，政策或法律等	工作知识面试问题：描述新的《公务员雇佣法》是如何改进公务员的雇佣流程的？证明你将如何设计面试问题，从而确保对申请人的评估完全是建立在功绩制基础上的

续表

问题类型	定义	实例
工作模拟面试问题	工作模拟要求申请人按照工作要求执行任务。尽管在传统意义上模拟没有被认为是以面试问题来体现，但面试负责人依然使用面试问题来达到这一目的。例如，会为申请人提供一份预算表，面试官询问其与工作相关的问题	工作模拟面试问题。一般情况下，人力资源专家需要对笔试环节进行管理和监督，其中就包括向应试者宣读考试指令。现在，请把这些考试指令阅读给我们听，就好比你正在考场向一大批应试者宣读考试指令一样

资料来源：Government of Canada, Public Service Commission of Canada, Structured Interviewing: How to Design and Conduct Structured Interviews for an Appointment Process, 2009, https://www. canada. ca/content/dam/canada/public – service – commission/migration/plcy – pltq/guides/structured – structuree/rpt – eng. pdf。

（3）澳大利亚公务员选拔结构化面试

澳大利亚联邦政府公务员管理机构的官网上未能找到公务员选拔面试的相关文献，因此，在此以澳大利亚新南威尔士州政府的公务员面试为例。在对公务员应试者进行面试评估时，该州的公共服务委员会专门设计了一份《面试实用指南》，其目的就是让考生通过借鉴过去的经验，充分展示其现有的能力、经验和知识。该指南所包含的实用信息可帮助面试官充分地指导并把握准备阶段、面试阶段和汇报阶段的各项要领。例如，面试准备阶段可以帮助面试官顺利地把握整个面试流程，让应聘者有机会展示出最好表现。面试准备阶段包括：选择评审员；设定一套面试问题；准备一套面试反馈和评分表；决定面试的形式；面向残疾人士面试工作的调整；为评估人员和应试者准备相关信息。在准备过程中，评估人员还应熟悉角色描述、工作广告、应用程序、团队所做的工作以及所处角色的作用。为了详尽地对面试指南予以说明，新南威尔士州政府将整个面试流程分为面试前、面试开始、面试期间、面试结束、面试后等多个阶段（见表5－17）。

表5－17 澳大利亚新南威尔士州公务员面试流程

流程	流程内容
面试前	在面试前，面试官需与其他评审员讨论如何确保整个面试过程顺利进行。具体待议事项为：面试时间；谁将接收和介绍应试者；谁会问哪些问题；如何设计等级评定量表；对残疾应试者面试所做的任何工作调整。根据角色要求，面试官可以将面试问题提供给应试者，并给予其5~10分钟的阅读时间。此举可帮助应试者充分准备如何回答，并提供更多结构化的、经过考虑的回复

流程	流程内容
面试开始	一段准备好的面试介绍将有助于让应聘者感到轻松，并明确他们的期望。这可能包括：介绍面试官；关于角色和组织的简要概述；解释面试将如何进行（例如，时间、数量和风格问题，允许应试者记笔记，最后给应试者发问的机会）；给应试者的建议，如建议应试者使用 STAR 模型（情况、任务、行动、结果）或者 SAO 模型（情况、行动、结果）对面试问题进行结构性回答
面试期间	——尽量让对话方式使应试者感到放心；让应试者说话；使用探索性问题，尤其是没有足够的信息时；积极倾听所有回答；记笔记，以便记录所说的内容；做到客观；把你的问题限制在角色要求上 ——当询问与能力相关的问题时，请应试者描述他们如何在适当的复杂程度上有效地处理一种情况；给你足够细节，让你判断并评估他们能力的深度和广度 ——当提出探索性问题时，当应试者没有提供足够的信息或给出一般的回答时，使用探究性问题可以进行深入探究。探索性问题的例子包括：你能告诉我更多关于那个的事情吗？你能给出一个具体的例子吗？你的想法是什么？你的角色是什么？你做了什么？当以探索性问题进行发问时，尽量避免使用引导式问题（哪个要点是应试者期望的答案）或封闭式问题（提示"是/否"答案）。
		引导式或封闭式问题	替代问题
	|------|------
		你是否开发了一份项目计划？	你依靠什么策略完成项目？
		你得到结果了吗？	结果是什么？

流程	流程内容
面试期间	——记笔记。在面试中认真记笔记是很重要的，因为很难根据稀疏的笔记和记忆准确地评估一名应试者。面试官应在眼神交流和记笔记之间进行交替，这样应试者在进行面试时就会觉得面试官正在倾听他们在说什么。当你面试多名应试者时，另一种做法就是让一名面试官做笔记，而另一名面试官则保持眼神交流，交替进行提问 ——在可能的情况下，记录应试者所说的或所做的，而不是按照面试官的主观想法进行解释或提供想法。例如，注意一个应试者在大多数面试中都低着头，而不能说他们没有与面试官进行眼神交流。在面试后继续记笔记，为选拔决策提供帮助，此举也是为应试者提供反馈的一个基础
面试结束	——如面试官有任何问题，当场询问应试者则是明智之举。面试官需要牢记，整个面试过程也给应试者提供是否选择组织的一次机会。在面试结束时，面试官可以让应试者知道下一步骤是什么（如任何进一步的评估、背景调查、筛选检查以及应试者何时收到回复）
面试后	——当评估对行为面试问题的反应时，面试官应寻找应试者与能力、知识和经验相关的证据 ——要用不同的侧重点来评价问题，比如激励问题，你应该使用你在设计问题时提出的要求。这可能包括具有与公共部门价值观和道德规范相一致的价值观和伦理观，表现出对特定领域（例如社会服务）工作的热情，以热忱支持和发展团队成员作为管理职责的一部分 ——每一名评估者在与其他评审员协商前应分别评价这些意见。然后就所关注领域的殊异性展开讨论 ——每次面试后应留有时间对应试者的回答如何证明其自身能力及任何发展领域所需

续表

流程	流程内容
面试后	要求进行简要的总结 ——面试官需牢记，面试只是一种评估形式，不应被视为决策的唯一依据。面试官可参见相关链接——巩固结果并做出决定——以获得更多信息

资料来源：NSW Government, Public Service Commission, Practical Guide to Interviewing, 2015, https://www.psc.nsw.gov.au/workforce-management/recruitment/recruitment-and-selection-guide/assess-candidates/administer-and-scoring-assessments/practical-guide-to-interviewing。

三 评价中心技术在公务员选拔中的应用

评价中心不是指一个机构，评价中心技术也不是指某一种专门的评价方法或技术，评价中心技术是指一种通过综合运用多种测试、测评、评估的方法来选拔性评定人才的技术系统。评价中心技术混合使用多种评价方法，通过对应试者进行多方位的行为观察和综合判断，预测其与管理相关的多项素质要素和发展潜力，是一个比较系统化、标准化的评价活动。评价中心技术具有较高的信度和效度，被认为是一种针对中高级管理人员的有效评价方法。评价中心技术最初产生于企业界，主要被著名的大企业所采用。近年来，一些发达国家在选拔公务员尤其是高级公务员时，作为一种补充性新方法，也结合公共部门选人用人的特点采用了评价中心技术，并且在应用的实践中进一步创新和发展了评价中心技术。

（一）英国公务员选拔的快速通道评价中心技术

英国公务员选拔任用的快速通道（Fast Track）是一种加速培训和开发有潜质的人员，使他们快速提升至高级公务员的职位的培训计划。快速通道项目有研究生快速通道、经济学者快速通道、统计学学者快速通道、商务技术人员快速通道、人力资源快速通道、政府通讯总署快速通道、情报局快速通道以及在职公务员快速通道等。英国政府于2018年公布《快速通道评估中心指南》[Fast Track Assessment Centre（FTAC）Guide 2018]，对快速通道评估中心的评估目的、评估要求、测评要素、测评形式等做出了详细规定。评估中心的评估目的是通过多种科学安排的测评活动，按照设定的标准，考察、评定被评估者的个人特质和潜在能力，为政府部门选拔人才提供依据。参加评估中心评估的人员，包括政府外部应聘中高级公务员职位优秀候选人员和政府内部具有两年以上任职经历并被其上级领导或人力资源管理部门推荐的在职公务员。评审员通常是经验丰富的公务员，受过评估专业知识和技能的培训。评估活动强调客观、公正，为此，评审员只知道被评估人员的姓名，而无法知道被评估人员的其他信息。评估中心的测评活动一般为期半天或一天。

快速通道评价中心一般按照 7 个素质能力要素对被评估者进行测评。①变革与自我完善。积极发现机会创造有意义的改变，从所熟悉及不熟悉的事物中汲取知识，乐于接受改变和提升，以更智慧、更专注的方式开展工作。②做出有效决策。有效性是指通过正确的判断、证据、知识来形成准确、专业的决定和建议。③领导与沟通。对公共服务的自豪感和热情，具有明晰、诚信、积极的交流目的及方向，善于接纳多样性和吸收。④合作与伙伴关系。与各级进行合作、适当分享信息，与同事及公共服务内外部人员建立支持、信任、专业的伙伴关系。⑤不断构建能力。对自己、他人和组织有一种持续学习的强烈关注，能使自己的知识和能力在当前和未来的发展中得以保持和提升。⑥动机匹配度。表现出热情和动力，并致力于达到最佳解决方案，积极参与快速通道计划，使自己融入公务员的角色之中。⑦及时表现。及时表现并承担责任，致力于达成一致的目标和活动成果，并以一种反应性、建设性的方式处理相应挑战。①

(二) 美国公务员选拔的多样化评价中心技术

美国政府的评价中心技术采用多种评估方法和技术来为公务员管理机构做出各种公务员职业决策（雇员选拔、职业发展、晋升等）提供依据。美国政府认为，评价中心技术可以在相对等同的时间内评估小群体的应聘者。评价中心技术练习可以用来测量许多不同类型且与工作相关的素质，包括人际技能、口头和书面交流、计划和评估、推理和解决问题的能力。一些评价中心技术可以用来评价群体表现和群体行为中的个体行为。例如，在一个无领导的小组讨论中，一组应聘者被要求在规定的时间内解决一个问题或一系列问题。其他评价中心技术还包括个性测试和结构化面试。应聘者的表现通常由多个评审员来观察和评估。虽然评价中心技术可

---

① GOV. UK, Fast Track Assessment Centre (FTAC), 2018, https://assets. publishing. service. gov. uk/government/uploads/system/uploads/attachment_data/file/684160/FTAC_Guide_2018. pdf.

以为各种类型的工作而设计，但它对于评估高级公务员及其领导素质更为合适。评价中心技术需要广泛的经验和较强的逻辑规划能力来得以开发，同时还需众多的人员来对其进行管理。此外，评价中心技术还需高水平的评审员来观察和评估申请人的表现。美国政府评价中心技术系统包含经历数据测评、认知能力测验、情商测验、诚信/诚实测试、职业知识测验、人格测试、相关证明核查、情景判断测验、结构化面试、培训和经验评估、工作示例和模拟等10多种不同的评价技术（见表5-18）。

表 5-18   美国评价中心技术的类型

类型	说明
经历数据测评	——经历数据测评是以行为一致测评原理为基础的测评方法，这个原理即过去的行为是未来行为的最佳预测指标。经历数据测评的项目包括反映个性属性、态度、经验、兴趣、技能和能力的过去事件和行为，它被确认为某一特定职业总体业绩的预测指标。 通常，经历数据测评项目是通过该领域专家（SMES）提供的行为示例来开发的。这些项目详细指出一个人的生活中可能发生的某种情况，并询问这个人在这种情况下的典型行为。此外，经历数据项目反映了可能涉及他人或其他人可以观察到的外部行动，并且在某种意义上是客观的，对每个项目做出回应都有事实依据。某个项目可能会问："你在过去的6个月里读了多少本书？"/"你多长时间把任务放在一边去完成另一项更困难的任务？"参加测评的对象从几个预先确定的备选方案中选择一个，以最符合他们过去的行为和经验 ——测评对象对单个经历数据项目的回应没有多大价值，而是几种不同情况下的回应模式赋予了经历数据预测未来工作行为的能力。因此，经历数据测评通常包含10~30个项目，而一些广泛的测评工具可能包含100个或更多的项目。回应选项通常使用5点标度（1=强烈不同意，5=强烈同意）。一旦一组经历数据项目在申请者的样本上进行了预先测试，这些回应就会被用于将项目分成不同类别或标度。以这种方式分组的经历数据项目用于评估申请者过去在与工作要求密切匹配的胜任领域中表现的效率如何 ——最近的一项发展是有针对性的经历数据测评工具。与传统的用于预测整体工作绩效的经历数据测评方法相比，有针对性的经历数据测评被用来预测特定工作相关兴趣性行为的个体差异。类似于传统经历数据的开发过程，有针对性的经历数据测评的内容通常由该方面专家拟定的与特定兴趣性行为相关的行为示例驱动 ——有针对性的经历数据测评的一个例子是工作相容性测量（有时称为适宜性测量），其侧重于预测反生产或偏离行为。反生产行为通常被定义为：（a）对组织的使命有害的在职行为；（b）不源于智力的缺乏；（c）任性或由任性导致的粗心大意。以前的犯罪不端行为（如偷窃）、雇佣不当行为（例如，性骚扰、对顾客的攻击和机密材料的泄露）、欺诈、滥用物资或尝试推翻政府是可能与适当性决定有关的一些主要因素。工作相容性指数通常用来筛选如果被录用更有可能从事反生产行为的应聘者。与通常用于检测反生产行为的其他程序（例如，访谈、测谎仪）相比，工作兼容性措施的实施成本更低，并且对要求员工频繁与他人交互或处理敏感信息或有价值的信息的职位有益 ——模拟题。请描述你在与成功工作绩效相关的特定领域中的教育、工作和其他经历。我的同事可能会把我描述成：A. 比大多数人更自信；B. 比大多数人自信点；C. 和其他人一样自信；D. 没大多数人那么自信；D. 比大多数人自信差一些

类型	说明
认知能力测验	——认知能力测试评估与思考相关的能力（例如，推理、感知、记忆、语言和数学能力以及解决问题的能力）。这些测试提出的问题旨在评估申请人利用心理过程解决与工作有关的问题或获得新的工作知识的潜力 ——传统上，通过认知能力测试来衡量的一般特质被称为"智力"或"一般心理能力"。然而，智力测试通常包括不同的项目类型，这些项目类型测量不同并且更具体的心理因素，通常被称为"特定的心理能力"。这类项目的例子包括算术计算、言语类推、阅读理解、数列完成和空间关系（在三维空间中将对象可视化）。一些认知能力测试总结了所有项目的正确答案，以获得一个代表一般心理能力的总体得分 ——传统的认知测试是高度标准化的，包含可靠评分的项目，并且可以同时对大量人群进行测试。项目形式的例子包括多重选择，句子完成，简短回答，或真假判断。许多专业开发的认知测试可以在商业上使用，当没有必要开发专门针对特定工作或组织的测试时也可以考虑
情商测验	——情商是指一种社会能力，包括监控自己和他人情绪、辨别他人情绪、利用信息指导自己的思维和行动的能力。情商是一种相当特殊的能力，它将一个人的知识过程和他的情感过程联系起来。因此，情商不同于基于一般智力或认知能力（IQ）的情绪、情绪风格、情感特质和传统智力指标 ——情商涉及一套素质或能力，可分为五个领域。①自我意识：观察自己，并对自己发生的感觉有所觉察；②管理情绪：处理情绪，意识到情绪产生背后的原因，找到处理恐惧、焦虑、愤怒和悲伤的方法；③激励自己：引导情绪为目标服务，自我控制情绪，延迟满足感和抑制冲动；④移情：对他人的感受和关注的敏感，并从他们的角度来看待事物，理解人们对事物的不同感受；⑤处理人际关系：管理他人的情绪、社交能力和社交技巧 ——衡量情商能力的典型方法是向申请人提出一组问题，并根据专家判断（专家评分）或许多人之间的共识（协商一致评分）对这些回答的正确性进行评分。例如，某一项情商能力测试要求申请人查看一系列面部表情，报告六种情绪中每种情绪中有多少是存在的，回答关于情绪情景和反应的问题（例如，预测焦虑的员工会如何应对明显增加的工作量），并解决情绪问题（例如，当朋友认为你因失去工作而感到沮丧时，决定什么反应是合适的） ——情商的一些测试使用自报告方法。自我报告问卷通常用于测试人格特征（如外向性、随和性、尽责性）。自我报告评估已经存在了几十年，并且起到了非常有效的作用。作为衡量情商能力的一种方法，它们有一些缺点。使用自我报告的方法已经被比作通过问申请人一系列关于他们打字的速度和准确程度的问题来评估打字技巧。这是否意味着自我报告不应该用于情商测试中呢？如果目标是衡量一个人的自我感知能力或自我形象，那么这可能是首选的方法。如果目标是将情商作为一套能力、技能或情感能力来衡量，那么自我报告可能不是最好的方法。在一定程度上如果雇主关注自我报告的虚假性，情商的素质将更容易被接受
诚信/诚实测试	——诚信测试是一种特定类型的人格测试，旨在评估申请人诚实、可信和可靠的倾向。缺乏诚信与盗窃、暴力、破坏、纪律问题和缺勤等适其反的行为有关。诚信测试被发现与标准人格测试某些相同因素，尤其是责任心测试，以及情绪稳定性和随和性的某些方面 ——诚信测试也可以作为衡量整体工作表现的有效指标，这并不令人惊讶，因为正直与责任心密切相关，而责任心本身就是对整体工作表现的有力预测。和其他人格特质测试一样，当结合认知能力测试时，诚信测试可以为选择过程大大增加效益。此外，在男女之间

续表

类型	说明
诚信/诚实测试	或不同种族/族裔的申请人之间，很少（如果有的话）诚信测试表现差异。诚信测试并不能消除工作中的不诚实或偷窃行为，但有项研究确实有力地表明，那些在这些测试中得分不高的人往往不太合适，或者是工作效率较低的员工 ——公开的诚信测试旨在直接测量与不诚实行为相关的态度。他们区别于基于人格的测试，因为他们没有试图掩盖评估的目的。公开测试通常包含直接询问申请人本人参与非法行为或不当行为（例如盗窃、非法使用毒品）的问题。这种透明度可以使猜测正确答案变得显而易见
职业知识测验	——职业知识测验，有时被称为成就或掌握测试，通常由旨在评估特定知识领域的技术或专业专长的问题组成。工作知识测试评估一个人在参加考试时所知道的情况。不像认知能力测试，没有试图评估申请人的学习潜力。换句话说，职业知识测试可以用来告知雇主申请人目前所知道的情况，而不是个人是否可以及时掌握新材料。当应聘者在工作所需的关键知识领域接受培训后，职业知识测验是不合适的 ——职业知识测验是在应聘者在被录用之前必须已经掌握了大量所学信息的情况下使用的。它们对于需要专门知识或技术知识的工作尤其有用，而这些知识只能在很长一段时间内获得。职业知识测验的例子包括基本会计原则、计算机编程、财务管理和合同法知识的测试。工作知识测验通常是建立在对构成工作任务的分析基础上。职业知识测验最典型的形式是选择题，其他形式包括书面论文和填空问题 ——执照考试、代理认证和/或专业认证程序也是职业知识测验。许可和认证都是认证的类型——授予表明具有某一学科或领域的能力的名称的过程。许可比认证更具限制性，通常指在某一特定职业或职业中执业所必需的强制性政府要求。在工作知识测验中通过分数通常是获得专业执照的核心要求。许可意味着实践和所有权保护。这意味着，只有持有执照的个人才能练习和使用特定的头衔。例如，要从事法律工作，法学院毕业生必须申请加入要求通过律师执照考试的州律师协会。认证通常是在一个非政府或单一的政府机构内建立的自愿过程，在这个过程中，个人被承认具有先进的知识
人格测试	——人格测试的目的是系统地获取关于一个人的动机、偏好、兴趣、情绪构成以及与人和环境互动的风格的信息。人格测量可以采取访谈、观察者评分或自我报告清单（问卷）的形式。人格自我报告清单通常要求申请人根据一系列旨在衡量他们在相对稳定的人格特征上的地位的陈述，对他们的同意程度进行打分。这些信息用于生成一个概要文件，用于预测工作绩效或对工作某些方面的满意程度 ——人格是用特征或维度的组合来描述的。因此，使用一种只触及一个特定维度（例如，尽责性）的方法是不明智的。更确切地说，工作绩效的结果通常最好是通过组合人格量表来预测。例如，正直的人可能遵守规则，易于监督，但他们可能不善于提供客户服务，因为他们不外向、耐心和友好。在工作环境中最常评估的人格特征包括：①外向性；②情绪稳定性；③随和性；④责任心；⑤对经验的开放程度。这五种人格特征通常被统称为"五大"或"五因素模型"。虽然这些是最常用的衡量特征，但最能预测工作绩效的具体因素将取决于所涉工作。在选择或发展人格级别时，从"五大"的总结开始是很有用的，但有效性研究的结果可能表明，这些特质中的一些在预测工作表现方面比其他的更相关 ——重要的是要认识到，一些人格测试旨在诊断精神疾病（如偏执狂、精神分裂症、强迫症），而不是与工作相关的人格特征。《美国残疾人法案》认为，任何旨在揭示这种精神障碍的测试都是"体检"。这些医学测试的例子包括明尼苏达多相人格问卷（MMPI）和Millon临床多轴量表（MCMI）。一般而言，用于做出就业决定的人格测试应专门设计，以供正常成年人使用

类型	说明
相关证明核查	——证明资料核对是根据与申请人认识和工作的关键个人（例如主管、同事、下属）收集的信息，对申请人过去的工作表现进行客观评估。证明检查主要用于：通过其他选拔程序（如简历、职业问卷、面试），核实求职者提供的信息的准确性；通过比较求职者的经验和工作所要求的能力来预测他们的成功；披露其他选拔程序可能尚未确定的申请人的背景资料 ——作为一项实际工作，推荐人审查通常是在选拔过程接近尾声时进行的，因为申请者的范围已经缩小到只有少数几个竞争对手。大多数证明人检查都是通过电话进行的。与书面要求相比，电话交谈使检查人员能够立即收集参考数据，并在需要澄清时询问更详细的信息。电话交谈也需要花费联络人更少的时间和努力，并允许更多关于申请人坦率的回答 ——参考检查已经被证明是一个有用的工作表现预测（以监督评级衡量），培训成功，晋升潜力和员工更替。与就业面试一样，在证明人审查过程中增加结构可大大提高其作为雇员选拔程序的有效性和实用性。构建参考资料检查的策略包括基于工作分析的问题、向申请者询问同一组问题以及向面试官提供标准化的数据收集和评级程序 ——进行推荐信检查可减少因雇用失职而被诉讼的风险——在选择新雇员时未采取合理谨慎的措施。为前雇员提供准确的信息也同样重要，但许多雇主拒绝提供有关前雇员的负面信息，担心会因诽谤而被提起诉讼。由于《联邦侵权索赔法》所规定的法律保护，这通常不被认为是联邦参考资料提供者和参考资料检查机构的一个严重问题
情景判断测验	——情景判断测验向申请者提供与他们申请的工作相关的工作问题或危急情况的描述，并要求他们确定如何处理。由于申请者没有被安排在模拟工作设置中，也没有被要求执行任务或行为（就像评估中心或工作示例中的情况一样），情景判断测验被归类为低保真度模拟 ——情景判断测验衡量社会功能层面的有效性，如冲突管理、人际关系技能、解决问题、谈判技能、促进团队合作和文化意识。情景判断测验是衡量管理和领导能力的特别有效的措施 ——可以采用情景判断测验来展示场景，并使用各种形式收集响应。可供选择的一种是先陈述一种情形，然后让答卷者回答有关情形的几个问题。更常见的是，情景判断测验为每个问题提供了一个新的情况。为了对这类情景判断测验项目做出回应，可以问申请人：（a）在特定情况下，他们将做什么；（b）在这种情况下，他们最有可能做什么，最不可能做什么；（c）在几种备选方案中，什么是最佳回应；（d）在几种备选方案中，什么是最好的和第二好的；（e）在某一特定情况下或由于某一决定，最有可能发生的情况是什么 ——情景判断测验可以线性或交互式的格式表示。采用线性格式，所有答卷人都得到相同的问题和顺序。使用交互式（通常是计算机管理的）格式，情景判断测验可以根据分支过程进行结构化，在此过程中，稍后在测验中提出的方案和响应选项取决于申请者如何回答测验中早期提出的问题。情景判断测验问题和替代方案通常是基于该方面专家（工作）产生的关键事件。分数是基于该方面专家对最好和最差的备选方案的判断
工作示例和模拟	——工作示例测试要求申请者执行与员工在职务上执行的任务类似的任务或工作活动。例如，申请行政助理职位者可能被要求使用文字处理机转录内部备忘，或准确地提交一堆文件。工作示例要求申请者执行与工作任务相同或相似的任务，因此在尽可能地模拟工作环境时要非常小心。例如，行政助理职位的申请者可以在工作站执行与工作中发现的任务非常相似的任务，如果不是完全相同的话。与工作知识测试一样，工作示例测试仅适用于

续表

类型	说明
工作示例和模拟	应聘者在进入该职位时应具备所需能力的情况。如果在被选择后将提供如何执行工作活动的培训，则工作示例方法可能不合适 ——除了试图重新创建特定工作场景的工作示例之外，表现测试还可以设计为反映工作的非常广泛的方面，这些方面可以是执行广泛范围的工作任务所需的基本能力。例如，上述行政助理职位可能要求个人定期查找具体材料，以回答不愉快或敌对的客户提出的各种问题。与其重新创造大量的场景来涵盖各种各样的情况，雇主可能会设计一个单一的练习来衡量所涉及的一般能力（例如，申请人和训练有素的演员之间的互动角色扮演，以衡量申请人的问题解决、沟通和人际交往技能）。申请人在工作示例测试中的分数是由训练有素的评估人员观察申请人行为和/或测量任务结果生成的（例如，人际技能的程度或转录内部备忘录所犯错误的数量）
结构化面试	——面试是评估求职者最广泛使用的方法之一。由于它的普及，对提高访谈的信度和效度进行了大量的研究。研究表明，结构化面试主要采用规则来激发、观察和评估被面试者的反应 ——面试中的结构化水平可以根据所提出的问题和评价标准的限制而变化。对低程度结构化面试所提的问题没有限制，并允许对申请人的反应进行全局评价。对程度的结构化面试涉及要求对所有被面试者用同一套预先定义的问题及序列，并根据熟练程度的基准评分。对更高程度的结构化面试显示更高水平的效度、评分者信度、评分者协议和较少的负面影响 ——面试也因所衡量的具体能力而异。就业面试可以关注申请人的过去、现在或未来的行为、信念、观点或态度。信息还可以包括面试过程中观察到的行为（如口头交流）、工作经验、培训、教育和职业抱负。研究表明，基于特定工作能力的面试问题在工作分析中被确定为对工作成功至关重要的问题，这些问题显示出高的效度、评分者的信度和评分者的一致性。显现特定的、与工作相关的问题的最常用方法是基于情景或行为描述形式的。情景面试问题要求申请者描述他们会做什么，或者在类似于工作中遇到的情况下表现如何。一个情境问题的例子是："你被指派和你的一些同事一起做一个项目。在工作的时候，你会注意到他们中的一些人在胡闹。你知道你赶不上按时完成工作的时间。你会怎么做？"这种形式依赖于申请者在未来情况下预测他们可能做什么的能力。行为描述面试问题要求申请者描述过去在与兴趣能力相关的情况下表现出来的行为。这种类型的一个例子是，"描述分析和解释信息的情况"。这种类型的面试是基于行为一致性原则的，即过去的行为是未来行为的最佳预测指标。这两种方法都依赖于与工作相关的关键事件的发展（例如，显著的好的或特别糟糕的工作表现的例子）。事实证明，这两种面试方式都是有效的。在工作性质高度复杂的情况下，行为描述面试显示了更高的有效性（例如，专业和管理级别的工作）。结构化面试通常是由一个小组进行评分，每个成员分别对申请者的回答进行评分，然后参加小组讨论，以解决显著的评分差异。衡量同样能力，在结构化面试中，造假发生的频率比纸笔列举的方式要少
培训和经验评估	——传统的培训和经验评价评估，有时称为信用评估计划或评级计划，是一种系统的方法，用于评估求职者以前的经历、教育和培训信息。这些评估因素基于通过职务分析确定的关键职务要求和能力 ——评估因素一般包括申请人先前与工作有关的经历的数量和质量，以及任何其他被认为对履行该职位职责重要的信息。通常，有关评估因素的信息由申请者报告，作为申请空白的补充。根据教育和经验基准对这些信息进行评估，以便为选择目的产生分数。基

续表

类型	说明
培训和经验评估	准往往是由熟悉培训和经验评价所涵盖的职业的人力资源专家制定的 ——培训和经验评价相对容易制定，并可适用于具有相同要求和能力的多个职业。这些评估大多用于初级职位。最常见的情况是，培训和经验评价被用作筛选过程的早期关卡，以确定符合评估因素的最低熟练程度的申请者。虽然大多数评级因素通常是宽泛的，但可以针对某一特定职业或组织制定更具体的因素 ——传统的基于训练和经验评分因素的评分表是一种基于任务的评分方法。基于任务的方法用于评估应聘者的培训和经验。具体而言，基于任务的评等计划是根据目标作业中现任者执行的任务列表开发的。申请者阅读每个任务说明，并指出他们是否执行过此类活动。有些版本要求申请者也指示执行任务的熟练程度。一般来说，执行的任务越多，申请者的分数就越高 ——与大多数自我报告工具一样，申请人的夸张或扭曲可能威胁到培训和经验评价的有效性。可以采用两种办法来解决评级过程中的问题：①使申请人有其答复将会被核实的意识；②执行核实程序，根据调查结果对评分进行调整 ——收集额外类型的培训和经验信息的其他自我报告措施可以作为传统的培训和经验评价的替代方法。这种替代方法的一个例子是基于能力的自我报告方法。这种方法在管理和评分方面很像传统的评分表。然而，除了评定关键工作能力的表现程度外，还收集成就（如最能说明申请人在关键工作方面的熟练程度的个人成就书面陈述），以支持自我报告的信息。这与本节前面讨论的成就记录方法非常类似。以能力为基础的自我报告方法的另一个选择是包括一个过程，要求申请人在书面的自我评价和/或成就中提供正式信息

资料来源：OPM. GOV., Assessment & Selection, Other Assessment Methods, 2018, https://www.opm. gov/policy – data – oversight/assessment – and – selection/other – assessment – methods/assessment – centers/。

（三）加拿大公务员选拔的个性化评价中心技术

加拿大政府同样提供各种评估服务，尤其是针对各级管理人员的选拔和开发。值得一提的是，加拿大政府的评价中心技术可以根据个性化人力资源需求为其进行量身设计。该国政府在选拔公务员时所采用的评价中心技术一般包括高级公务员选拔的模拟测试（SELEX）、对 EX 开发的路径识别（IPEX）、领导力识别的模拟测试（SIL）、高级公务员模拟练习 3 级、中层管理储备识别等。① 事实上，评价中心技术在公务员选拔中的使用不止上述论及的五种，加拿大政府在对评价中心技术进行设计时做了更为精

---

① Government of Canada, Assessment Centres, 2016, https://www.canada.ca/en/public – service – commission/services/staffing – assessment – tools – resources/human – resources – specialists – hiring – managers/human – resources – toolbox/personnel – psychology – centre/assessment – counselling – services/assessment – centres1. html.

细的分类。以高级公务员模拟测试为例，它是加拿大政府人事心理学中心最有效的评估工具之一，主要用于人员选拔或开发。这种测试可以提供关于关键能力和管理灵活性的丰富而独特的信息。评审员可以自行选择模拟测试，或者让专业心理学家就模拟测试的使用提供更为深入的培训；定制模拟测试以满足个性化的人力资源需求；作为部门评估团队的成员以期加以指导并进行仿真评价，同时对应聘者的表现进行分析。

在模拟测试分类中，还包括中层管理者模拟练习（757）、程序顾问模拟测试（758）、监督员模拟测试（428）、高级管理模拟演练（861）、团队领导模拟测试（445）、人力资源顾问模拟（410）等。[①] 尽管每一种模拟测试评价中心技术的手法层出不穷，但为了使评价中心技术更好地在政府公务员选拔中发挥精准和有效的作用，相关机构在设计模拟测试时就将其目的、概观、评估流程、评价方法、评价能力界定等都进行一一说明，以期让应聘者以及评审员更加客观及全面地把握每一种评价中心技术的操作。加拿大高级公务员选拔的模拟测试见表 5-19。

表 5-19　加拿大评价中心技术中高级公务员选拔的模拟测试

测试大纲	说明
测试目的	高级公务员选拔的模拟测试意在评估联邦公共服务部门中行政职位选拔过程中的一些领导能力，适用于人力资源管理的选拔环节。2016 年 1 月新的《关键领导素质》（Key Leadership Competencies）（2015 年版）发布后，高级公务员选拔的模拟测试与新的职业素质（Competencies）保持一致，它主要用来评估应试者是否能够坚持诚信和尊重、创造愿景和战略、与合作伙伴和利益相关者合作、取得成果和动员人们，而这些素质需要通过交互式模拟的方式对这些职业能力素质进行评估
测试概述	高级公务员选拔模拟测试由公务员委员会的人事心理学中心开发和管理，由三个相互关联的模拟测试组成。在这些模拟测试中，应试者主要模拟组织中主管的职责。这三个模拟测试通过处理所遇到的典型问题和挑战，为应试者提供展示关于关键领导素质的机会。通过使用标准评分程序，对应试者所反映各项素质的行为做出观察、记录和评估
程序和评估素质	——评估之前。在参加选拔模拟测试的前七天，应试者会收到一份关于准备说明和背景的信息，包括有关模拟组织、主管职位、模拟测试和《关键领导能力》（Key Leadership Competencies）（2015 年版）以及待评估行为的信息。应聘者在评估之前了

① Government of Canada, Assessment Centres, 2016, https://www.canada.ca/en/public-service-commission/services/staffing-assessment-tools-resources/human-resources-specialists-hiring-managers/human-resources-toolbox/personnel-psychology-centre/assessment-counselling-services/assessment-centres1.html.

测试大纲	说明
程序和评估素质	解并熟悉这些信息是至关重要的 ——评估当天。应试者准备第一次模拟，其中包括与上级和模拟组织中的同伴会面，在这期间，应试者需进行演示，然后回答相关问题。应试者第二次模拟测试，事先会拿到相关材料，在准备 30 分钟后，应试者会见两位下属，就各种问题做出决定。应试者第三次模拟测试内容，包括与外部利益相关者就共同关心的问题举行会议以及与同事进行后续会议。在连续的模拟测试中，应试者可以使用他们事先已经获得和事先准备好的材料；模拟测试中的其他角色（上级、下属、同级、利益相关者）由若干名专业的评估员和心理学家扮演；评估员一般是前任或现任高级公务员。每次模拟测试之后，评估员都会按照既定的行为标准来评价应试者相关素质要素 ——报告和反馈。评估结束后，相关部门会形成一份评估报告，并提供给委托机构和应试者本人。该报告同样会提供给遴选委员会和应试者本人。同时，评估之后，应试者被要求填写一份对模拟测试感受和建议的调查问卷，以为评价技术中心进一步改进和完善模拟测试做参考 ——评估素质。高级公务员选拔的模拟测试，以《关键领导能力》（*Key Leadership Competencies*）（2015 年版）所规定素质要素要求为评估指标，这些素质要素由《关键领导行为》（*Key Leadership Behaviours*，做出定义，具体包括以下几个方面。 第一，践行正直和尊重。领导者应该是道德实践、专业精神和个人诚信的表率；能够营造一种尊重和信任的工作环境，善于吸收合理的建设；鼓励下属表达不同的见解，并培养合作精神。领导者应该做到：认识到道德挑战并确保组织业务符合道德准则；以公平、公正和透明的原则履行领导职责；在管理下属和提供公共服务时重视下属的多样性和他们的背景、工作风格和所处情境。 第二，设定愿景和战略。领导者应该依靠自身的广博、精深的知识，并包容不同的意见想法和观点，形成具有共识的长远愿景；基于愿景并综合考虑所处的经济、社会和政治等环境以及未来发展趋势，制定出战略规划；平衡部门和政府的优先事项，改善和提高国家及民众的福祉。领导者应该做到：通过对复杂信息的分析、整合和准确解释，提供多个问题和项目的连贯逻辑；通过对组织、政策和业务影响的多种行动方案选择的精准决策来证明判断力；确定在短期和较长期（一至两年）内处理有关问题的广泛战略；了解自身角色，并根据组织任务和优先序列来指导部门的工作。 第三，与合作伙伴和利益相关者合作。在寻求尽可能广泛的观点方面，领导者需深思熟虑、足智多谋，以达成共识并改善结果。以全方位的政府视角来进行互动，在商讨解决方案时，对备选方案持开放态度，并善于管理预期，与团队和合作伙伴分享彼此的认可。 第四，取得成果。领导者调动和管理资源，落实政府的优先事项，改善成果，增加价值。考虑环境、风险和业务智能，以支持高质量及及时的决策。他们需要预测、计划、监控进度并进行调整并对自己的行为和决定的结果承担个人责任。领导者应该做到：采取行动使事情及时有效地发生，预见并处理障碍；管理财务和技术资源，以优化组织绩效；在不断变化的环境中，与持有不同观点和情况的人们一起有效地工作；观点的改变是一种积极的挑战，也可能涉及风险和实验，并会利用变化。 第五，激励员工。领导者鼓舞并激励员工，管理绩效，提供建设性和尊重的反馈，以鼓励和实现卓越绩效。以身作则，为自己设定比下属更高的要求。领导者应该做

续表

测试大纲	说明
程序和评估素质	到：管理人力资源，贯彻平等、公平等雇佣原则等；通过考虑决策对他人福祉的影响，积极加强工作关系和环境；平衡组织各部门的需求以及员工和利益相关者的多样化需求；通过确保人们获得保持最新状态和持续改进所需的持续学习机会，提高组织的灵活性

资料来源：Government of Canada, Assessment Centres, 2016, https://www.canada.ca/en/public-service-commission/services/staffing-assessment-tools-resources/human-resources-specialists-hiring-managers/human-resources-toolbox/personnel-psychology-centre/assessment-counselling-services/assessment-centres1.html。

四 发达国家公务员选拔可借鉴之处

（一）公务员制度与干部人事制度的异同

发达国家的公务员制度与我国的干部人事制度之间存在不同之处。意味着借鉴发达国家公务员制度以及公务员选拔任用单项制度有一个限度，并不是不同于我国干部人事制度的内容都可以借鉴，特别是反映发达国家社会制度和政治特点的公务员制度安排不适合借鉴。

发达国家公务员制度与我国的干部人事制度也存在一些相通之处，发达国家公务员制度中的科学性、先进性、时代性内容值得借鉴。首先，管理本身作为一种方法、手段及工具存在一定的通用性。不同社会制度的国家、不同性质的组织在人事管理中存在不同程度的相通性。例如，人事管理或人力资源管理全过程都包含人事分类、人事规划、选拔任用、培训开发、职业生涯管理、职务升降、薪酬福利等基本的制度环节，人事管理的制度安排中都不同程度确定公开、公平、竞争、择优等原则，人力资源配置和适用上都强调人岗适配、人尽其才，人事管理的方法及规范上都主张实行科学管理、依法管理。其次，公共部门人事制度具有同类组织的相似性。国外公共部门人事管理实际上就是公务员制度，我国干部人事制度尽管范围更大，但也属于公共部门人事管理范畴，公务员制度包含于其中。与组织性质不同的企业尤其是非国有企业的人事管理相比，同属公共部门的人事管理制度存在更多由公共部门功能性特点所决定的相近或相似内容，因而更可以在同类制度比较中适当借鉴。再次，当今国外公务员制度改革与发展中的一些新内容有借鉴意义。当今国外公务员制度的改革与新发展，反映了公共部门人力资源管理发展的一般趋势，对于我国干部人事制度的发展和完善有一定的启示或借鉴意义。最后，发达国家公务员制度新发展中再开发性引用的人力资源管理新工具值得借鉴。20世纪90年代以来的人力资源管理领域，涌现出诸多管理工具意义上的新概念、新方法及新技术，如素质及素质模型、评价中心技术、绩效管理、关键绩效指标、360度考核、宽带薪酬、弹性福利、电子化人力资源管理、战略人力资源管理等。这些丰富多样的新工具大多由企业界所开发，并在著名企业中得到比较广泛的应用。与此同时，许多发达国家的公务员制度中也越来越多地予以引用，并在应用中进一步发展了这些新工具，且成为反映当今公务员制度与时俱进新面貌的亮点。

（二）参照基于职位分类制度的资格条件规范

任何一个组织或机构的最微观单位是职位（Position）或工作，科学的人事管理或人力资源管理需要对组织内众多的职位或工作进行不同类别和层次的分类分等。企业的人事分类通常被称为工作分析（Job Analysis），政府的人事分类传统上被区分为职位分类（Position Classification）和品位分类（Rank Classification）两大类，现代国外政府的公务员制度大多实行职位分类。职位分类在公务员管理中的效用是为选拔任用、薪酬待遇、绩效管理、培训开发等环节提供依据，被称为人事管理的基石，因而成为公务员制度体系中一个不可或缺的单项制度。

随着社会变迁速度加快，政府事务趋于多样化、复杂化以及人本主义管理理念的流行，职位分类制度也显露出忽视人、过于复杂、缺乏弹性等问题。为此，当今发达国家的公务员制度改革中，不同程度地对传统职位分类制度进行了改革。改革的内容包括吸收品位分类重视人的因素的优点，以宽口径分类减少职系和职组的数量，简化过于烦琐的职位分类方法及程序，适当缩小职位分类的适用范围，以及按照宜粗不宜细、宜少不宜多、结果导向的原则，重新设定职位说明书中的职位工作事项及职责。例如，美国联邦政府在20世纪90年代中后期的改革中将5大职类的30个职组、近600个职系减少至23个职组、408个职系；加拿大政府在20世纪90年代改革中将6大职类中的73个职组、120多个职系简化为29个职组。① 改

---

① 吴志华：《公共部门人力资源管理》，高等教育出版社，2011，第69～71、74～77页。

革后的人职并重、简化易行、适应变化的更为科学合理的公务员职位分类制度，使得这一基础性单项制度在当今时代的公务员管理中进一步发挥出其应有制度效用。

建立完整的职位分类制度长期以来都是我国公务员单项制度建设的目标。早在1993年公务员制度建立之初，《国家公务员暂行条例》就明确规定"国家行政机关实行职位分类制度"。[①] 1994年，原人事部曾制定出《国家公务员职位分类工作实施办法》，对职位设置、制定职位说明书、确定职务和级别等与公务员职位分类相关问题做了规定，其中规定职位说明书要包含七个方面内容，即职位名称、职位代码、工作项目、工作概述、所需知识能力、转任和升迁方向以及工作标准。实施办法没有涉及划分公务员职位系统的横向类别，因此并不是一个完整的公务员职位分类方案，事实上，这一公务员职位分类工作实施办法也没有真正予以实施。2006年1月1日开始实施的《公务员法》再次明确"国家实行公务员职位分类制度"，并将公务员按照职位的性质、特点和管理需要，分为综合管理类、专业技术类和行政执法类三大类别。近几年的公务员分类管理改革中，专业技术类和行政执法类这两类比较特殊的公务员实行了分类管理。作为公务员主体部分的综合管理类公务员，其范围十分宽广，包括各级共产党机关、人大机关、行政机关、政协机关、审判机关、检察机关以及民主党派机关的公务员。对于综合管理类公务员，纵向结构上已经形成职务与级别对应的等次序列，但还没有按照工作性质、特点、种类的不同形成类似于职系、职组、职类的横向分类体系，有关职位分类的公务员单项法规至今尚未出台。因此，我国的公务员职位分类制度还不能说已经完整地建立起来。

由于完整意义上的职位分类单项制度尚未建立，缺少职系、职组两个层次的横向类别划分以及各种职位类别的职位说明书，在党政机关的公务员考试录用、党政领导干部选拔任用和竞争性选拔干部方式中就面临难以确定选人用人的具体资格条件的问题。只能依据或参照《公务员法》《公务员录用规定（试行）》《党政领导干部选拔任用工作条例》等相关法律法规对资格条件的规定，而这些法律法所规定的仅仅是若干与职位工作不直接相关的基本条件。比如，《公务员录用规定（试行）》对报考公务员应

---

① 《国家公务员暂行条例》，国务院令第125号。

当具备的资格条件只是简单地列出国籍、年龄、身体条件、文化程度以及"良好的品行"、"符合职位要求的工作能力"等九条;《党政领导干部选拔任用工作条例》规定的选拔任用党政领导干部的基本条件,主要是思想政治、工作作风、道德修养、工龄、党龄、任职经历等方面的要求,对于能力和知识只有"有胜任领导工作的组织能力、文化水平和专业知识"的笼统规定。① 同时,由于缺少完整的职位分类制度,公务员系统的各级各类机关和部门普遍存在职位说明书缺位问题,即使以职位职责或工作任务形式制定出的职位工作规范也寥寥无几。事业单位职能部门的职员或管理类职位同样如此。

为解决长期以来干部选拔任用中缺少基于职位工作的资格条件规范问题,既要立足于加快研究和建立中国特色的公务员职位分类单项制度,也需要有类似职位分类制度的过渡性方案。过渡性职位分类的制度安排,在充分考虑我国公务员范围大、层级多、类别多的国情同时,借用职位分类的相关概念、理论及方法,参照发达国家公务员职位分类制度改革之后的成熟、简化、有效的横向分类结构以及职位说明书,研制出多类别、多层级、多系列的框架性职位分类的横向结构。在此基础上制定出不同类别、不同层级的职位说明书,并在职位说明书中对职位工作所要求的资格条件做出具体规定。过渡性职位分类的制度安排,既是为竞争性选拔干部和常规性选拔任用干部确定资格条件提供阶段性客观依据,也为建立完整的职位分类单项制度奠定先行先试的基础。

(三) 借鉴基于胜任基准的公务员素质框架

人事管理或人力资源管理学科中的素质概念由美国心理学教授戴维·麦克兰德最先提出。20世纪70年代初,美国国务院在选人用人的实践中认识到,完全依据智力要素选拔外交人才缺乏效度,许多高智商的外交人员的工作表现和绩效并不令人满意。因此,美国国务院委托当时在哈佛大学任教的麦克兰德教授,开发一种能够有效预测工作绩效的人才评估方法。麦克兰德教授在该项研究中,通过把高绩效群体的行为特征与低绩效群体进行比较分析,发现了一些与工作绩效相关的行为特征,并于1973年在《美国心理学家》杂志上发表了《测试素质而非智力》论文,在该论文

---

① 《党政领导干部选拔任用工作条例》(修订)(中发〔2014〕3号)。

中最先提出"素质"（Competency）概念，即将影响工作绩效的个人特征称为素质。① 继后，国外若干学者提出多种素质模型，如理查德·博亚特兹的"洋葱模型"、莱尔·斯宾塞的"冰山模型"等。这些素质模型的提出以及在实践应用中进一步补充的素质要素多种多样，大体上可归并为知识、能力、特质三大系列，其中特质类素质要素包括价值观、成就欲、进取心、事业心、自信、主动性、概念性思维、分析性思维、创造性思维、关注他人、影响力等。

作为人事管理或人力资源管理中选人用人的工具性制度，素质框架可以说是对职位分类的补充。职位分类形成于 20 世纪前半世纪，美国的芝加哥、洛杉矶、纽约等地方政府于 1911～1920 年实行职位分类，美国联邦政府于 1923 年颁布职位分类法，加拿大政府于 1919 年创建职位分类制度。职位分类产生的时代背景是社会生产细密分工，存在的经济现象、社会现象、政治现象相对单一，各种公共事务边界比较清晰，政府管理的公共事务相对简单、相对不变，公共行政大多履行事务性常规管理职责，因此，政府需要且也有可能对公共事务进行系统化的职位细分。职位说明书所规定的职责是若干事项性工作，所规定的任职资格条件局限于相关知识和能力，能力大都属于单一技能性能力和基本的通用能力。20 世纪 80 年代以来，时代特征由分工演变为综合，存在的现象是综合的，经济现象、社会现象和政治现象等之间存在局部交叉，政府需要治理的公共事务越来越繁杂，综合性及不确定性特点明显，使得传统职位分类结构及职位说明书规范面临挑战。这也正是 20 世纪 90 年代和 21 世纪初若干发达国家改革传统职位分类制度的原因所在。再者，综合时代的政府治理更需要的不是专门的知识、技能、通用能力，而是综合性、应变性、战略性的新能力，以及体现在思维和行为上的内在特质。正是在这一时代背景驱使政府公共治理对公务员履职要求提升的情势中，企业界先行的素质及素质模型被引入发达国家公务员制度，由素质模型发展而来的素质框架成为选拔任用公务员尤其是高级公务员的重要制度化工具。

21 世纪初，我国重庆市、广东省深圳市等地曾经一度探索过公务员能力框架。同时，2003 年，原人事部颁布了《国家公务员通用能力标准框架（试

---

① D. C. McClelland, "Testing for Competence Rather Than for Intelligence," *American Psychologist* 28 (1973): 1 – 14.

行)》，确定公务员需具备9项通用能力，每一项通用能力规定了4~5条标准。[①] 21世纪初的公务员能力标准建设，局限于公务员的"能力"规范，尚未建构起各级各类公务员的"素质"框架体系，而且这些能力标准也未能在公务员选任和管理中予以应用，一定程度上可以说是昙花一现。

发达国家公务员素质框架虽然不完全雷同，但基本上具有一些相同或相似的特点。其一是素质要素可以归并为一般能力、综合能力和特质三大要素系列。一般能力要素有口头表达能力、书面表达能力、判断能力、决断能力、执行能力、沟通能力、协调能力、合作能力、应变能力、激励能力等，一般能力要素大多源于以职位分类为基础的职位说明书；综合能力要素有愿景导向、战略思维、改革与创新、引领变革、建构伙伴关系、追求成果、卓越管理、自我驱动、领导力、影响力等，综合能力要素主要来源于素质框架；特质要素包括道德观、进取心、责任心、正直、诚实、公平、公正、客观、自信、尊重他人、值得信赖等，特质要素来源于公务员的职业价值观及行为准则。一般能力主要适用于管理职位的普通公务员，综合能力适用于领导职位的高级公务员，特质要素是对担任公职人员的普遍要求。其二是对素质要素做出定义和描述性行为规范。每一素质要素分解出若干要素项目，并对要素及要素项目做出定义，同时每一素质要素或项目分别做出正向行为（积极行为）与负向行为（消极行为）的事例描述。其三是不同层级职位素质要素及要求有所区别。除了普遍适用的基本职业要素（如特质要素）外，普通公务员职位以一般能力要素为主体，高级公务员以综合能力要素为主导；领导职位的高级公务员又依据职务高低设定不同程度的行为准则要求。其四是素质框架与公务员制度相关环节衔接。素质框架主要用于公务员的选拔任用、培训与开发、绩效管理、职业生涯管理等人事环节，并与这些环节的公务员单项制度相互耦合。对于我国的公务员素质框架建设，在提炼本国于21世纪初的公务员能力框架建构之经验的基础上，发达国家公务员素质框架的上述相同或相似的特点，可以为我们所选择性借鉴。

（四）借鉴人才选拔测评的先进方法及技术

如果说通过职位分类方法制定职位说明书并确定任职资格条件，以及

---

① 《国家公务员通用能力标准框架（试行）》（国人部发〔2003〕48号）。

基于胜任基准研制素质框架是人才选拔的基础或前提，那么，依据任职工作资格条件要求和胜任素质要求，采用科学、有效的测评方法及技术工具对应聘者或求职者的人职匹配进行客观评定，是人才选拔中至关重要的核心环节。人才选拔有笔试、面试、模拟测试、个性或性向测试等多种方法。我国公务员录用、事业单位外部招聘采用笔试和面试两种考试方法。我国竞争性选拔干部普遍采用笔试、面试两种常用选拔方法，同时，不少地方也运用模拟测试、个性或性向测试方法，并且探索一些创新性方法，如"大评委制"面试、辨别人职匹配的"履历评价"、考察实际能力的"驻点调研"、考察品德的"逆向测评"、决定任用人选的"听证会制度"等。各地竞争性选拔干部实践中所探索的这些体现中国特色的选人用人新方法，一定程度上弥补了常规笔试、面试的不足，为破解政治素质、道德素养、实际能力、综合素质难以考核和评价之难题，提供了有价值的思路和值得进一步提炼的经验。当今发达国家公务员选拔同样采用笔试、面试两种常规方法，其中，作为面试主要形式的结构化面试方法的规范性方面有一些值得借鉴之处。除了笔试和面试方法之外，发达国家公务员选拔还引入了最初由企业界开发的评价中心技术，并在实践应用中进一步发展了这种先进技术，这种更为先进的综合性评价技术工具值得借鉴。

发达国家公务员选拔的结构化面试形成了一套标准化规范体系。一是面试流程规范化。公务员选拔流程细化规范为若干基本步骤，每一步骤对面试事项做出概括性规定，并做出一些必要的指导性说明。二是面试题目设计规范化。规定面试题目设计的原则，要求题目与职位资格条件要求和素质框架要求相关，对难以把握的假设性情景行为题目的设计专门给出指导性意见。三是面试评价标准规范化。各机构选拔公务员的面试，按照公务员管理机构的统一要求，对各个面试评价要素设定区分水平高低的评价基准，并以描述性行为举例予以说明。四是面试官培训规范化。面试官由用人机构有经验官员、人力资源管理专业人员等相关专家组成，面试前向面试官提供面试文件材料，对面试官进行专门的专业性、技术性、技巧性指导性培训。五是编制面试指导手册。如美国联邦政府公务员管理机构人事管理总署专门制定出结构化面试的实施指南。

我国竞争性选拔干部方式的面试实践中尚存在一些需要解决和改进的问题。例如，在面试题目设计方面，面试题目主要来自国家和地方考试命题机构建立的试题库，进入题库的题目由相关专家学者命题，而专家学者由于多种原因（如非人力资源管理专业人员、不愿投入太多精力和时间、缺少考试题目命题经验等），所撰写题目尤其是情景行为类题目，大多是网上和教科书中收集到的资料修改而成，这就容易使被面试者用同样途径收集到并准备好资料或模拟试题在面试中发挥对号入座的应试效用，因而难以考察出被面试者的实际水平。又如，面试考官培训问题。由于面试考官选择缺乏相关资格条件及筛选程序的严格规定，组织竞争性选拔干部工作的组织人事部门往往会随意选择具有高级职称的专家、担任一定领导职务的官员以及一些自己熟悉的人来担任面试考官，而很少考虑面试考官的专业性、经验性要求，面试前又缺少对面试考官进行培训这一必要环节，这就使得面试考官主要根据个人主观偏好对面试者进行评价，进而产生评价缺乏专业性、公正性及不同面试考官之间的不一致性问题。当然，如何使面试方法能够真正有效地考察被面试者的实际能力，这是一个难以完全破解的普遍难题。针对竞争性选拔面试中所存在的问题，借鉴发达国家公务员选拔面试规范化体系的相关做法，或许是一种解决诸如此类问题的办法。

发达国家的评价中心技术是一种笔试、面试、模拟测试、个性或性向测试兼容并包的综合性人才选拔测评技术系统。尽管各个国家的评价中心技术各有特色，如英国的快速通道评价中心技术、美国分门别类的多样化评价中心技术、加拿大量身定做的个性化评价中心技术等，但各国的评价中心技术具有共性特点。一是主要适用于中高级公务员的综合能力要素和特质要素的测评。一般说，笔试的目的是了解应试者所掌握的知识，面试主要考察被面试者的实际能力，但往往局限于一般能力，难以评估综合能力，也难以考察特质要素。评价中心技术的开发目的是弥补面试方法的不足，其相对优势就是对综合能力和特质的测评具有更高的效度和信度，因而适用于需要具备综合能力及特质素质资格条件的中高级公务员选拔性评估。二是综合运用多种技术工具测评多项素质要素。例如，英国快速通道评价中心技术设定变革与自我完善、做出有效决策、领导与沟通、合作与伙伴关系、不断构建能力等7项综合素质要素对被评估者进行测评，美国评价中心技术系统有经历数据测评、认知能力测验、情商测验、诚信/诚实测试、职业知识测验、人格测试、相关证明核查、情景判断测验、结构化面试、培训和经验评估、工作示例和模拟等10多种不同的评价技术工具。三是以小组形式的互动式情景模拟为主要测试手段。若干应试者组成一个小组，在设定的模拟工作情景中进行不同角色之间的互动，评审员通过对应试者在特定情景中的行为表现来对其素质要素做出评定。模拟测试的种类多种多样，如加拿大开发出高级管理模拟演练、团队领导模拟测试、人力资源顾问模拟等一系列高级公务员选拔的模拟测试。

借鉴发达国家的评价中心技术有利于破解我国竞争性选拔干部实践活动中的"高分低能"问题。竞争性选拔干部实践活动中出现"高分低能"现象有多方面原因，如笔试只能考察书面知识、面试考察实际能力的效度和信度有限、传统应试文化对考试有效性的干扰性影响等。此外，还有一个重要原因是缺少评价能力特别是综合能力的科学、客观的先进技术手段。我国竞争性选拔干部实践探索中局部采用的一些创新性考察方法和举措，虽然在一定程度上弥补了常规笔试、面试的不足，但大多属于经验性、主观性考察方法，科学性、客观性有所欠缺。借鉴具有科学性、客观性特征的评价中心技术工具，并与我国经验性、主观性的新方法取长补短地制度化融合，形成适合于我国国情的干部选拔任用中人才综合素质测评的先进手段，进而提高人才选拔的效度和信度，这无疑有助于破解竞争性选拔干部实践中"高分低能"现象这一难题。

第六章

完善路径：改进竞争性选拔干部方式的建议

一　贯彻三个原则

党的领导、人民当家做主、依法治国是中国特色社会主义政治和民主政治的核心原则，也是习近平新时代中国特色社会主义思想的重要内容。干部人事制度从属于政治制度和政治体制，选拔任用干部制度是干部人事制度的首要内容。因此，中国特色社会主义政治和民主政治的核心原则，必然体现于中国特色干部人事制度及其选拔任用干部制度之中。而三个基本原则是党管干部原则、扩大民主原则和依法选任原则。

（一）基于党的领导的中国特有的党管干部原则

中国特色社会主义最本质的特征是中国共产党的领导，[①] 中国共产党的领导地位确立于其历史功绩和利益代表这两个合法性基础。历史功绩合法性在于，无论过去完成时的社会主义国家的建立，还是现在完成时和现在进行时的中国社会主义建设事业，尤其是改革开放以来所取得的举世瞩目的成就，都是中国共产党领导全国人民所取得的。正如邓小平所说，中国共产党对社会主义事业的领导，是中国新民主主义革命开始以来的六十年历史所形成，"没有党的领导，就没有现代中国的一切"[②]。没有党的领导，"社会主义现代化建设……就没有一个力量能够领导进行"[③]，"在中国

---

① 习近平：《决胜全面建成小康社会 夺取新时代中国特色社会主义伟大胜利——在中国共产党第十九次全国代表大会上的报告》，《人民日报》2017 年 10 月 19 日，第 1 版。

② 《邓小平文选》（第二卷），人民出版社，1983，第 266 页。

③ 《邓小平文选》（第二卷），人民出版社，1983，第 266 页。

这样一个大国，没有共产党的领导，必然四分五裂，一事无成"①。因而，党的领导既是必然的，也是必要的。利益代表合法性来自《中国共产党章程》所述的"三个代表"，即"代表中国先进生产力的发展要求，代表中国先进文化的前进方向，代表中国最广大人民的根本利益"②。前两个方面代表的是国家发展的国家利益，第三个方面代表的是全国人民的整体利益，"三个代表"是过去完成时、现在完成时和将来进行时意义上利益代表的合法性。历史功绩和利益代表所确立的双重合法性基础，自然决定了中国共产党在国家治理体系中处于领导力量的元治理地位。在国家治理活动中，作为元治理主体的党的领导主要发挥总揽全局的领导和协调的政治功能，并具体体现为政治领导、思想领导和组织领导。其中，组织领导就是对包括元治理在内的各种治理主体中治理者队伍的领导，即对干部人事工作的领导。因此，党对国家的领导自然延伸出干部人事制度的党管干部原则。

从历史起源来看，党管干部原则源于新中国成立之前的革命根据地时期。1938年革命根据地在各区、地、县、市、分区的党委中设立组织部，1941年中央规定中央和各地的干部由党委组织部统一管理。新中国成立后，1953年中共中央做出《关于加强干部管理工作的决定》，制度化地规定由中共中央和各级地方党委及其组织部门分级管理干部，并由此形成基于党管干部原则的人事体制。党管干部原则的主要内容包括三个方面：一是领导干部工作，制定关于干部工作的方针、政策和干部任用、管理、监督的党内法规；二是指导干部人事制度改革，决定或批准关于干部人事制度改革的方案、纲要、规划及重要举措；三是通过各级党委及其组织（人事）部门依据干部人事的党内法规，直接选拔任用和管理党政机关领导干部、国有企事业单位领导人员。

选拔任用干部是干部人事管理过程的首要环节，不仅在高素质干部队伍建设中具有关口性作用，对于整个国家治理亦具有基础性意义。为了凸显党在这项重要工作中的领导作用，各类干部选拔任用的原则、规则或程序都将党管干部作为其必须坚守的原则并贯彻于具体的制度之中，显示了党委（党组）在干部选拔工作中的主导权和话语权。具体体现包括以下几个方面。其一，《党政领导干部选拔任用工作条例》《事业单位领导人员管

---

① 《邓小平文选》（第二卷），人民出版社，1983，第358页。

② 《中国共产党章程》（2017年版），2017。

理暂行规定》《事业单位人事管理条例》《中央企业领导人员管理暂行规
定》等干部人事法规均将党管干部原则作为第一原则。同时，针对事业单
位专业技术人才多的特点，《事业单位人事管理条例》还将第一原则表述
为"党管干部、党管人才原则"①。其二，委任制干部选拔任用程序中的动
议、考察、决定等环节都充分体现了各级党委（党组）或其组织人事部门
在其中的把关作用。如在动议环节，党委（党组）及其组织人事部门不仅
掌控着选拔任用工作是否启动，同时，包括选拔任用的职位、条件、范
围、方式、程序等在内的一整套工作方案，亦是在党委（党组）主导下酝
酿形成；在领导班子换届时，考察对象人选的建议名单是由本级党委常委
会研究提出并经与上级党委组织部门沟通后确定，而个别提拔任职的考察
对象则须由党委（党组）研究确定；在干部任用的决定环节，党委（党
组）按照干部管理权限集体讨论做出任免决定或者决定提出推荐、提名的
意见；② 等等。其三，国家机关、民主党派机关、工青妇机关以及国有企
业、事业单位中需要通过选举任命的选任制领导干部，其被推荐人选和提
名人选的产生过程，由各级党委及组织部门按照党内法规规定的程序产
生，在其部分程序中同样体现了党管干部原则。其四，中央和地方国有企
业领导人员的选拔任用，其推荐、考察、任免等事项分别是由中央和地方组
织部门、国有资产监督管理部门党委按照管理权限、工作职责组织实施。③

　　从不同的干部选拔任用方式来看，常规委任制与竞争性选拔干部方式
在体现党管干部原则方面各有优势和局限性。常规委任制全过程贯穿了党
管干部的原则。常规委任制干部选拔任用程序中的动议、考察、决定等环
节都充分体现了各级党委（党组）或其组织人事部门的把关作用。另外，
当党管干部原则过分强调"集中"而偏离"民主"的时候，民主推荐、民
主测评、集体决定等环节就会流于形式，出现党委主要领导或一把手说了
算的专权现象，进而引发或助长选人用人的不正之风和腐败。公开、公
平、竞争等民主特征明显的竞争性选拔干部方式，克服了常规委任制可能
出现的"少数人中选少数人"、党委主要领导或一把手说了算的弊端，有
利于避免选人用人不正之风和腐败。但同时也会出现削弱党管干部原则的
新问题。竞争性选拔干部方式的合法性基础是绩能主义，即竞聘者凭靠自

① 《事业单位人事管理条例》，国务院令第 652 号。
② 《党政领导干部选拔任用工作条例》（修订）（中发〔2014〕3 号）。
③ 《中央企业领导人员管理暂行规定》（中办发〔2009〕41 号）。

己考试成绩所证明的"绩能"而获任公职，这种自我奋斗的绩能主义正当性认知，或多或少会弱化竞聘者和公众对党的组织的认同感，致使党管干部原则面临挑战。此外，由于完全按照考试成绩高低而择优任用，缺少拥有识人用人经验的组织人事部门把关，就更难以避免出现"高分低能"的问题。因此，完善竞争性选拔干部方式，需要吸纳常规委任制的长处，充分发挥组织人事部门考察干部、识别干部、使用干部的专业优势，以弥补竞争性选拔干部方式的党管干部原则相对缺失或不足的短处。

（二）反映人民当家做主要求的扩大民主原则

人民主权是现代民主政治国家的根基。当然，中西方国家的人民主权理论渊源和民主制度安排不同。西方国家的人民主权思想源于社会契约论，强调国家权力由社会成员与生俱有且与公共事务相关的权利的授权而形成；社会主义国家的人民主权理论渊源来自历史唯物主义的人民是历史的创造者这一基本观点，强调人民在历史发展和国家治理中的主体地位，常以在内涵上与人民民主相等同的"人民当家做主"作为表达话语。人民民主是社会主义的本质要求、社会主义的生命。社会主义中国的政治建设历来强调人民当家做主的民主政治，认定"民主政治是中国共产党始终不渝的奋斗目标"[1]，并致力于在政治上创造比资本主义国家的民主更高更切实际的民主。

人民当家做主在干部人事制度和干部选拔任用制度中所延伸的基本原则是扩大民主原则。在党的领导、人民当家做主、依法治国三者的有机统一中，"以保证人民当家做主为根本"[2]。因此，扩大民主作为人民当家做主要求的体现，理应成为干部选拔任用制度的根本原则。之所以如此，是因为公共部门干部，无论是国家机关的各级党政干部，还是事业单位除专业技术人员之外的干部，以及国有企业的领导人员，均为公权掌握者。按照人民主权理论或人民民主的内在之义，以及国家一切权力属于人民的宪法规定，掌握公权者必须经由主权者即人民以直接或间接形式的委托授权方式产生。改革开放以来，干部人事制度在改革与发展过程中一直将扩大

---

① 胡锦涛：《高举中国特色社会主义伟大旗帜 为夺取全面建设小康社会新胜利而奋斗——在中国共产党第十七次全国代表大会上的报告》，《人民日报》2007 年 10 月 25 日，第 1 版。

② 胡锦涛：《坚定不移沿着中国特色社会主义道路前进 为全面建成小康社会而奋斗——在中国共产党第十八次全国代表大会上的报告》，《人民日报》2012 年 11 月 18 日，第 1 版。

干部工作民主作为其重要方向，并逐步形成一系列与之相关的话语体系。例如，选人用人科学化、民主化、制度化的"三化方向"，民主、公开、竞争、择优的"八字方针"，公开选拔、竞争上岗、公推公选的"竞争性选拔方式"，干部选拔任用的知情权、参与权、选择权和监督权的"四权"，民主推荐、民主测评的"两民主"，干部工作信息公开，干部选拔任用全过程监督，选人用人公信度等。①

在干部选拔任用制度体系的设计中，上述一系列民主话语分别通过不同方式嵌入其中而转化为指导性准则或具体规范。民主、公开、竞争、择优"八字方针"被《党政领导干部选拔任用工作条例》等干部人事法规确立为选人用人的原则或方针。《党政领导干部选拔任用工作条例》规定的党政领导干部选拔任用的动议、民主推荐、考察、讨论决定、任职五个基本环节中，在民主推荐环节，对民主推荐的程序、会议推荐和个别谈话的参加人员范围等做出 14 条规定；在考察环节，规定需要经过民主测评和根据需要进行民意调查。国有企业领导人员的组织选拔程序包括民主推荐，国有企业领导人员的竞争上岗程序包括民主测评。事业单位领导人员的选拔任用参照《党政领导干部选拔任用工作条例》及有关规定，结合事业单位实际确定。公务员晋升领导职务的程序包括民主推荐。此外，公开选拔、竞争上岗等竞争性选拔干部方式作为党政领导干部选拔任用的方式之一，虽然在其发展过程中出现了一些需要反思的问题，但亦可视为干部选拔任用中扩大民主的一种补充举措。干部选拔任用扩大民主的理论话语及其制度安排，对于抑制和避免选人用人中的跑官要官、买官卖官、行贿受贿等腐败现象产生了显著成效。

在干部选拔任用工作中，扩大民主需要持续不断地深化民主的内涵、拓展民主的外延、提升民主的程度和质量。事实上，现行的干部选拔任用在制度规范上和实际操作中均存在一些需要研究和解决的问题。近几年的高压反腐有效抑制了干部选拔任用中的跑官要官、买官卖官、行贿受贿的选人用人腐败，但并未完全解决任人唯亲、选人不公、用人不当等问题，在选拔任用的实际操作中还不同程度地存在暗箱操作、信息封闭、民主虚化、监督缺失等情况。以党政领导干部选拔任用以及参照《党政领导干部选拔任用工作条例》执行的领导干部选拔任用为例：在选拔任用初始提名

---

① 《2010—2020 年深化干部人事制度改革规划纲要》（中办发〔2009〕43 号）。

这一至关重要环节，如何明确提名主体、规范提名形式及程序、合理界定提名责任、实行提名监督等约束和制约机制，避免由党委主要领导的个人意向或由个人说了算的潜规则？在选拔任用的会议推荐、个别谈话推荐的民主推荐环节和个别谈话、民主测评的考察环节，如何按照代表性、知情度、相关性原则，合理确定推荐人员和测评人员范围，改进民主推荐、民主测评方式方法，避免由推荐者、被征求意见者、测评者与被推荐人选之间的信息不对称、利益相关性、亲疏关系以及推荐测评者的个人偏好等导致民主推荐和民主测评结果真实度不高和有失公正问题？对于需要依据法律或章程（党章、各民主党派章程、工青妇等人民团体章程等）选举和任用的领导干部，在党组织推荐、提名人选产生过程中，发挥党管干部把关作用的同时，在依法依章选举和任用中，如何保证选举人真正按照自身意愿行使选举权，保障任用机构真正享有自主决定权，避免推荐、提名人选产生后的选举和任用流于在程序上走过场的形式？在干部选拔任用过程中，如何进一步扩大信息公开范围和提高实际操作的透明度，进一步加强选拔任用的全过程监督，如何进一步落实党员和群众对干部选拔任用的知情权、参与权、选择权和监督权，以此提高党管干部的信任度和选人用人公信度？这些问题都需要在选拔任用干部相关环节的制度规范中进一步扩大民主来予以解决。

与具有党管干部优势的常规委任制比较，竞争性选拔干部方式具有凸显扩大民主的相对优点。本研究所做的问卷调查结果显示：公众、职位竞争者和组织部门干部比较一致地认为，"民主参与面广""选拔过程的公开性""选拔范围的广泛性"是竞争性选拔干部方式的主要优点。尽管如此，竞争性选拔干部方式在扩大民主方面仍然存在一些有待改进之处。例如，一些地方在竞争性选拔干部的资格条件设置上，片面地追求"年轻化""高学历"，导致"机会不公平"问题；又如，有些地方在竞争性选拔干部中有意设定有利于某些竞聘者的程序，出现通过"对少数人有利的程序实现最终有利于少数人的结果"，"以貌似公正的形式掩盖不公正的结果"等"程序不公正"现象。[①]此外，如上所述，干部选拔任用中民主推荐和民主测评结果的真实性问题和公正性问题，在竞争性选拔干部方式中同样存

<hr>

① 廖燊坤：《竞争性选拔干部认识误区及规避路径》，《领导科学》2012年第7期，第45~47页。

在。竞争性选拔干部，尤其是选拔掌握"公权"的领导干部，除了应该考虑以考试成绩和测评结果所反映的"绩能"合法性之外，还需要考虑反映民意的"民主"合法性，而民主既包括民主参与度、过程公开性，亦包含平等、公平、公正等应有之义。因此，基于扩大民主原则，竞争性选拔干部方式的制度建设，还需要在资格条件设置、程序及规则设计、民意测评方法等环节进一步扩大和强化民主要素，并注重提升民主质量。

（三）体现全面依法治国方略的依法选任原则

法治是现代政治文明的基本标志。中国特色社会主义政治必然走法治道路，这不仅在于法治是民主的保障，还在于全面依法治国是治理国家的基本方略。改革开放以来，从 1982 年党的十二大在民主与法治共生共存、相依相存关系基础上提出法制建设，到 1997 年党的十五大提出建设法治国家，再到 2017 年党的十九大提出全面依法治国，党和国家对法治的认识逐步扩展开，法治实践不断深化。党的十九大报告对中国特色社会主义法治建设的若干含义进行了阐释：一是党的领导与依法治国的关系上，"党的领导贯穿依法治国全过程和各个方面"，党领导人民制定宪法和法律，并在宪法和法律范围内依法治国、依法执政、依法行政，"任何组织和个人都不得有超越宪法法律的特权"；二是治国理政的过程中，法治要求有法可依、有法必依、执法必严、违法必究；三是法治建设包含法律体系和法治体系两项任务，法律体系是有法可依的基础，有法必依、执法必严、违法必究是法治体系的基本要求；四是依法治国和依规治党有机统一，即"依据党章从严治党、依据宪法治国理政"。[①]

在经济体制改革、政治体制改革以及干部人事制度改革过程中，干部人事工作的法制建设和法治建设一直伴随其中。1987 年党的十三大针对传统干部人事集中统一管理的大一统制度模式，提出逐步建立科学的分类管理的干部人事体制；同时要求"改变缺乏民主法制的现状，实现干部人事的依法管理"，"群众团体的领导人员和工作人员、企事业单位的管理人员，原则上由所在组织或单位依照各自的章程或条例进行管理"。[②] 此后，

---

① 习近平：《决胜全面建成小康社会 夺取新时代中国特色社会主义伟大胜利——在中国共产党第十九次全国代表大会上的报告》，《人民日报》2017 年 10 月 19 日，第 1 版。

② 赵紫阳：《沿着有中国特色的社会主义道路前进——在中国共产党第十三次全国代表大会上的报告》，《人民日报》1987 年 11 月 4 日，第 1 版。

国家公务员制度（1993 年）、法官制度（1995 年）、检察官制度（1995 年）相继建立，2000 年后建立符合不同类型事业单位特点和不同岗位特点的人事制度，事业单位干部人事制度改革全面推进，同时与社会主义市场经济体制和现代企业制度相适应的国有企业领导人员管理制度也在实践中探索。2000 年制定的《深化干部人事制度改革纲要》，将"健全干部人事管理法规体系，努力实现干部人事工作的依法管理"作为深化干部人事制度改革的基本目标之一。① 选拔任用是干部人事制度的首要环节，与整个干部人事制度一样，是社会主义民主政治的组成部分，理应体现依法治国的依法选任原则。所谓依法选任原则是指选拔任用干部工作中按照法治的要求，依据宪法、国家机构组织法、中国共产党及各民主党派组织章程、工青妇等人民团体章程等，制定干部选拔任用的党内法规和法律法规，并按照党内法规和法律法规规定的选人用人的原则、标准、程序进行选拔和任用，对选拔任用过程进行依法监督。在干部人事制度分类改革和各类干部选拔任用改革过程中，先后制定出一批干部人事选拔任用或录用的党内法规和法律法规，如党政领导干部选拔任用条例、事业单位领导人员管理暂行规定、事业单位领导人员任用 5 个办法、企业领导人员管理暂行规定等，初步形成覆盖国家机关、事业单位、国有企业领导干部选拔任用的法规体系，表明干部选拔任用基本走上有法可依和依法选任的法制轨道。

但与此同时，按照法治体系建设目标的要求，干部依法选用还存在一些有待弥补的缺失和有待改进的问题。首先，干部选拔任用有法可依的党内法规法律体系尚不健全。《2010—2020 年深化干部人事制度改革规划纲要》提出"修订《党政领导干部选拔任用工作暂行条例》，制订配套法规或实施细则，逐步形成党政领导干部管理的法规体系"②。尽管《党政领导干部选拔任用工作暂行条例》已于 2014 年修订，但与之配套的法规或实施细则还迟迟没有出台。《2010—2020 年深化干部人事制度改革规划纲要》提出"2010 年制定和实施试行办法，逐步形成主体清晰、程序科学、责任明确的干部选拔任用提名制度"③的工作目标，但干部选拔任用提名试行办法至今尚未颁布。其次，有法必依的法治体系建设中存在"虚法难依"问题。所谓"虚法难依"，是指法律条款的规定笼统、不明确、缺乏可操作

---

① 《2010—2020 年深化干部人事制度改革规划纲要》（中办发〔2009〕43 号）。
② 《2010—2020 年深化干部人事制度改革规划纲要》（中办发〔2009〕43 号）。
③ 《2010—2020 年深化干部人事制度改革规划纲要》（中办发〔2009〕43 号）。

性，导致实践中难以做到严格依法办事。再次，执法必严的法治体系建设中存在某些以惯例替代法规的不规范现象。例如，干部选拔任用程序中起始环节是动议，《党政领导干部选拔任用工作条例》所规定的该环节的事项是就选拔任用职位、条件、范围、方式、程序等提出初步建议，并未涉及如何初步拟定提名人选问题。但长期以来，作为选拔任用至关重要一环的动议环节，实际操作中事实上存在一个初始提名的惯例。由于这一惯例性做法缺少相关的法规规范，既造成初始提名的主体、形式、程序、责任不明确问题，同时也为引发选人用人上的不正之风留下空间。最后，违法必究的法治体系惩戒制度存在选拔任用责任追究难以实行的困境。2010 年颁布的《党政领导干部选拔任用工作责任追究办法（试行）》虽已实行数年，迄今为止很少有因为干部选拔任用工作违规违纪、失察失误而被追究责任的案例报道，但这并非意味着干部选拔任用工作中不存在此类问题，而是在很大程度上说明选人用人过程中某些不规范之处所导致的责任问题追究没有落到实处。

竞争性选拔干部方式同样存在有待于加快法治建设来解决的问题。其中比较突出的问题是缺少专门党内法规、"虚法难依"和缺少与相关人事制度对接的法规规定。2014 年修订的《党政领导干部选拔任用工作条例》第九章对公开选拔和竞争上岗等竞争性选拔干部方式的范围、资格条件设置、程序等做出了新的规范。但新条例颁布后，至今尚未依据新条例第九章的相关新规定制定出新的竞争性选拔干部方式的专门党内法规，而 2004 年颁布的《公开选拔党政领导干部工作暂行规定》和《党政机关竞争上岗工作暂行规定》事实上又处于停摆状态，这就造成竞争性选拔干部实践中缺少专门党内法规规范的无法可依的问题。同时，修订版的《党政领导干部选拔任用工作条例》对公开选拔和竞争上岗等竞争性选拔干部方式的资格条件并未做出明确规定，对基本程序和方法的规定过于笼统，在一定程度上存在"虚法难依"的问题，导致各地在实施竞争性选拔干部活动时在资格条件的确定、程序的设计、考试和测评方法的选用等方面出现各行其是的情况。此外，关于竞争性选拔干部方式与常规委任制的关系，《党政领导干部选拔任用工作条例》中并没有做出明确规定；对于竞争性选拔干部方式如何与相关干部人事单项制度对接，有关干部人事法规亦缺少明确规定。

因此，基于依法选任原则，首先，加快修订 2004 年版的《公开选拔党政领导干部工作暂行规定》和《党政机关竞争上岗工作暂行规定》，对公开选拔和竞争上岗的适用范围及干部类别、资格条件、考试形式及选拔规则、组织考察等环节以及竞争性选拔程序等，做出比较明确的新规定；其次，依据《党政领导干部选拔任用工作条例》的有关规定和公开选拔、竞争上岗两个专门党内法规，制定并下发更具体的竞争性选拔干部工作的指导性文件；最后，梳理和研究竞争性选拔干部实践中反映出的与其他相关干部人事制度不一致、不衔接、不统一的法律障碍问题，在相关党内法规和法规文件中做出相应的调整或补充规定。由此形成专门党内法规与指导性法规文件相配套、与干部人事相关党内法规和法律法规相衔接的比较完整的竞争性选拔干部法律规范体系。

二　确定竞争性选拔干部方式的合理适用范围

（一）干部概念和干部人事制度的现行分类体系

从语言学上追根溯源考察，"干部"一词起源于拉丁文，后经意大利文传入法文。英、德、俄、日文中的干部一词均从法文中借用而来。在拉丁文中干部的词义是四边形。法文中干部一词有两种词义：物体框架或骨架；军队中的军官或骨干。英文中干部的词义基本沿用法文含义。日文中干部一词与中国的繁体字相同，是指军队、国家机关和公共团体中的骨干人员。中国古文中分别有"干""部"两字，但无"干部"一词。对于干部一词从哪国语言文字引入中国的问题，学界主要有两种观点：一种观点是从日文引入，理由是干部一词与中国的繁体字相同且读音相似；另一种观点是从俄文引入，因为中国的干部人事制度参照苏联而建立起来。

西方国家没有将语言学中干部一词引入近现代人事制度。苏联人事制度中曾广泛使用干部的概念，一般用以指除直接生产人员外的国家工作人员。20世纪初之后，孙中山、毛泽东等人的讲话中都曾多次使用干部一词。1922年7月中国共产党第二次全国代表大会制定的党章中，首次使用了干部一词。此后，从新中国成立前的革命根据地时期至今，干部成为一个使用范围越来越广的基本人事概念。尽管如此，各种词典和辞书中很少对干部概念做出清晰的内涵及外延界定。

从人事编制或人事身份意义上，干部属于工人概念的对称。所有在各级国家机关、事业单位、国有企业等组织中正式就业人员统称职工，职工划分为干部与工人两大层次类别。工人又称工勤人员、工勤技能人员，一般不具有大专学历和从事操作性、技能性及劳务性工作；干部具有大专及以上学历并从事领导、管理工作或专业技术工作。按照人事统计口径解释，干部包括中国共产党及各民主党派机关、国家机关、人民团体或群众团体机关、事业单位、国有企业、军队等组织和机构中相当于办事员及以上的工作人员。根据不同标准可以做不同分类。按组织性质，干部分为党政机关干部、事业单位干部、国有企业干部、军队干部等。按是否担任领导职务，干部分为领导干部与一般干部。根据职务层级，干部分为乡科级干部、县处级干部、厅局级干部、省部级干部、国家级干部。

本研究所指的"竞争性选拔干部方式"中的"干部"，主要是指各类各级领导干部，其类别包括党政领导干部、事业单位领导干部、国有企业领导干部。其中，党政领导干部包括各级中国共产党机关、民主党派机关、人大机关、政府机关、司法机关、政协机关、人民团体机关中担任县处级及以上领导职务的干部。另外，按照《公务员法》的界定，乡镇的乡科级职务属于领导职位，因此乡科级公务员亦可称为党政领导干部。①

由于干部本身是一个大一统的人事概念，直到 20 世纪 80 年代中后期，我国对各类不同性质组织的干部和各类不同职业特点的干部，一直沿用统一的干部人事管理制度。以至于干部概念过于笼统、缺乏科学分类，逐渐成为干部人事制度不适应政治、经济、社会各项事业发展的一大缺陷，并衍生出不利于人事管理科学化、规范化、法制化管理的其他弊端。1987年，党的十三大政治报告提出，要建立科学的分类管理体制，改变用党政干部的单一模式管理所有人员的现状，形成各具特色的管理制度。② 此后，以 1993 年开始探索建立国家公务员制度为突破口，至今初步形成了各具特色的分类分层管理的干部人事制度体系。

目前的分类分层管理干部人事制度体系主要由四类制度组成。第一类是公务员制度，包括中国共产党机关工作人员、人大机关工作人员、行政机关工作人员、政协机关工作人员、审判机关工作人员、检察机关工作人员和民主党派机关工作人员等，依据《公务员法》和各个公务员单项法规实施管理；第二类是事业单位人事制度，涉及科教文卫等各行各业事业单

---

① 《中华人民共和国公务员法》，2005。
② 赵紫阳：《沿着有中国特色的社会主义道路前进——在中国共产党第十三次全国代表大会上的报告》，《人民日报》1987 年 11 月 4 日，第 1 版。

位工作人员，依据《事业单位人事管理条例》等法规实施管理；第三类是国有企业人事制度，普通干部和员工的人事管理实行企业自主管理，领导人员适用党管干部原则，实行与公司治理结构相适应的企业领导人员管理体制，其内容包括企业领导人员的选拔任用方式、综合考核评价机制、薪酬管理办法等；第四类是涵盖国家机关、事业单位、国有企业的领导干部制度，主要依据或参照中共中央或中共中央组织部制定的党内法规实施管理。政府直属事业单位以及工会、共青团、妇联等人民团体及其内设机构领导成员参照党政领导干部制度实施管理，事业单位、国有企业的领导干部一定程度上也参照党政领导干部制度实施管理。

（二）不同合法性的四种干部选拔任用形式

1. 选任制

选任制即通过选举来进行官员任用，其合法性基础植根于人民主权、民主政治、代议制等理论，其合法性逻辑是：拥有主权的人民或拥有权利的组织成员，通过直接或间接投票的选举方式将权力、权利授给自己的代表或领导人，由被授权代表组成的代议机构或领导人代表其行使国家权力或组织权力。选举的原则、程序、选任人员的任期由宪法、选举法或组织章程规定。在国外，国家和地方议会的议员、内阁制国家的首相、总统制国家的总统及副总统、地方行政首长等都属于选任制官员。

与西方国家不同，中国实行具有特色的社会主义制度，中国选任制的合法性基础也必然与西方国家不完全相同。《中华人民共和国宪法》明确规定：中华人民共和国的一切权力属于人民。[①] 这一规定是对人民主权合法性的确认。除人民主权合法性基础之外，还有社会主义国家的党的领导的合法性基础，"中国共产党的领导是中国特色社会主义最本质的特征"[②]。党的领导的合法性基础来源于历史功绩合法性和利益代表合法性。《中华人民共和国宪法》序言指出：中华人民共和国是在中国共产党领导中国各族人民取得了新民主主义革命胜利后建立起来的，中国社会主义事业的成就是中国共产党领导中国各族人民所取得的，今后，中国各族人民将继续在中国共产党领导下把国家建设成为富强、民主、文明的社会主义国家。[③]

---

① 《中华人民共和国宪法》（第5版），2018。
② 《中华人民共和国宪法》（第5版），2018。
③ 《中华人民共和国宪法》（第5版），2018。

这几句至关重要的阐述可以认为是对党的领导的历史功绩合法性的高度概括。《中国共产党章程》总纲开宗明义写道：中国共产党是中国特色社会主义事业的领导核心，代表中国先进生产力的发展要求，代表中国先进文化的前进方向，代表中国最广大人民的根本利益。这"三个代表"又可概括为党的领导的利益代表合法性。人民主权合法性和党的领导合法性构成中国干部选任制的双重合法性逻辑基础。

这种独特的双重合法性逻辑体现在相关党内法规、法律法规、组织章程对选任制适用职务以及程序之中。按照中国共产党章程、全国人民代表大会和地方各级人民代表大会选举法、地方各级人民代表大会和地方各级人民政府组织法、国务院组织法、人民法院组织法、人民检察院组织法、工青妇组织章程等法律或章程规定：中共中央和地方党的机关、权力机关、行政机关、司法机关、民主党派机关、工青妇机关等机构或组织中担任一级领导职务的干部，分别由同级党代会、人代会、民主党派委员会、工青妇委员会选举产生和任免，事业单位和国有企业党委班子成员，纪检委书记、副书记等由党的基层组织选举产生。按照《公司法》等法律法规规定，国有企业董事长、副董事长等董事会成员和监事会主席、副主席等监事会成员也由选举产生（见表 6-1）。上述规定体现了在国家层面通过人代会制度实现的人民主权要求和在组织层面的组织成员行使权利的选任制合法性。同时，上述选任制领导干部的推荐人选和提名人选，则由各级党委及组织（人事）机构按照《党政领导干部选拔任用工作条例》等党内法规规定的程序产生，这又体现了党的领导及其衍生出的党管干部的合法性逻辑。

表 6-1　我国各类机构和企事业单位的选任制干部

机构/组织	选任制职务
中国共产党各级领导机关	中共中央总书记，政治局常委、委员，地方各级委员会书记、副书记、常委、委员，各级纪律检查委员会书记、副书记，基层委员会、总支部、党支部书记、副书记等
各级国家权力机关	全国人民代表大会常务委员会委员长、副委员长、常委，地方各级人民代表大会常务委员会主任、副主任，乡镇人民代表大会主席、副主席等
各级国家行政机关	国务院总理、副总理、国务委员、部长、委员会主任、审计长、秘书长，省长、副省长、自治区主席、副主席、市长、副市长、州长、副州长、县长、副县长、区长、副区长、乡长、副乡长、镇长、副镇长，政府秘书长、厅长、局长、委员会主任等

续表

机构/组织	选任制职务
各级国家司法机关	人民法院院长和人民检察院检察长，人民法院的副院长、庭长、副庭长、审判员，人民检察院副检察长、检察委员会委员和检察员等
各民主党派机关	中央委员会主席、副主席、常委、秘书长、职能工作部门的正职负责人，副秘书长、职能工作部门的副职负责人，地方各级委员主任、副主任、常委等
工青妇机关	全国总工会书记、副书记，地方总工会主席、副主席，全国妇联主席、副主席，地方各级妇联主席、副主席，团中央第一书记、书记，团的地方各级委员会书记、副书记等
事业单位	党委班子成员，纪检委书记、副书记等
国有企业	党委（党组）班子成员，纪检委书记、副书记等，包括董事长、副董事长在内的董事会成员、监事会主席、副主席等监事会成员

注：根据相关法律和组织章程的有关规定整理。

2. 委任制

委任制可释义为任命制，是具有自身合法性基础的国家领导人、机构或组织根据宪法或法律授权，并依据法律规定条件、规则及程序任用国家公职人员。在西方国家如英国女王根据首相提名任命内阁大臣，美国国会参议院根据总统提名批准各部部长任用，以及各种国家机构由其行政首长或法定机构任用内设机关和下属部门的领导职务等，一般认为均属于委任制。国外委任制合法性基础主要来源于政党政治的"政党分赃"惯例或被授权者再授权法则。从担任国家政治公职的合法性逻辑来说，英国首相和美国总统之所以有权提名内阁大臣或各部部长人选，是因为英国首相和美国总统拥有公民授权的合法性基础，英国首相本身以及内阁大臣提名权的合法性来自其所领导的政党在下院这一民选的代议机构中获得多数席位，总统及各部部长的提名权的合法性来自总统由选民选举产生。

中国干部人事制度的党内法规和法律法规并没有对委任制范围直接做出明确规定，尽管如此，通过对相互衔接的干部人事党内法规和法律法规进行梳理，从中可以做出分辨和归纳。《公务员法》在职务任免一章中规定：公务员职务实行选任制和委任制，同时规定法律对公务员中的领导成员的产生、任免另有规定的从其规定。[①] 这里所说另有规定的党内法规主要是指《党政领导干部选拔任用工作条例》（简称《条例》），而该《条

---

① 《中华人民共和国公务员法》，2005。

例》一般被认为适用于委任制干部。再者，录用担任主任科员以下及其他相当职务层次的非领导职务公务员属于考任制，录用专业性较强的职位、有特殊需要的辅助性职位实行聘任制。由此可以推断，除选任制、考任制、聘任制以外的公务员都属于委任制。

《党政领导干部选拔任用工作条例》还规定：选拔任用参照公务员法管理的县级以上党委和政府直属事业单位和工会、共青团、妇联等人民团体及其内设机构领导成员和处级以上非领导职务干部，参照本条例执行；乡（镇、街道）的党政领导干部选拔任用由省、自治区、直辖市党委根据本条例制定相应的实施办法。^① 据此规定，县级以上党委和政府直属事业单位、工青妇等人民团体及其内设机构领导干部和处级以上非领导职务干部、乡（镇、街道）的党政领导干部，均属于委任制。此外，按照《事业单位领导人员管理暂行规定》，省级以上党委和政府直属以及部门所属事业单位领导班子成员，省级以上人大常委会、人民政协、纪委、人民法院、人民检察院、群众团体机关所属事业单位领导班子成员，其选拔任用也都属于委任制。概括而言，委任制适用于公务员系统、工青妇等人民团体、事业单位的几乎所有处级及以上干部和乡（镇、街道）的科级干部。

从以上梳理中，可以概括出我国干部委任制的若干基本特点：一是委任制范围大，涵盖国家机关、人民团体、事业单位三大类机构组织，包括三大类机构组织中几乎所有各级领导干部和处级以上非领导职务干部；二是以上已有所论及的选任制与委任制结合，选任制干部的推荐、提名人选的产生适用委任制，其选举和任免适用有关选任制的法律、章程和规定；三是所有委任制干部的选拔任用，依据《党政领导干部选拔任用工作条例》等干部人事党内法规，由各级党委（党组）及其组织（人事）部门，按照干部管理权限组织实施。委任制的这三个基本特点，构成中国干部任用方式的主要特色，亦是中国干部人事制度的特色之一。这些特点和特色的合理性内生于中国特色社会主义制度以及由中国特色社会主义制度决定的中国特色社会主义政治制度。

建立在历史功绩合法性和利益代表合法性基础上的党的领导在中国特色干部人事制度中体现为党管干部原则。党管干部原则在干部选拔任用上主要表现为：依据干部人事党内法规和法律，选拔任用各类各级委任制干

---

① 《党政领导干部选拔任用工作条例》（修订）（中发〔2014〕3号）。

部和推荐、提名选任制干部人选。党管干部原则决定了国家机关、人民团体、事业单位、国有企业的领导干部统一由党的组织部门依据《党政领导干部选拔任用工作条例》等党内法规实施选拔任用。

人民代表大会制度不同于西方国家的代议制民主制度，国家权力机关与行政机关、司法机关之间不存在基于三权分立理论和"政治－行政"两分法的相互制衡关系，因此，权力机关、行政机关、司法机关的干部同样实行党管干部原则。这既是三类国家机关人员都纳入公务员系统的原因，也是选任制干部的推荐、提名人选的产生适用委任制的原因。中国共产党领导的多党合作制度不同于西方国家的两党制、多党制等竞争性政党政治。中国共产党与各民主党派之间是执政党与参政党关系，不存在执政党与在野党的关系以及轮流执政问题，同时八个民主党派的各自章程都确认接受中国共产党的领导。因此，选拔任用包括民主党派人员在内的非中共党员领导干部也自然参照性地部分适用委任制。工青妇等人民团体在各自章程中都明确是中国共产党领导的群众组织或群众团体，既然是中国共产党领导的群众组织或群众团体，人民团体及其内设机构领导成员也同样参照性地部分适用委任制。中国特有的事业单位提供公益服务的主要载体，属于公共部门组织。既然是国家举办或者利用国有资产举办的公共组织，其担任一定级别的领导干部的选拔任用，理所当然地适用委任制。

3. 考任制

考任制即通过竞争性考试任用。与合法性基础来自人民主权、民主政治、代议制等理论的选任制不同，考任制的合法性基础是绩能主义。考任制意义上的绩能主义，是指凭借通过竞争性考试所证明的相对较优的知识和能力而担任公职。世界各国官吏史上，通过考试方式选拔任用官员，直接或间接地来自中国从隋朝开始并历时1300年的科举制度，这一点已被西方国家普遍认可。英国、美国等西方国家之所以在19世纪中下半叶创建公务员制度，是为了应对官员任用上由于实行大面积"政党分赃制"而产生的政府周期性动荡和政府行政及政策缺乏连续性的弊端。通过借鉴中国古代考试选拔任用官吏的科举制度，既使事务官任用有了绩能主义的自身合法性基础，也使基于政党政治合法性、官员与政党共进退的"政党分赃制"缩小至政务官范围，由此形成的"两官分途"解决了政党政治带来的政府周期性动荡和政府行政及政策缺乏连续性的制度性问题。以考试方式选拔任用非政务官，既是以西方国家为代表的公务员制度的原初特征，也是当今各国公务员制度的核心特征，公务员选拔任用方式属于典型的考任制。

同样，尽管由于国情尤其是社会制度不同，中国公务员制度具有自身特色，但在通过竞争性考试录用公务员这一任用方式上，亦属于典型的考任制。无论是公务员制度建立之时制定的《国家公务员暂行条例》，还是2005年颁布的《公务员法》，都明确规定录用担任主任科员以下及其他相当职务层次的非领导职务公务员，采取公开考试、平等竞争、择优录取的办法。此外，按照2004颁布的《事业单位人事管理条例》和2005年下发的《事业单位公开招聘人员暂行规定》的要求，事业单位新聘用专业技术人员、管理人员等工作人员，应当面向社会公开招聘，公开招聘的程序包括考试和考核。据此，事业单位招聘干部职位公职人员的形式，宽泛意义上也可以视为考任制。当然与公务员考任制相比较，它是一种与聘任制相联系的非典型的考任制。

4. 聘任制

聘任制即由有用人需求并设定资格条件的用人单位与有求职意愿且符合资格条件者，按照平等、自愿、协商一致的原则，通过签订包含各自权利和义务等内容的聘用合同而形成的工作关系的任用形式。其合法性基础是聘用以合同形式订立的工作契约。这种合法性基础，既不同于选任制，也不同于委任制，但与基于绩能主义合法性基础的考任制相似。在国外，政务官的辅助人员（如议员的助手等）、公务员中部分紧缺人才、专业性强的职位以及公立的学校、医院、国有企业等公共组织的经营管理人员一般采用聘任制。

我国公务员中一些专业性较强的职位及其领导职务、有特殊需要的辅助性职位采用聘任制。专业性较强的职位是指那些具有低替代性，要求具备经过专门学习才能掌握的专业知识、专业技能的职位；辅助性职位是指具有较强事务性，在机关工作中处于辅助地位的职位。[①] 事业单位中除领导人员外，所设置的管理岗位、专业技术岗位、工勤技能岗位已纳入聘用制轨道，[②] 领导人员区别不同情况实行选任制、委任制、聘任制，其中担任行政领导职务人员通过公开选拔（聘）等方式产生的领导人员将逐步推行聘任制。[③] 中央企业领导人员，可采取委任制、聘任制、选任制，其中，

---

① 《聘任制公务员管理规定（试行）》（厅字〔2017〕40号）。
② 《事业单位岗位设置管理试行办法》（国人部发〔2006〕70号）。
③ 《事业单位领导人员管理暂行规定》（中办发〔2015〕34号）。

设立董事会的中央企业经理班子成员实行聘任制。[1]

（三）不同任用形式的竞争性选拔方式适用范围

竞争性选拔方式可以泛指所有通过考试等评价手段或投票选举法则优胜劣汰地进行人才选拔。从这一宽泛意义上说，中外公务员考试录用、企业等组织的员工招聘以及国外的政治职位竞选等都属于竞争性选拔的范畴，或者说竞争现象普遍存在于考任制、聘任制、选任制三种任用形式之中。本研究所指的竞争性选拔干部方式，显然不是这一宽泛意义上的命题，而是有其特定的命题来源、干部人事制度改革背景和特定题意。

2009 年中共十七届四中全会通过的《中共中央关于加强和改进新形势下党的建设若干重大问题的决定》最先提出"竞争性选拔干部方式"这一概念表述，[2] 同年颁布的《2010—2020 年深化干部人事制度改革规划纲要》提出要"加大竞争性选拔干部工作力度"，"积极探索多种形式竞争性选拔干部办法"[3] 的改革要求。2013 年中国共产党第十八次全国代表大会报告进一步提出"完善竞争性选拔干部方式"[4] 的干部人事制度深化改革的新要求。提出这一命题的动态背景是：自 20 世纪 80 年代中期以来，在对传统大一统委任制干部任用模式的结构性改革过程中逐步形成并在 2009 ~2012 年快速推广的竞争性选拔成为选拔任用干部的一种新方式。2014 年中共中央颁布的修订版《党政领导干部选拔任用工作条例》规定，"公开选拔、竞争上岗是党政领导干部选拔任用的方式之一"[5]。从严格意义上说，竞争性选拔干部方式就是公开选拔、竞争上岗的统称。[6] 公开选拔是指党委及其组织（人事）部门面向社会一定范围，采取公开报名、考试与考察相结合的办法选拔领导干部的人事活动，[7] 竞争上岗是指各级国家机关、事业单位、国有企业在本单位或本系统内部，通过公开和竞争的方式

---

① 《中央企业领导人员管理暂行规定》（中办发〔2009〕41 号）。

② 中国共产党第十七届中央委员会第四次全体会议：《中共中央关于加强和改进新形势下党的建设若干重大问题的决定》，《人民日报》2009 年 9 月 19 日，第 1 版。

③ 《2010—2020 年深化干部人事制度改革规划纲要》（中办发〔2009〕43 号）。

④ 胡锦涛：《坚定不移沿着中国特色社会主义道路前进 为全面建成小康社会而奋斗》，《人民日报》2012 年 11 月 18 日，第 1 版。

⑤ 《党政领导干部选拔任用工作条例》（修订）（中发〔2014〕3 号）。

⑥ 干部选拔任用制度改革中，公推公选、公开遴选等也被一些学者在相关研究中称为竞争性选拔干部方式，但本课题主要研究公开选拔、竞争上岗这两种竞争性选拔干部方式。

⑦ 《公开选拔党政领导干部工作暂行规定》（中办发〔2004〕13 号）。

选拔内设机构或工作部门领导干部的人事活动。[①]

　　竞争性选拔干部的目的是通过体现民主、公开、竞争、择优原则的机制来选拔任用合适的人才，促使优秀人才脱颖而出，并从制度安排上避免干部任用中的不正之风，提高选人用人公信度。在干部人事制度改革实践中，竞争性选拔干部在一定程度上达到预期目的。据本研究所做的问卷调查统计分析，公众、职位竞争者、组织部门干部都相对集中地认为通过竞争性选拔干部方式有利于选拔出优秀干部和避免任用干部中的不正之风；无论是公众与职位竞争者还是组织部门干部，都比较一致地认为采用竞争性方式公开选拔干部提高了选人用人公信度。但在 2009～2012 年，由于 2009 年颁布的《2010—2020 年深化干部人事制度改革规划纲要》硬性规定"到 2015 年，每年新提拔厅局级以下委任制党政领导干部中，通过竞争性选拔方式产生的，应不少于三分之一"[②]，各地为完成和超额完成指标，出现了竞争性选拔干部活动的"大跃进"，由此产生了一些偏离应然轨道的问题，其中一个突出问题就是无限制地扩大竞争性选拔干部方式的应用范围。这正是 2013 年 6 月全国组织工作会议对竞争性选拔干部活动进行纠偏的背景及原因。然而，纠偏并不意味着否定或取消竞争性选拔干部方式的做法，而是应该理性纠正竞争性选拔干部干部在实践中出现的偏差问题，尤其是解决在"大跃进"阶段将其扩大化地应用于各种组织、各类干部的不科学、不合法、不合理问题。为此，本研究根据选任制、考任制、委任制、聘任制四种任用形式的不同合法性基础及其逻辑，以及相关党内法规、法律法规和各类组织的章程对四种任用形式的规定，探索性提出竞争性选拔方式的适用范围。

1. 各种选任制干部不宜采用竞争性选拔方式

　　如前所述，选任制人员任职的合法性基础是通过直接或间接的投票选举方式产生，选举的原则、规则及程序由宪法、选举法或组织章程规定。采用以考试为重要评价手段的竞争性选拔方式，既背离了选举任用的一般原则，亦不符合宪法、中国共产党章程、全国人民代表大会和地方各级人民代表大会选举法、地方各级人民代表大会和地方各级人民政府组织法、各民主党派章程、工青妇组织章程以及公司法等法律或章程的规定。同

---

① 《党政机关竞争上岗工作暂行规定》（中办发〔2004〕13 号）。
② 《2010—2020 年深化干部人事制度改革规划纲要》（中办发〔2009〕43 号）。

时，中国特色的选任制的一个重要特点是选任制与委任制结合，选任制干部的推荐、提名人选的产生适用委任制，其选举和任免适用有关选任制的法律、章程规定。这种选任制加委任制的中国特色的选任制，维护了人民当家做主的选举授权合法性基础，发挥了体现党的领导的党管干部原则的把关作用，体现了依法治国方略的依法任用原则。当然，从完善中国特色选任制意义上，如何在巩固和加强选任制合法性的基础上，合理地将委任制的推荐、提名人选产生程序嵌入其中？如何加强选任制的民主机制和适度的竞争机制？如动议或初始提名、民主推荐、考察、研究决定等环节的民主机制和初始提名、差额选举等环节的适度竞争机制，这是干部选拔任用制度进一步深化改革中需要进行实践探索和理论研究的重要课题。

2. 委任制党政干部限定性采用竞争性选拔方式

竞争性选拔干部方式形成于 20 世纪 80 年代以来对大一统干部委任制进行改革的过程之中。2013 年 6 月，全国组织工作会议之后修订的《党政领导干部选拔任用工作条例》（以下简称《条例》），确定公开选拔、竞争上岗是党政领导干部选拔任用的方式之一。本研究认为，该《条例》是对除选任制之外的委任制干部选拔任用的规范，换句话说，属于委任制条例。因此，无论是从干部选拔任用制度改革的起始目的来看，还是依据现行的委任制党政领导干部选拔任用的党内法规对其定位，公开选拔、竞争上岗等竞争性选拔干部方式都适用党政领导干部。《条例》之所以将公开选拔、竞争上岗定位于"党政领导干部选拔任用的方式之一"，按照我们理解，竞争性选拔方式是委任制的一种非主体性辅助方式，常规委任制是选拔任用党政领导干部的主体方式。《条例》的 71 条规定中，除第 50 条至第 53 条的 4 条之外，实际上都是对常规委任制干部选拔任用的规范。《条例》第 50 条至第 53 条，对竞争性选拔方式的适用条件及范围做出限定性规定。面向社会公开选拔，一般适用于所需任用的领导职位出现空缺且本地区、本部门没有合适人选，特别是需要补充的紧缺专业人才，公开选拔县处级以下领导干部一般不应跨省（自治区、直辖市）进行；限定在本单位或者本系统内部进行的竞争上岗，一般是在本单位本系统符合资格条件人数较多且人选意见不易集中的情况下可以采用。①

尽管 2014 年修订的《党政领导干部选拔任用工作条例》对 2002 年版

---

① 《党政领导干部选拔任用工作条例》（修订）（中发〔2014〕3 号）。

《党政领导干部选拔任用工作条例》中"公开选拔和竞争上岗"一章的相关条款,针对公开选拔、竞争上岗快速推广期间出现的问题做了纠偏性修改,但新旧《条例》的规定都属于原则性规范。在 2014 年新《条例》出台后,至今还没有对根据旧《条例》于 2004 年制定的《公开选拔党政领导干部工作暂行规定》和《党政机关竞争上岗工作暂行规定》两个单项党内法规进行修订,两个单项党内法规事实上处于休眠状况,这就存在一个公开选拔和竞争上岗的单项法规缺位现象。同时,作为公务员转任方式之一的公开遴选,即市(地)级以上机关从下级机关公开择优选拔任用内设机构公务员,从其适用对象、遴选程序、笔试和面试、差额遴选的设定来看,也属于一种新的竞争性选拔委任制公务员的方式;参照《党政领导干部选拔任用工作条例》,选拔任用参照《公务员法》管理的事业单位的委任制干部,适用《事业单位领导人员管理暂行规定》的事业单位委任制干部,可以选择性采用竞争性选拔方式,如《事业单位领导人员管理暂行规定》规定"选拔事业单位领导人员,根据行业特点和岗位要求,可以采取组织选拔、竞争(聘)上岗、公开选拔(聘)等方式进行"①。但事业单位在试图结合组织性质、行业特点、职业类别采用切合自身需要的委任制干部竞争性选拔方式时,缺少可以参照的上位单项党内法规或法规。因此,规范和完善委任制干部竞争性选拔方式,就有必要在国家层面制定出适用委任制党政领导干部和事业单位领导干部的公开选拔、竞争上岗的专项法规。

3. 考任制和聘任制干部不同程度适用竞争性选拔方式

考任制、聘任制与选任制、委任制之间存在若干不同。其一是合法性基础不同。选任制的合法性基础是基于人民主权的公民授权或基于政治组织主权的组织成员授权;委任制合法性逻辑是具有自身被授权合法性基础者依法行使公共权力;考任制的合法性基础是绩能主义;聘任制的合法性基础是聘用者与被聘者之间以合同形式订立的工作契约。其二是适用公职类别不同。选任制适用于需要通过党代会、人代会、民主党派委员会、工青妇委员会等政治组织选举产生的领导干部;委任制适用于除选任制之外的领导干部并部分适用于选任制干部;考任制用于录用主任科员以下非领导职务公务员和事业单位新聘用专业技术人员以及管理人员;与考任制有

---

① 《事业单位领导人员管理暂行规定》(中办发〔2015〕34 号)。

一定重合的聘任制适用专业性较强职位及辅助性职位、事业单位的管理岗位和专业技术岗位。其三是主管机构不同。选任制干部的推荐及提名人选的产生、委任制干部的选拔任用的主管机构是党委（党组）及其组织部门，考任制公务员的录用及管理主管机构是政府的公务员部门，事业单位聘任制人员由本单位人事部门聘用和管理。其四是法规规范不同。选任制、委任制一般由党内法规和组织章程规范，考任制与聘任制由政府制定的行政法规规范。考任制与聘任制之间则具有相似性，如合法性基础、适用人员层次类别、主管机构、法规性质的相似性等。

具有相似性的考任制和聘任制本来就属于竞争性选拔方式。考任制公务员采取公开考试、平等竞争、择优录取的办法录用，是一种比较典型的竞争性选拔方式。聘任制中，无论是专业性较强职位和辅助性职位的聘任制公务员，还是事业单位聘任制行政领导人员、专业技术人员和管理人员，以及国有企业聘用经理等行政领导人员，都面向社会公开招聘，招聘程序大同小异，都采用考试测评方法，除了以聘用合同形成工作关系之外，与原来意义上的公开选拔、竞争上岗等竞争性选拔方式没有多少区别。因此，本研究认为，原来意义上的竞争性选拔方式可以扩大其外延，将委任制、考任制、聘任制的竞争性选拔都统一纳入一般意义上的竞争性选拔范畴。与此同时，结合国家机关、事业单位、国有企业不同组织性质和不同职务层次、职位类别的特点，并按照政企分开、政事分开的要求，在体现党管干部、党管人才原则的基础上，逐步形成既有统一性又有多样性的竞争性选拔干部方式。例如，国家机关党政领导干部、事业单位领导人员采用比较严格意义上的公开选拔、竞争上岗等竞争性选拔方式，国有企业经理等领导人员采用竞争性选拔方式时，兼顾市场机制作用，并遵循《公司法》的相关规定，聘任制中公开招聘专业性较强职位和专业技术人员，其选拔聘用程序可以适当简化。

三　优化竞争性选拔干部方式的运行程序

（一）优化运行程序的指导思想

程序公正是公平正义的基本要求，由于其对于社会存在具有底线意义，在处理诸多社会问题和调整社会中人与人之间关系的场景中发挥着重要作用。对于竞争性选拔干部方式而言，选拔程序设计不仅涉及公平正义问题，同时亦会影响程序运行的效率和成本。按照 2014 年修订的《党政领导干部选拔任用工作条例》第九章对 "公开选拔和竞争上岗" 的原则规定，其工作程序应当经过这样几个阶段：公布职位、资格条件、基本程序和方法—报名与资格审查—采取适当方式进行能力和素质测试、测评，比选择优—组织考察，研究提出人选方案—党委（党组）讨论决定—履行任职手续。[①] 在以往的竞争性选拔干部活动中，由于对竞争性选拔干部方式使用范畴的扩大化，很多地方和部门或多或少存在选拔程序设置复杂化以及程序使用不一致问题，有些地方或部门甚至存在同类职位的选拔程序反复变化的问题。在一定程度上，这可以视为对竞争性选拔模式的一种积极探索，但是，选拔程序的多变性和不确定性对于选拔结果造成的差异性有着直接的影响，并由此影响选拔结果的权威性。正因为如此，2013 年 6 月，中共中央总书记习近平在全国组织工作会议上明确指出："把好干部选用起来，需要科学有效的选人用人机制。要紧密结合干部工作实际，认真总结，深入研究，不断改进，努力形成系统完备、科学规范、有效管用、简便易行的制度机制。"[②] 因而，优化竞争性选拔干部方式的运行程序，是完善竞争性选拔干部方式的应有之义。

优化竞争性选拔干部方式运行程序，应遵循的基本指导思想如下。一是必须保证选拔程序的合法性。尤其是对于在委任制范畴内目前有明确制度依据的公开选拔、竞争上岗等竞争性选拔干部方式应严格按照《党政领导干部选拔任用工作条例》第九章所规定的选拔程序进行，不随意省略和增加环节，以维护中央法规的权威性。二是必须保证选拔程序的逻辑合理性，不随意变更各个环节运行的先后顺序，以避免由于局部流程颠倒而对公平造成的损害。三是选拔程序简化优化的着重点应放在如何有效提升法定环节的公平性、竞争性、民主性和人岗适配的区分度，以及如何合理安排各个环节的时间配置以压缩选拔周期和合理控制选拔成本等方面。

（二）选拔程序中具体环节的优化完善

1. 公开报名与资格审查环节的优化完善

公开报名与资格审查状况直接影响竞争性选拔干部活动能否形成有效

① 《党政领导干部选拔任用工作条例》（修订）（中发〔2014〕3 号）。
② 习近平：《建设一支宏大高素质干部队伍　确保党始终成为坚强领导核心》，《人民日报》2013 年 6 月 30 日，第 1 版。

的竞争人选来源以及以此为基础的选拔基准质量。目前，这方面存在的比较普遍的问题是对于报名资格设定自由操作空间过大，资格条件的规定笼统、模糊，尤其是在选拔公告中缺乏明晰的职位素质标准要求，难以形成竞争性选拔的导向效应。因此，需要对这一环节的相关制度进一步优化和完善。

其一，在选拔公告中，除了明确报考的资格条件外，同时应以职位说明书的形式提供招考职位的主要职责及其所需的胜任素质框架，使整个选拔过程据以进行的标准明晰化和公开化，以利于更好地引导潜在的职位竞争者根据自身的素质条件有序参与而实现"人职匹配"的选拔目标。

其二，鉴于竞争性选拔干部方式的竞争属性，除了一些特殊岗位外，公开报名的一般资格条件应严格按照《党政领导干部选拔任用工作条例》所提供的条件与资格确定，而不宜随意拔高或放宽，以避免引发"量身定制"的自由解读而损害选拔活动的公信度和公平性。对于现有竞争性选拔制度中有关报名条件和资格的模糊表达，如"在国有企业、事业单位工作的报名人员，应当具备与所报职位要求相当的资格""对有特殊要求的职位，可以附加其他条件"① 等条款应该给予更加明确的规定。同时，准入资格的确定还应充分考虑不同职位层级和职位类别的特殊性以及干部人才成长的规律性。

其三，资格审查是对报名人选的初步甄选，是具体体现竞争性选拔竞争择优的关键节点之一。因而对报名人员的资格审查应该严格按照统一的资格标准和统一的程序规范进行，确保同等资格条件的人享有同等参与竞争的权利和机会。同时，构建资格审查制度，一方面必须充分考虑其能否形成充分和有效的竞争，另一方面应明确规定在某一职位的报名人数难以达到有效竞争的情况下，可考虑在条件成熟时重新组织实施，或者采用其他方式进行选拔。

其四，目前对于海外留学回国人员、非公有制经济组织和社会组织中的人员等一些体制外人员参与竞争性选拔的报名资格条件尚无明确和具体的规范，随着公共部门对外部人力资本吸纳力的日渐增加，应尽快出台相关制度进行规范，以消除此类人才群体参与竞争性选拔的准入障碍。

---

① 《公开选拔党政领导干部工作暂行规定》（中办发〔2004〕13号）。

2. 组织考察环节的优化完善

组织考察是干部选拔任用的必经程序，是全面识别干部"德、能、勤、绩、廉"的重要组织手段。《党政领导干部选拔任用工作条例》对干部考察的程序、内容和方法做出了明确规定。但在竞争性选拔干部的实际工作中，由于各种主观和客观因素的影响，还存在考察标准不甚明晰、考察过程流于形式、考察结果失真等方面的问题，使得组织考察评价在选拔过程中的多维检视功能难以充分体现。

优化完善组织考察程序，首要任务是解决考察标准抽象的问题，以明晰的考察评价标准体系来增强考察工作准确性。按照"德才兼备，以德为先"的干部标准，围绕"德、能、勤、绩、廉"等考察向度，应尽量将考察内容层次化、指标化，使之成为一套具有可操作性的标准体系。同时，评价标准体系的设计应坚持定性评价和定量评价相结合，根据考察内容的属性特征，对"能、勤、绩"的考察评价，以量化评价为主，而对于"德"和"廉"的考察评价，则以定性评价为主。参照一些地方在实践中创造出来的经验，考察评价可采取正向指标与逆向指标相结合的方式，以便更加全面地反映被考察者在各个考察向度的历史和现实状况。

完善干部考察评价制度，必须着力破除干部考察的封闭性与神秘性，提高考察工作的开放性和透明度。一方面，应切实拓宽干部考察参与主体的面向，按照与考察对象的关联度、知情度与代表性，选择不同职务层级和身份的人参与考察，尤其是应充分考虑群众在考察过程中的话语权；另一方面，应延展考察的时空范围，利用各种途径和方法全面了解考察对象在不同时期、不同工作岗位上"德、能、勤、绩、廉"的表现情况。考察范围由单一的"工作圈"向"生活圈""社交圈"延伸。与此同时，为提高考察工作的透明度，须建立规范的考察预告制度与考察结果反馈制度。预先公布拟考察对象、考察时间、考察方式、考察内容、考察组成员及其联系方式以及问题反映途径等信息，通过适当途径向干部群众公告考察工作的主要安排，使其置于干部群众的监督之下。为了确保民意采集真实可靠，应至少在考察前一周通过张贴公告等形式让干部群众提前获悉考察意图，让其有充裕时间思考酝酿。考察工作结束后，应将考察结果适度公开，让广大干部群众了解考察的真实情况，提高参与考察者的效力感和考察工作的公信力。

完善干部考察制度还需要优化干部考察的执行主体并建立考察工作的

责任追究制度。与考试测评相比，考察评价具有更大的主观性。选拔干部的标准、干部的德才素质都是通过考核人员依据客观事实而进行的评判，因而考核人员的思想政治素质与业务能力直接决定着干部考核工作的质量。鉴于此，可探索建立干部考察资格认证制度，以确保考察执行主体本身的专业性。同时，配套建立干部考核责任追究机制。考察执行主体在被赋予相应权力的同时，应明晰其行使权力过程中应当承担的责任及追究的程序和办法，明确考察纪律。按照谁考察谁负责的基本原则，考察小组和考察人员应对考察过程的规范性、考察材料的真实性和考察结论的客观性负责。组织部门应对考察结果的审核负责，对考察小组提交的考察材料和考察结论集体研究把关。

3. 民主测评工作的优化完善

民主测评是干部选拔任用组织考察环节的一项重要工作，是落实群众对干部选拔工作的知情权、参与权、选择权和监督权的重要载体和途径。但在竞争性选拔干部实际工作中，由于民主测评的内容设置、实施方式不够完善等，民主测评的科学性和客观真实性亦受到影响，甚至会产生"公选不公认"现象。矫正和减少这类现象的发生，须对民主测评的程序及方法进行规范和优化。

第一，分层细化测评指标体系，突出测评项目的针对性。在包括竞争性选拔在内的民主测评活动中，比较普遍的问题是测评内容比较笼统，不论是何种级别、何种类型的干部，所使用的测评表格近乎千篇一律，内容设置没有体现职务分类和具体职位职责之间的差异性。为此，需要在明确职位分类和职位职责的基础上，进一步研究如何将"德、勤、能、绩、廉"五个方面的考察内容体现于民主测评之中，以防止粗线条、简单化倾向。在具体实践中，可以考虑采用三级指标体系来对民主测评工作分层细化。一级指标即"德、勤、能、绩、廉"五个维度，主要体现干部考察评价必须遵守的共性原则导向；在一级指标之下设置二级指标，二级指标应全面反映对干部"德、勤、能、绩、廉"的基本要求，并根据测评对象的职位分类赋予不同的权重和分值，二级指标应突出考察内容的全面性；在二级指标之下应根据测评对象的职位特点设置若干关键的观察点作为三级指标，三级指标应突出职位的差异性，同时也应该有量的规定，以增强测评的针对性。通过这种分层分类的指标体系设计，可以在很大程度上实现民主测评的定性与定量统一，以及共性和个性的有机结合，为提高民主测评的信度提供必需的工具条件。此外，根据实践中一些地方的探索成果，民主测评还可采取正向测评与反向测评相结合的方式，对应于"德、勤、能、绩、廉"几个维度，适当设置反向测评项目或开放性的"问题和不足"栏目，作为对干部不良表现反映的一条通道，以便为干部考察提供更为全面的线索。

第二，全面界定参评人员范围，确保民意表达的广泛性。目前，在一些竞争性选拔干部的民主测评中，参与测评的人员范围往往存在"三多三少"现象，即上级和同级多、下级少，领导干部多、一般群众少，来自机关的人多、来自基层的人少，这种情况在较大程度上影响了民意体现，有悖于"群众公认"的干部选拔原则。解决这一问题，需要将干部测评的参与主体范围由局部向整体拓展。在考虑参评人员时，首先合理确定其数量与来源构成，保证参评人员的广泛性、客观性和代表性。在此基础上，保证参加人员的合理性、知情性和相关性。参与测评人员的数量和质量会直接影响最终的测评结果，盲目扩大测评人员的来源范围可能会出现随意投票现象，而人员来源范围过窄则又容易出现片面性的问题，因而界定参评人员范围既要体现民意表达的诉求，又要注意解决测评者与被测评者之间可能存在的信息不对称而导致的民意表达失真。在实际工作中，尤其是应对《党政领导干部选拔任用工作条例》中所规定的"其他需要参加人员"进行认真的挖掘和利用，将这部分参与测评人员的范围由目前的以下级和同级为主，向纵向管理部门、横向联系单位以及服务对象延伸，这样的测评结果才会更加体现民意表达的广泛性。

第三，完善测评操作细节，确保民意表达的真实性。目前的多数民主测评活动常常是采用将测评人员集中起来进行当场测评的做法，这在某种程度上给参加测评的人员造成一定的心理障碍，造成其在填写测评表格时有所顾忌，使得名义上的无记名测评实则未能真正反映个人意愿和看法。因此，民主测评的程序规范和优化必须注重对操作细节的改进，通过创造良好的时空环境来确保民意表达的真实性。在空间布置上，应尽可能选择较为宽松的场地，为参加民主测评的人员提供相对独立的空间，没有条件一次集中完成民主测评的，可分作几次进行，以避免由于测评环境条件的限制而影响个人意愿的真实表达；在时间安排上，民主评议可以采用"统一发表、现场说明、分散填写、限时回收"的方式进行。民主测评表和评价说明书最好提前向测评人员发放，使其提前了解和熟悉测评的相关内容，并有充裕时间进行充分思考。在现场说明阶段，重点是答疑解惑，将测评注意事项进行集中的解释和说明。而在分散填写之后，可要求参加测评人员在规定的时间节点将相关表格投入指定票箱。除此之外，还应注意为民主测评创造宽松的心理环境。在民主测评前，可采取多种形式对干部工作的有关政策、标准、纪律要求、测评的内容和方式进行充分的宣讲，增强参加人员的责任意识和参与意识。

第四，科学分析测评结果，提高结果运用的可靠性。实践表明，在民主测评结果产生后，如何对测评结果进行科学分析和正确判断，是影响民主测评公正性的一个重要因素，也决定其作为一种民主程序的实际效用。科学分析民主测评的结果需要注重四个结合。其一是总体分析与分类分析相结合，即既要对被测评者总体的民主测评情况予以分析，又要根据参与测评人员来源类别不同而分类对测评情况进行分别统计分析，从结构上把握不同评价群体对被测评者的评价情况；其二是现实分析与历史分析相结合，即将现时的测评结果与过去的测评结果进行对比分析，从纵向上把握被测评者民意反映状态的变化情况；其三是将民主测评结果与实际的工作实绩相结合，既要注重干部的"显性政绩"，也要重视"隐性政绩"，① 避免简单机械地"以票取人"；其四是将民主测评结果的分析与测评对象的职位性质相结合。测评对象的职位与工作性质往往会直接影响其民意测评结果，因而在进行测评结果分析时应充分考虑测评对象的工作性质因素。为了增强民主测评结果运用的可靠性，在民主测评之后，还可以采取个别了解、专项调查、同考察对象谈话等其他形式，进行多渠道和广视角的考察，以进一步获得对被考察对象全面、客观和准确的认识，为选拔决策提供比较充分的信息支持。

4. 信息公开工作的优化完善

信息公开是保证干部选拔工作在阳光下运作和落实群众对干部选拔任用工作的知情权、参与权、选择权、监督权，进而提高选人用人公信度和公共性的重要举措，亦是保证竞争公平性的重要前提。在这方面，竞争性选拔干部方式目前还缺乏统一的、针对性和可操作性强的制度规范，在信息公开的程序、范围、内容和方式等方面还没有严格的制度规定，信息公开的制度化、科学化水平有待提高。为此，应在以下方面进一步做好相关工作。

---

① 和通：《科学分析民主测评结果》，《学习时报》2009年3月30日，第5版。

首先，明确信息公开的基本原则。其一是党管干部原则。党委及其组织部门不仅拥有干部选拔任用的决策权，更拥有掌握干部选拔任用信息优先权。因此，为保证信息公开的权威性与可靠性，所有的信息公开事项都应以党委及其组织部门为主导进行。其二是全程公开原则。将竞争性选拔活动过程中各关键节点的信息尽量向公众公开，让其可以了解整个选拔过程的全景。其三是讲求实效性原则。在选拔过程的各个节点及时公开需要公开的信息，特别在是干部群众参与的程序或环节所形成的信息应及时公开。其四是重点突出原则。信息公开应着重突出与干部选拔任用标准及原则要求相关的内容，如对工作实绩信息的公开有利于彰显注重实绩的选拔导向，对品德表现信息的公开则可以体现德才兼备的干部标准。

其次，明确信息公开的项目与范围。对于竞争性选拔干部的事前公告，应提前将其选拔范围、职位、职数、资格、条件、纪律、程序、笔试面试范围、时间、地点、分值、权重、监督举报渠道等信息向全社会或本单位（系统）全面公开；对于竞争性选拔过程中的报考人员的基本情况、考试测评结果、组织考察结果等信息向相关监督部门、干部群众以及报考者本人公开；对于最终的选拔任用情况，根据选拔职位的性质与选拔范围向社会、监督部门、干部群众以及报考者本人公开。

最后，明确信息公开的途径及方式。在竞争性选拔活动前期公告中，应将信息公开的发布媒体名称及各类信息发布的时间节点提前公告。同时，构建多样性、重互动的信息公开渠道，除利用报纸、广播、电视等信息载体外，还可借助现代网络技术建立专项信息发布平台，将其作为信息公开的常规媒介与信息公开的互动通道。亦可引入"新闻发布会"制度，根据信息公开的实际需要，在每次竞争性选拔工作开始之前或结束之后召开新闻发布会或专题通报会，由新闻发言人向社会发布竞争性选拔任用工作的相关信息，并接受公众询问，主动回应社会各界所关注的热点、焦点问题，接受社会评议和监督。

四　改进竞争性选拔干部方式的测评技术系统

（一）测评技术系统运行的基础

制度完善不仅是一个不断修补和优化制度自身的过程，同时亦需为制度的有效运行提供必需的技术支持。在切实贯彻干部选拔任用制度的三项原则，科学把握竞争性选拔干部方式的功能定位，以及优化运行程序中一些具体环节的基础上，还应将选拔测评技术系统的改进作为完善竞争性选拔干部方式的一个重要方面，使之能够在制度系统和技术系统的相加相融中发挥应有功效。

选拔测评是体现竞争性选拔干部方式"竞争性"最为关键的一个环节，其内容和方式的选择直接决定着选拔信度和效度，进而在很大程度上影响选拔质量。自20世纪90年代以来，中央和一些地方党委及其组织部门针对竞争性选拔干部考试运行的实际需要，制定了一些与竞争性选拔相关的考试规程。尤其是2009年中组部颁布了《党政领导干部公开选拔和竞争上岗考试大纲》，明确对公开选拔、竞争上岗要求的考试科目、具体测评要素及内容、方式和方法、实施程序等做了比较详细的规定，对于提高考试测评的科学性具有重要意义。但由于一些基础性条件建设的缺失，考试测评很难达到《党政领导干部公开选拔和竞争上岗考试大纲》所提出的"坚持干什么、考什么的原则，围绕选拔职位的工作职责和工作实际命制试题，突出检测分析和解决领导工作中实际问题的能力"① 的效力。由于测评内容设计缺乏职位针对性、测评技术方法选用存在局限性以及考官队伍建设专业性的欠缺，加之中国社会长期以来存在的应试文化传统等因素的影响，在竞争性选拔干部活动的结果中甚至还存在"高分低能"现象。要改变这一状况，首先需要确立科学的测评导向，将对相关选拔职位的职位分析和胜任素质框架构建作为测评技术系统运行的逻辑基础。同时，结合过去我国一些地方在竞争性选拔干部活动中的实践探索以及国外高级公务员选拔的可借鉴之处，根据竞争性选拔干部方式的实际需要对各类测评技术方法进行有机整合，并进一步改进其中一些具体的测评方法。

1. 确立科学的测评导向

针对"高分低能""考干分离"等竞争性选拔干部实践中存在的一些非正常现象，在选拔测评导向上应摆脱传统的知识型考试的窠臼，由主要进行知识水平的测试向突出对职业胜任素质（内含知识、能力、思维、个性特质等要素）的测试转变，使选拔测评能够真正发挥其对实际工作绩效的预测效能，即竞争性选拔干部考试测评的基本目标应该定位于对职位竞争者胜任素质的测评。在此导向下，以不同的职位类别和职位层级对职位

---

① 《党政领导干部公开选拔和竞争上岗考试大纲》（中组发〔2009〕14号）。

胜任素质的要求为依据，科学地制定各级各类领导干部考试测评的标准以及相应的测评内容体系和技术方法体系。在制定测评标准、测评内容时，需要充分考虑不同类别职位胜任素质"现职适配与未来发展、检前与导后"之间的关系。①

作为一种以选拔优秀人才为目的的素质测评，竞争性选拔干部方式的考试测评在测评分类上属于选拔性测评。这种选拔性测评与其他类型测评相比有五个特点：一是强调区分功用，即要将优秀者和一般性合格者区分开来，便于录用；二是测评标准刚性较强，因为这种测评具有强烈的区分功效，人们对其测评标准的要求就非常严格，测评标准一经确立，就绝对不能变动，否则无法取信于人；三是特别强调测评过程的客观性，改进选拔性测评方法的整个过程实质上就是测评过程逐步实现客观化的过程，典型标志就是对测评方法信度的追求；四是测评指标的选择性，选拔性测评的指标在综合客观、易操作、相关性前提之下，允许具有一定选择性，而并非一定要从测评目标的分解直接制定；五是选拔性测评得出的结果可以是分数也可以是等级。② 在竞争性选拔干部活动的考试测评中，测评技术方法的选择应充分考虑是否能够体现和实现这些特点。

2. 前置性引入职位分析

职位分析，亦称工作分析，是一种应用系统化的方法，收集、分析、确定组织中职位的定位、目标、工作内容、职责权限、工作关系、业绩标准、能力要求等基本因素的过程。从实践基础看，职位分析源于社会发展过程中人们进行劳动分工协作的需要。一个社会（或一个组织）要想取得成功，就必须获取与职位要求有关的详细信息，并且保证这些职位的要求与个人的资质之间相互匹配。③ 这是关于职位分析思想的历史源流。进入资本主义时代之后，为满足资本主义发展对于不断提高生产效率的需要，科学管理运动的发起者弗雷德里克·泰勒（Frederick Winslow Taylor）在其著作《科学管理原理》中提出，要对组织进行科学管理，就必须系统研究组织中的工作，以获得最大的管理效率。泰勒所进行的"时间动作研究"

① 廖平胜：《公开选拔党政领导干部考试制度的现实分析与瞻前探讨》，《考试研究》2005年第1期，第77~89页。

② 龚建桥：《选人用人制度设计与测评技术研究》，海天出版社，2016，第230页。

③ E. Primoff, S. Fine, "A History of Job Analysis," in S. Gael, eds., *The Job Analysis Handbook for Business, Industry, and Government* (New York: Wiley, 1988), pp. 14 – 29.

及所提出的理论主张不仅对于科学管理起着巨大的推动作用，同时亦被认为是现代职位分析的发端。20世纪60年代以来，由于受反就业歧视等社会运动的影响，职位分析逐渐发展成为西方国家企业人力资源管理的一项基础性职能，并先后开发出职能性工作分析（FJA）、职位分析问卷（PAQ）、管理职位描述问卷（MPDQ）等一系列规范化职位分析方法，为组织招聘、甄选测评、培训及考核等其他人力资源管理活动提供支持。

在人力资源管理的职能链条中，职位分析处于整个链条的前端位置且这一职能的执行质量对于后续管理环节具有重要影响，它将分析结果以职位说明书和职位分析报告的形式为其他人力资源管理职能如招聘甄选过程中资格条件的确定、测评工具的选择及考试命题的设计等提供参考依据和相关标准。竞争性选拔干部方式的主要目的之一是更好地实现高素质干部人才资源与选拔职位的有效匹配，而能否顺利实现有效匹配主要取决于两个方面：一是对于选拔职位本身认识的系统程度；二是对于职位竞争者职业素质识别的准确程度。前者需要借助职位分析这一人力资源管理职能来加以实现，后者则需要以前一方面为指引并借助具体的素质测评方法来加以实现。从以往全国范围内竞争性选拔活动的实践来看，职位分析仅在少数地方有所尝试，绝大多数地方未将其设定为选拔活动的一项前置性工作。由于此项工作的缺失或不足，很多地方在竞争性选拔活动中存在甄选测评方式粗放单一而未能真正突出职位特点等问题，并使得最终的选拔结果缺乏效度保证。因此，将职位分析作为一项前置性工作引入竞争性选拔干部活动之中，对于完善竞争性选拔干部方式具有基础性意义。

在竞争性选拔干部活动中，通过对拟选拔职位进行职位分析，可为后续的选拔过程提供两份基础性文件——《职位说明书》和《职位分析报告》。其中，《职位说明书》是职位分析的最终成果，应阐明拟选拔职位的基本信息（所属部门、职位等级、工作关系等）、职位概要（在整个组织中的定位和功能）、职责和权限（职位工作职责和权限的具体条目列举）、任职资格（党政领导干部选拔任用的基本条件、资格条件以及与职位相适配的素质要求）等内容；《职位分析报告》是职位分析的附加成果，是对在职位分析过程中所发现的一些组织管理矛盾或管理问题的阐述，如组织的权责体系、组织结构与职位设置、组织流程设计与流程运行、工作方式和方法以及人力资源管理等方面存在的问题及其指导性解决方案，可在一定程度上表明拟选拔职位的工作重点、工作难点及工作中可能面临的挑战。《职位说明书》可用来作为选拔信息发布的基本依据，同时亦可与《职位分析报告》一起，为设计符合职位特征的任职资格条件、考评工具、考评方法以及考试命题等工作提供富有价值的指导思路，为增强测试测评的职位针对性奠定基础。

3. 构建职位素质模型

素质模型，亦称"胜任能力模型"或"胜任力模型"，属于职位分析范畴，是对任职资格条件的进一步细化，主要用以反映胜任某一职位的工作且达到既定绩效标准所需的一系列素质要素的框架体系，包括内在动机、个性品格、自我形象、社会角色定位以及相关的知识和技能等因素。[①] 20 世纪 70 年代之初，为帮助美国政府甄选优秀的驻外联络官员（Foreign Service Information Officers），解决传统的智力与文化测试效度低下问题，美国哈佛大学心理学家戴维·麦克兰德（David McClellend）采用行为事件访谈技术（Behavioral Event Interview）对工作绩效杰出的驻外联络官员和工作绩效一般的驻外联络官员进行研究，发现优秀驻外联络官员与一般驻外联络官员的素质差异，并将研究结果应用于后来驻外联络官员的选拔测试，明显提高了选拔效度。在此基础上，其他学者打造了素质模型理论。素质、素质模型理论的提出，使人们在对某类特定职业群体的关键素质要素体系进行衡量或挖掘时有了新的视角，弥补了传统的人才选拔主要依赖于单一智力测验的不足。因而针对特定职位构建胜任素质模型并以模型所提供的基本框架和素质要素体系为参照标准来进行人员甄选和员工培训，已经逐渐成为国内外许多大型企业人力资源管理的一项基础性工作。

鉴于胜任素质模型在人才甄选和教育培训中的独特价值，近年来一些西方国家的相关政府管理部门日益重视对各类公共职位素质模型尤其是高级公务员职位素质模型的研究构建并将其应用于管理实践。例如，美国联邦政府人事管理总署基于能力和业绩导向构建了联邦政府高级公务员素质模型，其总体框架中包括"引领变革的能力""领导团队成员的能力"

---

① 人力资源管理中的素质概念是由美国哈佛大学心理学教授戴维·麦克兰德（David McClelland）于 20 世纪 70 年代初最先提出。1973 年，戴维·麦克兰德在发表于《美国心理学家》杂志上的《测试素质而非智力》（"Testing for Competence Rather Than Intelligence"）论文中，通过把工作绩效突出者的行为特征与工作绩效一般者进行比较分析，论述了若干与一个人工作绩效相关的个人特征，并把直接影响工作绩效的个人特征称为素质（Competence）。

"结果驱动的能力""业务敏锐的素质""建立联盟与沟通的素质"① 5 个维度的 22 项具体素质要素。澳大利亚公务员功绩保护委员会颁布的《高级公务员能力框架》由五大素质模块构成，即"塑造战略思维的能力""取得成果的能力""培育高绩效工作关系的能力""运用影响力进行沟通的能力""成为个人激励和诚实正直榜样"，② 每一模块均进一步细化为若干关键的素质要素。新西兰国家公务员委员会早在 2004 年就颁布了《新西兰高级公务员的素质模型》，对高级公务员在领导素质、个人品质和一般管理能力三方面做出明确规定。2013 年，又进一步对该模型进行更新与调整，分别从"战略技巧""业务技能""勇气""驱动力""人际交往能力""组织定位能力""以信誉和诚信履职"③ 7 个维度来勾勒高级公务员的职业素质，并强调高级公务员素质模型的设计旨在帮助公务员委员会更好地进行高级公务员招聘和甄选活动，并以这一模型来帮助高级公务员规划自己的职业生涯发展。

在我国，自 2000 年后开始逐渐出现了一些关于公共部门职位素质模型构建的研究成果。李森、陈妤基于科学发展、执政能力提升与政府职能转型对厅局级党政领导干部提出的要求，通过对 464 份实证性调查问卷的分析研究，建立了一个能够体现地区差异、职位类别差异和工作难题差异的局级党政领导干部素质模型；④ 颜爱民等研究者通过对湖南省长沙市 1150 名科级干部进行调查研究，提出了中国党政机关科级干部素质模型，其中包括"政治素质""沟通协调""个人素养""法制观念与依法行政""执行力""领导能力""公共服务与应急应变能力""谋划决策""心理素质""相关专业知识与能力" 10 项胜任力因素；⑤ 陆晓光从公共管理职位特征

---

① United States Office of Personnel Management：Guide To Senior Executive Service Qualifications, 2012, http://www. opm. gov/policy – data – oversight/senior – executive – service/reference – materials/guidetosesquals_2012. pdf.

② Senior Executive Leadership Capability Framework, Leading and Shaping a Unified, High Performing APS, 2013, http://www. apsc. gov. au/publications – and – media/current – publications/senior – executive – leadership – capability – framework.

③ New Zealand Public Service Chief Executive Competency Profile, Leading a State Sector New Zealand Is Proud of, State Service Commission, 2013, http://www. ssc. govt. nz/resources/1225/all – pages.

④ 李森、程妤：《厅局级领导干部素质与能力模型研究》，《国家行政学院学报》2008 年第 3 期，第 77～80 页。

⑤ 颜爱民、许斐、胡斌：《中国党政机关科级干部胜任力模型的构建》，《中南大学学报》（社会科学版）2016 年第 1 期，第 128～133 页。

出发，以北京市某区政府职能部门的 47 位正处级领导干部为研究对象，通过实证研究方式构建了政府职能部门中层管理者胜任特征模型，模型中包括"成就动机""概念思维""建章立制""人际沟通""团队领导""说服力" 6 个素质项目。① 这些研究成果对于认识各级领导干部职位的胜任素质具有一定的开拓意义，但总体来看目前的研究成果比较匮乏，且大多属于针对某一行政级别跨越不同职位的通用素质模型，难以体现不同职位的工作性质对胜任素质的特殊需求，同时亦缺乏对如何将素质模型运用于干部选拔实践的进一步思考。

竞争性选拔干部方式最主要的内容之一就是通过特定的测评技术来对职位竞争者进行识别和甄选，针对具体选拔职位构建素质模型有利于为这种识别和甄选过程提供一套明晰的素质标准体系，从而有效提升选拔活动的科学化程度。因此，根据竞争性选拔干部活动的实际需要，有计划地推进相关职位素质模型的构建工作应给予必要的重视。在具体职位的素质模型构建中，应该注意把握这样一些要求：一是素质模型在总体上应该与中国共产党的干部标准保持原则上的一致性，其中的素质要素构成能够恰当反映对我国不同类别公共部门的干部在德、能、勤、绩、廉等方面的本质要求；二是素质模型应该能够充分体现所属职位的胜任素质与工作职责、工作环境之间的相互匹配性，以及与工作行为和工作绩效之间的逻辑关联性；三是素质模型应该充分考虑其实践运用路径，即针对其中的一系列素质要素项目，如何开发或选择特定的测评技术和方法来实现对选拔对象的鉴别性区分，且保证测评信度与效度。

（二）测评技术方法的有机整合

任何具体职位的胜任素质都是一个多维的构成体系，要科学、准确、客观地识别职位竞争者是否具备相关的胜任素质需要借助多种不同的测评技术和方法来进行。在竞争性选拔干部实践中，基于提升人岗适配度的考虑，各地各部门除了采用笔试、面试等传统的测评方法外，还探索出"实践试岗""驻点调研"等多种有利于辨识职位竞争者胜任素质的测评方法。如何对这些不同的测评技术和方法进行系统整合，使竞争性选拔干部工作可以在一种相对统一和相对稳定的测评技术体系和标准之下进行，是完善

---

① 陆晓光：《公共管理者胜任特征模型构建与应用研究》，博士学位论文，北京理工大学，2016。

竞争性选拔干部方式应该思考的一个重要问题。鉴于"评价中心技术"（Assessment Center）在胜任素质测评方面的综合性及其在领导人才、管理人才和专业技术人才胜任素质测评方面已经显示出的实践效力，竞争性选拔干部方式测评技术体系的整合可以考虑以此为媒介来实现。

以评价中心技术作为整合竞争性选拔干部测评技术体系的媒介应注意其体系构造的逻辑完整性，它需要通过对职位分析结果、职位素质框架的比拟，将职位竞争者置于近乎真实工作情境的模拟场景中，全面评价职位竞争者的素质。通过整合的选拔测评理念应贯穿于评价中心技术设计和实施的整个过程。具体而言，评价中心技术可在竞争性选拔干部测评技术体系的整合中发挥三个方面的作用，即测评技术方法的整合、测评设计实施的整合和测评结果的整合。① 其中，测评技术方法的整合是指将履历分析、职业成就报告问卷、个性动机和价值观问卷、职位角色扮演、工作情景面试、无领导小组讨论、公文筐测验、驻点调研报告等各种不同测评技术方法整合于同一技术系统中并不断丰富发展，使之形成一个多向度的测评体系，以满足对有关职位素质模型中不同构面素质项目测评的需要。所谓测评设计实施的整合，即在每一次具体的测评过程中应该包括对多种不同工作场景的测评活动，且每一种测评活动中应该涵盖若干相同的测评要素或者相异的测评要素。同时，虽然这些测评活动的设计与实施程序互有其特殊性，但均应注重测评内容以及与之相关的测评场景的拟真性和实施规程的严谨性。因此，可以从测评流程各个环节具有共性的操作规程中，整体把握评价中心技术相关的设计、方法、实施步骤、关键要领等，并以此为基础将多种功能各异的测评技术进行优化组合，实现测评功效的最大化。测评结果的整合是指评价中心的测评并不因测评活动的终止而完成。评价者仍需在测评的系列活动均完成后，实施评定测评成绩、撰写测评报告、评价测评结果后续工作，以便为选拔工作提供全面、客观、准确的决策依据。

毋庸置疑，建设一套能够满足竞争性选拔干部方式实践需要且较为成熟的评价中心技术系统需要经历一个逐步探索和不断完善的过程，同时这一人才测评技术本身亦存在测评成本高、操作难度大等现实局限性。但相对于其在保证测评信度和效度的可靠性以及素质测评的系统性而言，仍不

---

① 龚建桥：《选人用人制度设计与测评技术研究》，海天出版社，2016，第197～198页。

失为一种理想的工具选择。特别是随着信息技术的日益进步而发展起来的电子测评方式的应用推广，为其降低运作成本，提高测评效率提供了一个简便高效的载体。

（三）测评技术与方法的改进

1. 加强案例测评模式的开发应用

"案例"是哈佛大学商学院在20世纪之初由于受到"病例"、"判例"以及"战例"等教学方法的启发而将其引入企业管理课程的教学之中，目的是通过对各种典型实例案情的深入分析，做出最佳决策或提出解决问题的思路和方法，以此培养学生解决复杂的实际问题的能力。由于案例分析的结果可以在很大程度上反映出分析者对复杂环境的驾驭能力、综合分析决策能力以及对实际问题的处置能力，后来逐渐被运用于管理人才和领导人才的选拔测评，成为一种集理论与实践于一体的测评技术。1987年，中共中央组织部为探索干部教育新方法，组织完成了"地方县级党政领导案例开发及教学研究"的重要课题，使管理案例方法开始运用于我国党政领导干部的研修培训和选拔测评。近年来，在公开选拔、竞争上岗等竞争性选拔干部方式的笔试、面试环节中，运用案例的方法对职位竞争者实施测评亦得到较多运用并发挥了积极作用，但总体来看其科学性、规范性尚需进一步提升。为此，需要重点关注以下几个方面的问题。

首先，准确把握领导干部选拔测评案例的本质特征。广义上的案例一般具有客观真实性、特定的目的性、应用的典型性和编制加工的规范性四个特征。领导干部选拔测评案例除具有一般案例的这些共性之外，还有政治性、政策性、综合性、宏观性和权变性等独具特性。[①] 它应该是根据公共部门领导干部的领导行为和管理工作的特定需要，经过实际调查研究和精心设计，有计划、有选择地表现领导思想、领导心理、领导活动、领导关系以及领导背景等，并加以客观真实的描述与技术处理后所形成的一种典型化情景模型。由于我国公共部门领导工作本身往往具有鲜明的政治性，领导干部选拔测评案例不仅应当充分体现党的基本路线、方针和政策，而且应体现领导工作本身的时代性、全局性、战略性和复杂性，失去这些特点，就难以反映公共部门领导工作的本质。

---

① 龚建桥：《选人用人制度设计与测评技术研究》，海天出版社，2016，第227页。

其次，系统把握案例测评模式的结构要素。从逻辑上讲，案例测评模式是以对各类领导干部职位进行职位分析和素质模型构建所提供的职位要求和明晰的素质要求为基础而展开，为了保证测评的针对性、客观性和可操作性，其中应该包括案例采编、试题命制、测评方法、评分标准等一系列过程结构要素。① 其中，案例采编过程其实就是对党政领导工作活动进行深入研究的过程，必须坚持理论联系实际和实事求是的科学态度。案例是仿真模拟公共部门领导工作的特定情景，是还原或者再现正在发生的情景或已经发生了的情景。然而，这种再现不是简单地再现场景，而是按照相似原理进行多方位和立体化描述，允许真实基础上的适当虚拟，起到"引而不发"的效果，引导应试者去分析判断。在案例采编的基础上，试题命制应以《党政领导干部公开选拔和竞争上岗考试大纲》、重要时事与重要省（区、市）情或选拔部门的重要工作、与选拔职位相关的专业知识以及职位分析报告等为依据提出案例测评的素质指标，并根据素质指标选择具体案例及其设问方法，以此提高命题的科学性与准确性。在案例使用环节，可根据实际需要采用案例笔试、案例面试或案例小组讨论三种测评方法，全方位、多视角测试应试者的相关素质。案例测评的评分标准可以根据测评内容灵活采用积分评语标准、量表式标准、行为特征标准等不同形式，具体评分标准的制定应遵循科学合理原则——充分体现党对各级各类干部的要求且符合相关学科的基本原理和各行各业的实际情况、客观严谨原则——评价指标的内容、等级和描述严密准确以保证其能够作为衡量领导干部能力素质高低的准则和尺度、便于使用原则——标准的内容和形式应当尽量简单化以保证考官经过一定培训后可以熟练使用、协调统一原则——考核要素的测评标准应具有一致性以保证评价结果的公平性。

最后，充分重视案例测评的质量控制与分析反馈。案例测评的组织和质量控制原则上应由案例试题命题组来具体操作。之所以如此，一方面有利于保持命题和评判的一致性，另一方面则是出于组织准备的技术考虑。命题组与评判组合二为一更能"吃透"和把握试题精神，更能对应试者的分析作答做出准确和客观的评判，提高测评质量。由于案例本身往往带有"实验"成分，其使用过程不可避免地会出现一定误差，其最终效度应采用系统方法对被测试者是否胜任所在职位工作要求来进行系统评定。同

---

① 龚建桥：《选人用人制度设计与测评技术研究》，海天出版社，2016，第234~245页。

时，建立有效的信息反馈机制，做好案例采编、试题命制、测评实施等环节的分析总结和反思工作对于案例测评方法的持续改进和提高测评质量具有重要意义。获取这方面信息可用的方法包括：在向考核主体全面反馈测评结果时就案例分析试题给予评价；在应试成功者岗前培训中适时召开与案例分析相关的座谈会；在没有"胜出"的应试者中就案例分析试题进行访谈或调查问卷；案例专家的事后点评；等等。

2. 加强纸笔测试与面试质量分析

纸笔测试与面试是竞争性选拔干部方式中使用频率最高的测评方法，测评依据主要来自《党政领导干部公开选拔和竞争上岗考试大纲》。其中，纸笔测试主要用于测量应试者的基本知识、专业知识、综合分析与逻辑推理能力，以及文字表达能力；面试则主要用于考察应试者的形象气质、个性品格、动机期望、语言表达能力等纸笔测试中难以获得的信息。如何提高纸笔测试与面试的命题质量是各地在完善竞争性选拔干部工作中不断探索的一项重要内容。从提高测评信度和效度的角度而言，加强选拔测评之后的反馈评估工作应作为整个测评工作的一个必要环节给予充分关注，使测评试题的难易程度和可区分度、测评的适用性和有效性等信息易于从测评的结果中获得，为评价命题质量和控制今后的测评误差提供改进方向。

对于纸笔测试而言，测评之后的反馈评估工作主要是从测评结果出发来进一步分析试卷的组成结构和试卷的质量。其中，试卷的组成结构分析主要是对构成试卷的成分、分值配比及相互关系的综合分析，分析的结果客观反映构成试卷的结构要素类别是否齐全，比例是否恰当，组合呈现方式是否合理等。试卷质量分析应主要集中在三个方面，即信度分析、效度分析和区分度分析。其中，信度分析的侧重点在于评价试卷考查到被测评者能力素质要素的稳定性程度，复本信度、评分者信度、折半信度、重测信度等方法都可用于信度分析；效度分析的侧重点在于评价测量所获结果的有效性、真实性程度，即测评能够在多大程度上反映出期望考查的素质能力要素的真实性与有效性，可采用效标效度、构思效度等指标进行评价；区分度分析着重于评价试题区分、鉴别被测试者素质能力的程度，可以通过得分值的方差分析、题目鉴别以及相关分析等方法进行评价。

面试质量分析的重点之一是对面试考官评分一致性信度进行分析，以此来把握面试考官的评判质量，作为后续考官选聘、培训工作改进的重要依据。面试质量分析的另一重点是效标关联效度的分析，即把应试者日常工作能力、表现状况等作为效标在面试结束后进行相关的关联效度分析，作为后续面试命题质量提升的参考依据。此外，还可在选拔测评完成之后对委托命题单位的项目负责人代表、考官和应试者代表就试题的针对性、有效性、鉴别力以及考试管理的规范性等问题进行问卷调查，对测评质量进行实事求是的分析，以便从中发现问题，提高测评技术水平。

3. 改进"德"的考察方式与方法

"德才兼备，以德为先"是中国共产党干部选拔任用的基本准则之一，作为干部选拔任用方式之一的竞争性选拔理应严守这一基本准则。但在竞争性选拔干部实践活动中，对"德"的考察评价和对"才"的测试评价在一定程度上存在失衡现象，即选拔工作的重心主要聚焦于对职位竞争者"才"的测评而对其"德"的考察评价则相对薄弱。产生这种情况主要是由于"德"本身是一个较为宽泛的概念，人们对其内涵理解往往存在差异，如何对其进行客观公正的评价成为一个实践难题。实际工作中对干部"德"的考察测评往往是原则性标准多，可操作性标准少；抽象性成分多，具体性成分少；浅层次内容多，深层次内容少，表现出较大的模糊性。2014 年修订的《党政领导干部选拔任用工作条例》新增了"突出考察政治品质和道德品行"①的要求，说明对"德"的考察评价是干部选拔任用过程中的一个薄弱环节。切实重视并加强对干部"德"的考察评价，应及时梳理各地在干部考察"德"的领域所进行的积极探索，将其中一些具有推广价值的实践经验加以归纳提炼后进行推广，并对相关考察评价方法进一步改进。具体而言，需要把握好以下几个关键点。

第一，在资格条件审查环节严把"德"的入口关。为充分体现"以德为先"的干部标准和选人用人原则，除了对一般资格条件进行核对性审查外，应重点审查报名职位竞争者的"德"的情况。通过由报名者所在单位出具思想品德说明，或者对报名者的履历材料进行仔细研读等方式，进行"德"的初步筛查。如发现报名者存在思想不纯、品行不端、作风不正、弄虚作假等迹象，经过调查核实后，可在资格审查这一关口就予以淘汰，以此显示对"德"的重视，避免"失德者"进入竞争性选拔的实质性运行程序。

第二，在考察指标设计上，采取定性和定量相结合的方式进行"德"的评价，使考核结果更为直观明确。如前所述，各地各部门在竞争性选拔

---

① 《党政领导干部选拔任用工作条例》（修订）（中发〔2014〕3 号）。

干部实践中，对于"德"的量化考核进行了一些具有创新意义的前期探索，这些做法和经验值得进一步总结和提炼。与此同时，一些研究者针对干部品德测评问题进行研究的相关成果，亦具有值得关注的实践参考价值。例如，学者萧鸣政通过 4 年多的实验研究，发现党政干部品德测评不但可以通过考核性的测评鉴别不同品德素质与水平，还可以通过促进性的品德测评方法促进与提升党政干部的品德素质与领导力、领导绩效与领导效能。该课题通过实证研究所提出的"党政干部'五德'测评指标体系"[1]，较好体现了中国政治体制和文化，以及对当前时代背景下党政干部品德素质的要求。在充分重视对实践经验提炼和理论研究成果借鉴的基础上，竞争性选拔干部过程中"德"的考察指标设计的优化完善，应根据中共中央组织部颁布的《关于加强对干部德的考核意见》中所明确的"考德"内容和重点，紧紧围绕政治品质和道德品行两大考核主题，分别在"政治方向、政治立场、政治态度、政治纪律、党性原则"和"社会公德、职业道德、个人品德、家庭美德"[2] 等方面构建针对不同职位层级和不同职位类别的量化考评体系。此外，借鉴某些地方的实践创新经验，可以将正向和逆向两类指标同时融入"德"的考评指标体系，以保证其考察的全面性和客观性。对于逆向指标的具体来源，可以以现实干部队伍中存在的与品德密切相关的一些突出问题为基础来进行汇总、归纳和提炼。

第三，在组织考察阶段，多维度、全方位地进行"察德"，解决"察德"不够全面的问题。通过"个人述职述德、民主测评测德、查阅资料查德、个别谈话问德、家庭访察访德、设计试题考德、综合分析辨德、考察公示示德"[3] 等途径和手段，使"德"的考察方式、深度、广度不同程度地得以拓展，从点到线再到面全方位地辩证综合干部在"德"方面的实际表现，以及在各个考察向度的历史和现实状况。

（四）测评技术系统支持条件建设

由于领导干部素质测评是一项专业性极强的活动，其实际测评效度如

---

[1] 萧鸣政：《党政干部品德测评方法研究》，人民出版社，2017，第 181 ~ 226 页。

[2] 中共中央组织部：《关于加强对干部德的考核意见》，人民网，http://politics.people.com.cn/GB/1027/16128522.html，最后访问日期：2014 年 12 月 15 日。

[3] 孙正森：《加强干部德的考察的几点思考》，人民网，http://theory.people.com.cn/GB/40537/17309508.html，最后访问日期：2014 年 12 月 20 日。

何不仅与测评技术和方法的选择是否科学密切相关，亦会受到操作实施者的专业水平以及测评借以依托的平台等因素的影响。因而，竞争性选拔干部方式在改进测评技术系统的同时，还应加强与之相关的支持条件的建设。

第一，通过专业性测评力量的引进，加大测评理论研究和技术开发力度。目前干部选拔测评的试题命制及评阅主要是由组织部门委托党校或行政学院来进行，虽然其在政治理论和公共管理、公共政策把握方面具有独特优势，但在系统的人才测评理论研究和技术方法开发方面较为薄弱。为此，需要进一步引进和整合高等学校与社会性人才测评机构的专业力量，充分发挥其在职位分析、素质模型构建等基础研究领域以及素质测评系统平台设计、技术工具创新性开发等应用领域的优势。在一些具备条件的地方，亦可考虑由组织部门牵头，组建干部考试测评专业机构，由其专门承担干部选拔测评的各项业务工作，以提高考试测评的专业化水平。

第二，合理确定面试考官来源结构，建立面试考官资格认证制度。相对于笔试而言，面试的主观性更强，应试者面试成绩的构成既包含其自身的发挥，也取决于考官的主观评判。从全国各地竞争性选拔干部活动的实践来看，为了克服面试评价的片面性而采取"大评委制"是一种较为普遍的做法，但由此亦会带来面试评价的专业性和规范性问题。对此，可以建立竞争性选拔专门的面试考官认证体系，有组织有计划地定期开展面试考官拟任人选的培训、考核，只有获得资格证书者才能担任竞争性选拔的面试工作，可将国家公务员考试的面试考官认证制度作为蓝本进行参考借鉴。同时，加强面试考官的纪律约束，规范行为准则，建立奖惩机制。

第三，创新测评技术系统运行的载体，提高测评效率和降低测评成本。选拔过程周期过长和成本过高是各地在竞争性选拔干部活动中面临的一个共性问题，借鉴国内外一些能力水平测试技术发展的基本经验，建立电子化的测试平台是解决这一问题的有效途径。项目反应理论（Item Response Theory）的有关研究表明，对于同一测试目的分别采用计算机分层自适应测试和采样纸笔测试，两者的相关系数达到 0.93；认知能力测试（The Cognitive Abilities Test，CAT）中电子化测试与纸笔测试情况的对比分析，亦有类似结果。① 在竞争性选拔干部方式中，采用电子测评平台作为

① 龚建桥：《选人用人制度设计与测评技术研究》，海天出版社，2016，第 199 页。

技术系统运行载体，一方面，可采取因人施测，即由系统自动抽取题库中与被测试者答题时表现出来的能力素质相适应的题目作为考题实施测试，同时，整个测试过程还可以避免人为因素的影响；另一方面，亦可以平台建设为契机促进测评题库建设和新题型开发，实现测试过程、测试内容、测试传递与评价的高度自动化和快捷化，从而有效简化选拔测评的组织管理工作。

五　竞争性选拔干部方式与相关制度的对接

（一）与后备干部制度的有效对接

后备干部制度是中国特色干部人事制度体系的重要组成部分，这一制度的核心内容后备干部队伍建设既是我国各类公共部门领导班子建设的一项基础性工作，亦是立足于干部队伍的"四化"方针培养优秀年轻干部的重要举措。早在1953年新中国成立初期，中共中央组织部就从培养无产阶级革命事业接班人的需要出发，要求全国各级地方逐步建立后备干部名单制度，只是后来由于各种因素的干扰该制度未能真正施行。1983年，中共中央组织部颁布了《关于建立省部级后备干部制度的意见》，标志着后备干部制度正式确立。自此，后备干部队伍建设开始起步并伴随着中国特色社会主义建设进程而逐步加强。为了保证后备干部队伍建设的规范性和前瞻性，中央先后颁布了《党政领导班子后备干部工作暂行规定》（2000年）、《党政领导班子后备干部工作规定》（2003年）、《2009—2020年全国党政领导班子后备干部队伍建设规划》（2009年）、《关于加强培养选拔年轻干部工作的意见》（2009年）、《关于做好党政领导班子后备干部动态调整工作的通知》（2010年）、《关于加强和改进优秀年轻干部培养选拔工作的意见》（2014年）等党内法规和规划文件。通过对这些党内法规和建设规划的实施，全国范围内的后备干部队伍建设在总体上取得了良好成效，基本达到了《党政领导班子后备干部工作规定》中所提出的"素质优良，数量充足，结构合理"①的制度期望。

按照《党政领导班子后备干部工作规定》的规定，后备干部选拔工作同样需要遵循《党政领导干部选拔任用工作条例》所提出的原则规定，其

---

① 《党政领导班子后备干部工作规定》（中办发〔2003〕30号）。

中包括"公开、平等、竞争、择优"等导向原则。为体现这一原则要求，在与后备干部相关的党内法规和规范性文件中都有与之相关的条款规定或内容表述。例如，《党政领导班子后备干部工作规定》第十二条规定："选拔后备干部应当充分发扬民主，广开推荐渠道，扩大选人视野，不仅要从党政机关选拔，还应当从党政机关以外选拔。"① 《2009—2020年全国党政领导班子后备干部队伍建设规划》在其第四部分提出："选拔后备干部，必须坚持群众路线……坚决防止和克服由少数人圈定或在少数人中圈定人选的现象。要打破封闭式和神秘化的传统选拔方式，按照公开、平等、竞争、择优的原则，积极探索选拔后备干部的新方法、新途径。"② 2009年发布的《关于加强培养选拔年轻干部工作的意见》要求："进一步拓宽选拔优秀年轻干部渠道，加大从基层一线选拔力度，注重从国有企业、高等院校和科研院所选拔。凡是在中国特色社会主义建设实践中涌现出来的优秀人才，都应纳入选拔视野，实现在更广范围、更大领域的选贤任能。"③ 与此同时，为了突出后备干部选拔工作的竞争性，相关规范和文件亦对后备干部队伍建设与公开选拔、竞争上岗等竞争性选拔干部方式的衔接问题做出了一些规定。例如，《党政领导班子后备干部工作规定》第十三条规定："在公开选拔和竞争上岗中，暂时不能提拔使用的优秀年轻干部，如符合后备干部条件，可以按照规定程序列入相应的后备干部名单。"第二十五条规定："鼓励和支持后备干部参加公开选拔和竞争上岗，在同等条件下，优先使用后备干部。"④ 《2009—2020年全国党政领导班子后备干部队伍建设规划》在其第三部分提出："逐步探索采用竞争性选拔方式，把不同行业、不同领域的各类优秀人才聚集到后备干部队伍中来。公开选拔和竞争上岗中的优秀干部符合后备干部条件的，可按规定程序列入相应的后备干部名单。"⑤ 1999年发布的《关于进一步做好公开选拔领导干部工作的通知》要求："对公开选拔的成果可根据需要进行多层次开发和利用，在公开选拔中发现的优秀人才，因职数所限未被任用的，相隔一定时间后

---

① 《党政领导班子后备干部工作规定》（中办发〔2003〕30号）。
② 《2009—2020年全国党政领导班子后备干部队伍建设规划》（中发〔2009〕5号）。
③ 《关于加强培养选拔年轻干部工作的意见》（中组发〔2009〕8号）。
④ 《党政领导班子后备干部工作规定》（中办发〔2003〕30号）。
⑤ 《2009—2020年全国党政领导班子后备干部队伍建设规划》（中发〔2009〕5号）。

也可根据工作需要和本人情况选拔到其他岗位上任职，或作为备用人选。"① 《公开选拔党政领导干部工作暂行规定》提出："对经过考察符合任用条件但未能任用的人员，符合后备干部条件的，可以纳入后备干部队伍进行培养。"② 正是在这些制度指引下，很多地方对竞争性选拔干部工作和后备干部队伍建设工作之间进行了实践互动。

但从制度设计的系统协同性而言，目前后备干部队伍建设工作与竞争性选拔干部工作之间的有效衔接尚存在若干模糊、掣肘乃至矛盾之处。例如，《党政领导班子后备干部工作规定》规定，"鼓励和支持后备干部参加公开选拔和竞争上岗，在同等条件下，优先使用后备干部"③。而《2009—2020年全国党政领导班子后备干部队伍建设规划》则提出，"干部的选拔任用要面向全体干部，不能只在后备干部中进行。在任用后备干部时，坚持与其他干部同样标准、同样程序，不能搞照顾性任用"④。这种模糊性甚至有些矛盾的规定使得各地在探索领导干部竞争性选拔过程中常常遇到"备而不用""用而不备"的尴尬。一方面，对于那些已经纳入后备干部队伍的优秀人才，在工作部门、内设机构的领导职务竞争性选拔的过程中，与没有进入后备干部队伍的机关优秀人才同台竞争、同样标准参加选拔，在任职适用方面并不具有明显的优势，一定程度上会弱化后备干部队伍建设的公信力和权威性；另一方面，对于那些参加公开选拔、竞争上岗后因职数限制未能任用的优秀人才，纳入后备干部队伍是当前各项制度提出的解决办法，除非这些优秀人才将来作为后备领导干部队伍人选进入党政领导班子，否则这些优秀人才并不能对后备干部队伍工作产生认同感。而进入党政领导班子后备干部队伍又受到任职年限、交流经历、职级等因素的限制，《党政领导干部选拔任用工作条例》对此做出的规定又是刚性的，破格使用是例外或者罕见的情形。这样，通过公开选拔、竞争上岗不能任用的优秀人才实际上面临很大的职业发展不确定性，特别是晋升空间小的压力。在当前各地扩大竞争性选拔范围的背景下，这两个问题使得越来越多的机关优秀人才更加看重公开选拔、竞争上岗，将此看作实现职业晋升的重要途径，客观上削弱了党的后备干部队伍建设工作的公信力和权

---

① 《关于进一步做好公开选拔领导干部工作的通知》（中组发〔1999〕3 号）。
② 《公开选拔党政领导干部工作暂行规定》（中办发〔2004〕13 号）。
③ 《党政领导班子后备干部工作规定》（中办发〔2003〕30 号）。
④ 《2009—2020 年全国党政领导班子后备干部队伍建设规划》（中发〔2009〕5 号）。

威性。

对于上述问题，本研究认为，规范公开选拔、竞争上岗等竞争性选拔干部方式与后备干部队伍建设之间的有效衔接，可以从两个方面来进行考虑。其一是区分正职与副职领导职务，在公开选拔、竞争上岗过程中对进入后备领导干部队伍的人才采取不同的使用标准。各地在公开选拔、竞争上岗的相关规定中，应该强调正职领导成员的选拔和任用中后备干部具有优先性问题。2014 年修订的《党政领导干部选拔任用工作条例》第三条规定，"应当注重培养选拔优秀年轻干部，注重使用后备干部，用好各年龄段干部"①。因此，地方和部门在公开选拔党政领导干部时须考虑这一刚性规定，优先考虑后备干部使用问题。尽管《2009—2020 年全国党政领导班子后备干部队伍建设规划》提出对后备干部坚持同等条件、同样标准，不搞照顾性使用，但是《党政领导干部选拔任用工作条例》应更具有权威性和指导性。对于领导班子成员，特别是上述工作部门或内设机构的领导班子职位，坚持按照《党政领导干部选拔任用工作条例》《党政领导班子后备干部工作规定》的基本条件、任职资格等规定，按照相关程序从后备干部队伍中择优任用。而对于党政领导机关、人大、政协、纪委的工作部门或工作机构以及法院、检察院机关或者工作部门的内设机构的副职，则坚持公开选拔、竞争上岗的做法，对后备领导干部一般不搞照顾性使用，坚持公开、平等、竞争、择优的原则选拔机关和社会优秀人才。待择优选拔任用后，再按照后备干部队伍建设标准、程序决定是否将这些优秀人才纳入后备干部队伍，以便按照后备干部队伍建设工作的要求对其加以培养、使用和管理。各地进一步完善公开选拔、竞争上岗工作实践中，应该考虑区分正职领导职位和副职领导职位，选拔过程中采取不同的策略，表明后备领导干部队伍应该是各级党政机关以及工作部门领导班子成员的主要来源。这样，既能坚持后备干部队伍建设工作的公信力和权威性，又能够通过公开选拔、竞争上岗等竞争性选拔发现一批优秀人才，作为后备干部队伍建设工作的重要支撑。其二是在后备干部队伍选拔工作中探索竞争性公开选拔的做法。目前，《党政领导班子后备干部工作规定》对正职后备领导干部的选拔注重在一定范围内听取意见基础上，提出进入后备领导干部队伍的建议人选名单，然后由党委（党组）研究决定；对副职后备领导干

---

① 《党政领导干部选拔任用工作条例》（修订）（中发〔2014〕3 号）。

部，由单位党委（党组）依据民主推荐情况和班子结构要求，集体研究提出建议人选名单后，报上级党委（党组）组织（人事）部门考察，然后通过差额认定的形式选定后备干部人员。后备干部选拔工作的现行规定注重的是选拔过程中党管干部原则、民主推荐原则和一定的差额性，但是其公开性、民主性与竞争性还需进一步提高。《党政领导班子后备干部工作规定》同时也提出，后备干部人选不仅要从党政机关选拔，还应从党政机关以外选拔，特别是地厅级以下的党政机关后备干部选拔，原则上可以超出本系统，在更大的范围内通过公开选拔、竞争上岗的方式发现优秀人才、纳入后备领导干部队伍。因此，在党政机关领导班子成员选拔和任用中突出后备干部优先性任用的同时，应该积极探索在后备干部人才选拔工作中借鉴公开选拔、竞争上岗的做法。这样，通过公开选拔、竞争上岗的方式拓宽优秀人才的选择面，通过竞争性选拔的方式能够更早发现优秀人才，再由各级党委（党组）及其组织（人事）部门按照后备干部管理工作的相关规定重点培养和锻炼，这有利于将党的后备干部管理工作与公开选拔、竞争上岗有效衔接起来。

（二）与干部交流制度的有效对接

干部交流是指各级党委（党组）及其组织人事部门按照既定的干部管理权限，通过调任、转任对党政领导干部的工作岗位进行调整。[①] 就基本功能而言，干部交流是优化领导班子结构、提高领导干部素质和能力的重要途径，因而在干部管理工作中具有重要地位并发挥着重要作用。早在抗日战争时期，中央军委出于提高部队战斗力的需要，曾在 1942 年颁发《关于干部交流的指示》，并开展了多方位的干部交流工作。新中国成立之后，出于培养锻炼干部和提升干部素质的需要，1962 年中国共产党第八届中央委员会第十次全体会议做出《关于有计划有步骤地交流各级党政主要领导干部的决定》，明确规定将"定期交流干部作为干部管理工作的一项根本制度"，同时提出干部交流的范围和对象是"县以上各级党委和国家机关中担任主要领导职务的党员干部，在中央与地方之间、上下之间、部门之间、地区之间有计划、有步骤、分期分批地进行交流"[②]，这是我国第

---

① 《党政领导干部交流工作规定》（中办发〔2006〕19 号）。

② 《关于有计划有步骤地交流各级党政主要领导干部的决定》，中国共产党新闻网，http:// cpc. people. com. cn/GB/64184/64186/66669/4493548. html，最后访问日期：2014 年 12 月 20 日。

一部关于干部交流工作的规范性文件。但此后由于各种原因，尤其是"文化大革命"的爆发，干部交流工作实际上陷入停滞状态。1986年9月，中国共产党第十二届中央委员会第六次全体会议发出《关于严格按照党的原则选拔任用干部的通知》，提出"要把干部交流作为选拔、培养干部的重要途径"①，干部交流工作遂开始恢复，与之相关的制度规范亦从此逐步建立。1990年7月，中共中央下发《关于实行党和国家机关领导干部交流制度的决定》。1999年4月，中共中央办公厅印发《党政领导干部交流工作暂行规定》。2006年8月，中共中央办公厅颁布《党政领导干部交流工作规定》。除此之外，在《公务员法》《党政领导干部选拔任用工作条例》等国家法律和党内法规中，均有涉及干部交流的相关章节。

按照中共中央办公厅2006年颁布的《党政领导干部交流工作规定》，干部交流适用于中共中央、全国人大常委会、国务院、全国政协的工作部门和工作机构的领导成员，上述工作部门和工作机构的内设机构的领导干部；中央纪委和最高人民法院、最高人民检察院的副职领导成员及其机关内设机构的领导干部；县级以上地方党委、人大常委会、政府、政协及其工作部门和工作机构的领导成员，上述工作部门和工作机构的内设机构的领导干部；县级以上地方纪委和人民法院、人民检察院领导成员及其机关内设机构的领导干部。②《党政领导干部选拔任用工作条例》规定，"交流的对象主要是：因工作需要交流的；需要通过交流锻炼提高领导能力的；在一个地方或者部门工作时间较长的；按照规定需要回避的；因其他原因需要交流的。交流的重点是县级以上地方党委、政府的领导成员，纪委、人民法院、人民检察院和党委、政府部分工作部门的主要领导成员"，"党政机关内设机构处级以上领导干部在同一职位上任职时间较长的，应当进行交流或者轮岗"。③《党政领导干部交流工作规定》亦明确要求，"新提拔担任县（市、区、旗）以上地方党委、政府领导成员的，应当有计划地易地交流任职"，"缺少基层工作经验或者岗位经历单一的县（处）级以上

---

① 《关于严格按照党的原则选拔任用干部的通知》，中国共产党新闻网，http://cpc. people. com. cn/GB/64162/71380/71387/71591/4855033. html，最后访问日期：2014年12月20日。

② 《党政领导干部交流工作规定》（中办发〔2006〕19号）。

③ 《党政领导干部选拔任用工作条例》（修订）（中发〔2014〕3号）。

领导干部，应当有计划地交流"。① 此外，《党政领导干部选拔任用工作条例》规定，"提拔担任党政领导职务的，应当具备下列资格：提任县（处）级领导职务的，应当具有五年以上工龄和两年以上基层工作经历；提任县（处）级以上领导职务的，一般应当具有在下一级两个以上职位任职的经历；提任县（处）级以上领导职务，由副职提任正职的，应当在副职岗位工作两年以上，由下级正职提任上级副职的，应当在下级正职岗位工作三年以上"②。这一刚性规定使得各级党政机关领导干部的转任、调任和挂职锻炼等交流成为干部晋升的必由之路。

尽管上述干部交流制度的相关规定，尤其是关于担任党政领导职务的资格规定有其合理性和必要性，但从其与竞争性选拔干部方式之间的相互衔接而言，尚存在一些需要协调之处。《公开选拔党政领导干部工作暂行规定》要求，"根据选拔职位对人才的需求和选拔优秀年轻干部的需要，可以对报名人员的职务层次、任职年限等任职资格适当放宽，但报上一级职位的，需在本级职位任满一年；越一级报名的，应当在本级职位任满四年"③。《党政机关竞争上岗工作暂行规定》指出，通过竞争上岗选拔党政机关内设机构领导成员，一般在本机关内部实施，按照工作岗位的基本要求和任职资格条件确定竞争职位的要求。这些规定与《党政领导干部选拔任用工作条例》关于任职资格的规定相比，应该说是一种有限制的弹性，意味着县处级及以上党政领导干部的任用主要通过转任和调任方式进行，须严格遵守《党政领导干部选拔任用工作条例》的有关规定；公开选拔、竞争上岗主要适用于各级党政、人大、政协、纪检、检察院、法院的工作部门或者内设机构的领导成员，特别是副职领导职务的选拔，主要是为那些不能通过按组织程序实现职务晋升的优秀人才提供"快速通道"。实际上，这两方面的问题使得推行公开选拔、竞争上岗遇到一个"瓶颈"：通过公开选拔、竞争上岗任职的职务往往是工作部门和内设机构的领导成员或者副职，不能进入单位党政领导班子成员，除非被纳入党政领导班子后备干部队伍体系，通过调任、转任甚至挂职锻炼等途径才能进入党政领导班子职位。由此，一些优秀人才似乎看到了公开选拔、竞争上岗的"玻璃天花板"，进而认为按照传统的组织渠道进入党政领导班子后备干部行列，

---

① 《党政领导干部交流工作规定》（中办发〔2006〕19号）。

② 《党政领导干部选拔任用工作条例》（中发〔2002〕7号）。

③ 《公开选拔党政领导干部工作暂行规定》（中办发〔2004〕13号）。

才是职业发展向更高的领导职务迈进的最重要的渠道。这样有可能导致参与竞争选拔的职位竞争者逐渐减少、选拔过程的竞争性逐渐下降的问题。

对于上述问题，可以考虑从两个方面来加以应对。其一是完善公开选拔、竞争上岗等竞争性选拔的制度规范，进一步明确其适用范围，即将其界定于各级党政机关、人大、政协、纪检、检察院、法院的工作部门以及内设机构的领导成员，特别是副职领导职位，明确提出党政领导干部班子成员选拔一般不走公开选拔、竞争上岗的途径，而是通过组织程序实现转任、调任和挂职锻炼等交流形式。通过这种制度规定，为各级机关内优秀人才提供明确无误的职业发展渠道信息，避免对公开选拔和竞争上岗抱有过多期望。其二是适度调整竞争性选拔干部的频率。在经过多年的竞争性选拔实践之后，各级组织人事部门已经觉察到，组织系统内外人才总量不会大量增加情况下择优选拔面正逐渐缩小，竞争性亦会逐渐下降。同时，由于公开选拔和竞争上岗主要限于特定领导岗位，仅作为选拔领导干部的探索性方式之一，其"玻璃天花板"效应会导致人们对于竞争性选拔干部方式开始持有不积极态度。因此，应该在总结历年竞争性选拔干部经验的基础上，适当延长公开选拔、竞争上岗等竞争性选拔干部的间隔期，以保持竞争性选拔干部工作的可持续发展。

参考文献

一　经典著作与学术著作

陈忠、赵世明：《中国干部选拔任用》，人民出版社，2017。

〔美〕道格拉斯·C. 诺斯：《经济史中的结构与变迁》，厉以平译，上海三
　　联书店，1999。

〔美〕道格拉斯·C. 诺斯：《制度变迁理论纲要》，载北京大学中国经济研
　　究中心主编《经济学与中国经济改革》，上海人民出版社，1995。

〔美〕道格拉斯·C. 诺斯：《制度、制度变迁与经济绩效》，杭行译，格致
　　出版社、上海人民出版社，2008。

《邓小平年谱：一九七五——一九九七》，中央文献出版社，2004。

《邓小平文选》（第二卷），人民出版社，1994。

《邓小平文选》（第三卷），人民出版社，1993。

丁煌：《西方公共行政管理理论精要》，中国人民大学出版社，2005。

杜维明：《新加坡的挑战——新儒家伦理与企业精神》，三联书店，1989。

龚建桥：《选人用人制度设计与测评技术研究》，海天出版社，2016。

〔美〕汉娜·阿伦特：《人的境况》，王寅丽译，上海人民出版社，2009。

何俊志：《结构、历史与行为：历史制度主义对政治科学的重构》，复旦大
　　学出版社，2004.

刘学民、王文成：《竞争性选拔基本模式研究》，人民出版社，2013。

刘再春：《干部选拔任用制度改革研究——基于制度变迁理论的分析》，吉
　　林大学出版社，2017。

〔英〕罗纳德·H. 科斯：《财产权利与制度变迁——产权学派与新制度学
　　派译文集》，刘守英译，上海三联书店、上海人民出版社，2014。

《马克思恩格斯全集》（第二十六卷），人民出版社，2014。

《马克思恩格斯全集》（第一卷），人民出版社，1995。

《马克思恩格斯选集》（第二卷），人民出版社，1995。

《马克思恩格斯选集》（第三卷），人民出版社，1995。

《毛泽东选集》（第二卷），人民出版社，1991。

孙柏瑛、祁凡骅：《公共部门人力资源开发与管理》（第四版），中国人民
　　大学出版社，2015。

吴志华：《当今国外公务员制度》，上海交通大学出版社，2008。

吴志华：《公共部门人力资源管理》，高等教育出版社，2011。

吴志华：《美国公务员制度的改革与转型》，上海交通大学出版社，2006。

吴志华：《我国公共部门人力资源管理改革》，上海交通大学出版社，2009。

习近平：《习近平谈治国理政》（第二卷），外文出版社，2017。

习近平：《习近平谈治国理政》（第一卷），外文出版社，2014。

萧鸣政：《党政干部品德测评方法研究》，人民出版社，2017。

徐颂陶、孙建立：《中国人事制度改革三十年》，中国人事出版社，2008。

亚里士多德：《尼各马可伦理学》，廖申白译，商务印书馆，2003。

亚里士多德：《政治学》，吴寿彭译，商务印书馆，2014。

〔德〕尤尔根·哈贝马斯：《公共领域的结构转型》，曹卫东译，学林出版
　　社，1999。

〔德〕尤尔根·哈贝马斯：《在事实与规范之间》，童世俊译，三联书店，
　　2003。

于学强：《中国共产党干部选拔民主化研究》，中国社会科学出版社，2012。

〔美〕约翰·罗尔斯：《正义论》，何怀宏译，中国社会科学出版社，1988。

中国领导干部公选研究课题组：《中国公开选拔领导干部发展报告》（2013），
　　红旗出版社，2013。

二　期刊论文

白海琦：《新形势下干部竞争性选拔方式改革研究：整理、反思与重塑》，
　　《理论月刊》2017年第12期，第107~112页。

陈鹏：《重构政治生态：权力制约监督的一种新视角》，《江苏行政学院学
　　报》2016年第3期，第90~95页。

陈天祥、徐于琳：《西方公共部门人力资源管理变革理论研究述评》，《公

共行政评论》2010 年第 3 期，第 140～174 页。

陈哲娟：《履历业绩评价方法在领导干部竞争性选拔中的应用》，《中国人力资源开发》2012 年第 3 期，第 51～54 页。

陈振明、苏寻、慈玉鹏：《新时代干部队伍建设的行动指南——习近平的干部队伍建设思想研究》，《中国行政管理》2018 年第 6 期，第 13～17 页。

方振邦、陈曦：《干部竞争性选拔：发展历程、存在问题及解决对策》，《中国行政管理》2015 年第 12 期，第 6～9 页。

方振邦、陈曦：《竞争性选拔工作中的考试、考核、考察问题研究》，《公共管理与政策评论》2015 年第 2 期，第 55～62 页。

龚建桥：《竞争性选拔制度运行现状与改进》，《特区实践与理论》2012 年第 1 期，第 52～55 页。

郭波：《竞争性选拔干部质量提升的困境及应对》，《上海党史与党建》2012 年第 8 期，第 17～18 页。

胡仙芝：《干部选任新趋势新特点》，《人民论坛》2014 年第 27 期，第 34～35 页。

胡宗仁：《竞争性选拔的制度属性、逻辑起点及效用分析》，《江海学刊》2009 年第 2 期，第 111～115 页。

黄丽萍：《论中国政党的公共性建构》，《南京航空航天大学学报》（社会科学版）2011 年第 2 期，第 1～6 页。

贾英健：《公共性的出场与马克思哲学创新的当代视域》，《湖南社会科学》2008 年第 4 期，第 4～9 页。

贾中海、何春龙：《社会公平正义的三维视角》，《北方论丛》2013 年第 2 期，第 151～154 页。

姜泽洵：《竞争性选拔干部工作难点问题研究》，《党建研究》2011 年第 3 期，第 21～23 页。

蒋硕亮：《论干部选任科学化、民主化与制度化的辩证统一》，《公共治理评论》2014 年第 2 期，第 121～129 页。

蒋硕亮：《提升干部选用公信力：政治逻辑、制度创新与路径选择》，《公共治理评论》2015 年第 1 期，第 156～162 页。

蓝志勇、魏明：《领导干部公开选拔：制度演进、方法创新与未来发展》，《天津行政学院学报》2013 年第 6 期，第 28～32 页。

李民:《干部选拔任用机制的历史考察》,《重庆社会科学》2011 年第 1 期,第 24~27 页。

李民:《干部选拔任用机制的完善》,《重庆社会科学》2011 年第 6 期,第 109~111 页。

李木洲:《试析公开选拔党政领导干部制度面临的十大困境》,《理论与改革》2011 年第 2 期,第 44~47 页。

李朋波:《基于人岗匹配理论的竞争性选拔原理研究》,《中国人力资源开发》2014 年第 14 期,第 54~60 页。

李锡炎:《竞争性选拔干部方式的理论内涵和科学定位》,《社会科学研究》2012 年第 4 期,第 35~39 页。

李友梅、肖瑛:《当代中国社会建设的公共性困境及其超越》,《中国社会科学》2012 年第 4 期,第 125~139 页。

梁丽芝、韦朝毅:《公开选拔干部制度的制度变迁与发展趋势》,《中国行政管理》2010 年第 3 期,第 70~74 页。

廖志豪:《竞争性选拔干部方式:演进、问题与改进》,《云南行政学院学报》2018 年第 2 期,第 67~72 页。

廖志豪、母天学:《论党政领导干部选拔任用的公共性及其实现》,《行政论坛》2017 年第 6 期,第 121~127 页。

刘白明:《近十年来中国古代公正思想研究综述》,《史学月刊》2009 年第 6 期,第 118~125 页。

刘峰:《增强领导干部的党性和本领》,《行政管理改革》2017 年第 11 期,第 21~23 页。

刘俊生:《经济新常态下官员政绩考核指标的差别化设计》,《人民论坛》2015 年第 22 期,第 38~40 页。

刘瑞华:《施行"双推双考"拓展党外干部选拔渠道》,《中国统一战线》2009 年第 4 期,第 41 页。

刘昕:《当前党政领导干部民主测评的深层困境》,《学术前沿》2014 年第 7 期,第 80~89 页。

刘昕:《选拔和任用高级领导干部的专业性取向》,《中国党政干部论坛》2015 年第 6 期,第 64~67 页。

罗中枢:《如何把好干部培养选拔出来——习近平干部人事制度改革路线图》,《人民论坛》2014 年第 1 期,第 28~29 页。

毛军权、李明：《完善上海市竞争性选拔干部方式研究》，《上海行政学院学报》2014年第5期，第91~101页。

苗壮：《制度变迁中的改革战略选择问题》，《经济研究》1992年第10期，第72~80页。

南京市党建研究所课题组：《完善竞争性选拔干部方法机制研究》，《中共南京市委党校学报》2012年第1期，第60~66页。

任利成：《竞争性选拔情境中社会网络及其演化研究》，《华东经济管理》2011年第3期，第128~129页。

唐皇凤：《新贤能政治：我国干部选拔制度的民主化与现代化》，《复旦学报》（社会科学版）2016年第4期，第144~154页。

唐皇凤、赵吉：《我国党政领导干部选拔任用制度的调适与优化》，《中共福建省委党校学报》2016年第8期，第37~43页。

唐晓阳：《竞争性选拔党政领导干部存在的问题及对策研究》，《岭南学刊》2013年第6期，第46~51页。

王炳林、房正：《论新时代党的政治建设》，《毛泽东邓小平理论研究》2018年第2期，第32~37页。

王炳权：《促进"干部能上能下"需要进一步开阔视野》，《探索与争鸣》2015年第10期，第28~29页。

王炳权：《中国政治精英吸纳模式的历史演进与转换逻辑》，《学术研究》2016年第12期，第52~59页。

王奇：《论竞争性选拔干部的科学内涵与基本理念》，《南京社会科学》2010年第12期，第63~67页。

吴志华、蔡延东：《竞争性选拔干部的绩效评价——基于问卷调查数据的分析》，《中共浙江省委党校学报》2013年第3期，第46~51页。

吴志华：《提升领导干部选拔任用公信度的路径》，《中国行政管理》2013年第12期，第64~67页。

萧鸣政、范文琦：《中国公务员职位分类的现状与问题》，《北京航空航天大学学报》（社会科学版）2017年第6期，第1~5页。

萧鸣政：《领导干部政治素质的评价标准研究》，《国家行政学院学报》2018年第3期，第81~88页。

谢吉晨：《干部竞争性选拔研究的政治生态学视角》，《江海学刊》2015年第4期，第125~130页。

徐大建：《西方公平正义思想的演变及启示》，《上海财经大学学报》2012
　　年第 3 期，第 3～10 页。

杨海军、凌文辁、袁登华：《公平性、有效性与可操作性，竞争性选拔该
　　何去何从？》，《现代管理科学》2011 年第 7 期，第 27～28 页。

杨海军、凌文辁、袁登华：《竞争性选拔中笔试、面试、量化考察权重设
　　置实证研究》，《现代管理科学》2011 年第 5 期，第 15～17 页。

于海波：《敢于担当型干部评价体系构建的内容与方法》，《人民论坛》2018
　　年第 8 期，第 30～31 页。

张书林：《干部选拔任用中的程序公正探析》，《中国浦东干部学院学报》
　　2014 年第 4 期，第 64～69 页。

张婉丽：《非制度因素与地位获得——兼论现阶段中国社会分层结构》，
　　《社会学研究》1996 年第 1 期，第 64～73 页。

赵世明：《领导干部心理素质的综合评价模型》，《中国浦东干部学院学报》
　　2014 年第 3 期，第 44～51 页。

中共四川省委组织部课题组：《完善竞争性选拔干部方法和机制问题拓展
　　研究》，《党建研究》2012 年第 2 期，第 29～34 页。

中共浙江省委组织部、中共湖州市委组织部联合课题组：《创新公开选拔
　　工作的新探索——定期分类资格考试在有限范围内公开选拔领导干
　　部》，《组织人事学研究》2002 年第 1 期，第 17～20 页。

中组部研究室（政策法规局）：《完善和继续推进竞争性选拔干部工作》，
　　《中直党建》2011 年第 6 期。

朱士群：《公共领域的兴衰——汉娜·阿伦特政治哲学述评》，《社会科学》
　　1994 年第 6 期，第 68～72。

三　报纸文献

陈希：《深化干部人事制度改革》，《人民日报》2013 年 12 月 2 日，第 7 版。

胡锦涛：《高举中国特色社会主义伟大旗帜　为夺取全面建设小康社会新
　　胜利而奋斗——在中国共产党第十七次全国代表大会上的报告》，《人
　　民日报》2007 年 10 月 25 日，第 1 版。

胡锦涛：《坚定不移沿着中国特色社会主义道路前进　为全面建成小康社
　　会而奋斗》，《人民日报》2012 年 11 月 18 日，第 1 版。

胡耀邦：《全面开创社会主义现代化建设的新局面》，《人民日报》1982 年

9 月 8 日，第 1 版。

江泽民：《加快改革开放和现代化建设步伐　夺取有中国特色社会主义事业的更大胜利——在中国共产党第十四次全国代表大会上的报告》，《人民日报》1992 年 10 月 21 日，第 1 版。

江泽民：《全面建设小康社会　开创中国特色社会主义事业新局面——在中国共产党第十六次全国代表大会上的报告》，《人民日报》2002 年 11 月 18 日，第 1 版。

孙明：《科学定位竞争性选拔干部方式》，《学习时报》2014 年 4 月 21 日，第 A5 版。

王光庆：《浅析干部德的考核评价标准和办法》，《中国组织人事报》2011 年 11 月 21 日，第 6 版。

吴卫华：《用"三五选拔法"竞争性选拔干部》，《组织人事报》2012 年 9 月 11 日，第 6 版。

习近平：《积极借鉴我国历史上优秀廉政文化　不断提高拒腐防变和抵御风险能力》，《人民日报》2013 年 4 月 21 日，第 1 版。

习近平：《建设一支宏大高素质干部队伍　确保党始终成为坚强领导核心》，《人民日报》2013 年 6 月 30 日，第 1 版。

习近平：《决胜全面建成小康社会　夺取新时代中国特色社会主义伟大胜利——在中国共产党第十九次全国代表大会上的报告》，《人民日报》2017 年 10 月 19 日，第 1 版。

习近平：《牢固树立正确世界观权力观事业观》，《人民日报》2010 年 9 月 2 日，第 2 版。

叶剑英：《在庆祝中华人民共和国成立三十周年大会上的讲话》，《人民日报》1979 年 9 月 30 日，第 1 版。

赵琦：《竞争性选拔工作的成就与经验》，《中国组织人事报》2012 年 10 月 8 日，第 6 版。

赵紫阳：《沿着有中国特色的社会主义道路前进——在中国共产党第十三次全国代表大会上的报告》，《人民日报》1987 年 11 月 4 日，第 1 版。

中共九江市委组织部课题组：《竞争性选拔干部工作的困境与创新》，《组织人事报》2011 年 6 月 28 日，第 3 版。

中共中央：《中央党内法规制定工作五年规划纲要（2013—2017 年）》，《人民日报》2013 年 11 月 28 日，第 10 版。

中共中央组织部：《关于加强干部选拔任用工作监督的意见》，《人民日报》
2014年1月26日，第4版。

中国共产党第十八届中央委员会第六次全体会议：《关于新形势下党内政
治生活的若干准则》，《人民日报》2016年11月3日，第5版。

中国共产党第十八届中央委员会第三次全体会议：《中共中央关于全面深
化改革若干重大问题的决定》，《人民日报》2013年11月16日，第
1版。

中国共产党第十二届中央委员会第三次全体会议：《中共中央关于经济体
制改革的决定》，《人民日报》1984年10月21日，第1版。

中国共产党第十七届中央委员会第四次全体会议：《中共中央关于加强和
改进新形势下党的建设若干重大问题的决定》，《人民日报》2009年9
月19日，第1版。

中国共产党第十四届央委员会第四次全体会议：《中共中央关于加强党的
建设几个重大问题的决定》，《人民日报》1994年10月7日，第1版。

中国共产党第十四届中央委员会第三次全体会议：《中共中央关于建立社
会主义市场经济体制若干问题的决定》，《人民日报》1993年11月17
日，第1版。

中国共产党第十一届中央委员会第六次全体会议：《中国共产党中央委员
会关于建国以来党的若干历史问题的决议》，《人民日报》1981年7月
1日，第1版。

中国共产党第十一届中央委员会第三次全体会议：《会议公报》，《人民日
报》1978年12月24日，第1版。

中组部党建研究所课题组：《如何改革完善竞争性选拔干部工作》，《光明
日报》2012年5月24日，第14版。

四 法规文件

《2001—2010深化干部人事制度改革纲要》（中办发〔2000〕15号）。

《2009—2020年全国党政领导班子后备干部队伍建设规划》（中发〔2009〕
5号）。

《2010—2020年深化干部人事制度改革规划纲要》（中办发〔2009〕43号）。

《党政机关竞争上岗工作暂行规定》（中办发〔2004〕13号）。

《党政领导班子后备干部工作规定》（中办发〔2003〕30号）。

《党政领导干部公开选拔和竞争上岗考试大纲》（中组发〔2009〕14号）。

《党政领导干部交流工作规定》（中办发〔2006〕19号）。

《党政领导干部选拔任用工作条例》（修订）（中发〔2014〕3号）。

《党政领导干部选拔任用工作暂行条例》（中发〔1995〕4号）。

《公开选拔党政领导干部工作暂行规定》（中办发〔2004〕13号）。

《关于党政机关推行竞争上岗的意见》（组通字〔1998〕33号）。

《关于进一步做好公开选拔领导干部工作的通知》（中组发〔1999〕3号）。

《关于完善竞争性选拔干部方式的指导意见》（中组发〔2013〕17号）。

《广东省国家公务员通用能力标准框架（试行）》（粤人发〔2004〕27号）。

《国家公务员通用能力标准框架（试行）》（国人部发〔2003〕48号）。

《聘任制公务员管理规定（试行）》（厅字〔2017〕40号）。

《事业单位登记管理暂行条例实施细则》（修订）（中央编办发〔2014〕4号）。

《事业单位岗位设置管理试行办法》（国人部发〔2006〕70号）。

《事业单位领导人员管理暂行规定》（中办发〔2015〕34号）。

《事业单位人事管理条例》（国务院令〔2014〕第652号）。

《吸收录用干部问题的若干规定》（劳人干〔1982〕147号）。

《中国共产党纪律处分条例》（2018年修订）。

《中央企业领导人员管理暂行规定》（中办发〔2009〕41号）。

五　国外公务员法规文件

· Australian Government, Australian Public Service Commission, APS Values, 2018, https://www. apsc. gov. au/aps – values – 1.

· Australian Government, Australian Public Service Commission, Code of Conduct, 2018, https://www. apsc. gov. au/code – conduct.

· Australian Government, Australian Public Service Commission, Recruitment: Guideline, 2018, https://www. apsc. gov. au/recruitment – guidelines.

· Australian Government, Australian Public Service Commission, Recruitment Unplugged, 2018, https://www. apsc. gov. au/recruitment – unplugged.

· Australian Government, Australian Public Service Commission, Senior Executive Leadership Capability Framework, 2015, http://www. apsc. gov. au/ publications – and – media/archive/publications – archive/senior – executive – leadership – capability – framework.

· Civil Service Human Resources, Civil Service Competency Framework 2012 –
2017, 2015, https://assets. publishing. service. gov. uk/government/uploads/
system/uploads/attachment_ data/file/436073/cscf_ fulla4potrait_ 2013 – 2017
_v2d. pdf.

· Civil Service, Statutory Guidance, The Civil Service Code, 2015, https://
www. gov. uk/government/publications/civil – service – code/the – civil –
service – code.

· Civil Service, Statutory Guidance, The Civil Service Code, Updated 16 March
2015, https://www. gov. uk/government/publications/civil – service – code/
the – civil – service – code#civil – service – values.

· Country of Mendocino, Executive Office/Central Services Division, Selection
Process, 2016, https://www. mendocinocounty. org/home/showdocument?
id = 7440.

· Danville, Live, City Services, Public Safety, Police, Employment Opportu-
nities, Recruitment Process, 2017, http://www. danville – va. gov/717/
Recruitment – Process.

· Government of Canada, Assessment Centres, 2016, https://www. canada. ca/
en/public – service – commission/services/staffing – assessment – tools – re-
sources/human – resources – specialists – hiring – managers/human – re-
sources – toolbox/personnel – psychology – centre/assessment – counselling –
services/assessment – centres1. html.

· Government of Canada, Hire employees, 2018, https://www. jobbank. gc.
ca/content_ pieces – eng. do? cid = 6483.

· Government of Canada, Key Leadership Competency Profile and Examples of
Effective and Ineffective Behaviors, 2016, https://www. canada. ca/en/
treasury – board – secretariat/services/professional – development/key –
leadership – competency – profile/examples – effective – ineffective – behav-
iors. html.

· Government of Canada, Public Service and Military, Public Service Staffing,
Staffing and Assessment Tools and Resources, 2016, https://www. canada.
ca/en/public – service – commission/services/staffing – assessment – tools –

resources/staffing – assessment – services – job – seekers – employees. html.

· Government of Canada, Public Service Commission of Canada, Structured In-terviewing: How to Design and Conduct Structured Interviews for an Appoint-ment Process, 2009, https://www. canada. ca/content/dam/canada/public – service – commission/migration/plcy – pltq/guides/structured – structuree/ rpt – eng. pdf.

· Government of Canada, Public Service Recruitment Programs, 2017, https:/ /www. canada. ca/en/public – service – commission/jobs/services/recruit-ment. html.

· Government of Canada, Values and Ethics Code for the Public Sector, State-ment of Values, 2011, http://www. tbs – sct. gc. ca/pol/doc – eng. aspx? id = 25049#cha5.

· GOV. UK, Fast Track Assessment Centre (FTAC), 2018, https://assets. publishing. service. gov. uk/government/uploads/system/uploads/attachment _data/file/684160/FTAC_ Guide_2018. pdf.

· GOV. UK, Guidance-Civil Service Competency Framework, 2015, https://www. gov. uk/government/uploads/system/uploads/attachment _ data/file/4360 73/ cscf_fulla4potrait_2013 – 2017_ v2d. pdf.

· NSW Government, Public Service Commission, Practical Guide to Intervie-wing, 2015, https://www. psc. nsw. gov. au/workforce – management/re-cruitment/recruitment – and – selection – guide/assess – candidates/admin-ister – and – scoring – assessments/practical – guide – to – interviewing.

· OPM. GOV, Senior Executive Service, Executive Core Qualifications, 2012, https://www. opm. gov/policy – data – oversight/senior – executive – serv-ice/executive – core – qualifications/.

· OPM. GOV, Senior Executive Service Selection Process, 2017, https:// www. opm. gov/policy – data – oversight/senior – executive – service/selec-tion – process/#url = Process.

· OPM. GOV, Writing Samples, 2018, https://www. opm. gov/policy – data – o-versight/assessment – and – selection/other – assessment – methods/writing – samples – summary. pdf.

· State Services Commission, We Lead the Public Sector in the Service of Our

Nation, Understanding the Code of Conduct – Guidance for State Servants, 2016, http://www. ssc. govt. nz/upload/downloadable_files/Understanding – the – Code – of – Conduct – April2010. pdf.

· The Merit System Principles – Keys to Managing the Federal Workforce, 2017, https://www. mspb. gov/mspbsearch/viewdocs. aspx? docnumber = 1371890&version = 1377261&application = ACROBAT.

· United States Office of Personnel Management, Structured Interviews: A Practical Guide, 2008, http://www. opm. gov/policy – data – oversight/assessment – and – selection/structured – interviews/guide. pdf.

附　录

附录一　竞争性选拔干部方式调查问卷
（公众与职位竞争者使用）

尊敬的朋友，您好!

我们目前正在进行一项国家社会科学基金重点项目"完善竞争性选拔干部方式研究"，根据课题实证研究的需要，我们设计了这份调查问卷，希望能够占用您宝贵的时间，按照您的真实看法和想法，为我们的课题研究填写这份匿名调查问卷。非常感谢您的支持!

"完善竞争性选拔干部方式研究"课题组

填写说明：

（1）填写问卷时，请在您所选择的答案符号上画√或○。

（2）竞争性选拔干部方式是指通过"公开选拔""竞争上岗""公推公选"等方式来竞争性选拔任用干部，竞争性选拔干部方式不包括公务员考试录用。

1. 您所任职的单位属于（选一项）

　　A. 党群机关　　　　　　　　B. 人大、政协机关

　　C. 政府机关　　　　　　　　D. 事业单位

　　E. 国有企业　　　　　　　　F. 其他

2. 您的年龄是

　　A. 25 岁及以下　　　　　　　B. 26 ~ 30 岁

　　C. 31 ~ 35 岁　　　　　　　D. 36 ~ 40 岁

E. 41 岁及以上

3. 您的受教育程度是（选一项）

A. 大专以下 　　　　　　　B. 大专

C. 本科 　　　　　　　　　D. 硕士

E. 博士

4. 您的现任职务是（或相当于）（选一项）

A. 科员或办事员 　　　　　B. 科长或副科长

C. 处长或副处长 　　　　　D. 副局级及以上

5. 您是否参加或参与过竞争性选拔干部（选一到三项，若选 A 或 E，请跳至第 12 题继续作答）

A. 都没有参加过

B. 作为职位竞争者参加过公开选拔

C. 作为职位竞争者参加过竞争上岗

D. 作为职位竞争者参加过公推公选

E. 作为群众参与过竞争性选拔

6. 如果您作为职位竞争者参加过竞争性选拔干部，最终您是否被任用（选一项）

A. 被任用 　　　　　　　　B. 未被任用

7. 如果您参加过竞争性选拔考试，您通过何种途径获取复习资料（选一到三项，若选 A，不用选其他项）

A. 没有寻找复习资料 　　　B. 有关公选网站

C. 购买图书资料 　　　　　D. 参加辅导班

8. 如果您参加过竞争性选拔，您在考试前大约花了多长时间进行复习准备（选一项）

A. 没有复习准备 　　　　　B. 合计少于 20 小时

C. 合计 20～50 小时 　　　 D. 合计 51～100 小时

E. 合计 100 小时以上

9. 如果您参加过竞争性选拔，您的考前复习对于笔试成绩的效用如何（选一项）

A. 非常有效 　　　　　　　B. 很有效

C. 有一定效果 　　　　　　D. 有很小效果

E. 没有效果

10. 如果您参加过竞争性选拔，您的考前复习对于面试成绩的效用如何（选一项）

    A. 非常有效   B. 很有效

    C. 有一定效果   D. 有很小效果

    E. 没有效果

11. 如果您参加过竞争性选拔，您的考前复习对于"人机对话"考试成绩的效用如何（选一项，如果您没有参加过竞争性选拔的人机对话考试，请跳过此题）

    A. 非常有效   B. 很有效

    C. 有一定效果   D. 有很小效果

    E. 没有效果

12. 如果您以后有机会参加竞争性选拔考试，您是否会进行考前复习（选一项）

    A. 一定会   B. 很可能会

    C. 可能会   D. 可能不会

    E. 肯定不会

13. 您认为竞争性选拔的考试成绩能否反映出职位竞争者的知识和能力（选一项）

    A. 能反映职位竞争者的知识，不太能反映其能力

    B. 能反映职位竞争者的知识，一定程度上反映其能力

    C. 能反映职位竞争者的知识，很大程度上反映其能力

    D. 不太能反映职位竞争者的知识，更不能反映其能力

14. 您认为采用竞争性方式公开选拔干部是否提高了选人用人公信度（选一项）

    A. 极大提高   B. 很大提高

    C. 一定程度提高   D. 很小提高

    E. 没有提高

15. 与常规委任制相比，您对竞争性选拔干部方式的总体评价是（选一到二项，如选 F，请再选一项）

    A. 大大优于委任制   B. 很大程度上优于委任制

    C. 一定程度上优于委任制   D. 略优于委任制

    E. 与委任制差不多   F. 委任制与竞争性选拔各有所长

16. 通过竞争性方式是否有利于选拔出优秀干部并避免干部任用中的不正之风（可选两项）

    A. 有利于选拔出优秀干部　　B. 有利于避免任用干部中的不正之风

    C. 不利于选拔出优秀干部　　D. 难以避免任用干部中的不正之风

17. 您认为竞争性选拔干部方式的主要优点是（可选三到五项）

    A. 民主参与的面广　　　　　B. 程序的公正性

    C. 结果的公正性　　　　　　D. 制度的科学性

    E. 过程的公开性　　　　　　F. 选拔范围的广泛性

    G. 测评方式的有效性　　　　H. 其他，请说明＿＿＿＿＿＿

18. 公开选拔方式更适合哪些组织的干部选拔任用（选一到三项，若选 A 则不用选其他项）

    A. 所有组织的干部　　　　　B. 党群机关干部

    C. 政府机关干部　　　　　　D. 人大、政协机关干部

    E. 事业单位干部　　　　　　F. 国有企业干部

19. 公开选拔方式更适合哪些类别干部的选拔任用（选一到三项，若选 A 则不用选其他项）

    A. 所有类别的干部　　　　　B. 委任制干部

    C. 选任制干部　　　　　　　D. 聘任制干部

    E. 紧缺人才干部

20. 公开选拔方式更适合哪些层级干部的选拔任用（选一到三项，若选 A 则不用选其他项）

    A. 所有层级干部　　　　　　B. 单位的正职领导

    C. 单位的副职领导　　　　　D. 单位内设部门的正职领导

    E. 单位内设部门的副职领导　F. 其他，请说明＿＿＿＿＿＿

21. 竞争上岗方式更适合哪些层级干部的选拔任用（选一到三项，若选 A 则不用选其他项）

    A. 所有层级干部　　　　　　B. 单位的副职干部

    C. 单位内设部门的副职干部　D. 科级干部

    E. 副处级干部　　　　　　　F. 正处级干部

    G. 副局级干部

22. 您认为目前竞争性选拔中存在的主要问题是（选三到五项）

    A. 程序和规则不规范　　　　B. 存在高分低能现象

C. 测评技术不够科学　　　　D. 存在"开后门"现象

E. 选拔方式缺少分类　　　　F. 存在"作秀"的现象

G. 适用范围太广　　　　　　H. 选拔过程成本太高

I. 其他，请说明_____

23. 目前竞争性选拔干部方式中的笔试能否测试出职位竞争者的潜在能力（选一项）

A. 完全能　　　　　　　　　B. 很大程度上能

C. 一定程度上能　　　　　　D. 很小程度上能

E. 不能

24. 目前竞争性选拔干部方式中的"人机对话"测评能否测试出职位竞争者的实际能力（选一项）

A. 完全能　　　　　　　　　B. 很大程度上能

C. 一定程度上能　　　　　　D. 很小程度上能

E. 不能

25. 目前竞争性选拔干部方式中的面试能否测试出职位竞争者的实际能力（选一项）

A. 完全能　　　　　　　　　B. 很大程度上能

C. 一定程度上能　　　　　　D. 很小程度上能

E. 不能

26. 如果您认为竞争性选拔的面试难以测试出职位竞争者的实际能力，其原因是（选三到四项）

A. 面试方法不够科学

B. 面试试题设计不科学

C. 考官评分的主观性

D. 面试同样可以"应试"复习获高分

E. 面试存在"开后门"情况

F. 其他，请说明_____

27. 目前竞争性选拔中的民主测评结果能否真实反映被测评者的实际情况（选一项）

A. 完全能　　　　　　　　　B. 很大程度上能

C. 一定程度上能　　　　　　D. 很小程度上能

E. 不能

28. 如果民主测评结果不能完全反映被测评者的实际情况，您认为其原因是（选三到四项）

A. 评价者对被测评者情况缺乏了解

B. 评价者按照个人恩怨评价被测评者

C. 评价者按照与自己的利害关系评价被测评者

D. 不同评价者的评价标准不同

E. 评价者按照被测评者自己的述职进行评价

F. 评价者对被测评者进行随意评价

G. 其他，请说明＿＿＿＿＿＿＿

29. 您认为竞争性选拔干部方式所面临的难题是（选三到四项）

A. 确定选拔干部的具体标准

B. 对职位竞争者岗位匹配度的评价

C. 对职位竞争者的"德"的评价

D. 解决"高分低能"问题

E. 竞争性选拔的分类方法

F. 其他，请说明＿＿＿＿＿＿＿

30. 您认为竞争性选拔干部方式的主要目的是（选三到四项）

A. 选拔出优秀人才

B. 选拔出适合岗位的人才

C. 保障选拔任用干部的民主性和公平性

D. 为人才提供流动和晋升的机会

E. 扩大选拔干部的视野

F. 克服委任制的弊端

G. 其他，请说明＿＿＿＿＿＿＿

31. 您认为竞争性选拔干部方式应该追求的价值目标是（选三项）

A. 选拔任用干部的民主性　　B. 选拔任用干部的公平性

C. 选拔任用干部的公开性　　D. 选拔任用干部制度的科学性

E. 选拔任用干部的法制化　　F. 其他，请说明＿＿＿＿＿＿＿

32. 您认为应该如何处理好常规委任制与竞争性选拔干部方式的关系（选一到二项）

A. 扩大竞争性选拔干部方式的适用范围

B. 规定委任制和竞争性选拔的各自适用范围

C. 委任制与竞争性选拔之间相互取长补短

D. 逐步以竞争性选拔取代委任制

附录二　竞争性选拔干部方式调查问卷
（组织者使用）

尊敬的组织部门领导，您好！

我们目前正在进行一项国家社会科学基金重点项目"完善竞争性选拔干部方式研究"，根据该课题实证研究的需要，我们设计了这一份调查问卷，希望能够占用您宝贵的时间，按照您的真实看法和想法，为我们的课题研究填写这份匿名调查问卷。非常感谢您的支持！

"完善竞争性选拔干部方式研究"课题组

填写说明：

（1）填写问卷时，请在您所选择的答案符号上画√或○。

（2）竞争性选拔干部方式是指通过"公开选拔""竞争上岗""公推公选"等方式来竞争性选拔任用干部，竞争性选拔干部方式不包括公务员考试录用。

1. 您所任职的单位或机关属于（选一项）

　A. 县处级地方党政机关组织部门

　B. 厅局级地方党政机关组织部门

　C. 县处级事业单位组织部门

　D. 厅局级事业单位组织部门

　E. 国有企业组织人事部门

　F. 其他，请说明＿＿＿＿＿＿＿

2. 您的现任职务是（或相当于）（选一项）

　A. 科员或办事员　　　　　　B. 科长或副科长

　C. 处长或副处长　　　　　　D. 副局级及以上

3. 您对竞争性选拔干部工作的熟悉程度（选一项）

　A. 非常熟悉　　　　　　　　B. 比较熟悉

　C. 一般熟悉　　　　　　　　D. 不太熟悉

4. 您所任职的组织部门，先后开展过多少次竞争性选拔干部工作（选一项）

　A. 1～5 批次　　　　　　　　B. 6～10 批次

C. 10 批次以上　　　　　　D. 没有开展过

5. 您认为采用竞争性方式公开选拔干部是否提高了选人用人公信度（选一项）

A. 极大提高　　　　　　　　B. 很大提高

C. 一定程度提高　　　　　　D. 很小提高

E. 没有提高

6. 与常规的干部委任制相比，您对竞争性选拔干部方式的总体评价是（选一到二项，如您选了 F，请再选一项）

A. 大大优于委任制　　　　　B. 很大程度上优于委任制

C. 一定程度上优于委任制　　D. 略优于委任制

E. 与委任制差不多　　　　　F. 委任制与竞争性选拔各有所长

7. 通过竞争性选拔干部方式是否有利于选拔出优秀干部和避免任用干部中的不正之风（可选两项）

A. 有利于选拔出优秀干部

B. 有利于避免任用干部中的不正之风

C. 不利于选拔出优秀干部

D. 难以避免任用干部中的不正之风

8. 您认为竞争性选拔干部方式的主要优点是（选三到五项）

A. 民主参与的面广　　　　　B. 程序的公正性

C. 结果的公正性　　　　　　D. 制度的科学性

E. 过程的公开性　　　　　　F. 选拔范围的广泛性

G. 测评方式的有效性　　　　H. 其他，请说明＿＿＿＿＿＿

9. 公开选拔方式更适合哪些组织的干部选拔任用（选一到三项，若选 A 则不用选其他项）

A. 所有组织的干部　　　　　B. 党群机关干部

C. 政府机关干部　　　　　　D. 人大、政协机关干部

E. 事业单位干部　　　　　　F. 国有企业干部

10. 公开选拔方式更适合哪些类别干部的选拔任用（选一到三项，若选 A，不用选其他项）

A. 所有类别的干部　　　　　B. 委任制干部

C. 选任制干部　　　　　　　D. 聘任制干部

E. 紧缺人才干部　　　　　　F. 其他，请说明＿＿＿＿＿＿

11. 公开选拔方式更适合哪些层级干部的选拔任用（选一到三项，若选 A 则不用选其他项）

    A. 所有层级干部   B. 单位的正职领导

    C. 单位的副职领导   D. 单位内设部门的正职领导

    E. 单位内设部门的副职领导 F. 其他，请说明_____

12. 竞争上岗方式更适合哪些层级干部的选拔任用（选一到三项，若选 A 则不用选其他项）

    A. 所有层级干部   B. 单位的副职干部

    C. 单位内设部门的副职干部 D. 科级干部

    E. 副处级干部   F. 正处级干部

    G. 副局级干部

13. 目前竞争性选拔中存在的主要问题是（选三到五项）

    A. 程序和规则不规范   B. 存在高分低能现象

    C. 测评技术不够科学   D. 存在"开后门"现象

    E. 选拔方式缺少分类   F. 存在"作秀"的现象

    G. 适用范围太广   H. 选拔过程成本太高

    I. 其他，请说明_____

14. 目前竞争性选拔干部方式中的笔试能否测试出职位竞争者的潜在能力（选一项）

    A. 完全能   B. 很大程度上能

    C. 一定程度上能   D. 很小程度上能

    E. 不能

15. 目前竞争性选拔干部方式中的人机对话能否测试出职位竞争者的实际能力（选一项）

    A. 完全能   B. 很大程度上能

    C. 一定程度上能   D. 很小程度上能

    E. 不能

16. 目前竞争性选拔干部方式中的面试是能否测试出职位竞争者的实际能力（选一项）

    A. 完全能   B. 很大程度上能

    C. 一定程度上能   D. 很小程度上能

    E. 不能

17. 如果您认为竞争性选拔干部方式中的面试难以测试出职位竞争者的实际能力，其原因是（选三到四项）

    A. 面试方法不够科学

    B. 面试试题设计不科学

    C. 考官评分的主观性

    D. 面试同样可以"应试"复习获高分

    E. 面试存在"开后门"情况

    F. 其他，请说明_____

18. 目前竞争性选拔中的民主测评结果能否真实反映被测评者的实际情况（选一项）

    A. 完全能　　　　　　　　B. 很大程度上能

    C. 一定程度上能　　　　　D. 很小程度上能

    E. 不能

19. 如果民主测评结果不能完全反映被测评者的实际情况，您认为其原因是（选三到四项）

    A. 评价者对被测评者情况缺乏了解

    B. 评价者按照个人恩怨评价被测评者

    C. 评价者按照与自己的利害关系评价被测评者

    D. 不同评价者的评价标准不同

    E. 评价者按照被测评者自己的述职进行评价

    F. 评价者对被测评者进行随意评价

    G. 其他，请说明_____

20. 贵部门的竞争性选拔工作中，采用过哪些选拔评价方法（或类似方法）（可多选和全选）

    A. 分层分类方法　　　　　B. 履历量化评价

    C. 业绩评价　　　　　　　D. 驻点调研方法

    D. 人机对话测评　　　　　E. 无领导小组讨论

    F. 领导特质测试　　　　　G. 心理素质测评

    H. 大评委制　　　　　　　I. 德的量化考察或逆向测评

    J. 其他，请说明_____

21. 贵部门开展公开选拔干部工作，花费的人均成本（不包括组织部门人员的人工成本）是（选一项）

A. 1万元以下　　　　　B. 2万元左右

C. 2.5万元左右　　　　D. 3万元左右

E. 3.5万元以上

22. 贵部门通过公开选拔后最终任用者中来自本地党政机关之外的职位竞争者的比例是多少（选一项）

A. 占20%以下　　　　　B. 约占30%

C. 约占40%　　　　　　D. 约占50%

E. 占60%以上

23. 您认为竞争性选拔干部方式需要与哪些干部单项制度衔接（选三到四项）

A. 后备干部制度　　　　B. 干部交流调配制度

C. 干部考核制度　　　　D. 干部晋升制度

E. 公务员相关制度　　　F. 其他，请说明＿＿＿＿＿＿

24. 您认为应该如何处理好常规委任制与竞争性选拔的关系（选一到二项）

A. 扩大竞争性选拔干部方式的适用范围

B. 规定委任制和竞争性选拔的各自适用范围

C. 委任制与竞争性选拔之间相互取长补短

D. 逐步以竞争性选拔取代委任制

25. 您认为竞争性选拔干部方式所面临的难题是（选三到四项）

A. 确定选拔干部的具体标准

B. 对职位竞争者岗位匹配度的评价

C. 对职位竞争者的"德"的评价

D. 解决"高分低能"问题

E. 竞争性选拔的分类方法

F. 其他，请说明＿＿＿＿＿＿

26. 您认为竞争性选拔干部工作需要专题研究的问题是（选三到四项）

A. 竞争性选拔干部方式的适用范围和规模

B. 竞争性选拔干部方式的分类体系

C. 竞争性选拔干部方式与相关干部制度的衔接

D. 规范和细化竞争性选拔的程序规则

E. 竞争性选拔与常规委任制的关系

F. 竞争性选拔中党的领导与扩大民主的关系

G. 提高笔试、面试等测评手段的有效性

H. 其他，请说明＿＿＿＿＿＿

27. 您认为竞争性选拔干部方式的主要目的是（选三到四项）

A. 选拔出优秀人才

B. 选拔出适合岗位的人才

C. 保障选拔任用干部的民主性和公平性

D. 为人才提供流动和晋升的机会

E. 扩大选拔干部的视野

F. 克服委任制的弊端

G. 其他，请说明＿＿＿＿＿＿

28. 您认为竞争性选拔干部方式应该追求的价值目标是（选三项）

A. 选拔任用干部的民主性

B. 选拔任用干部的公平性

C. 选拔任用干部的公开性

D. 选拔任用干部的科学性

E. 选拔任用干部的法制化

F. 其他，请说明＿＿＿＿＿＿

29. 您对完善竞争性选拔干部方式有何建议？

＿＿＿＿＿＿＿＿＿＿＿＿＿＿＿＿＿＿＿＿＿＿＿＿＿＿＿＿＿＿＿＿＿＿＿

＿＿＿＿＿＿＿＿＿＿＿＿＿＿＿＿＿＿＿＿＿＿＿＿＿＿＿＿＿＿＿＿＿＿＿

＿＿＿＿＿＿＿＿＿＿＿＿＿＿＿＿＿＿＿＿＿＿＿＿＿＿＿＿＿＿＿＿＿＿＿

后 记

    本专著书稿在国家社会科学基金重点项目研究报告的基础上形成，全书框架及体例由吴志华拟定，各章内容由吴志华、廖志豪、叶超三位作者分工撰写。其中，吴志华撰写导论、第三章、第五章第四部分、第六章第一和第二部分，并修改第五章第一至第三部分；廖志豪撰写第一章、第二章、第四章，以及第六章第三至第五部分；叶超撰写第五章第一至第三部分的初稿。全书各章由吴志华和廖志豪进行统稿。周红杏、顾玲玲、蔡延东、李莉等参与了课题研究过程中的调研和资料收集工作，张红星设计了实施在线问卷调查的网页，蒋瑛、邓志峰参与了研究报告的文字校对工作，在此一并表示感谢。最后，感谢社会科学文献出版社胡庆英老师为编辑出版本书所付出的辛劳。

吴志华

2019 年 6 月

图书在版编目（CIP）数据

竞争性选拔干部方式／吴志华，廖志豪，叶超著
. 北京：社会科学文献出版社，2019.11
ISBN 978 - 7 - 5201 - 5594 - 6

Ⅰ.①竞… Ⅱ.①吴… ②廖… ③叶… Ⅲ.①干部制
度 - 研究 - 中国 Ⅳ.①D630.3

中国版本图书馆 CIP 数据核字（2019）第 210626 号

竞争性选拔干部方式

著　　者／吴志华　廖志豪　叶　超

出 版 人／谢寿光
组稿编辑／谢蕊芬
责任编辑／胡庆英
文稿编辑／张真真

出　　版／社会科学文献出版社·群学出版分社（010）59366453
　　　　　地址：北京市北三环中路甲 29 号院华龙大厦　邮编：100029
　　　　　网址：www. ssap. com. cn
发　　行／市场营销中心（010）59367081　59367083
印　　装／三河市尚艺印装有限公司

规　　格／开 本：787mm × 1092mm　1/16
　　　　　印 张：19.5　字 数：328 千字
版　　次／2019 年 11 月第 1 版　2019 年 11 月第 1 次印刷
书　　号／ISBN 978 - 7 - 5201 - 5594 - 6
定　　价／108.00 元